Yvonne Niekrenz, Matthias D. Witte (Hrsg.)
Jugend und Körper

Jugendforschung

Im Namen des Zentrums für Kindheits- und
Jugendforschung
herausgegeben von Sabine Andresen,
Wilhelm Heitmeyer, Jürgen Mansel und Uwe Sander
Universität Bielefeld

Yvonne Niekrenz, Matthias D. Witte (Hrsg.)

Jugend und Körper

Leibliche Erfahrungswelten

Juventa Verlag Weinheim und München 2011

Bibliografische Information der Deutschen Nationalbibliothek

Die Deutsche Nationalbibliothek verzeichnet diese Publikation in der Deutschen Nationalbibliografie; detaillierte bibliografische Daten sind im Internet über http://dnb.d-nb.de abrufbar.

© 2011 Juventa Verlag Weinheim und München
Umschlaggestaltung: Atelier Warminski, 63654 Büdingen
Umschlagabbildung: Silke Paustian
Printed in Germany

ISBN 978-3-7799-1758-8

Inhalt

Yvonne Niekrenz und Matthias D. Witte

Zur Bedeutung des Körpers in der Lebensphase Jugend

Leiblichkeit ist nicht hintergehbar: Wer, wo, was und wie auch immer wir sind, sind wir immer auch Leib. Erving Goffman wies bereits auf die Raum- und Zeitbezogenheit des Körpers hin, als er formulierte: „Wo auch immer ein Individuum sich befindet und wohin auch immer es geht, es muß seinen Körper dabeihaben" (Goffman 2001, 152). Das Leben also hat eine unausweichliche Materialität, und diese hat entscheidenden Einfluss auf alle Lebensbereiche. Weder Denken noch Sprechen, weder Handeln noch Lernen können körperlos geschehen. Gegenwärtig hat der Körper in besonderem Maße Konjunktur und findet mit seinen Praktiken und Darbietungsformen in einem auf Bildlichkeit fokussierten Medienzeitalter zahlreiche Gelegenheiten zur öffentlichen Darstellung. Körper werden demonstrativ inszeniert und vielfältigen Techniken einer auf Wirkung hin angelegten Gestaltung unterworfen. Körper treiben Sport und tanzen, Körper werden tätowiert und gepiert, Körper werden bekleidet und geschmückt. Körper aber werden nicht nur gestaltet, sondern sie gestalten auch und reproduzieren das Soziale in Interaktionen. Mit und in Körpern wird gehandelt, Körper haben eine Sprache und drücken Gefühle aus, Körper haben eine Geschichte und können Geschichten erzählen, Körper sind symbolisch und haben immer auch eine gesellschaftliche Dimension, die auf vielfältige Weise Machtverhältnisse berührt.

Die Kategorie Körper ist zum einen verflochten mit Ästhetiken des körperlichen Tuns und expressiven Gestaltens und hierüber mit dem Themenkomplex *Inszenierung*. Gleichzeitig fungieren Körper und Leib als Identitätsmedien und rücken damit das Themenfeld *Identität* in den Fokus. Durch das leibliche „Zur-Welt-Sein" (Merleau-Ponty) vermittelt der Leib zwischen dem Ich und der (Um-)Welt. Durch den Leib eröffnen sich leibliche Erfahrungs*welten*, die wahrgenommen werden und auf die handelnd Bezug genommen wird. Die hier vorgenommene Differenzierung zwischen Leib und Körper verweist auf ein begriffliches Instrumentarium, das der Anthropologe Helmuth Plessner vorgeschlagen hat. Plessner beschreibt nämlich das Körperverhältnis des Menschen als ein zweifaches: Der Mensch ist Leib, und er hat seinen Körper. Der Leib kann spüren und ist betroffen – er ist müde oder aufgeregt, hat Hunger oder Schmerz, schwitzt oder friert; ebenso ist der Leib an das Hier und Jetzt gebunden. Gleichzeitig ist der Mensch aber in der Lage, die räumlich-zeitliche Gebundenheit des Leibes z.B. durch Fantasiereisen, Erinnerungen oder Zukunftspläne hinter sich zu lassen. „Auf diese Weise bekommt die Mitte, der Kern, das Selbst oder das Subjekt des Habens bei vollkommener Bindung an den lebendigen Körper Distanz zu ihm" (Plessner 1975, 17). Der Mensch hat seinen Körper; er lernt, ihn zu beherrschen, zu kontrollieren, zu manipulieren, über ihn zu sprechen, ihn zu schmücken, ihn zu pflegen. Der Körper wird sprechend als Medium eingesetzt und zum Gegenstand gemacht. Das Leibsein aber ist dem Körperhaben wesensmäßig vorausgesetzt und kann als Basis personaler Identität bezeichnet werden (vgl. Gugutzer 2002, 74). Aus dem Zusammenspiel von Selbstempfinden und Selbstdistanzierung resultiert die personale Identität (vgl. ebd., 101), und dieser Entwicklungsprozess spielt gerade für das Jugendalter eine herausragende Rolle.

1. Körper und Leib – erwachsen werden, aber wie?

Mit der Pubertät setzen irritierende körperliche Veränderungen ein. Der Körper wächst, die sekundären Geschlechtsmerkmale werden ausgeprägt, Scham- und Achselhaare wachsen – bei Jungen auch das Barthaar und die übrige Körperbehaarung. Mädchen bekommen ihre erste Monatsblutung, Jungen den ersten Samenerguss. Jungen kommen in den Stimmbruch, Mädchen nehmen durchschnittlich 11 kg an Körperfetten zu (vgl. Fend 2005, 235). Der Körper verändert seine Form, sein Gewicht und seinen Geruch. Mit diesen Veränderungen müssen Jugendliche sich erst arrangieren, müssen ihr neues Erscheinungsbild und ihre veränderte Wirkung auf das Umfeld erst akzeptieren lernen. Damit ist eine entscheidende Entwicklungsaufgabe des Jugendalters verbunden, die Helmut Fend als „den Körper bewohnen lernen" (2005, 222) beschreibt. Aus den Prozessen der Veränderung muss eine Neuordnung von Relationen resultieren – das Verhältnis zwischen Leib sein („Natur") und Körper haben („Kultur") muss neu bestimmt und balanciert werden. Dieser Prozess kann mitunter konflikt- und krisenhaft erlebt werden, insbesondere vor dem Hintergrund medial allgegenwärtig präsentierter „perfekter" Körper, die kaum erreichbaren Schönheitsidealen und -normen entsprechen. An und mit dem Körper werden Konflikte ausgetragen und bewältigt, Aggressionen ausgelebt und kanalisiert – sowohl gegen den eigenen Körper gerichtet, wie bei der Verweigerung von Nahrung oder dem absichtsvollen Zufügen von Schmerz, als auch gegenüber anderen Körpern, wie etwa bei aggressivem oder gewalttätigem Handeln.

Der Körper ist Bühne zur Darstellung von Identität. Selbstpräsentation und Selbstinszenierung sind bei der Suche nach Identität zentrale Strategien, ergeben sich doch hier wichtige Rückmeldungen im Hinblick auf die Stimmigkeit der Körperkommunikation. Mit Styling, Mode und Schmuck, aber auch mit Bewegung – die Art des Gehens, Gestik und Mimik – und ritualisierten Bewegungsabfolgen – etwa in der Begrüßung, bei der sich die Hände nun lässig um den Daumenballen des jeweils Gegenüberstehenden verschränken – werden Formate des Selbstausdrucks auf ihre Wirksamkeit hin überprüft. Jugendliche manipulieren aktiv ihren Körper, nutzen ihn als Gestaltungsfläche und Erlebnisraum. Der adoleszente Körper wird zum expressiven Gestalter von Interaktion mit sich selbst und mit anderen. Er inszeniert Zugehörigkeit oder Abgrenzung – etwa in Form von jugendkulturellen Performances, die komplexen semantischen Codes folgen. Er inszeniert aber auch die Ablösung von der Kindheit und den Gewinn von Selbstständigkeit und Autonomie gegenüber den Eltern. Gleichzeitig wird mit der massiven geschlechtsspezifischen Körperveränderung die Auseinandersetzung mit der eigenen Geschlechtlichkeit angestoßen und die Identifikation mit dem Mann- oder Frau-Sein gefordert. Die demonstrative Inszenierung von Männlichkeit oder Weiblichkeit wird virulent und erprobt. Oft werden dabei Grenzen gesprengt, um diese überhaupt als solche erkennen zu können.

Der Körper wird von Jugendlichen als Medium und als Instrument benutzt. Er ist ihr wichtigstes Mittel zur Selbstinszenierung, ist ihnen doch zumeist der Zugriff auf andere Symbole oder Bühnen des Selbstausdrucks noch nicht möglich. Zugleich verfügen sie aber über ein Kapital, das sie den Erwachsenen gegenüber überlegen macht: Der jugendliche Körper gilt als Ideal, das in einem Kult um Jugendlichkeit erstrebt, verehrt und mit vielerlei Mitteln zu erreichen versucht wird. Die Attraktivität von Jugendlichkeit als Habitus hängt unmittelbar mit den Konnotationen von Jugend zusammen: Leistungsfähigkeit, Gesundheit und Erlebnisorientierung. Jugendlichkeit ist daher immer weniger eine Frage des Alters, sondern vielmehr eine Frage der Einstellung zum Leben. Mit Friedrich Tenbruck lässt sich ein gewisser „Puerilismus der Gesamtkultur (1962) feststellen, der sich unter anderem in der anhaltend wachsenden Bedeutung des Juvenilen in Kleidung, Medienkonsum und Freizeitverhalten ausdrückt. Mit dem Jugendlichkeitskult ist ein Körperkult verbunden, der den Körper als Statussymbol und als Bühne der Identität hervorhebt und ihn aufwertet – sowohl als gestaltbares Objekt (oder ästhetisches Projekt) als auch als Zufluchtsort der Selbstvergewisserung des Subjekts. Inwieweit aber spiegelt sich diese seit Jahren anhaltende Körperaufwertung auch in einem wissenschaftlichen Diskurs wider?

2. Körper in der Jugendforschung – Körper denken, aber wie?

Wenn über den Körper nachgedacht wird, dann denken auch Körper nach. Und darin liegt schon die erste Schwierigkeit in der Beschäftigung mit dieser grundlegenden Kategorie. Ähnlich wie bei der Reflexion über die Dimensionen Raum und Zeit, die immer – jetzt und hier – schon „mitlaufen", ist auch der Körper immer dabei, d.h. Forschung geschieht immer in Raum und Zeit und mit Körpern. Wenn wir zum Phänomen Körper wissenschaftlich arbeiten, dann lesen, sehen, denken, hören, schreiben wir, manchmal tasten wir uns auch vor oder haben den richtigen Riecher – unser Körper und dessen Sinne sind also in hohem Maße angesprochen. Robert Gugutzer fordert daher eine zumindest methodologische Reflexion darüber, „wie diese körperlich-sinnlichen Vorgänge als Erkenntnisquelle selbsttätig wirken und den Forschungsprozess beeinflussen" (Gugutzer 2004, 15). Sich über diesen Einfluss im Klaren zu sein, ist umso notwendiger, wenn der Körper zum Gegenstand gemacht wird. Die Fragen „was macht der Körper mit dem Akteur?" und „was macht der Akteur mit dem Körper?" sollten nicht nur auf Forschungsobjekte bezogen sein; vielmehr muss der Körper auch als Forschungssubjekt zu Wort kommen können. Diese methodologische Herausforderung ist jedoch keine Begründung für die lange während Randständigkeit des Körpers innerhalb der Soziologie (vgl. die vier Thesen von Schroer 2005, 11–16). Tatsächlich wird erst seit gut 30 Jahren, insbesondere im angloamerikanischen Raum, aus dem unerforschten Terrain innerhalb der Sozialwissenschaften ein mehr und mehr entdecktes Forschungsgebiet. In den 1990er-Jahren etabliert sich hier die Soziologie des Körpers als Bindestrich-Soziologie, und mit Beginn des 21. Jahrhunderts verbessert sich die Forschungslage auch in Deutschland. Immer stärker werden Leib, Körper und die Verkörperung des Sozialen auch theoretisch mitgedacht und der Forderung, Verkörperung grundlegend in die Konzeption von Sozialität einzubeziehen (vgl. Lindemann 2005, 115), wird in einzelnen Ansätzen nachgegangen (vgl. die Übersicht von Gugutzer 2006b, 21–29). Konzeptionell wie auch empirisch nimmt die Beschäftigung mit dem Körper so umfangreich zu, dass von einem ‚body turn' (Gugutzer 2006a) die Rede ist.

Diese paradigmatische Wende jedoch – so scheint es – ist bislang in der Jugendforschung nicht angekommen, denn diese schenkt der Körperthematik bisher eher verhalten Aufmerksamkeit. Zwar finden sich Analysen zur Gestaltung von Körpern im Rahmen jugendlicher und jugendkultureller Selbstinszenierung, aber der juvenile Körper selbst in seinem Eigensinn und seinen Routinen, mit seinen Leiberfahrungen und als Produzent von Gesellschaft ist unseres Erachtens bislang unzureichend systematisch betrachtet worden. So fordert Sibylle Hübner-Funk bereits 2003 eine „somatische Wende" für die Jugendforschung. Insbesondere Untersuchungen, die die heranreifende Körperlichkeit von Pubertierenden und die soziokulturellen Umgangsweisen mit den umwälzenden bio-psychischen Entwicklungen thematisieren, seien in der Jugendsoziologie noch unzureichend etabliert (vgl. Hübner-Funk 2003, 71). Stattdessen gebe es eine „übersozialisierte" Konzeption von Jugend, die einen „verkopften Rollenträger" und dessen Kompetenzen und Konflikte mit statusbezogenen Entwicklungsaufgaben in den Mittelpunkt stelle (vgl. ebd.). Oftmals stünden dann aufgrund der Politik- und Pädagogikabhängigkeit Populationen im Fokus, die als Sozialisanden in der Jugendphase pädagogisch zu betreuen seien. Die Hinwendung zu extremen oder besonders „schrillen" Fällen lässt dabei häufig das Interesse an der großen Mehrheit von „unauffälligen" Jugendlichen verblassen – „Mainstream-Jugendliche" kommen selten vor.

Mit der Forderung nach einer „Wiederkehr des Körpers" (Kamper/Wulf 1981) nach Jahrzehnten der Leib- und Körpervergessenheit muss dringend das Gebot einer interdisziplinär angelegten Forschungsperspektive einhergehen. Auch Hübner-Funk verknüpft die Aussicht auf ein besseres Verständnis der Lebensphase Jugend mit der Voraussetzung, „dass sich die sozialwissenschaftlichen Forschungen zum Jugendalter um ein neues Verhältnis sowohl zur biologischen und entwicklungspsychologischen, wie auch zur sport- und gesundheitswissenschaftlichen Adoleszenzforschung bemühen" (2003, 73). Der hier vorliegende Band vertritt dieses Anliegen und will mit verschiedenen disziplinären Sichtweisen einen Beitrag zur wissenschaftlichen Auseinandersetzung mit dem Themenkomplex Jugend und Körper leisten. Jugend findet körperlich statt und dokumentiert sich dort, wo Jugendliche sich ausdrücken – und dies tun sie *immer* mit dem Körper.

3. Zum Aufbau und zum Inhalt des Bandes

Der Band geht dem Konnex „Jugend und Körper" aus den Perspektiven von Soziologie, Erziehungswissenschaft, Sport- und Bewegungswissenschaft, Psychologie, Neurobiologie, Medien- und Kulturwissenschaft grundlegend und mit breit gefassten Schwerpunkten nach. Die einzelnen Beiträge eröffnen dabei jeweils in sich und auch untereinander einen Diskussionsraum und ein Spannungsfeld, das einerseits die Breite an relevanten Forschungsergebnissen abbildet, andererseits auf Fragen für weitere Forschung verweist.

3.1 Bewegte Jugendkörper

Das erste Kapitel, *„Bewegte Jugendkörper"*, besteht aus drei Beiträgen, die sich in mehrdeutiger Weise mit „Bewegungen" des jugendlichen Körpers beschäftigen. Im Jugendalter spielt „Bewegung" nicht nur in sportorientierten Jugendkulturen eine Rolle, sondern die Pubertät selbst stellt aus bio-psycho-sozialer Perspektive und hinsichtlich emotionaler Befindlichkeiten eine „bewegte Zeit" dar. Zunächst fokussiert *Rolf Göppel* Bewegungen des Erwachsenwerdens, die der jugendliche Körper selbst in seinem Gestaltwandel vollzieht (Wachstum, Erlangen der Geschlechtsreife), sowie die damit unmittelbar verbundenen Bewegungen auf individuellen, psychischen Entwicklungspfaden. Er nimmt dabei eine bio-psycho-soziale Perspektive ein, mit der er die körperlichen Entwicklungsprozesse ebenso erfasst wie das subjektive Erleben und psychische Verarbeiten dieser Veränderungen sowie die Prozesse sozialen Austauschs und körperlicher Selbstinszenierung auf einer Bühne, die von aktuellen Normalitätsvorstellungen und

Schönheitsidealen geprägt ist. Mit dem Erwachsenwerden müssen Jugendliche mit den körperlichen Veränderungen der Pubertät zurechtkommen und zu einem positiven Verhältnis zum eigenen Körper finden. Diese Aufgabe allerdings sei für heutige Jugendliche schwieriger, sind sie doch in hohem Maße von Bildern perfekter Körper und Ratschlägen umgeben, wie ein „idealer" Körper zu erreichen sei. Gut auszusehen sei eines der relevantesten Themen für Jugendliche – nicht zuletzt, weil Attraktivität für eine Art Körperkapital gehalten wird, das die Chancen auf Erfolg und Macht erhöht. Mit einem kritischen Statement zu Fernsehformaten, die junge Menschen nach ihrer Schönheit und Disziplin begutachten, kommentieren, bewerten und schrittweise selektieren, schließt Göppel.

Der Beitrag von *Anne-Katharina Fladung* diskutiert unter Rückgriff auf aktuelle neurobiologische Erkenntnisse den Zusammenhang zwischen Veränderungsprozessen im Gehirn und beobachtbarem, zumeist erhöht risikobehaftetem Verhalten Jugendlicher. Verfahren der strukturellen Bildgebung des Gehirns deuten darauf hin, dass die kognitive Entwicklung von Menschen durch ihr Gehirn dahin gehend optimal unterstützt wird, dass die Axone (Nervenzellausläufer) zunehmend in der Lage sind, Informationen aus verschiedenen Hirnrealen schnell weiterzuleiten und zu integrieren. Fladung betont aber die Handlungsabhängigkeit dieser Entwicklung, denn synaptische Verbindungen sind nur dann stark, wenn sie häufig gefordert sind, Informationen zu verarbeiten. Es bestehen also wechselseitige Beziehungen zwischen Gehirnentwicklung und den Aufgaben, die Jugendliche soziokulturell bewältigen (müssen). Das vermehrte eigenverantwortliche Handeln wird durch neurobiologische Reifungsprozesse nicht nur unterstützt, sondern diese machen es im Wechselspiel mit der jugendlichen Lebensumwelt erst möglich. Die für das Jugendalter typische Suche nach Sensation und Risiko deutet Fladung als eine Suche nach emotionaler Erfahrung, die zum Lernen über soziale Situationen und zum Autonomiegewinn beiträgt und damit für den Entwicklungsverlauf junger Menschen sinnvoll ist.

Nicht selten geraten neurobiologische Erklärungsversuche in die Kritik der Kultur- und Sozialwissenschaften, die argwöhnisch den großen öffentlichen Erfolg von auf neuen bildgebenden Verfahren beruhenden Erkenntnissen der Neurobiologie betrachten. Aus der Sicht der Kultur- und Sozialwissenschaften greifen biologistische Modelle zu kurz, wenn mit ihnen soziales Handeln erklärt werden soll. Das Verhältnis von Natur und Kultur muss daher interdisziplinär ausgelotet werden, was das erste Kapitel mit den Aufsätzen von Rolf Göppel und Anne-Katharina Fladung erprobt. Beide Texte verweisen auf den Wirkzusammenhang zwischen biologischen und sozialen Komponenten des Erwachsenwerdens und eröffnen so breitere Deutungsmöglichkeiten.

Jürgen Schwier schließt die Betrachtungen zu *„Bewegten Jugendkörpern"* mit einem Beitrag ab, der solche jugendlichen Bewegungskulturen in urbanen und naturnahen Räumen unter die Lupe nimmt, die sich durch einen eigenwilligen Bewegungsstil, das Hervorbringen eigener Aktionsräume und innovativer körperlicher Inszenierungsstrategien von der Sportwelt der Erwachsenen abgrenzen. Auf Straßen, Sand, Schnee oder dem Wasser schaffen sich die überwiegend männlichen Szeneanhänger eigene Experimentierfelder für unkonventionelle Formen körperlichen Ausdrucks und erlebnisintensive Selbstdarstellungen. Die kunstvollen Bewegungen werden häufig mit Videos dokumentiert und im Internet verbreitet, um einerseits die Differenz zum organisierten Sport zu markieren, andererseits die Gemeinschaft der BMXer, Surfer oder Traceure zu bestätigen. Ein Projekt der bewegungsorientierten Sozialarbeit wird abschließend exemplarisch vorgestellt, um die Schaffung jugendlicher Aktionsräume und Lernarrangements aufgrund einer gelungenen Kooperation zwischen Szenen, Kommune, Land, Wirtschaftsunternehmen und Sozialarbeit zu dokumentieren.

3.2 Konflikthafte Jugendkörper

Das zweite Kapitel versammelt unter der Überschrift „Konflikthafte Jugendkörper" vier Beiträge, die den Körper als Bühne und Austragungsort für Spannungen und Konflikte im Jugendalter genauer betrachten. Vera King geht den Konflikten nach, die aus geschlechtstypischen Veränderungen des Körpers und den sozialen Möglichkeiten und Begrenzungen, die sich damit verbinden, resultieren können. In der Adoleszenz wird das Verhältnis von Leibsein und Körperhaben in „beunruhigende Unordnung" versetzt, weil der ehemals kindliche Leib zum aufdringlich veränderten Körper geworden ist. Das Spannungsfeld der neuen Leib-Körper-Erfahrung wird beispielsweise mittels adoleszenztypischer Ästhetisierungen des Körpers bearbeitet. Die Formen der Körperbeschäftigung und des körperbezogenen Agierens scheinen sich dabei aber zu unterscheiden: Jungen neigen eher zu externalisierenden Bewältigungsformen (Risikohandeln im Straßenverkehr, Sport, Jugendszenen, körperliche Aggressivität), während Mädchen eher internalisierte Formen gebrauchen (Essstörungen, Selbstverletzungen, Depressivität). Die unterschiedlichen Bewältigungsweisen werden verschieden erklärt und gedeutet. Während die als ‚typisch weiblich' konnotierten Formen psychopathologisch und familiendynamisch analysiert würden, verstehe man die als ‚typisch männlich' gekennzeichneten Formen in erster Linie im Kontext jugendkultureller Praktiken, so King. Daher schließt der Beitrag mit der Forderung, internalisierende Bewältigungsvarianten auch unter dem Aspekt adoleszenztypischen Risikohandelns zu betrachten sowie externalisierende Formen auch familiendynamisch und unter Gesichtspunkten von Autodestruktivität und Depression zu analysieren.

Der im Beitrag von Vera King bereits angesprochenen Thematik ‚Essstörungen' geht Robert Gugutzer detailliert nach. Er entfaltet die These, dass Essstörungen Ausdruck eines Identitätsproblems sind, das die betroffenen Jugendlichen im Medium von Leib und Körper zu lösen versuchen. Diese radikale Körperpraxis ist also eine Strategie, um eine Identität zu stabilisieren bzw. zu entwickeln, z. B. indem betroffene Jugendliche ihren Selbstwert mit der Wertschätzung durch Andere bestätigen, die schlanke Körper mit Disziplin, Stärke und Willenskraft assoziieren. Zugleich kann der Körper als Machtmittel und Medium von Autonomie und Selbstbehauptung genutzt werden, um das Gefühl zu erlangen, wenigstens im Bereich des Körpers Kontrolle und Sicherheit zu besitzen. Dabei kann sich auch das Empfinden von Einzigartigkeit und Besonderheit einstellen. Leiblich-affektive Grenzerfahrungen, die sich durch absichtsvolles Hungern, Heißhungerattacken und herbeigeführtes Erbrechen einstellen, können als Fluchtweg in eine Welt gedeutet werden, in der ein positiver Selbstwert und Stolz auf die Körperkontrolle erlebbar sind. Selbstzweifel, Versagensängste und Unsicherheiten lassen sich scheinbar bewältigen, indem der eigene Leib kontrolliert und das Gefühl der Selbstermächtigung erreicht wird. Um der Essstörung als Problem zu begegnen, müssten Jugendliche daher zuallererst lernen, dass es ein Zeichen von Stärke und Selbstermächtigung ist, den eigenen leiblichen Bedürfnissen nachzugehen, nicht etwa ein Zeichen von Schwäche und mangelnder Selbstkontrolle. Um sich von einer Essstörung zu lösen, sei Selbstakzeptanz zwingende Voraussetzung, so Gugutzer.

Auf eine weitere Bewältigungsweise von Konflikten und Spannungen geht *Katharina Liebsch* ein. Ihr Beitrag fokussiert selbstverletzendes Verhalten „als eine soziale und kulturelle ‚Praxis' […], die sich als verkörperte und diskursive Tätigkeit im Spannungsfeld von Sozialstruktur, Institutionen, Macht und Ritual realisiert". Bisher haben entwicklungspsychopathologische, lerntheoretische, psychoanalytische und hirnorganische Ansätze versucht, diese Praktik zu erklären, deren Verbreitung sich aufgrund ihrer Heimlichkeit kaum bestimmen lässt. Die sozialwissenschaftliche Perspektive ist weitgehend marginalisiert, auch weil die begrifflich-theoretische Auseinandersetzung mit dem Konnex Körper, Adoleszenz und Gesellschaft noch große Lücken aufweist. Liebsch deutet die Praxis der Selbstverletzungen daher vor dem Hintergrund von Plessners Vorstellung des Körperhabens als Grenzrealisierung und deutet den durch Verletzungen entstehenden Schmerz als Form der Grenzverletzung oder -verschiebung. Mit dem Erleben bewusst herbeigeführten Schmerzes lasse sich nicht nur ein Bedürfnis nach Transzendenz befriedigen, sondern auch der Körper besser kennenlernen. Der Körper in seiner Unmittelbarkeit und Faktizität wird für die betroffenen Jugendlichen zu einer Art Projekt, das im Interesse der Konstruktion einer Ich-Identität bearbeitet wird. Das Ritzen als eine kulturelle Konzeptualisierung des Körpers thematisiert dabei am eigenen Leib die Konventionalität und Normativität der Gesellschaft, werden doch soziale Normen und Grenzen des Akzeptierten experimentell bearbeitet und verschoben.

Eine externalisierende Form des körperlichen Ausdrucks und der Konfliktbewältigung im Jugendalter thematisiert der Beitrag von *Benno Hafeneger,* indem er den Themen Aggressivität und Gewalt als inszenierter Männlichkeit nachgeht. Er begreift Aggressivität und Gewalt als spezifische, kul-

14

turell vermittelte und geprägte Interaktions- und Ausdrucksformen, als Verarbeitungs- und Aneignungsmuster gesellschaftlicher Realität und als soziale Praxis. Aggressivität kann sowohl konform als auch nonkonform, sowohl konstruktiv als auch destruktiv sein. Hafeneger weist darauf hin, dass der männliche Körper nicht nur aggressiv und gewalttätig ist, sondern vom Beginn des 20. Jahrhunderts bis in die 1980er-Jahre in Familie, Schule und Einrichtungen der Jugendhilfe häufig auch Opfer unterschiedlicher Formen von Gewalt war (z.B. Züchtigung, Prügel, Demütigung, Einsperren, Missbrauch). Gewalthandeln versetzt Jugendliche in die Lage, ambivalente, unübersichtliche, herausfordernde oder emotional belastende Lebenssituationen zu bewältigen und zugleich die eigenen Interessen und Bedürfnisse zu realisieren. Der Körper ist dabei für männliche Jugendliche eine Bühne, ein Medium, ein kreatives Element der Selbstdarstellung und Inszenierung. Mithilfe eines historischen Rückblicks zeigt Hafeneger, auf welche Weise Aggressivität und Gewalt immer auch mit der Aneignung und Besetzung von sozialen Räumen und Territorien verbunden waren. Eine Gegenwartsdiagnose des Phänomens wird anhand von vier Beispielen vorgenommen: Fußballfans, rechtsextreme Jugendliche, Alltagsgewalt (z.B. in Schule oder Peerkontext) und männerbündische Gemeinschaften (z.B. beim Militär).

3.3 Gestaltete Jugendkörper

Das dritte Kapitel, *„Gestaltete Jugendkörper"*, fokussiert den Körper als Adressaten für vielfältige Gestaltungspraktiken und als Medium der Präsentation. Die drei Beiträge widmen sich der Körperarbeit, der Bekleidung sowie dem Körperschmuck als hochrelevanten Themen des Jugendalters. *Imke Schmincke* geht der Frage nach, wie Jugendliche in einer Zeit mitunter rasanter und verstörender leiblicher Veränderungen körperliche Normalität herzustellen versuchen. Die Arbeit am Körper bzw. am Selbst betrachtet sie als Verkörperung sozialer Normen, die gleichzeitig als Selbstermächtigung und als Unterwerfung des Selbst zu verstehen ist. Der Normalisierungsdiskurs um das Thema Figur und Essverhalten zeigt, wie die Norm Schönheit mit der Norm Gesundheit verkoppelt wird. Schon sehr früh werden Kinder und Jugendliche mit Ernährungstipps, Sportempfehlungen und weiteren Tricks zur Attraktivitätssteigerung konfrontiert, wie Schmincke unter Rückgriff auf empirische Befunde darlegt. Eine aktuell sehr verbreitete Praxis der Körperarbeit ist die Entfernung von Körperbehaarung nicht nur an Achseln und Beinen, sondern mehr und mehr auch im Intimbereich. Dieser unterliege nun einem Gestaltungsimperativ, d.h. der kulturelle Trend zur Intimästhetik ist zu einer neuen Norm geworden, die insbesondere von der jungen Generation sehr früh angeeignet wird. Motivation für die Optimierung des eigenen Körpers ist der Wunsch zur Steigerung der Attraktivität als vermeintliche Voraussetzung für Erfolg und soziale Anerkennung. Während Jugendliche einerseits früh gefordert sind, ihren Körper zu pflegen und sich gut um ihn zu kümmern, erleben sie andererseits den Körper als etwas, das sich nicht immer bzw. nur begrenzt steuern lässt. Die engen und normativen Schönheitsideale (schlank, unbehaart, begehrenswert) erzwingen und ermöglichen Identität gleichermaßen durch die Dualität von Unterwerfung und Selbstermächtigung, durch die Arbeit am Körper als Selbsttechnologie.

Einem zentralen Medium der Selbstpräsentation wendet sich *Alexandra König* zu. Sie geht der Frage nach, wie Jugendliche ästhetische Praktiken und Präferenzen im Hinblick auf Kleidung ausbilden. Der empirisch fundierte Beitrag zeigt, dass Kleidung ein Element sozialer Ungleichheit ist, das soziale Ordnung herzustellen vermag, wenn auch in individualisierter Weise. Zwei Fallbeispiele demonstrieren, dass Jugendliche v.a. mit dem Wechsel auf die weiterführende Schule neuen Anforderungen im Hinblick auf ihre Kleidung gerecht werden müssen: Es werde eine „Nicht-mehr-Kind"-Präsentation und zugleich eine Selbstpräsentation verlangt. Die Kleiderwahl wird zum Zeichen dafür, dass man über den eigenen Körper, das eigene Aussehen verfügt. Zugleich wird Kleidung als Hinweis auf die Persönlichkeit gelesen, d.h. es gibt eine enge Verbindung zwischen Innerem und Äußerem. Als oberstes Gestaltungsprinzip des Kleidungshandelns gelte Jugendlichen der eigene Geschmack, so König. Dieser muss in der Kleidung hergestellt und kenntlich gemacht werden, was anspruchs- und voraussetzungsvoll und – mit Bourdieu gesprochen – an ökonomisches, soziales und kulturelles Kapital gebunden ist. Auch der jugendliche Körper selbst kann als Kapital fungieren – seine Wahrnehmung und seine Bewertung sind aber sozial strukturiert und bestimmen daher die Größe des Möglichkeitsraumes. Innerhalb des eigenen Möglichkeitsraumes stellen die Akteure einen Selbstbezug her und reproduzieren mit der Ausbildung ihrer ästhetischen Präferenzen zugleich Klassenstrukturen und soziale Ordnungen.

Kai Bammann beschäftigt sich mit Tattoos, Piercings und anderen Formen der Body Modification als dauerhaften Veränderungen und Einschreibungen des jugendlichen Körpers. Obwohl Tätowierungen heute offener denn je gezeigt werden und allgegenwärtig scheinen, sind sie doch kein Massenphänomen. Bei Body Modifications gehe es um mehr als Körpergestaltung: Tattoos beispielsweise können auch als Rituale der Selbstinitiation gedeutet werden, denn sie sind mit einer schmerzhaften Prozedur und einem sichtbaren und dauerhaften Zeichen (z.B. für einen neuen Lebensabschnitt) verbunden – eine Variation der Initiationsrituale traditioneller Gesellschaften, so Bammann. Tattoos können als Medium der Inklusion (in eine Gruppe oder Gemeinschaft) und der Abgrenzung (von der Welt der Erwachsenen) fungieren. Im Jugendalter sind Body Modifications verknüpft mit einer Vielzahl anderer Praktiken, wie Musikrichtungen, Kleidung, gemeinsamen Aktivitäten usw. Sie sind eine Entscheidung „für sich", für eine individuelle Gestaltung des eigenen Körpers, für das Erzeugen einer „Landkarte des Lebens". In der Regel sind Tattoos und Piercings heute nicht mehr mit Ausgrenzung und Stigmatisierung verbunden. Sie können Symbol des Protests

16

und der Anpassung zugleich sein, als Medium der Abgrenzung und der Zugehörigkeit fungieren und als Mittel der Selbstermächtigung ein wenig Sicherheit vermitteln in einer Welt, die – insbesondere im Jugendalter – immer unsicherer zu werden scheint.

3.4 Entgrenzte Jugendkörper

Das vierte Kapitel fokussiert unter dem Titel *„Entgrenzte Jugendkörper"* den Versuch der Aufhebung, Verschiebung oder Neuordnung von Begrenzungen und Normierungen, denen physische Materialität unterworfen ist. Damit sind hier etwa die Abbildung realer Körper in virtuellen Bildmedien, die Suche nach „Selbstüberschreitung" in Rausch und Exzess sowie der Bruch mit Geschlechterdiktaten bei der Darstellung von Geschlechtervariationen in Jugendkulturen gemeint. *Dagmar Hoffmann* geht in ihrem Beitrag, „Mediatisierte Körper", der Frage nach, inwieweit Jugendliche sich im Hinblick auf die Selbstakzeptanz ihres Körpers mit medial präsentierten Bildern von Körpern auseinandersetzen. Jugendliche suchen unter anderem in populären Medien nach Informationen über Körperlichkeit, Geschlechtlichkeit und Schönheitsideale, denn diese verweisen darauf, was zeitgemäß und kulturell anerkannt ist. Das Fernsehen als ein zentrales Medium im Jugendalter stellt visuelle Körperdarstellungen bereit, mit denen sich Heranwachsende bewusst und unbewusst, gezielt oder zufällig, kurz- oder langfristig auseinandersetzen. Der Beitrag stellt empirische Ergebnisse zu der Frage vor, wie Mädchen von 16 bis 18 Jahren mediale Körperlichkeiten im Kontext von Selbstexploration und körperlicher Selbstakzeptanz individuell verhandeln. Die Jugendlichen erweisen sich als genaue Beobachter, die Gesehenes sehr differenziert bewerten und sich alltäglich mit Körperinszenierungen in Film und Fernsehen auseinandersetzen. Die medialen Körperbilder und Körperpraktiken dienen der Orientierung und der Wissensaneignung und forcieren mitunter die Auseinandersetzung mit der eigenen Körperlichkeit – ihrer Begrenztheit, aber auch ihren Potenzialen.

Yvonne Niekrenz betrachtet Rausch als körperbezogene Praxis und analysiert die Funktionen des Rauschs in der Lebensphase Jugend. Ihre sozialkonstruktivistisch orientierte Definition des Rauschs grenzt sich vom Krankheitsbild der Sucht ab und versteht Rausch als eine unter mehreren möglichen Wirklichkeitskonstruktionen, die mit veränderten Raum-Zeit-Bezügen und Körperwahrnehmungen einhergeht. Aus einer phänomenologischen Perspektive wird die leiblich-affektive Erfahrung im Rausch analysiert als eine Störung der exzentrischen Positionalität des Menschen und als leiblich-körperliche Grenzerfahrung, die sich nicht nur mit Helmuth Plessner, sondern auch mit Hermann Schmitz' Begriffen ‚Enge' und ‚Weite' näher beschreiben lässt. Dem Rausch kommt eine Funktion zur Vermittlung zwischen Leib und Person zu. Im Rausch wird das Leib-Körper-Verhältnis ausgelotet, werden Auseinandersetzungen mit (veränderten) eigenleiblichen Erfahrungen angestoßen. Im Jugendalter erlangt der Rausch eine individuelle Bedeutung für die Identitätsarbeit, befördert Prozesse der Vergemeinschaftung, erfüllt in gewisser Weise aber auch als Übergangsritus von der Kindheit zum Erwachsensein eine Initiationsfunktion. Der Erwerb von Rauschkompetenz als eine Art von Risiko- und Lebenskompetenz gehört zu den Entwicklungsaufgaben des Jugendalters.

Den Versuch, Geschlechtergrenzen und -positionierungen zu verrücken, thematisiert *Barbara Stauber* in ihrem Beitrag. Sie fragt, wie und inwiefern in der Jugendkulturforschung Gender und Gendervariationen bisher analysiert wurden, und untersucht exemplarisch die Emo-Szene, die im Zusammenhang mit weiblich attribuierten, aber vor allem von Männern vollzogenen Inszenierungen von Emotionalität und Körperlichkeit für öffentliche Diskussion gesorgt hat. Wie Jugendliche in Jugendkulturen Geschlecht herstellen, wird kursorisch an den Szenen Gothic, Techno, HipHop, Heavy Metal, Hardcore und Visual Kei skizziert, um anschließend auf die Emo-Szene einzugehen. Hier zeigt die Autorin, auf welche Weise Männlichkeit konstruiert und Heteronormativität provoziert wird und wie gleichzeitig das Publikum die (Wieder-)Herstellung einer heteronormativen Matrix einfordert. In Bezug auf Androgynität plädiert der Beitrag für kategoriale Zurückhaltung, denn was weiblich, männlich oder androgyn ist, beruht auf Zuschreibungen von außen, die zugleich bestimmte Verhaltens- und Ausdrucksformen einem Geschlecht zuordnen. Jugendliche variieren, konterkarieren und persiflieren Genderbilder in ihren jugendkulturellen Ausdrucksformen und nutzen den Variationsraum Geschlecht, dessen Rahmen sie jedoch nicht grundsätzlich verlassen können.

3.5 Begrenzte Jugendkörper

Das fünfte Kapitel zeigt unter der Überschrift *„Begrenzte Jugendkörper"* an den Beispielen Geschlecht, Rasse und Klasse, dass körperliche oder auch habituelle Merkmale als Unterscheidungskriterien markiert werden können, die mitunter Beschränkungen und Barrieren zur Folge haben. *Anke Abraham* deutet in ihrem Beitrag Geschlechternormen als Begrenzungen von Daseinsmöglichkeiten, weil diese dazu nötigen, eine ganz bestimmte Seinsweise zu entfalten und andere Möglichkeiten der Auslegung ausschließen oder nicht lebbar machen. Trotz Entgrenzungstendenzen halte sich die Geschlechterordnung hartnäckig als binäre Kodierung von Geschlecht, die auf vielfältige Weise strukturell und hierarchisch zementiert ist. Weil das subjektiv bedeutsame Umfeld jeweils in differenter Weise mit dem Körper eines Mädchens bzw. Jungen umgeht, erlebt sich das Kind auf spezifische Weise und entwirft ein spezifisches Bild von sich. Aus meist verborgen bleibender leiblicher Vermittlung resultieren geschlechtsbezogene Fühl-, Denk- und Handlungsroutinen. Exemplarisch geht die Autorin auf sportive Praxen ein, in denen Begrenzungen und Grenzüberschreitungen für Mädchen wie Jungen realisiert werden bzw. möglich sind. Im Ausblick des Artikels verbindet die Autorin die aktuellen Anforderungen der Arbeitswelt mit der Frage nach der Emanzipation beider Geschlechter. Die Fähigkeit zur Balance zwischen Arbeiten und Innehalten werde gelingen, wenn Qualitäten, die bislang als „weiblich" abgewertet wurden, gesamtgesellschaftlich anerkannt und (re-)integriert werden.

Den Einfluss rassifizierender Zuschreibungen auf die Wahrnehmung von Körpern im Jugendalter untersucht *Ulrike Marz* in ihrem Beitrag. Die ambivalenten Verhältnisse in modernen Gesellschaften führten zum Bemühen um klare, meist binär strukturierte Logiken und zu einem (Zu-)Ordnungsbedürfnis. Rassifizierende Zuschreibungen als universell wirkende soziale Erfahrungen moderner Gesellschaften haben den Anschein „natürlicher" Gewissheiten und beeinflussen so das Aufwachsen Jugendlicher und deren Vorstellungen von Körpern. Die Autorin zeigt, dass körperlichen Normierungen und Schönheitsidealen das Weiß-Sein als Norm zugrunde liegt und beschreibt die Vorstellung, Menschen ließen sich in Rassen einteilen, als eine Konstruktionsleistung, die nicht zuletzt der Machtsicherung dient. Die psychische Funktionalität rassifizierender Einstellungen erklärt die Autorin unter Rückgriff auf die Kritische Theorie und deren Ausführungen zum autoritären Charakter. Jugendliche sind alltäglich mit rassifizierenden Zuschreibungen als Teil sozialer Wissensbestände konfrontiert und entwickeln aufgrund dieser Erfahrungen Selbst- und Fremddeutungen, generieren Körperwahrnehmungen und bearbeiten so auch diskursive Körperkonstrukte. Die Identitätsentwicklung Jugendlicher sei im Kontext gesellschaftlicher Körperwahrnehmungen und -diskurse weitgehend vorstrukturiert.

Matthias D. Witte geht Körperpraktiken Jugendlicher im ‚sozialen Brennpunkt' nach. Unter Rückgriff auf das Habitus-Konzept stellt er einen Zusammenhang zwischen dem Leben in einem sozial benachteiligten Stadtteil und den Körperpraktiken und Körperbildern dort lebender Jugendlicher her. Auf der Grundlage einer empirischen Studie werden fünf körperbezogene Selbstdeutungsmuster von Jugendlichen in marginalisierten Wohngebieten beschrieben: der sportive, der knallharte, der handwerklich geschickte, der geschmückte und der musikalische Körper. Die Ergebnisse zeigen, wie die Befragten mittels Körperpraktiken mit Marginalisierung umgehen und Strategien der Selbstbehauptung und Selbstpräsentation entwickeln. Diese Strategien sind vielfältig und markieren die Jugendlichen als Akteure, die individuell und heterogen auf ähnliche Lebenslagen reagieren und Stigmatisierungen begegnen. Sie nehmen – ganz entgegengesetzt zur verbreiteten Meinung des öffentlichen Diskurses – vielfältige Investitionen in den Körper vor, nur scheinen diese wiederum die soziale Lage zu reproduzieren und auf eine Verfestigung von Randständigkeit hinauszulaufen, weil sie mehrheitlich als „abweichend" etikettiert sind. Die „Innensicht" auf das Leben der Akteure im Brennpunkt zeigt die Heterogenität im Hinblick auf Körperhandeln, aber auch die Begrenzungen aufgrund des eingeschränkten Ressourcenzugriffs.

Der vorliegende Band ist durch die zuverlässige und engagierte Mitarbeit der hier versammelten Autorinnen und Autoren zustande gekommen, wofür wir ihnen herzlich danken. Für die Unterstützung bei der Fertigstellung des Buches danken wir Horst Haus, Clemens Langer und Eva Daub.

Rostock und Marburg, im März 2011
Yvonne Niekrenz und Matthias D. Witte

Literatur

Fend, Helmut (2005): Entwicklungspsychologie des Jugendalters. Nachdruck der 3., durchgesehenen Auflage 2003. Wiesbaden: VS.

Goffman, Erving (2001): Interaktion und Geschlecht. 2. Auflage. Frankfurt a.M./ New York: Campus. Zuerst 1994.

Gugutzer, Robert (2002): Leib, Körper und Identität. Eine phänomenologisch-soziologische Untersuchung zur personalen Identität. Wiesbaden: Westdeutscher Verlag.

Gugutzer, Robert (2004): Soziologie des Körpers. Bielefeld: transcript.

Gugutzer, Robert (Hg.) (2006a): body turn. Perspektiven der Soziologie des Körpers und des Sports. Bielefeld: transcript.

Gugutzer, Robert (2006b): Der body turn in der Soziologie. Eine programmatische Einführung. In: Gugutzer, Robert (Hg.): body turn. Perspektiven der Soziologie des Körpers und des Sports. Bielefeld: transcript, 9-53.

Hübner-Funk, Sibylle (2003): Wie entkörperlicht ist die Jugend der Jugendsoziologie. Argumente für eine „somatische Wende" unserer Disziplin. In: Mansel, Jürgen/Griese, Hartmut M./Scherr, Albert (Hg.): Theoriedefizite der Jugendforschung. Standortbestimmung und Perspektiven. Weinheim und München: Juventa, 67–74.

Kamper, Dietmar/Wulf, Christoph (Hg.) (1981): Die Wiederkehr des Körpers. Frankfurt a.M.: Suhrkamp.

Lindemann, Gesa (2005): Die Verkörperung des Sozialen. Theoriekonstruktionen und empirische Forschungsperspektiven. In: Schroer, Markus (Hg.): Soziologie des Körpers. Frankfurt a.M.: Suhrkamp, 114-138.

Plessner, Helmuth (1975): Die Stufen des Organischen und der Mensch. Einleitung in die philosophische Anthropologie. 3., unveränderte Auflage. Berlin/New York: Walter de Gruyter.

Schroer, Markus (2005): Einleitung. Zur Soziologie des Körpers. In: Schroer, Markus (Hg.): Soziologie des Körpers. Frankfurt a.M.: Suhrkamp, 7-47.

Tenbruck, Friedrich H. (1962): Jugend und Gesellschaft. Soziologische Perspektiven. Freiburg: Rombach.

1. Bewegte Jugendkörper

Rolf Göppel

Erwachsen werden

Der pubertierende Körper aus bio-psycho-sozialer Perspektive

Die offensichtlichsten Veränderungen, die während der Jahre zwischen 11 und 17 bei den Jugendlichen vorgehen, sind die des Körpers. In jenen Jahren erleben die meisten einen wahrhaften Wachstumsschub, legen z.T. innerhalb eines Jahres bis zu 10 Zentimeter an Körpergröße zu. Das Körpergewicht erhöht sich in jener Entwicklungsperiode im Mittel bei den Mädchen um 40 Prozent, bei den Jungen sogar um 67 Prozent. Aber nicht nur das Längenwachstum und die Gewichtszunahme beschleunigen sich in jener Zeit, auch die Körperproportionen werden andere. Dem Pubertierenden wächst nach und nach ein neuer, veränderter, erwachsener Körper zu. Die Schultern der Jungen werden breiter, sie gewinnen an Körperkraft, ihre Gliedmaßen werden länger und schlaksiger. Die Mädchen bekommen weibliche Rundungen an Po und Hüften, und ihre Brüste beginnen zu sprießen. Durch die Vermehrung des Unterhautfettgewebes und der Muskelmasse kommt es häufig innerhalb von kurzer Zeit zu einer deutlichen Gewichtszunahme. Haare beginnen plötzlich zu wachsen, wo früher keine waren. Die Geschlechtsorgane verändern ihre Größe und ihr Aussehen. Mit der ersten Menstruation und der ersten Pollution kündigt sich an, dass der Körper nun auch ein sexuell funktionsfähiger, reproduktionsfähiger Körper ist.

Mit diesen körperlichen Veränderungen gehen somit auch eine starke Bewusstwerdung der eigenen Geschlechtsrolle und eine definitive Festlegung auf dieselbe einher. Es ist nun in viel deutlicherem Sinn als früher ein Frauen- bzw. Männerkörper, mit dem man sich arrangieren muss. In gewisser Hinsicht führt dieser Körper nun plötzlich ein Eigenleben, tut Dinge, mit denen man nicht rechnet und die man nicht recht kontrollieren kann: Sei es, dass man in Situationen, in denen man früher unbefangen war, plötzlich verlegen wird und errötet, sei es, dass man von Erektionen zu unpassenden Gelegenheiten überrascht wird, sei es, dass die Brüste schneller und größer wachsen, als man dies sich eigentlich wünschte und beim Laufen auf dem Sportplatz unangenehm wogen, seien es die Schmerzen und „Unpässlichkeiten" im Zusammenhang mit der Menstruation, seien es Gerüche und Ausdünstungen, die man früher so an sich nicht kannte, oder seien es Pickel, die just zu dem Zeitpunkt aufblühen, an dem man sie am wenigsten gebrauchen kann. Gleichzeitig ermöglicht dieser Körper neue Empfindungen, neue und interessante Spannungs- und Lustqualitäten, die ertastet und erprobt sein wollen. Dieser neue, veränderte Körper fühlt sich von innen anders an, als sich der kindliche Körper angefühlt hat, und er wird von außen mit anderen Blicken wahrgenommen und betrachtet.

1. Um welche Art von Bewegung geht es?

Im Folgenden soll also von Bewegungen des Jugendkörpers die Rede sein, die einen anderen Charakter haben als die mehr oder weniger eleganten und extravaganten, artistischen und skurrilen Bewegungen, die man bei Jugendlichen etwa beim Breakdance oder beim Ballett, beim Skaten oder beim Snowboarden, beim Rappen oder beim Raven beobachten kann. Es geht mehr im metaphorischen Sinn um jene *Bewegungen, die die Körper selbst in ihrem Gestaltwandel vollziehen* sowie um jene Vorwärtsbewegungen auf den individuellen Entwicklungspfaden, die dadurch ausgelöst werden. Im Zeitraffer oder in der Computersimulation lassen sich diese „Bewegungen" zunächst als Verschiebung von Körperkonturen als Streckung, Rundung, Wölbung, Verbreiterung etc. sichtbar machen. Dabei werden jene Veränderungen, die der eigene Körper erfährt, von den Betroffenen sehr genau und bisweilen mit gemischten Gefühlen registriert, jedenfalls stets mit hoher Bedeutung aufgeladen.

Natürlich verändert sich auch der kindliche Körper in den Jahren davor schon kontinuierlich. Doch mit der Pubertät erfahren diese Veränderungen eine dramatische Beschleunigung und sie führen erkennbar weg von der typisch kindlichen Gestalt, die bisher die Selbst- und die Fremdwahrnehmung bestimmte. Da diese reifungsbedingten körperlichen Veränderungsprozesse jedoch nicht bei allen genau im gleichen Alter beginnen, kommt es in der Pubertät typischerweise zu markanten *relativen Bewegungen innerhalb der Gleichaltrigengruppe*. Da sitzen etwa in siebten Klassen häufig voll entwickelte junge Damen neben zierlichen kindlichen Mädchen und hoch gewachsene, kantige junge Kerle neben pummeligen Buben. Auch diese Bewegung kann man sich bildlich veranschaulichen, wenn man sich die Heranwachsenden auf „Entwicklungsförderbändern" vorstellt: Lange Zeit bewegen sie sich ziemlich im Gleichtakt dahin, plötzlich aber beginnen einzelne Bänder schneller zu laufen und bringen die Betroffenen in neue Erlebnisgefilde, die die anderen zunächst nur aus der Ferne betrachten können. Dabei ist es so, dass bei den Mädchen jener Beschleunigungsprozess im Durchschnitt ein bis zwei Jahre früher einsetzt als bei den Jungen, dass es also gerade zu der Zeit, in der mit den ersten Explorationen in Sachen „sich verlieben" und „miteinander gehen" eigentlich die Überwindung der Geschlechterdistanz ansteht, es zu einer neuen Entwicklungsdistanz kommt und die Altersgenossen/Klassenkameraden damit tendenziell unattraktiv werden.

Weiterhin kommt es nicht selten auch noch zu anderen Formen der *relativen Bewegung – des „Auseinanderdriftens" –, die sich auf das einzelne Individuum beziehen*: Bisweilen ist es nämlich so, dass der Körper früh schon von jenem Beschleunigungsschub ergriffen wird und entsprechende Merkmale der Reife und Erwachsenheit ausbildet und damit auch entsprechende Signale in die Außenwelt sendet sowie entsprechende Reaktionen provoziert, dass aber die geistigen und psychischen Interessen, Bereitschaften und Wünsche beim „Besitzer" dieses Körpers noch eher in der kindlichen Sphäre verhaftet sind. Der „innere Mensch" registriert gewissermaßen mit Staunen, wie ihn seine äußere, körperliche Gestalt auf jenem „Entwicklungsförderband" enteilt, Dinge mit ihm macht, Blicke, Bemerkungen, Befangenheiten auslöst, auf die er noch gar nicht recht eingestellt ist. Aber es gibt auch das andere Phänomen, dass Jugendliche darunter leiden, dass sie auf jenem äußerlich sichtbarsten Feld der physischen Entwicklung nicht so recht vorankommen, dass ihre körperliche Hülle noch so sehr der typisch kindlichen Gestalt entspricht, obwohl sie sich vom Gefühl und von der psychischen Reife her eigentlich schon sehr viel weiter wähnen. Meist bringt eine solche deutlich verspätete körperliche Entwicklung eher ungünstige Voraussetzungen im Gerangel um soziale Anerkennung und Bewunderung in der Gleichaltrigengruppe sowie deutliche Nachteile auf dem Feld der Suche nach ersten sexuellen Erfahrungen mit sich. Auch die falsche Taxierung am Einlass von altersbeschränkten Veranstaltungsorten wie Kino oder Disco kann dann zu peinlichen Situationen führen.

2. Was heißt „bio-psycho-soziale" Perspektive?

Dies klingt zunächst nach einer Art „Supertheorie", die alle nur denkbaren Betrachtungsweisen integriert. Die Rede von einer ganzheitlichen „bio-psycho-sozialen Betrachtungsweise" taucht überwiegend im Bereich der Medizin und der Psychotherapie auf, wenn dort etwa gefordert wird, dass zur Erklärung der Genese von psychischen oder somatischen Krankheiten, vor allem aber auch im Hinblick auf mögliche Heilungsperspektiven, sowohl die *biologische Seite* der beeinträchtigten Organprozesse – etwa erhöhte Blutdruckwerte, allergische Reaktionen, Stoffwechselstörungen, Magengeschwüre, Niereninsuffizienzen, Muskelverhärtungen, Gelenksarthrosen etc. – als auch die *psychische Seite* der Einstellungen, Emotionen, Denkgewohnheiten, Hoffnungen, Selbstwirksamkeitserwartungen, Bewältigungsmechanismen, Verdrängungsbereitschaften, Depressionsneigungen als auch die *soziale Seite* der Lebensgewohnheiten und Lebensrhythmen, der Beziehungs- und Wohnsituation, der familiären Konflikte und Ressourcen, der beruflichen Ambitionen und Belastungen und der Einbindung in soziale Netzwerke etc. mit berücksichtigt werden müssten.

Im Hinblick auf die Genese, gerade von psychischen Krankheiten, geht es unter der „bio-psycho-sozialen Perspektive" insbesondere auch darum, das Zusammenwirken genetischer Dispositionen und der damit eventuell gegebenen Vulnerabilitäten für bestimmte Erkrankungen mit den spezifischen individuellen Lebenserfahrungen der Betroffenen zu sehen. Dabei ist hier in der Regel noch einmal zu unterscheiden zwischen jenen traumatischen Erfahrungen der frühen Kindheit, welche die psychische Struktur in der besonders empfindlichen Zeit ihrer Formierung destabilisiert und zu bestimmten „Verletzungen" und „Vernarbungen" geführt haben und den belastenden Umständen und Ereignissen aus der aktuellen Lebenssituation. Während hier in der frühen psychoanalytisch geprägten hermeneutischdeutenden Psychosomatik oftmals mit recht spekulativen Konversions- und Symbolisierungstheorien gearbeitet wurde, ist heute die Psychoneuroimmunologie dabei, die Niederschläge von überfordernden Stresserfahrungen in bestimmten Funktionskreisen des Gehirns zu beschreiben und hier wiederum die subtilen Wechselwirkungen zwischen neurologischen und immunologischen Prozessen zu erforschen (vgl. Ruegg 2006 a, b).

Im Folgenden soll der Begriff „bio-psycho-soziale Perspektive" jedoch in einem schlichteren Sinn verwendet werden: Wenn es um die Frage danach geht, wie Jugendliche in der Pubertät die Veränderungen ihres Körpers erleben und verarbeiten, dann ist immer schon vorausgesetzt, dass hier eine biologische, reifungsbedingte, somatische Komponente mit im Spiel ist. Die hochkomplexen und bisher wohl auch noch nicht vollständig durchschauten endokrinen Mechanismen, durch die jene körperlichen Veränderungsprozesse ausgelöst und gesteuert werden, können dabei für unseren Zusammenhang weitgehend ausgeklammert werden. Wichtig ist, *dass* jene körperlichen Veränderungsprozesse in Gang kommen und dass sie von den Betroffenen erlebt werden und psychisch verarbeitet werden müssen. Offensichtlich ist dabei aber auch, dass dieses Erleben zunächst im subjektiven Wahrnehmen, und Beurteilen jener Veränderungen besteht und dass gerade dieses Beurteilen wiederum sehr stark gekoppelt ist mit Prozessen des sozialen Vergleichens und Bewertens. Wie schon im Wortbild „biopsycho-sozial" ist die psychische Seite des subjektiven Erlebens also stets eingespannt zwischen dem, was sich im Hinblick auf das „Bios" des eigenen Körpers gewissermaßen als „Naturgewalt" ereignet, und dem, was es von sozialer Seite an Bedeutungszumessungen, Normalitätserwartungen, Vergleichsgesichtspunkten, Beurteilungsmaßstäben und Schönheitsidealen zur Bewertung jener Veränderungen zugespielt und aufgedrängt bekommt.

Diese Beurteilungs- und Bewertungsprozesse beziehen sich nun ganz überwiegend auf jene Aspekte des Körpers, die im Spiegel sichtbar und für die soziale Attraktivität relevant sind: Größe, Figur, Gesicht, Busen, Hüften, Beine usw. Ein anderer Teil des Körpers, in dem sich zu jener Zeit bedeutungsvolle Veränderungen vollziehen, ist diesem „subjektiven Körperscanning" entzogen, weil die dortigen Veränderungen äußerlich gar nicht zu sehen sind. Aber natürlich ist auch das Gehirn als Sitz des Geistes und als Ort des Erlebens ein Teil des menschlichen Körpers und kann somit in einer „bio-psycho-sozialen Perspektive nicht gänzlich ausgeklammert werden.

Es ist einerseits unbestreitbar, dass all unser Fühlen, Denken und Verhalten mit entsprechenden neuronalen Strukturen und neurochemischen Prozessen in unserem Gehirn zu tun hat, und es gibt andererseits klare Belege dafür, dass die neuronale Feinstruktur unseres Gehirns sehr stark durch die sensorischen und sozialen Erfahrungen, die wir in früher Kindheit machen, geprägt wird, dass aber auch bei allen späteren dauerhaften Lernprozessen synaptische Strukturen auf- und ausgebaut werden. In jüngster Zeit hat nun eine ganz spezielle biologisch-organologische Deutung der pubertätstypischen Phänomene besondere Furore gemacht und die früher gängige These vom „Hormonschub" als somatogener Ursache der jugendtypischen Stimmungsschwankungen und Verhaltenseigentümlichkeit weitgehend abgelöst. Die These nämlich, dass die typischen psychischen Erscheinungen der Pubertät maßgeblich mit einem „Gehirnumbau" zu tun hätten, dass das Teenagergehirn einer großen „Baustelle" gleiche (s. Fladung in diesem Band).

Gerade in jenen Hirnregionen, die für komplexere Entscheidungen, Handlungsplanungen und soziale Wahrnehmungen zuständig seien, finde in jenen Jahren ein bedeutsamer, bisher nicht erkannter neuronaler Restrukturierungsprozess statt. Die aufregenden neuen Forschungen aus diesem Bereich wurden von Barbara Strauch in dem Buch „Warum sie so seltsam sind. Gehirnentwicklung bei Teenagern" (Strauch 2003) zusammengefasst. Nahezu alle der seitdem in populären Magazinen wie SPIEGEL, STERN, FOCUS, ZEIT, „Psychologie heute", „Gehirn&Geist" erschienenen Reportagen über das Jugendalter beziehen sich auf jene neue Forschungsrichtung und präsentieren bunte Hirnscanbilder, die den Hirnumbau während der Pubertät dokumentieren sollen.

So interessant jene Forschung einerseits ist, so besteht doch andererseits durchaus die Gefahr, dass es unter der Ägide der Neurobiologie erneut zu einer biologistisch-reduktionistischen Verkürzung kommt, die hinter den Anspruch einer „bio-psycho-sozialen" Perspektive zurückfällt. So etwa wenn Bahnsen einen entsprechenden Artikel über die neuen Forschungen zum Thema „Teenager-Gehirn" mit den Sätzen beginnt „Können die Pubertierenden gar nichts für ihre Flegelhaftigkeit? Sind sie selbst Opfer ihrer primadonnenhaften Allüren und ihres rüpelhaften Gebarens? Es mag entnervte Eltern ein wenig trösten, dass es nicht an ihrer Erziehung liegt, sondern an der Biologie, wenn sich das Erwachsenwerden der Kinder schwierig gestaltet" (Bahnsen 2002, 43). Mit dem Verweis auf die neurobiologisch bedingten Schwierigkeiten der Jugendlichen mit der Emotionsregulation (Wietasch 2007) und auf die „entwicklungsbedingte Unterfunktion" des präfrontalen Cortex und der damit verbundenen mangelnden Fähigkeiten zur Impulskontrolle, zu Risikoabschätzung und Handlungsplanung wird dann in pragmatischer Hinsicht etwa die pädagogische Forderung in den Raum gestellt, Eltern müssten sich „manchmal so verhalten, als seien sie der präfrontale Cortex ihrer halbwüchsigen Kinder" (Strauch 2003, 55).

Paradoxerweise hat nun gerade diese (neuro-)*biologische* Perspektive dazu geführt, den Blick ganz auf jene körperlichen Veränderungsprozesse unter der Schädeldecke, die nur in den modernen bildgebenden Verfahren überhaupt sichtbar sind, zu verengen und die ganzen restlichen offensichtlichen und subjektiv erlebbaren körperlichen Veränderungsprozesse der Pubertät eher auszublenden. Die „Leiblichkeit" ist gewissermaßen auf die „Hirnlichkeit" reduziert.

Inzwischen gibt es freilich auch deutliche Kritik am neuen Boom der These von der „Gehirnbaustelle" als Ursache für die „Chaostendenzen" im Jugendalter. So meint etwa Robert Epstein, „dass jenes angebliche unreife Teenagergehirn, das den Jugendlichen so große Probleme bereitet, nichts weiter ist als ein Mythos" (Epstein 2009, 42). Ähnlich wie schon Margret Mead, die 1928 ihr berühmtes Buch „Coming of Age in Samoa" nicht zuletzt deshalb veröffentlicht hat, um ihren Landsleuten zu zeigen, wie harmonisch die Adoleszenz in anderen kulturellen Verhältnissen verlaufen kann und wie sehr die „Jugendrebellion" ein Phänomen westlicher Gesellschaften ist (vgl. Mead 1928), argumentiert auch Epstein vor allem kulturvergleichend und betont, dass die beklagten Phänomene in Wirklichkeit als Folge der kulturellen Infantilisierung der Heranwachsenden verstanden werden müssten, also als Folgen des Umstandes, dass sie länger als jemals in der Geschichte (und länger als ihnen gut tut) von verantwortungsvollen Aufgaben und Bewährungen sowie von ernsthafter gesellschaftlicher Teilhabe ausgegrenzt werden. Eingesperrt in das „Ghetto der Altersgleichen" und allein mit der Aufgabe konfrontiert, schulische Lernpensen zu absolvieren, sei ihnen sowohl die wichtige Erfahrung, für Andere nützlich zu sein, als auch die Erfahrung in alltäglicher sachlicher Kooperation mit Älteren Lebenserfahrung zu sammeln, weitgehend verwehrt. Erst die vor diesem Hintergrund entstandene künstliche Ersatzwelt der modernen „Teenagerkultur" mit ihren Moden, Eskapaden und Exaltiertheiten habe dann jene Phänomene und Probleme hervorgebracht, die nun mit der „Gehirnumbauthese" erklärt werden sollen. In der Tat sollte man aus einer rein neurobiologischen oder evolutionsbiologischen Perspektive ja erwarten, dass die entsprechenden alterstypischen Phänomene und Entwicklungsprozesse universell relativ gleichartig ablaufen.

Die Popularität der „Gehirnumbauthese" dürfte sicherlich auch mit der innovativen Aura zusammenhängen, die die moderne Gehirnforschung insgesamt derzeit umgibt und die sie als „Speerspitze des wissenschaftlichen Fortschritts" erscheinen lässt. Wenn man freilich auf die Tradition der Jugendforschung insgesamt blickt, dann wird man dieser insgesamt kaum eine Gesellschaftsblindheit oder Kulturvergessenheit nachsagen können. Eher im Gegenteil, war sie doch in den letzten Jahrzehnten sehr stark soziologisch geprägt und hat vor allem die Auswirkungen von gesellschaftlichen Modernisierungs-, Individualisierungs-, Desintegrations- und Ökonomisierungstendenzen auf die Einstellungen, Denk- und Verhaltensweisen der Jugendlichen erforscht. Sie hat das Jugendalter gewissermaßen als einen „Seismografen der Gesellschaft" aufgefasst, an dem sich besonders genau gesellschaftliche Spannungen und Brüche, Entwicklungstrends und Zukunftstendenzen ablesen lassen. In diesem Sinne war die Aufmerksamkeit vor allem auf das sich wandelnde Verhältnis der Jugendlichen zu den traditionellen gesellschaftlichen Mächten gerichtet. Die Sphäre des Körpers und der körperlichen Veränderungen spielte auch dort eine vergleichsweise periphere Rolle. Dies kann man recht eindrucksvoll am „Handbuch der Kindheits- und Jugendforschung" von Krüger und Grunert (2002) belegen. In diesem fast 1.000 Seiten starken Standardwerk sucht man zwischen „Koedukation" und „Kohortenanalyse" vergeblich nach einem Stichwort „Körper". Unter den „ausgewählten Gebieten" der Jugendforschung wird dort vor allem dem Verhältnis der Jugendlichen zu diversen gesellschaftlichen Institutionen nachgegangen: zu Familie, Schule, Ausbildung, Studium, Freizeitsphäre, Medien, sozialpädagogischen Institutionen, Politik, Recht, Kirchen, Verbänden usw. Das im subjektiven Erleben der Jugendlichen oftmals viel bedeutsamere Verhältnis zum sich wandelnden eigenen Körper wurde keines eigenen Kapitels für Wert befunden. Im Folgenden soll unter „bio-psycho-sozialer" Perspektive also eine Perspektive verstanden werden,

- die davon ausgeht, dass den körperlichen Entwicklungsprozessen im Jugendalter eine ganz zentrale Bedeutung für alles zukommt, was sich in jener intensiven Lebensphase an Veränderungen vollzieht: was sich an neuen Interessen auftut, was sich in sozialen Beziehungen abspielt, was an Leiden und Konflikten erlebt wird;
- die davon ausgeht, dass all diese körperlichen Veränderungen von den Jugendlichen auf der Basis jener psychischen Dispositionen sensibel wahrgenommen, erlebt und verarbeitet werden, die sich bei ihnen im Laufe ihrer individuellen lebensgeschichtlichen Erfahrungen von frühester Kindheit an im Umgang mit vertrauensvollen Beziehungen, Nähe, Anerkennung, Intimität, Körperlichkeit, Nacktheit, Scham etc. herausgebildet haben;
- die davon ausgeht, dass dieses subjektive Wahrnehmen, Erleben und Verarbeiten nicht nur alleine „im stillen Kämmerchen vor dem Spiegel" passiert, sondern vielmehr unweigerlich mit sozialen Performanz- und Austauschprozessen zu tun hat, also mit Situationen des sich Zeigenwollens und sich Zeigen-müssens, mit Situationen des Vergleichens, Bewertens, Bewunderns, Lästerns, Taxiert-werdens, Beschämt-werdens, Stolz-seins etc., und das somit in hohem Maße auch von den je aktuellen kulturell geprägten Normalitätsvorstellungen und Schönheitsidealen beeinflusst ist.

3. Wie werden die körperlichen Veränderungsprozesse der Pubertät von den Jugendlichen erlebt?

Wenn man etwas über diese wichtige Frage erfahren will, dann lassen einen die großen empirischen Jugendstudien ziemlich im Stich. In der Shell Jugendstudie etwa kann man Differenziertes darüber erfahren, wie die Jugendlichen ihr Familienklima erleben, wie sie zur Schule stehen, welche Wertorientierungen sie haben, was bei ihnen momentan in oder out ist, wie sie ihre individuelle und die gesellschaftliche Zukunft sehen, was sie von der Politik halten und wie sie zu Europa, zu gesellschaftlichen Randgruppen oder zur Alterung der Gesellschaft stehen. Wie sie zu dem, was sie am nächsten berührt und angeht, ihrem Körper und dessen pubertätsbedingten Veränderungen stehen, bleibt dagegen weitgehend ein blinder Fleck. Immerhin wurden unter der Rubrik „Gesundheitsverhalten" ein paar Fragen aufgenommen, die die Körpersphäre betreffen. Darin erfährt man neben Dingen über das Ernährungs- und Sportverhalten der Jugendlichen, dass 43 Prozent der Mädchen im Alter von 12 bis 25 Jahren sich als zu dick und 8 Prozent als zu dünn empfinden und dass somit die Unzufriedenheit mit dem eigenen Gewicht bei den Mädchen deutlich stärker ausgeprägt ist als bei den Jungen, von denen immerhin 61 Prozent meinen, sie hätten „genau das richtige Gewicht" (Langness/Leven/Hurrelmann 2006, 88). Interessant und bezeichnend ist in diesem Zusammenhang auch, dass bei der Frage danach, was bei den Jugendlichen „in" ist (hier haben die Befragten eine lange Liste mit Stichwörtern vorgelegt bekommen, die sie hinsichtlich der dichotomen Unterscheidung „in/out" bewerten sollten), das Stichwort *„toll aussehen"* bei beiden Geschlechtern die Spitzenposition in der Rangliste einnimmt. „Toll aussehen" gehörte dabei auch zu jenen Werten mit aufsteigender Tendenz, die also gegenüber der letzten Befragung höhere Zustimmungswerte erreichten.

Differenziertere Auskunft über das Körperbewusstsein und Körpererleben Jugendlicher erhält man aus einer jüngeren Studie der Bundeszentrale für gesundheitliche Aufklärung (BZgA), die ähnlich wie das Jugendwerk der Deutschen Shell ebenfalls regelmäßig groß angelegte Befragungen – vor allem zum Sexualverhalten und zur Drogenaffinität der Jugendlichen – vornimmt. Hier wurden 2.500 Jugendliche im Alter von 14 bis 17 Jahren unter anderem auch zu ihrem Körperbewusstsein befragt und hier waren es nur 25 Prozent der Mädchen, die sich als zu dick empfanden (Heßling/Bode 2006). Der Unterschied zwischen Jungen und Mädchen in diesem Punkt war dabei etwa ähnlich ausgeprägt wie in der Shell-Jugendstudie. Entsprechende Differenzen zeigten sich auch bei den Antworten auf zwei andere Fragen, die mit der Akzeptanz des eigenen Körpers zu tun haben: Während 62 Prozent der Jungen zu Protokoll gaben, dass sie sich in ihrem Körper wohlfühlen, war dies bei den Mädchen mit 46 Prozent weniger als die Hälfte. Bei dem Item „Ich finde meinen Körper schön", das also ganz explizit auf die ästhetische Selbstbewertung abzielte, fiel die Einschätzung noch geringer aus. Hier waren es 43 Prozent der Jungen und 35 Prozent der Mädchen, die zustimmten. Dabei ergab sich bei einer differenzierteren Betrachtung nach Altersgruppen, dass die positive Bewertung des eigenen Körpers bei beiden Geschlechtern über den Verlauf der Entwicklung graduell zunimmt und dass die 14-Jährigen die größten Probleme mit ihrer im Umbruch befindlichen körperlichen Erscheinung haben. Dass Jugendliche heute schon früh den eigenen Körper und dessen ästhetische Erscheinung nicht nur als eine schicksalhafte Gegebenheit betrachten, sondern als eine individuelle Gestaltungsaufgabe, wird daran deutlich, dass knapp drei Viertel der Jungen und mehr als zwei Drittel der Mädchen der Aussage zustimmten „Ich achte darauf, körperlich fit zu bleiben", dass drei Viertel der Mädchen und mehr als die Hälfte der Jungen sich dazu bekannten, sich gerne zu stylen und dass entsprechend die Verwendung von Körperpflege- und Stylingprodukten sehr hoch im Kurs steht.

Wie sehr auch das subjektive Erleben von Körperlichkeit Veränderungs- und „Modernisierungsprozessen" unterworfen ist (vgl. Ziehe 1991), wie schnell sich dabei wandelnde kulturelle Vorstellungen davon, wie ein schöner Körper auszusehen habe – nicht nur in unterschiedlichen Idealmaßen bei den Models, die in den Werbeclips und Hochglanzbroschüren die Perfektionsideale vorgeben –, niederschlagen, sondern auch in die scheinbar „natürlichen" alltäglichen Empfindungen darüber eindringen, was an einem Körper „komisch", „abstoßend", „korrekturbedürftig" erscheint, kann man an dem seit einigen Jahren um sich greifenden Trend zur Haarentfernung beobachten. Noch vor wenigen Jahren wurde es als das Selbstverständlichste von der Welt betrachtet, dass sich mit der Pubertät auch die Körperbehaarung verändert, dass Haare unter den Achseln, im Genitalbereich und bei Männern eben auch an Kinn und Wange sowie auf der Brust zu sprießen beginnen. Gerade Letzteres galt bisweilen als Ausweis markanter Männlichkeit. Heute ist bei beiden Geschlechtern jede Art von Körperbehaarung – mit Ausnahme der des Schädels – eher verpönt und entsprechend wird rasiert und epiliert, gezupft und gerupft, gecremt und gebleicht, was das Zeug hält (s. Schmincke in diesem Band).

Nach einer Studie, die Elmar Brähler bei Studierenden durchgeführt hat (Brähler 2008), enthaaren sich bereits 88 Prozent der Frauen und 67 Prozent der Männer die Intimzone. Beachtlich ist nach Brähler auch die Anzahl gleichzeitig enthaarter Körperpartien. Demnach ist es so, dass die meisten der Frauen, die sich regelmäßig rasieren/epilieren/trimmen, dies an drei oder mehr Körperpartien tun. Fast die Hälfte der Frauen enthaart sich sogar vier Körperpartien gleichzeitig. Das sind vor allem Beine, Achselhöhlen, der Genitalbereich und die Augenbrauen. Bei Männern werden zu mehr als 50 Prozent zwei oder drei Körperpartien einbezogen. Sie rasieren sich vor allem die Achselhöhlen, Genitalbereich oder Oberkörper.

Brählers Zahlen wurden kritisiert (vgl. Dworschak 2009), und sie mögen vielleicht tatsächlich zu hoch angesetzt sein. Der Trend ist jedoch unverkennbar. Etwas, was eine Generation zuvor noch als eine ziemlich ausgefallene und zweifelhafte individuelle Marotte gegolten hätte, erleben viele junge Menschen heute als die natürlichste Sache der Welt, ja als eine Art „Must-do", die wie das Zähneputzen oder das Schneiden der Fingernägel ganz selbstverständlich zu den regelmäßigen Verrichtungen der Körperpflege gehört. Hier liegt ein besonders markantes Beispiel vor für die *soziale* Dimension in dem, was hier insgesamt als „bio-psycho-soziale Perspektive" bezeichnet wurde. Gleichzeitig macht auch dieses Beispiel deutlich, wie sehr stets alle drei Momente verklammert sind: Ohne die biologischen Prozesse würde sich die neue Aufgabe der „Körpermodifikation" gar nicht stellen. Gleichzeitig bringen die reifungsbedingten Prozesse in „Kooperation" mit den neuen kulturellen Moden wiederum neue Aufgaben der psychischen Verarbeitung mit sich: Der neue subtile soziale Zwang zur Selbstentblößung konfrontiert gerade Heranwachsende mit psychischen Verunsicherungen und Herausforderungen ganz neuer Art. Dies macht das folgende Zitat von Brähler deutlich:

> „Speziell für den Bereich der Intimrasuren bei Frauen lässt sich sagen, dass es die ‚neue' Sichtbarkeit der äußeren weiblichen Genitalien ist, die dazu führt, dass sich auch hier Schönheitsnormen herausbilden: Erstmals entwickelt sich eine allgemeingültige – für weite Schichten der Bevölkerung – verbindliche Intimästhetik. Eine bis dato primär zur Privatsphäre zählende Körperregion – die Schamregion – unterliegt fortan einem Gestaltungsimperativ." (Brähler 2008)

In der Studie der BZgA zeigte sich, dass sowohl die Werte für das Wohlbefinden und die Akzeptanz des eigenen Körpers als auch die Aufmerksamkeit für körperliche Fitness, Körperpflege und Körperstyling bei jenen Jugendlichen höher sind, die schon in Partnerbeziehungen gebunden sind. Die damit erlebte Anerkennung der eigenen Person und des eigenen Körpers verhilft offensichtlich zu einem freundlicheren Verhältnis zu diesem. Sicherlich kann man hier fragen, was Ursache und was Folge ist. Immerhin könnte es auch so sein, dass diejenigen mit einem positiveren Verhältnis zum eigenen Körper (bei denen vermutlich auch diejenigen überrepräsentiert sein dürften, die hier von der Natur ein wenig „besser gesegnet" sind, d. h. die bei Attraktivitätsratings höhere Werte erzielen) einfach auch früher auf dem „Partnerschaftsmarkt" aktiv und erfolgreich sind. Ein anderes Teilergebnis verweist jedoch darauf, dass das positive Verhältnis zum eigenen Körper tatsächlich mit sozialer Anerkennung und vielleicht auch mit so etwas wie „genereller Lebenszufriedenheit" zu tun hat: Es zeigte sich nämlich, dass das Wohlbefinden im eigenen Körper auch mit dem Vertrauensverhältnis zu den eigenen Eltern im Zusammenhang stand.

Die bisher dargestellten Ergebnisse empirisch-quantitativer Studien haben den Vorzug, dass sie auf repräsentativen Erhebungen beruhen und somit eine ungefähre Einschätzung über die Verbreitung von Erfahrungs- und Verhaltenstendenzen, über Geschlechter- und Altersdifferenzen sowie über längerfristige Trendverschiebungen liefern. Freilich bleiben in ihnen all die individuellen Facetten und Besonderheiten des Körpererlebens in der Pubertät notwendig ausgeblendet. Wenn man etwa bedenkt, dass in der BZgA-Studie insgesamt 14 Prozent der Mädchen angeben, dass sie sich in ihrem Körper wenig oder gar nicht wohlfühlen, bzw. 19 Prozent, dass sie ihren Körper wenig oder gar nicht schön finden, dann kann man nur sehr vage ermessen, welche persönlichen Dramen und welche subjektiven Leidensgeschichten sich hinter diesen schlichten Prozentangaben verbergen, die sich bei der Summation von Kreuzchen auf Fragebögen ergaben.

Deshalb sollen im Folgenden noch einige Materialien anderer Art präsentiert werden: narrative Texte, in denen junge Erwachsene rückblickend die Erinnerungen an das persönliche Erleben der pubertätsbedingten körperlichen Veränderungsprozesse vergegenwärtigen. Sie stammen aus einem qualitativen Forschungsprojekt über die Bewältigung der Entwicklungsaufgaben des Jugendalters (Göppel 2005) und können hier nur in exemplarischen Auszügen wiedergegeben werden.

In diesen autobiografischen Reflexionen zeigte sich, wie höchst unterschiedlich die körperlichen Veränderungen der Pubertät von den betroffenen Subjekten erlebt werden können. Die Spannbreite reicht von einer eher furchtsamen, ablehnenden Haltung, die diese körperlichen Veränderungssignale als bedrohlich erlebt und am liebsten noch möglichst lange im kindlichen Status und im kindlichen Körper verbleiben möchte, bis hin zum sehnsüchtigen Wunsch, der eigene Körper möge endlich auch jene Attribute von fortschreitender Pubertätsentwicklung zeigen, welche bei gleichaltrigen Freunden schon deutlich erkennbar sind:

> „Ich konnte mit den zahlreichen körperlichen Veränderungen vor allem in der Anfangsphase sehr schlecht umgehen [...]. Permanent hatte ich das seltsame Gefühl: ‚Das bin nicht ich! Dieser Körper gehört mir nicht!' und stellte mir oft die Frage, wie ich nun mit meinem neuen Körper umgehen soll. Besonders schlimm fand ich die Menstruation, obwohl ich sehr erleichtert war, als ich ‚meine Tage' bekam. Diese Freude verging aber sehr schnell, da ich sehr starke Schmerzen hatte." (K25w)

> „Meine körperliche Entwicklung (Menarche) begann schon sehr früh – mit ca. 10 Jahren. Zu diesem Zeitpunkt hatte ich auch schon meine jetzige Körpergröße von 1,72 m erreicht und Brust entwickelt. Diese körperliche Frühreife brachte mich schon zum Ende der Grundschulzeit und vor allem aber die ganze Anfangszeit des Gymnasiums über in eine eher isolierte Einzelstellung gegenüber den Mitschülern, die, egal ob Mädchen oder Jungen, alle noch kleiner und kindlicher waren. Verspottungen und

33

Demütigungen der Jungen und Meiden und Distanz meiner Person durch die anderen Mädchen waren die Reaktionen, mit denen ich kaum umgehen konnte. Ich reagierte mit Rückzug und Isolation – war halt anders. Da vonseiten der Familie kein großes Verständnis dafür existierte – ich wurde eher scheingetröstet oder für ‚schön' erklärt, obwohl ich mich alles andere als das fühlte – spitzte sich die Situation immer mehr zu. Kameradschaftliche Aufklärung, lindernde Mode oder Körperarbeit und hilfreiche Tricks gab es in meinem Umfeld einfach nicht. Eine beste Freundin auch noch nicht. So zog sich dieser quälende Zustand hin bis fast ins 14., 15. Lebensjahr." (K27w)

„Ich habe sehnsüchtig darauf gewartet, endlich in die Pubertät zu kommen. Ich musste sogar aus diesem Grund mein größtes Hobby, das Fußballspielen aufgeben. Es war mir einfach nicht möglich, mich mit meinen Vereinskameraden nach dem Spiel/Training zu duschen (und das war Pflicht). Ich musste also aus der Fußballmannschaft austreten, da ich mir sicher war, ich würde von meinen Mitspielern ausgelacht werden, wenn ich mich auszöge – als Grund gab ich natürlich was völlig anderes an (keine Zeit aufs Training zu kommen, muss viel lernen usw.). In dieser Zeit des Wartens auf die körperlichen Anzeichen einer Veränderung war meine sexuelle Erregbarkeit in keinster Weise niedriger als in der Pubertät selbst. Gerade in der Phase vor der sehnsüchtig erwarteten Pubertät waren meine sexuellen Fantasien am ausschweifendsten." (K35m)

„Ich hatte überhaupt kein Selbstbewusstsein; während sich meine Mitschülerinnen auf ihre Periode freuten, stand ich am Tag, an dem „es zum ersten Mal passierte" im Bad und weinte. Ich hatte das Gefühl, etwas verloren zu haben und etwas Neues dazu bekommen zu haben, das ich gar nicht wollte und für das ich noch gar nicht reif war. Mir war es furchtbar peinlich, als meine Mutter, die ich natürlich eingeweiht hatte, es meinem Vater und meiner Oma erzählte. Mit ihrer Bemerkung ‚jetzt bist du eine richtige Frau', löste sich in meinem Inneren ein Gefühl, das ich bis heute noch nicht beschreiben kann. Bisher hatte es mich immer sehr zu meinem Vater gezogen; wir spielten und alberten sehr viel miteinander, doch auf einmal hatte ich das Gefühl, dass das mit dem Eintritt meiner Periode nun ein Ende hatte. Heute weiß ich, dass es auch für ihn schwer war zu sehen, wie ‚sein kleines Mädchen' erwachsen wird und dass er darauf eben mit Unbeholfenheit reagierte. Erst als ich entdeckte, dass ich in meiner Klasse nicht die Einzige und Erste war, die die Regel schon hatte, beruhigte ich mich etwas, später konnte ich sogar mit meinen Mitschülerinnen darüber reden und Späße darüber machen." (K 48w)

In den autobiografischen Statements überwiegen deutlich diejenigen Erinnerungen, die von Gefühlen des Unbehagens, der Unzufriedenheit und der Entfremdung im Zusammenhang mit den körperlichen Veränderungen der Pubertät berichten. Dies fällt bei den Texten, die aus weiblicher Feder stammen, noch mehr auf als bei jenen, die von Männern verfasst wurden.

Dabei sind es recht unterschiedliche Aspekte, die zu jenem Unbehagen führen: einerseits das Bewusstsein vom nahenden Ende der Kindheit, die Trauer um den Verlust kindlicher Unbeschwertheit, Sorglosigkeit und umfassender Behütetheit durch die Eltern. Dazu kommen aber auch die Prozesse im Körper selbst, die dazu führen, dass einem der vertraute Körper zunehmend fremd wird, dass er innerhalb relativ kurzer Zeit Dimensionen und Proportionen annimmt, die die eigene Statur unförmig und unvorteilhaft erscheinen lassen, die nicht mehr niedlich und „süß" sind.

Weiter oben wurde schon auf die beträchtlichen interindividuellen Unterschiede im Hinblick darauf verwiesen, wann die pubertätsbedingte Entwicklungsbeschleunigung in Gang kommt. Dabei ist die Bedeutung, die einer besonders frühen bzw. einer besonders späten Reifeentwicklung zukommt für Mädchen und Jungen in der Regel eine durchaus unterschiedliche. Während auffällig früh entwickelte Mädchen häufig mit ihrer körperlichen Entwicklung unzufrieden sind, weil sie rasch an Gewicht zunehmen und weil sie die entwicklungstypische Vermehrung des Unterhautfettgewebes als unvorteilhaft erleben, haben die früh entwickelten Jungen damit, dass sie in die Höhe schießen, breitere Schultern bekommen und muskulöser werden, kaum Probleme. Groß, stark und muskulös zu sein, entspricht in der Regel dem herbeigesehnten Männlichkeitsideal, das sie seit ihrer Kindheit internalisiert haben. Das Weiblichkeitsideal der Mädchen rankt dagegen eher um Vorstellungen, die sich mit „schlank", „grazil", „zierlich" umschreiben lassen, und da kann es dann leicht als bedrohlich erlebt werden, wenn man sich schon mit 12 bis 13 Jahren jenseits dieses Ideals befindet. Die Jungen wachsen also mehr oder weniger schnell und mehr oder weniger deutlich auf dieses Ideal zu, die Mädchen wachsen oft früh schon darüber hinaus.

Wie sehr die körperlichen Entwicklungsprozesse verknüpft sind mit narzisstischen Spiegelungen und mit sozialen Vergleichsprozessen, also mit Konkurrenzerleben und mit entsprechenden Konsequenzen für den sozialen Status und das Selbstwertgefühl, wird aus dem folgenden Zitat deutlich:

„Ich habe wirklich ganz genau beobachtet, wie sich mein Körper verändert. Viele Stunden habe ich vor dem Spiegel verbracht und meine Figur, mein Gesicht, meine Augen und meine Haare begutachtet und ausprobiert, wie ich in verschiedenen Klamotten aussehe. Dabei kam ich eigentlich immer zu dem Schluss, dass ich mit meinem Aussehen zufrieden bin und im Vergleich mit den Anderen gut mithalten kann. Oft habe ich mich auch direkt mit meinen Klassenkameradinnen gemessen und überlegt, ob ich hübscher bin oder nicht. Diese Art Konkurrenzkampf war wahrscheinlich an meiner Schule besonders ausgeprägt, weil ich bis zur elften Klasse eine Mädchenschule besucht habe. Dazu fällt mir ein, dass eine Mitschülerin in der siebten Klasse eine Rangliste aufgeschrieben hat, in der sie alle Schülerinnen der Klasse nach ihrer Attraktivität aufgelistet hat. Sich selber hatte sie an die erste Stelle gesetzt, danach eine große Lücke gelassen und dann alle anderen aufgelistet. Die Liste ließ sie dann durch die Klasse gehen, was natürlich für riesige Aufregung sorgte und eine generelle Antipathie gegen diese Schülerin auslöste." (K13w)

Während es einerseits um den Konkurrenzkampf um Attraktivität unter den Geschlechtsgenossinnen geht, ist die neu erblühte körperliche Attraktivität bisweilen auch mit eher irritierenden und ambivalenten Aspekten des Begehrtwerdens durch die Männerwelt verknüpft. Dies stellt wiederum eine andere Facette des Erlebens im Zusammenhang mit der veränderten Körperlichkeit in der Pubertät dar:

„Mit ca. 15 Jahren merkte ich, dass ich für die Männerwelt interessant und attraktiv war. Doch ich wusste nicht, wie ich auf die sozialen Rückmeldungen zu reagieren hatte. Noch heute kann ich mich daran erinnern, wie schockiert und gelähmt ich war, als mir zwei Bauarbeiter hinterher pfiffen. Diese scheinbar normale Situation löste in mir gemischte Gefühle aus: Einerseits stellte für mich das Pfeifen eine Bestätigung dar [...] andererseits konnte ich die ‚notgeilen' Blicke der Männer nicht ertragen und musste wegschauen, denn ich fühlte mich dadurch wie ein Vieh auf dem Markt, das zur Schau gestellt wird. In diesem Augenblick interessierten sich die Männer weder für meine Gefühle, Fähigkeiten, Stärken, noch für mein Inneres, nur mein Körper, also die Hülle zählte für sie und das fand ich als erniedrigend." (K 25w)

4. Schluss: Welche Entwicklungsaufgaben stellen sich?

Die Ausschnitte aus den rückblickenden biografischen Reflexionen über das Körpererleben in der Pubertät zeigen, wie vielfältig und facettenreich die Erfahrungen und wie gravierend bisweilen die damit verbundenen Verunsicherungen und Leidenszustände sind. Die körperbezogenen Probleme sind sehr direkt verklammert mit dem grundlegenden Selbstwertgefühl und dem Identitätserleben. Sie strahlen aus auf die Beziehungen zu den Eltern, in die sich hier nicht selten eine eigentümliche Befangenheit einschleicht, und auf die Beziehungen zu den Gleichaltrigen, bei denen offen oder unterschwellig die Konkurrenz in Sachen körperliche Attraktivität eine Rolle spielt. Damit werden Gefühle von Bewunderung, Rivalität, Neid, Scham, Stolz verstärkt. Sie sind präsent in privaten Situationen allein vor dem Spiegel, sie begleiten die Jugendlichen in Form von körperbezogenen Ängsten und Verlegenheiten bei Gruppenumkleide- und Duschsituationen und bei den ersten romantischen Beziehungen, und sie holen sie bisweilen unverhofft und unangenehm im anonymen öffentlichen Raum ein. Um die Auseinandersetzung mit den Veränderungen des eigenen Körpers und um die Präsentation dieses sich verändernden Körpers kommt kein Jugendlicher herum.

Entsprechend finden sich in allen Katalogen, die beanspruchen, die zentralen Entwicklungsaufgaben des Jugendalters zu benennen, auch Formulierungen, die sich auf die körperlichen Veränderungen beziehen und versuchen, die Aufgaben zu formulieren, die sich den Jugendlichen hierbei stellen. Beim Begründer des Konzepts der „Developmental Tasks", Robert Havighurst, lautet diese Aufgabe „Seinen eigenen Körper akzeptieren und wirksam einsetzen" (1948), Dreher und Dreher formulierten sie 1985 folgendermaßen: „Akzeptieren der eigenen körperlichen Erscheinung: Veränderungen des Körpers und des eigenen Aussehens annehmen". Bei Fend (2000) lautet sie kurz und knapp: „Den eigenen Körper bewohnen lernen", und ich habe 2005 die folgende Formulierung gewählt: „Mit den körperlichen Veränderungen der Pubertät zurechtkommen und zu einem positiven Verhältnis zum eigenen Körper finden".

Wenn diese Aufgabe sich zu allen Zeiten gestellt hat und wenn sich Reflexionen über die körperlichen Veränderungsprozesse und über das eigene Aussehen auch in Jugendtagebüchern früherer Generationen finden (vgl. Soff 1989), so ist die Aufgabe, zu einem positiven, gelassenen und freundlichen Verhältnis zum eigenen Körper – auch mit seinen Macken und Unvollkommenheiten – zu finden, vermutlich für heutige Jugendliche tatsächlich schwieriger als für Jugendliche früherer Generationen. Jugendliche waren nämlich noch nie in so hohem Maße umstellt von aufdringlichen und häufig auch noch computermanipulierten medialen Vorbildern, die klar machen, wie ein perfekter Körper eigentlich auszusehen hat, von Ratschlägen, Empfehlungen, Magazinen, Fernsehserien, Internetplattformen, die Anleitung geben, wie der Körper in Form zu bringen und zu stylen ist, von konkreten Institutionen wie Fitness-Studios, Bräunungs-Studios, Enthaarungs-Studios, Nagel-Studios, Beauty-Salons, Wellness-Oasen, Style-Beratungen, Figur-Coaches, Schönheitschirurgen etc., die ihre Dienste anpreisen und unterschwellig stets die Botschaft vermitteln, dass gutes Aussehen und perfekte Ausstrahlung primär eine Frage des Gestaltungswillens, der Selbstdisziplin und des „Know-hows" ist und somit in der Verantwortung jedes Einzelnen liege.

Hartmut Böhme hat in seinem Aufsatz „Konjunkturen des Körpers" in kulturkritischer Absicht und in eindringlicher Sprache einen engen Zusammenhang zwischen Körper-Kult, Schönheits-Kult, Jugend-Kult und Machbarkeitsfantasien hergestellt:

> „Das Fitness-Studio und die Disco sind die Kathedralen der Gegenwart, in denen ernst und asketisch ums Heil gerungen wird, auch wenn es nur um ein paar glückliche Stunden Präsentation der schön plastizierten Körper geht, die den tristen Alltag vergessen lassen sollen. Die Pop-Kultur, die Mode und der Film haben Jugendlichkeit unaufhaltsam globalisiert, wiederum aber auch ein ganzes Set von Jugend-Typen ausdifferenziert: […] So viel Jugend war nie. *Forever young* ist nicht nur ein Hit, sondern

die Überschrift der Epoche […]. Körper und Jugend werden rückstandslos professionalisiert, in Zirkulation gebracht, verbraucht, recycelt, vermüllt. Sie sind als Markt entdeckt und als Promotionfaktor in allen anderen Marktsegmenten implementiert worden. Das war's. Eine Gesellschaft, der die kulturellen Inhalte und sinnhaften Ziele fehlen, generalisiert mit dem schönen und jungen Körper eine leere Form, die von narzisstischen performances und egoistischen Ellbogen-Verhalten ausgefüllt wird. Der junge Hochglanz-Körper vernichtet alle anderen Alter. Er anästhetisiert mit den fun-Effekten, die er verspricht und selten hält, jedes Mitgefühl für die, die nicht in, sondern out sind […]. Die Ikone des schönen Körpers, der einmal eine Gabe war, ist das Siegel des Erfolgs geworden. Der Körper ist, indem er ästhetisch universalisiert wurde, gnadenlos enteignet worden. Seine Idolisierung als Bild fällt mit seinem Veralten als Existenzial des Lebens zusammen. Niemals klafften das Imaginäre und das Reale des Körpers mehr auseinander. Je mehr Körper-Kult, umso tiefer die latente Missachtung des natürlichen Körpers, die seit Jahrhunderten unsere Kultur in ihrem Bemühen um Übersteigung und Perfektionierung der Ersten Natur antreibt." (Böhme 2002, 34)

Dass „Toll aussehen" in der Rangfolge dessen, was für Jugendliche „in" ist, ganz oben rangiert, ist von daher merkwürdig und bezeichnend zugleich. Denn in der Regel beziehen sich solche in/out Listen ja auf Konsumgüter, auf modische Dinge, die man erwerben kann bzw. auf angesagte Treffpunkte und Freizeitorte, die man aufsuchen kann, auf trendige Aktivitäten, die man tun oder lassen kann oder aber auf bestimmte Musikrichtungen oder Fernsehformate, für die man ein Faible haben kann – lauter Dinge also, die dem individuellen Interesse und der individuellen Entscheidung unterliegen.

Zu den bei Jugendlichen angesagtesten/trendigsten/meistgesehenen Fernsehformaten der letzten Jahre zählt sicherlich auch die Show „Germany's next Topmodel". Zugleich kann diese Sendung auch als besonderer Kulminationspunkt der von Böhme kritisierten kulturellen Tendenzen gesehen werden. Dort nämlich müssen sich die jungen Kandidatinnen vor Millionenpublikum und in knallharter Konkurrenz untereinander einzig und allein der Aufgabe stellen, sich mit ihrem Körper in unterschiedlichen Szenarien (Catwalk, Fotoshooting, Strand, Kältekammer etc.) möglichst schön, attraktiv, makellos, und begehrenswert zu präsentieren. Dabei werden sie von einer gestrengen Jurychefin jeweils begutachtet, kommentiert, bewertet und schließlich nacheinander aussortiert.

Wie die zumeist jugendlichen Fernsehzuschauer mit dieser Sendung umgehen, wie sie sich einerseits von der ganzen „Fleischbeschau" ironisch distanzieren und sich über einzelne Kandidatinnen und deren Affektiertheiten und Zickigkeiten mokieren, sich andererseits aber doch auch mit ihren jeweiligen Sympathieträgerinnen identifizieren, mitfiebern und mitleiden – wie dies ihre individuellen Vorstellungen von körperlicher Schönheit doch subtil beeinflusst und ihr Verhältnis zu ihrem eigenen Körper und dessen

Unvollkommenheit bewusst und unbewusst affiziert; all dies wäre sicherlich einer ernsthaften wissenschaftlichen Untersuchung wert (vgl. Schemer 2006). Offensichtlich scheint mir zu sein, dass von diesem Fernsehformat deutlich stärkere Wirkungen auf einen deutlich größeren Adressatenkreis ausgehen als von all den wohlmeinenden pädagogisch-aufklärerischen Infobroschüren und Kampagnen über gesundes Ernährungsverhalten, positives Körpergefühl und weibliches Selbstbewusstsein zusammen.

Von daher ist es wiederum bezeichnend, dass bei der Befragung Jugendlicher, wer ihre größten Idole, d. h. wer die bei ihnen beliebtesten und am meisten bewunderten Personen sind, die Herrin jener Jugend-Körper-Schau, Heidi Klum, sowohl bei den 10- bis 12-jährigen als auch bei den 13- bis 16-jährigen und 17- bis 19-jährigen Mädchen jeweils den ersten Platz belegte (Trend Trackin Kids 2009, zit. nach Gattenburg 2010, 15). Heidi Klum steht für die Mädchen aller Altersgruppen offensichtlich einerseits für „toll aussehen", andererseits aber auch für Erfolg und Macht. Sie ist in der Position derjenigen, die als Chefin der ganzen Inszenierung unangreifbar ist, die ihre anerkennenden und abwertenden Kommentare verteilen und am Schluss die begehrten Fotos, die das Weiterkommen in die nächste Runde bedeuten, vergeben oder nicht vergeben kann. Dass sie mit ihren harschen Urteilen, mit ihrem autoritären Habitus, mit den unhinterfragten Relevanzkriterien und Prioritätensetzungen, die der ganzen Sendung zugrunde liegen, und mit den problematischen Botschaften, die durch sie vermittelt werden, derzeit eine der einflussreichsten „Erzieherinnen der Nation" ist, stimmt recht bedenklich.

Literatur

Bahnsen, Ulrich (2002): Tumult auf der Baustelle. In: ZEIT, H. 33.

Böhme, Hartmut (2002): Konjunkturen des Körpers. In: Gercho, Jan (Hg.): Ebenbilder. Kopien von Körpern – Modelle des Menschen. Ausstellungskatalog. Stuttgart: Hatje Cantz, 27–36.

Brähler, Elmar (2008): Körperhaarentfernung bei immer mehr jungen Erwachsenen im Trend. In: Pressemeldungen der Universität Leipzig, Nummer 2008/251 vom 18.11.2008. http://www.zv.uni-leipzig.de/service/presse/pressemeldungen.html?ifab_modus =detail& ifab_id= 3180.

Dreher, Eva/Dreher, Michael (1985): Entwicklungsaufgaben im Jugendalter. Bedeutsamkeit und Bewältigungskonzepte. In: Liepmann, Detlev/Stiksrud, Arne (Hg.): Entwicklungsaufgaben und Bewältigungsprobleme in der Adoleszenz. Göttingen: Hogrefe, 56–70.

Dworschak, Manfred (2009): Das zweite Gesicht. In: Der SPIEGEL, H. 29, 116–117.

Epstein, Robert (2009): Der Mythos vom Teenager-Gehirn. In: Gehirn und Geist. Serie Kindesentwicklung Nr. 4, 40–45.

Fend, Helmut (2000): Entwicklungspsychologie des Jugendalters. Opladen: Leske + Budrich.

Flaake, Karin (2006): Gesellschaft in den Leib geschrieben. Körper und Sexualität in der Adoleszenz junger Frauen. In: In: BZgA-Forum Sexualaufklärung und Familienplanung, H. 1, 26–29.

Gattenburg, Angela (2010): Ich pubertiere, also bin ich. In: SPIEGEL-Wissen Nr. 2/2010: Pubertät, 14–18.

Göppel, Rolf (2005): Das Jugendalter. Entwicklungsaufgaben – Entwicklungskrisen – Bewältigungsformen. Stuttgart u. a.: Kohlhammer.

Havighurst, Robert J. (1948): Developmental tasks and education. New York: David McKay.

Heßling, Angelika/Bode, Heidrun (2006): Körperbewusstsein von Jugendlichen. In: BZgA-Forum Sexualaufklärung und Familienplanung, 1/2006, 3–6.

Krüger, Heinz-Hermann/Grunert, Catleen (Hg.) (2002): Handbuch Kindheits- und Jugendforschung. Opladen: Leske + Budrich.

Langness, Anja/Leven, Ingo/Hurrelmann, Klaus (2006): Jugendliche Lebenswelten: Familie, Schule, Freizeit. In: Deutsche Shell (Hg.): Jugend 2006. 15. Shell Jugendstudie. Eine pragmatische Generation unter Druck. Frankfurt a.m.: Fischer, 49–103.

Mead, Margaret (1928): Coming of Age in Samoa. New York: Morrow.

Ruegg, Johann Caspar (2006): Der Mensch ist bio, psycho, sozial. In: Psychologie heute, H. 11, 52-56.

Ruegg, Johann Caspar (2006): Gehirn, Psyche, Körper. Neurobiologie von Psychosomatik und Psychotherapie. 3. Auflage. Stuttgart: Schattauer.

Schemer, Christian (2006): Die Medien als heimliche Verführer? Der Einfluss attraktiver Medienpersonen auf das Körperbild von Rezipientinnen und Rezipienten. In: BZgA-Forum Sexualaufklärung und Familienplanung, H. 1, 12–15.

Soff, Marianne (1989): Jugend im Tagebuch. Analysen zur Ich-Entwicklung in Jugendtagebüchern verschiedener Generationen. Weinheim: Juventa.

Strauch, Barbara (2003): Warum sie so seltsam sind. Gehirnentwicklung bei Teenagern. Berlin: Berlin-Verlag.

Wietasch, Anne-Katharina (2007): Jugend, Körper und Emotion. Eine Schnittmenge aus neurobiologischer Sicht. In: Diskurs Kindheits- und Jugendforschung, H. 2, 123–137.

Ziehe, Thomas (1991): Wie die Körper „moderner" geworden sind. In: Neue Sammlung, 31, H. 1, 39–47.

Anne-Katharina Fladung

Die Achterbahn der Gefühle

Eine Generalüberholung in der Gehirnentwicklung Jugendlicher

Plötzlich findet ein dramatischer Einschnitt in das vorher hoffentlich friedliche Familienleben statt: Der Nachwuchs ist aufbrausend, provokant oder zieht sich verschlossen in heroischer Einsamkeit zu seinem Tagebuch zurück – ist dieses unbekannte und unstete Wesen tatsächlich das Kind, das eben noch nicht selbstständig die Schuhe binden konnte? Und in diesem Zustand sollen die Eltern ihre Kleinen auch noch „loslassen" in eine Welt, in der einflussreiche Gleichaltrige, die, nicht minder von plötzlicher Abenteuerlust vitalisiert, gemeinsam mit dem Sprössling unliebsame Inhalte z.B. via Internet und Handy geradezu verschlingen?

Im Entwicklungsverlauf von der Abhängigkeit von anderen bis zur Fähigkeit, eigenständig zu leben, scheint es in der Tat eine kritische Phase zu geben, in der Gefühle, einer Achterbahn gleich, den Menschen selbst und auch sein Umfeld gehörig durcheinanderbringen können. „Oh je, mein Kind kommt in die Pubertät" ist ein häufig gehörter Satz, der den elterlichen Respekt vor dieser von emotionalen Höhen und Tiefen geprägten Zeit zum Ausdruck bringt. Doch nicht nur das emotionale Erleben verändert sich. Generell wird die Adoleszenz als eine Phase physischer, kognitiver und sozialer Reifung gefasst, die den Übergang von der Kindheit in das Erwachsenenalter charakterisiert (Steinberg/Morris 2001). Sie beginnt in der Pubertät mit ihren Veränderungen im hormonellen Geschehen und des äußeren Erscheinungsbildes. Das Ende der Adoleszenz ist erreicht, wenn das Individuum eine stabile erwachsene Rolle erfüllt (Choudhury 2010), und dies ist zumindest dem Konsens nach im westlichen Kulturkreis zum Ende der Teenagerjahre der Fall (Steinberg/Morris 2001). Während der Adoleszenz verändert sich das Gehirn in Struktur und Funktion deutlich, und die Kenntnis dieses Umstandes lässt uns heute besser verstehen, warum die beschriebene Phase vom Betroffenen selbst und auch von seinem näheren Umfeld im wahrsten Sinne des Wortes mit gemischten Gefühlen erlebt wird.

Der folgende Beitrag will eine Übersicht über relevante Prozesse geben, auf Risiken verweisen, aber auch die immensen Chancen verdeutlichen, die dieser im Entwicklungsverlauf so und nicht anders vorgesehene Schritt für das Individuum bedeutet. Dabei wird zunächst auf relevante Prozesse im Gehirn eingegangen, die im Wechselspiel mit der Umwelt beobachtbares

Verhalten Jugendlicher in dieser Zeit gut erklären können. Zum Leidwesen vieler Eltern ist es besonders risikobehaftetes Verhalten in all seinen Facetten, das unter Adoleszenten beliebt ist. Im zweiten Teil dieses Beitrags wird ein theoretischer Rahmen geliefert, warum dieses Verhalten jetzt besonders häufig an den Tag gelegt wird – und möglicherweise für den Entwicklungsverlauf sogar sinnvoll ist.

1. Strukturelle Veränderungen des Gehirns

Mit Eintritt in die Pubertät verändert sich das Gehirn besonders deutlich. Es ist eben nicht, wie man noch vor einiger Zeit dachte, zur Pubertät fertig und unveränderbar entwickelt. Heute erlauben uns technische Entwicklungen, das lebende Gehirn in seiner Struktur und Funktion systematisch über den Entwicklungsverlauf zu beobachten. Auf entsprechenden strukturellen Aufnahmen lassen sich graue und weiße Masse unterscheiden. Die graue Masse bildet eine Mischung aus neuronalen Zellkörpern, Axonen, Dendriten, Gliazellen und Blutgefäßen ab. Von der Kindheit an bis zum Einsetzen der Pubertät nimmt das Volumen dieser grauen Masse kontinuierlich zu, um dann bis zum Erwachsenenalter graduell wieder abzufallen (Giedd u.a. 1999; Lenroot/Giedd 2006; Paus 2005; Shaw u.a. 2008; Sowell u.a. 1999; Tamnes u.a. 2010).[1] Während also bei Säuglingen relativ früh in der postnatalen Entwicklung die Bildung neuer Synapsen und damit ein Anwachsen der Verbindungen von Nervenzellen untereinander einsetzt (Synaptogenese), sorgt im weiteren Verlauf der Prozess des Ausdünnens dieser Verbindungen dafür, dass die Anzahl von Synapsen bei Kindern die der im erwachsenen Hirn vorhandenen weit übersteigt (Giedd u.a. 1999; Huttenlocher, De Courten, Garey/Van Der Loos 1983). Dieser umgekehrt u-förmige Verlauf konnte v.a. in frontalen und parietalen Bereichen des Gehirns und mit einem Maximum der Volumenmasse im Alter von 11 Jahren bei Mädchen und im Alter von 12 bei Jungen beobachtet werden (Giedd u.a. 1999; Gogtay u.a. 2004; Sowell u.a. 2003). Hormonelle Veränderungen setzen in der Pubertät bei Mädchen im Mittel im 11. Lebensjahr und bei Jungen im Mittel mit 12 Jahren ein (Blakemore/Burnett/Dahl 2010), und dieser Unterschied lässt einen Einfluss der Sexualhormone auf die Gehirnentwicklung vermuten. Zudem konnte gezeigt werden, dass während der Pubertät das Volumen der Amygdala nur bei Jungen stärker zunimmt, bei Mädchen dagegen eher das Hippocampusvolumen (Lenroot u.a. 2007;

---

1 Paus (2005) verweist allerdings auf eine alternative Hypothese zur Beobachtung abnehmender grauer Masse speziell in frontalen Bereichen des Gehirns. Es ist durchaus möglich, dass die im strukturellen Bild sichtbare Abnahme grauer Masse schlicht mit dem parallel verlaufenden Zuwachs an weißer Masse zu erklären ist. Eine erste Studie, die hochauflösende MR-Bilder mit histologischen Analysen *post mortem* verband, soll diese Hypothese stützen: Bis zu 80% der Varianz des kritischen Messwertes (T1-Relaxationszeit) konnten auf Einflüsse der weißen Substanz zurückgeführt werden (Zilles u.a. unveröffentlicht, nach Paus 2005).

Neufang u.a. 2009). Tierstudien bringen diese Beobachtung ebenfalls mit der Ausschüttung von Sexualhormonen in Zusammenhang (Clark/Mac Lusky/Goldman-Rakic 1988; Morse/Scheff/DeKosky 1986). Der direkte Einfluss der Sexualhormone auf die Gehirnentwicklung konnte beim Menschen allerdings noch nicht gezeigt werden und weitere Faktoren, z.B. genetische Einflüsse, Toxine, Bakterien und Viren werden – neben dem unten weiter ausgeführten Einfluss von Lernprozessen – diskutiert (Giedd 2004). Der Prozess der Neuorganisation grauer Masse verläuft zudem nicht gleichermaßen über das gesamte Gehirn. Vielmehr scheinen in unterschiedlichen Regionen Synaptogenese und Ausdünnung simultan, im Wechselspiel mit weiteren Einflussfaktoren und mit unterschiedlichen Zeitverläufen aufzutreten (Durston/ Casey 2006; Shaw u.a. 2008; Tamnes u.a. 2010). Weiter unten (S. 45 ff.) werden wir sehen, was dies für die Funktion des Gehirns bedeuten könnte.

Ist weiße Masse auf den Bildern zu sehen, verweist das auf die Substanz Myelin, die eine lipidreiche Hülle um die Axone der Nervenzellen bildet und sie damit elektrisch isoliert. Kleine Einschnürungen in dieser Hülle erlauben eine sehr schnelle und sprunghafte Erregungsleitung entlang des Axons und damit eine raschere Weitergabe von Information von Nervenzelle zu Nervenzelle, als dies ohne die Myelinschicht möglich wäre. In der Folge können Informationen aus multiplen kortikalen Quellen schneller integriert werden. Das kann z.B. bedeuten, dass komplexe kognitive Sachverhalte nach dieser Veränderung effizient eingeordnet werden können (Giedd 2004). Motorische und sensorische Areale des Gehirns sind bereits in den ersten Lebensjahren voll myelinisiert. Die folgende Zunahme der Myelinisierung der Nervenfasern und damit des Volumens weißer Masse zeigt einen klaren linearen Verlauf über Kindheit und Adoleszenz, wobei maximale Volumina oft erst in der dritten Lebensdekade erreicht werden (Giedd u.a. 1999; Pfefferbaum u.a. 1994; Tamnes u.a. 2010). Bei Jungen ist hier ein steilerer Anstieg als bei Mädchen zu beobachten (de Bellis u.a. 2001; Giedd u.a. 1999; Perrin u.a. 2009), und lokal finden sich auch hier geschlechtsspezifische Unterschiede: Eine Studie zeigte eine Zunahme weißer Masse im Alter von 6 bis 17 Jahren im linken inferioren frontalen Gyrus bei Jungen, nicht jedoch bei Mädchen (Blanton u.a. 2004). Zudem verändert sich auch die Mikrostruktur der weißen Masse: Mithilfe bestimmter bildgebender Verfahren kann die Diffusionsbewegung von Wassermolekülen in den großen Nervenfaserbündeln des Gehirns untersucht werden. Ein Index, der eine vorwiegende Richtung des Diffusionsverlaufs erfasst, erlaubt dabei Rückschlüsse über den Verlauf der Nervenfasern. Je höher dieser Index ausfällt, desto eher wird von einer erhöhten Organisation der Fasern ausgegangen, zu der auch deren Myelinisierung beiträgt. Im Verlauf der Adoleszenz ist ein kontinuierlicher Anstieg dieser Organisation, besonders auch in frontalen Bereichen des Gehirns zu beobachten (Barnea-Goraly u.a. 2005; Klingberg/Vaidya/Gabrieli/Moseley/Hedehus 1999;

Schmithorst/Wilke/Dardzinski/Holland 2002; Snook/Paulson/Roy/Phillips/Beaulieu 2005).[2]

1.1 Sexualhormone und Gehirnentwicklung

Wie oben beschrieben, setzen hormonelle Veränderungen, die definitionsgemäß die Pubertät einleiten, bei Mädchen im Mittel im 11. Lebensjahr ein (mit einer Spanne vom 8. bis zum 14. Lebensjahr) und bei Jungen im Mittel mit 12 Jahren (mit einer Spanne von 9 bis 15 Jahren) (Blakemore/Burnett/Dahl 2010). Die Sexualhormone Östrogen und Testosteron beeinflussen dabei nicht nur das physische Erscheinungsbild des Körpers, sondern vermutlich auch die oben beschriebenen Prozesse im Gehirn. Schon während der Schwangerschaft organisieren Sexualhormone neuronale Netzwerke im Gehirn, wobei die Anwesenheit von Testosteron zu einem maskulinen, dessen Abwesenheit zu einem femininen neuronalen Phänotypus führt (Blakemore/Burnett/Dahl 2010). Neben diesem unumstrittenen *organisierenden* pränatalen Einfluss der Sexualhormone auf das Gehirn wird ein zweiter relativ unabhängiger Prozess der *Aktivierung* vermutet, der v.a. in der Pubertät neuronale Veränderungen anstößt (Schulz/Molenda-Figueira/Sisk 2009; Sisk/Foster 2004). Empirische Evidenz findet sich heute allerdings ausschließlich im Tierversuch. Die Initiierung reproduktiver Verhaltensprogramme vorwiegend über den Hypothalamus soll dabei ebenso eine Rolle spielen wie die Reorganisation sensorischer und assoziativer Areale einschließlich des visuellen Cortex, der Amygdala und des Hippocampus (Hebbard/King/Malsbury/Harley 2003; Nunez/Huppenbauer/McAbee, Juraska/DonCarlos 2003; Romeo/Sisk 2001). In der Folge werden für das Tier Veränderungen in Aufmerksamkeit und Motivation, z.B. durch veränderte sensorische Assoziationen gegenüber sinnlich erfahrbaren Eigenschaften potenzieller Sexualpartner und Wettbewerber vermutet (Sisk/Foster 2004). Schließlich scheint auch das Belohnungssystem des Gehirns beeinflusst, wie weiter unten noch genauer ausgeführt wird. Es sei jedoch nochmals betont, dass es sich bei den gezeigten Einflüssen von Sexualhormonen auf Struktur und Funktion des Gehirns in der Pubertät ausschließlich um Ergebnisse und Modelle aus Tierstudien handelt. Die Zusammenhänge beim Menschen sind hier noch relativ wenig verstanden, wenn auch die verschiedenen oben berichteten sexuellen Dimorphismen gerade in dieser Zeitspan-

---

2 Eine Studie fand allerdings eine Dissoziation zwischen der altersabhängigen Veränderung des Volumens weißer Masse und einem indirekten Index für den tatsächlichen Anteil von Myelin in der abgebildeten weißen Masse. Obwohl das Volumen weißer Masse mit dem Alter anstieg, deutete besagter Index auf einen Abfall des Myelinanteils in den beobachteten Volumina. Dies fand sich bei männlichen, nicht jedoch bei weiblichen Adoleszenten. Die Autoren interpretieren den Befund bei Männern in Richtung vergrößerter Durchmesser der einzelnen Nervenfasern in den erfassten Bereichen. Je umfangreicher die Fasern in einem bestimmten Bereich, desto weniger Fasern können hier Platz finden und desto weniger Myelin ist hier beobachtbar (Paus/Keshavan/Giedd 2008; Perrin u.a. 2008).

ne auf einen Einfluss von Sexualhormonen zu verweisen scheinen (Blakemore/Burnett/Dahl 2010).

1.2 Das Wechselspiel von Reifung und Lernen: Use it or lose it!

Mehr und mehr Belege verweisen darauf, dass die Veränderung der Hirnstruktur vom Kleinkind- in das Erwachsenenalter in faszinierender Weise auf die jeweiligen Entwicklungsaufgaben abgestimmt ist, die jedes Lebensalter mit sich bringt: Während bestimmte Regionen des Gehirns reifen, ermöglichen sie die Entstehung neuer oder komplexerer sensorischer, motorischer und kognitiver Funktionen (Johnson/Mareschal 2001). Dabei geht man heute nicht mehr davon aus, dass es sich um einen unidirektionalen Weg handelt, der vom genetischen Anstoß über die Veränderung der Struktur zur Erweiterung oder zum Aufbau einer bestimmten Funktion führt. Vielmehr wird eine Wechselwirkung genetischer, struktureller und funktioneller Aspekte im Entwicklungsverlauf angenommen (Gottlieb 1992; Johnson 2000). Im Gehirn von Säuglingen sind beispielsweise erst die primären sensorischen und motorischen Areale myelinisiert, sodass der Säugling erste sensorische Erfahrungen machen und reflexhaft reagieren kann. Eine tiefe Verarbeitung einkommender Information ist so allerdings noch nicht möglich, denn hierzu bedarf es der schnellen Übertragung in komplexen neuronalen Netzen, also der Myelinisierung sekundärer und tertiärer Areale v.a. in frontalen und parietalen Bereichen des Gehirns (Spitzer 2002, 2008). Um das Wechselspiel von Reifung und Lernen für den Erwerb komplexer Fähigkeiten, z.B. das des Sprachvermögens, besser verstehen zu können, wurden die postulierten Prozesse auch durch Computersimulationen neuronaler Netzwerke nachgebildet (Spitzer 2000). Es scheint, als bewirke die Reifung bestimmter Hirnregionen im Kleinkindalter zunächst, dass nur ausgesuchte Informationen aus der Umwelt – z.B. die mit übertriebener Betonung und mit häufigen Wiederholungen hervor-gebrachten Laute naher Bezugspersonen – aus dem komplexen auditiven Input aus Alltagsgeräuschen und erwachsener Kommunikation herausgefiltert und verarbeitet werden. Der Filter folgt dabei einem Muster ansteigender Komplexität: Zunächst lernt das Kind, akustische Frequenzen zu unterscheiden, dann Laute, dann Silben und dann Wörter. Jeweils komplexere sprachliche Umweltstimuli werden gar nicht als relevant erkannt und verarbeitet, sondern es wird auf die jeweils im Schritt zuvor gelernte Basis aufgebaut. Nur so können schließlich auch komplexere grammatikalische Regeln extrahiert und prozessiert werden – soweit Input aus der Umwelt da ist und das Gehirn seine Verarbeitungsstruktur angepasst hat. Spitzer setzt die schrittweise Reifung des Gehirns dabei einem guten Lehrer gleich, der dafür sorgt, dass die neu zu lernende Information genau dem Schwierigkeitsgrad entspricht, der eine Integration in die bereits gelernte Struktur des Schülers erlaubt (Spitzer 2000, 2002, 2008).

Unabhängig von Computersimulationen verweisen auch erste Studien am Menschen auf derartige Zusammenhänge zwischen veränderter Hirnstruktur und Funktion. Die beobachteten Aktivierungsmuster im Gehirn scheinen dabei im Verlauf zunehmend weniger auf diffuse, sondern eher auf fokalere Rekrutierung bestimmter Regionen zu verweisen (Bunge/Dudukovic/ Thomason/Vaidya/Gabrieli 2002; Casey u.a. 1997; Durston u.a. 2006; Moses u.a. 2002) – ein Befund, der mit dem oben berichteten zeitgleichen Ausdünnen und Sprossen von Synapsen in verschiedenen Hirnregionen gut vereinbar ist: Sowell u.a. (2004) zeigten beispielsweise in einer Längsschnittunterschung, dass bei fünf- bis elfjährigen Kindern die synaptische Dichte in den Spracharealen des Gehirns zunahm. Zugleich war ein ausgedehntes Ausdünnen von Verbindungen in anderen Regionen des Cortex beobachtbar. Die Autoren konnten dabei einen Zusammenhang zwischen der Verbesserung der sprachlichen Leistung und der Veränderung der Synapsendichte in den untersuchten Arealen zeigen.

Zusammenfassend scheinen Befunde aus der strukturellen Bildgebung des Gehirns darauf zu verweisen, dass die kognitive Entwicklung durch die „Hardware" Gehirn optimal unterstützt wird: Axone werden zunehmend in die Lage versetzt, Informationen auch aus verschiedenen Bereichen des Gehirns schnell weiterzuleiten und zu integrieren. Die einzelnen Nervenzellen bieten ein breites Netzwerk an Verknüpfungen für mögliche Lernrouten an, die – je nach Gebrauch – einer Art Feinabstimmung unterzogen werden, indem ungenutzte Verknüpfungen wieder verschwinden und zunehmend spezialisierte funktionale Netzwerke entstehen, die Information unter Nutzung eines optimierten Signal-zu-Rausch-Verhältnisses verarbeiten können. Giedd (2004) fordert allerdings berechtigterweise Vorsicht bezüglich dieser Interpretation in Bezug auf die beobachteten Umbauten im Gehirn bei Jugendlichen ein. Weitere Forschung ist notwendig, um die für das Jugendalter angenommenen Prozesse empirisch weiter zu untermauern.

Es ist zu betonen, dass Entwicklung auch handlungsabhängig ist, denn es ist die Information aus einer variablen Umwelt, die das aktive Individuum aufnimmt und die weitere Lernprozesse anstößt. Solche Lernprozesse wirken sich dann auf die Organisation synaptischer Verbindungen im Gehirn aus: Nach dem Prinzip „use it or lose it" werden diejenigen Verbindungen gestärkt, die häufig Informationen verarbeiten. Verbindungen, die kaum genutzt werden, verschwinden wieder (Spitzer 2002). Für Kleinkinder konnte bereits gezeigt werden, dass sie selbst die passenden Umweltinformationen aktiv suchen, um die Spezialisierung ihrer Hirnfunktionen zu optimieren (Johnson/Morton 1991). Wie verhält es sich mit Jugendlichen? Wenn die Hypothese der *Modulation von Hirnsubstanz durch Lernprozesse* richtig ist, dann haben die alltäglichen Aktivitäten eines Jugendlichen einen enormen Einfluss auf die physikalische Struktur seines Gehirns (Durston/Casey 2006; Giedd 2004). Möglicherweise suchen nicht nur Kleinkinder, sondern auch Jugendliche aktiv nach den geeigneten Lernerfahrungen, die für den nächsten Entwicklungsschritt notwendig sind. Interessanterweise enthält ein Begriff, der die Jugendzeit im Besonderen charakterisiert, schon den Begriff des Suchens: „Sensation seeking" bedeutet verkürzt die Suche nach Abwechslung, auf die im nächsten Abschnitt genauer eingegangen werden soll.

1.3 Jugendliche suchen sich entwicklungsgerechtes Lernmaterial: No risk no fun – and nothing to learn

Die Adoleszenz wird traditionell als Zeit eingestuft, in der riskantes und Abwechslung suchendes Verhalten eine wichtige Rolle spielt (Furby/Beyth-Marom 1992). Jugendliche sind verglichen mit Erwachsenen weniger geneigt, negative Konsequenzen belohnten Verhaltens zu beachten (Reppucci 1999; Tangney u.a. 1996), und – anders als Erwachsene – präferieren sie den Aufschub einer Belohnung zugunsten einer Optimierung des Ergebnisses nicht. Die Häufigkeit und Intensität der Konflikte, die Jugendliche mit ihren nächsten Bezugspersonen unter anderem aufgrund dieser Tendenzen häufig austragen, hängt auch mit endokrinologischen Veränderungen im Rahmen der pubertären Reifung zusammen (Steinberg 1987). Dies gilt auch für das Verhalten selbst, in dem Jugendliche sich nahe der gesellschaftlich gesteckten normativen Grenzen und rund um sie herum bewegen (Martin u.a. 2002). Abwechslung ist hier v.a. durch neue, unterschiedliche und stark stimulierende Erfahrungen charakterisiert sowie durch den Willen, Risiken auf sich zu nehmen, um diese Erfahrungen auch durchleben zu können. Eben dieses Verhalten wird als „sensation seeking" oder auch „risk-taking-behavior" bezeichnet (Zuckerman/Eysenck/Eysenck 1978). Dazu gehören z.B. körperlich riskante Aktivitäten oder Stimulation durch laute Musik, soziales Trinken, Drogen oder mehr oder minder aus-gedehnte Reisen in unbekannte geografische oder soziale Gefilde. Ein solches Verhalten geht mit erhöhten Risiken einher und ist während der Adoleszenz weit häufiger zu beobachten als in jeder anderen Lebensphase (Arnett/Balle-Jensen 1993). Steinberg u.a. (2008) konnten in einer systematischen Untersuchung nachweisen, dass die Suche nach Abwechslung im Alter von 10 bis 15 Jahren ansteigt, um danach stabil zu bleiben oder wieder abzufallen. Die Bereitschaft, Risiken einzugehen, steigt dabei nachweislich noch einmal beträchtlich, wenn Gleichaltrige anwesend sind („Peer pressure") (Gardner/Steinberg 2005), und auch dieser Effekt findet sich weit ausgeprägter in der Adoleszenz als im Erwachsenenalter.

Ein erneuter fokussierter Blick auf die Entwicklung bestimmter Regionen des Gehirns Jugendlicher erlaubt Annahmen über den Sinn solchen Verhaltens.

2. Risikoverhalten und Gehirnentwicklung

Um die Beobachtungen erhöhten Risikoverhaltens in der Jugendzeit mit neurobiologischen Befunden in Relation zu setzen, stehen verschiedene Bereiche des Gehirns im Fokus der Forschung zur Gehirnfunktion in der Jugendzeit. Dabei scheinen insbesondere zwei distinkte neurobiologische Systeme riskantes Verhalten in der Adoleszenz zu beeinflussen (Casey/ Getz/Galvan 2008; Steinberg 2008): ein sozio-emotionales System, das Regionen umschließt, die mit der Verarbeitung von positiven und negativen Emotionen assoziiert sind (Amygdala, ventrales Striatum, orbitofrontaler Cortex, medialer präfrontaler Cortex und superiorer temporaler Sulcus), und ein kognitives Kontrollsystem, das laterale präfrontale und parietale Bereiche des Cortex umfasst, sowie Teile des anterioren Gyrus cinguli mit dem sie verbunden sind (Steinberg 2008). Vielfach bestätigt ist, dass der frontale Cortex als Teil des Kontrollsystems über die Jugendzeit im Vergleich zu anderen Regionen mit leichter Verzögerung heranreift (Paus 2005). Diese Region des Gehirns ist für die kognitive Kontrolle oder auch Selbstregulation essenziell. Sie integriert Informationen aus sehr unterschiedlichen Quellen des Gehirns und verrechnet sie zu einer zielgerichteten, geplanten und situationsangemessenen Handlungssteuerung, was u.U. auch die Kontrolle widersprüchlicher Impulse und Emotionen erfordert. Damit scheint für die Gehirnentwicklung in der Jugendzeit eine zeitliche Differenz der Entwicklung der beiden Systeme entscheidend zu sein: Während Veränderungen im sozio-emotionalen System relativ zügig mit Beginn der Pubertät einsetzen, sind Reifungsprozesse im kognitiven Kontrollsystem eher verzögert zu beobachten (Casey u.a. 1997; Luna/Sweeney 2004; Rubia u.a. 2000). Strukturen des Kontrollsystems können damit erst im Verlauf der Entwicklung schrittweise den Output der emotionsvermittelnden subkortikalen Strukturen regulieren (Rubia u.a. 2000). Diese Beobachtungen wurden mit einem Anstieg riskanten Verhaltens mit Einsetzen der Pubertät in Zusammenhang gebracht (Steinberg 2008). Entsprechend vergleicht Steinberg (2005) das Zusammenspiel der früher ausgereiften und voll funktionsfähigen subkortikalen Strukturen mit dem langsam und scheinbar behäbig reifenden frontalen Cortex mit einem Auto, dessen starker Motor gestartet ist, an dessen Steuer aber ein höchst unerfahrener Fahrer sitzt. In experimentellen Untersuchungen konnte die Dramatik, die sich aus diesem Bild ergibt und die im Alltag von Jugendlichen hin und wieder eine Rolle zu spielen scheint, so natürlich nicht abgebildet werden. Es konnte aber gezeigt werden, dass erwachsene Personen stärkere Aktivierungen im frontalen Cortex aufweisen als jugendliche Personen, wenn beide Gruppen ihre Aufmerksamkeit zielgerichtet einem emotionalen Stimulus zuwenden (Monk u.a. 2003; Yurgelun-Todd/Killgore 2006). Es fällt erwachsenen Probanden zudem leichter, ihre Aufmerksamkeit ungeachtet starker störender emotionaler Reize auf nicht-emotionale Aufgabeninhalte zu lenken, während Jugendliche hier eher gestört sind, den Fokus ihrer

Aufmerksamkeit weg von emotional salientem Material also noch nicht so gut steuern können (Monk u. a. 2003).

Neben der Funktion des frontalen Cortex, die über die Jugendzeit schon gut untersucht ist, interessiert in neuerer Zeit auch das sogenannte mesolimbische System als Teil des sozio-emotionalen Systems des Gehirns. Es ist eng mit der Verarbeitung von Belohnung (Elliott/Newman/Longe/Deakin 2003; Knutson/Adams/Fong/Hommer 2001; McClure/Laibson/Loewenstein/Cohen 2004), aber auch von Risikoverhalten (Kuhnen/Knutson 2005) und von Suchtverhalten (Hyman/Malenka 2001; Volkow/Fowler/Wang/Swanson 2004) assoziiert. Der Neurotransmitter Dopamin spielt in diesem System eine maßgebliche Rolle für die Übertragung von Informationen zwischen den Nervenzellen im Gehirn. Die Aktivierung des ventralen Striatums durch seine Freisetzung resultiert in einer Ausschüttung endogener Opioide im Frontalhirn. Dies ist einerseits mit subjektiv angenehmen Gefühlen („fun!") verbunden und bewirkt andererseits, dass das Ereignis, das die Dopaminfreisetzung bewirkte, mit höherer Wahrscheinlichkeit weiterverarbeitet und abgespeichert wird. Das ist immer dann der Fall, wenn etwas besser ausfällt, als vorher erwartet, die einkommende Information also in irgendeiner Weise neu und belohnend für das Individuum ist. Das im Gehirn verankerte Belohnungssystem sorgt so dafür, dass diese Ereignisse und eventuell damit verbundene Verhaltenssequenzen gelernt werden, um so für die Zukunft Verhalten in Bezug auf seine Ergebnisse immer weiter optimieren zu können (Spitzer 2002). Unglücklicherweise setzt die Einnahme von Drogen diese Prozesse ebenfalls besonders intensiv in Gang, und Suchtverhalten ist entsprechend mehr oder weniger schnell und löschungsresistent gelernt (Laviola/Adriani/Terranova/Gerra 1999).

Mit Eintritt in die Pubertät soll ein schneller und deutlicher Anstieg dopaminerger Aktivität zu einem rapiden Anstieg belohnungssuchenden Verhaltens beitragen, während das kognitive Kontrollsystem, das eine optimierte Selbstregulation erlaubt – wie bereits dargestellt –, erst später heranreift (Steinberg 2008). Veränderungen im Belohnungssystem mit Einsetzen der Pubertät und über die Adoleszenz sind v.a. im Tierversuch beobachtet worden: So führt ein Anstieg des Testosteronlevels zu einer Neuorganisation neuronaler Schaltkreise, die belohnungssuchendes Verhalten wie z.B. sexuelles Verhalten beeinflussen (Blakemore/Burnett/Dahl 2010; Sato/Schulz/Sisk/Wood 2008). Einer initialen Erhöhung der Rezeptordichte in belohnungsverarbeitenden Bereichen des Gehirns (dopaminerge Rezeptoren im ventralen Striatum und frontalen Cortex) folgt dabei in der Präadoleszenz v.a. bei männlichen im Vergleich zu weiblichen Tieren ein Abfall dieser Dichte (Sisk/Foster 2004; Teicher/Andersen/Hostetter 1995). Periadoleszente Ratten zeigen Anstiege in der belohnungsassoziierten Dopamintransmission im Striatum (Laviola/Adriani/Terranova/Gerra 1999) und nichtmenschliche Primaten zeigten in dieser Phase eine erhöhte dopaminerge Innervation frontaler Cortexbereiche (Rosenberg/Lewis 1994 1995). Diese

Beobachtungen am Tier wurden konzeptuell auf den Menschen übertragen, indem hier ähnliche Veränderungen im Belohnungssystem des Gehirns während der Pubertät und Adoleszenz angenommen wurden. Dies hätte möglicherweise Auswirkungen auf motivationale Prozesse und die Bereitschaft, Risiken einzugehen, wenn die Belohnung ein stärkeres Erleben anstoßen würde als zu erwartende negative Konsequenzen (Tseng/O'Donnell 2007). Dies entspräche etwa dem v.a. Jugendlichen vertrauten Prinzip „no risk no fun". Manche Autoren nehmen an, dass eine derart erhöhte Reaktionsbereitschaft im Belohnungssystem bei Jugendlichen von einer verminderten Reaktivität reaktionshemmender Systeme des Gehirns begleitet wird, die u.a. mit dem Ausmaß genereller Ängstlichkeit in Zusammenhang steht (Chambers/Taylor/Potenza 2003). Erste Studien beim Menschen zeigten tatsächlich eine erhöhte Aktivierung in Reaktion auf Belohnungsreize im ventralen Striatum bei Jugendlichen (im Mittel 16 Jahre alt), verglichen mit Kindern (im Mittel 10 Jahre alt) und Erwachsenen (im Mittel 25 Jahre alt) (Galvan u.a. 2006; vgl. auch Ernst u.a. 2005). Frontale Bereiche des Gehirns waren dabei, verglichen mit den Aktivierungsmustern bei erwachsenen Probanden, z.T. weniger aktiv (Galvan u.a. 2006). Eine weitere Studie fand jedoch Hinweise darauf, dass sich die Aktivierungsmuster im ventralen Striatum Jugendlicher (im Mittel 15 Jahre alt) nicht von denen Erwachsener (im Mittel 24 Jahre alt) in unmittelbarer Reaktion auf einen Belohnungsreiz unterschieden. Unterschiede fanden sich hier jedoch in der Erwartung einer Belohnung, die bei Jugendlichen weit weniger Aktivität im Belohnungssystem auslöste als bei Erwachsenen (Bjork u.a. 2004). Es könnte also sein, dass es Jugendlichen schlicht nicht möglich ist, ihre Motivation für verzögert dargebotene Belohnung erfolgreich aufrechtzuerhalten. Manche Autoren vermuten auch, dass Jugendliche eine stärkere Stimulation benötigen, um überhaupt Belohnung zu empfinden, und dass sie sich deshalb bevorzugt riskanten Umwelten aussetzen (Spear 2000). Außerdem konnte gezeigt werden, dass die Tendenz, sich riskant zu verhalten, unabhängig vom Ausmaß impulsiven Verhaltens beobachtbar ist (Steinberg u.a. 2008), wobei Impulsivität im engeren Sinne eine verminderte Selbstkontrolle mit Defiziten in der Reaktionshemmung bezeichnet. Schnelles und v.a. ungeplantes Verhalten ist hier die Folge, und eben dies scheint nicht maßgeblich für den beobachteten Anstieg riskanten Verhaltens in der Jugendzeit (Steinberg u.a. 2008), auch wenn Jugendliche ein erhöhtes Ausmaß an Impulsivität zeigen. Die Kontrolle impulsiven Verhaltens ist eng mit frontalen Bereichen des Gehirns assoziiert. Erwartungsgemäß konnten bildgebende Studien während der Ausführung von Aufgaben, die eine Hemmung unerwünschter Reaktionen erfordern, zeigen, dass die Aktivität präfrontaler und parietaler Bereiche des Gehirns altersabhängig von der Kindheit bis in das Erwachsenenalter hinweg ansteigt. Dies fand sich z.T. auch unabhängig vom jeweiligen Leistungsniveau der Probanden (Adleman u.a. 2002; Bunge/Dudukovic/Thomason/Vaidya/Gabrieli 2002; Luna/Sweeney 2004; Rubia u.a. 2000; Tamm/Menon/Reiss 2002).

Insgesamt steckt die Forschung zu Veränderungen in Belohnungssystem in der Adoleszenz noch in den Anfängen und die Interpretation der Ergebnisse ist noch unklar. Erste Studien, die sich mit der Entwicklung der Neurotransmission von Dopamin in der Adoleszenz beim Menschen befassten, konnten zudem nicht eindeutig zeigen, dass hier ein Höhepunkt im gesamten Entwicklungsverlauf auszumachen sei (Paus/Keshavan/Giedd 2008; Tunbridge u. a. 2007; Weickert u. a. 2007).

Zusammenfassend lässt sich festhalten, dass die Entwicklung Adoleszenter mit einer funktionellen Reorganisation frontaler und subkortikaler Regionen des Gehirns einhergeht, die unter anderem die neuronale Basis für den Ausdruck und die Regulation von positiven und negativen Emotionen liefern. Während die kognitive Kontrolle ablenkender Emotionen noch nicht so gut funktioniert wie bei erwachsenen Personen, scheinen positive Emotionen in irgendeiner Form zu vermehrt risikobehaftetem Verhalten Jugendlicher beizutragen. Dabei begeben sich Jugendliche in solche Situationen, obwohl sie sehr wohl wissen, dass es gefährlich ist, sich so zu verhalten (Martin u. a. 2002) – eine Beobachtung, die der Annahme unüberlegten impulsiven Verhaltens widerspricht. Das Belohnungssystem im Gehirn dient zuallererst dem langfristigen Lernen optimierter Verhaltensstrategien in Bezug auf positive Konsequenzen. Möglicherweise kann vor diesem Hintergrund die bewusste Suche nach „Sensation" und „Risiko" übersetzt werden in die Suche nach emotionaler Erfahrung, die zum Lernen über soziale Situationen beiträgt: No risk no fun – and nothing to learn. Gelernt wird hier v. a. die Relation von kurz- und langfristigen positiven und negativen Konsequenzen solcher Situationen. Dies kann in einfachen Experimenten über den Entwicklungsverlauf gezeigt werden und bietet große Chancen für die moralische Entwicklung der Persönlichkeit (Spitzer 2008), wie der folgende Abschnitt genauer beleuchtet.

2.1 Chancen: Jugendliche lernen, selbstbestimmt in einer Wertegemeinschaft zu leben

Wenn wir von Lernprozessen im Sinne des „use it or lose it" auch in frontalen Bereichen des Cortex ausgehen, dann sind v. a. Studien interessant, die versuchen, den Prozess des Lernens frontaler Funktionen im Zeitverlauf einzufangen. Folgende Beobachtung ist hier relevant: Gibt man gesunden Personen in einem Experiment immer wieder Entscheidungsalternativen vor, so können sie implizit lernen, welche dieser Alternativen langfristig für sie günstiger ist, und sie werden im Verlauf zunehmend die Alternative wählen, deren Ausgang der bessere ist. Dazu sind Menschen gerade auch dann in der Lage, wenn sie die Wahl haben zwischen (1) der Option eines kurzfristigen Gewinns bei langfristigem Verlust und (2) der Option eines kurzfristigen Verlusts bei langfristig größerem Gewinn (Bechara/Tranel/Damasio 2000). Fällt die Entscheidung auf die zweite Option, spricht man auch von der Fähigkeit zum „Belohnungsaufschub". Kleinkinder, die ungeduldig brüllen, weil sie *sofort* den heruntergefallenen Schnuller wieder haben möchten, sind dazu offensichtlich noch nicht in der Lage. Auch erwachsene Personen mit Schädigungen des Gehirns in ventralen Bereichen des frontalen Cortex haben Schwierigkeiten, auf eine kurzfristig günstige zugunsten einer langfristig günstigen Konsequenz zu verzichten, und sie entscheiden folglich auch über den längeren Verlauf eher ungünstig (Bechara/Tranel/Damasio 2000). Auch Jugendliche scheinen in alltäglichen Entscheidungsprozessen nicht immer die günstigste Alternative zu wählen: Manchmal fahren sie rasant Auto, testen Drogen aus, haben ungeschützten Sex mit neuen Partnern oder schreien ihre Lehrer an. Einige Autoren vermuteten, dass Jugendliche sich der Konsequenzen ihres Verhaltens schlicht nicht so bewusst sind wie erwachsene Personen (z.B. Tobler 1986). Crone und van der Molen (2004) ließen Jugendliche unterschiedlicher Altersstufen eine Aufgabe zur Entscheidungsfindung lösen. Kinder in der Altersgruppe von 6 bis 9 Jahren entschieden sich über den gesamten Aufgabenverlauf etwa gleich häufig für die günstigere und die ungünstigere Alternative. 10- bis 12-jährige Jugendliche lernten über den Verlauf der Untersuchung schon in gewissem Ausmaß, sich richtig zu entscheiden und wählten im letzten Aufgabenblock nur noch zu 45 Prozent die ungünstige Alternative. 13- bis 15-Jährige entschieden sich nur noch in 40 Prozent der Fälle ungünstig und junge Erwachsene im Alter von 18 bis 25 in 25 Prozent der Fälle. Es scheint, als würden Menschen in der Jugend regelrecht lernen, sich optimal zu entscheiden, und diese Fähigkeit ist u.a. mit der Funktion des frontalen Cortex' verknüpft.

Langfristige Konsequenzen können also immer besser in das Abwägen über den nächsten Handlungsschritt einbezogen werden, und das Verhalten wird nicht mehr überwiegend durch kurzfristig positive Ergebnisse bestimmt. Dabei sind es im Alltag Jugendlicher v.a. soziale Situationen, die ein Lernumfeld für das eigenständige Leben bieten. Jugendliche sind verglichen mit Kindern sozialer orientiert, gehen jetzt komplexere Beziehungen zu Gleichaltrigen ein und sind sensitiver auf die Akzeptanz oder Zurückweisung durch Gleichaltrige (Lerner/Steinberg 2004; Steinberg/Morris 2001). Sie lernen jetzt auch die Verarbeitung komplexer sozialer Information, wie die Perspektive Anderer einzunehmen und toleranter gegenüber alternativen Sichtweisen zu sein (Wainryb/Shaw/Laupa/Smith 2001). Auch hier scheint die Hardware Gehirn ein optimales Lernen zu unterstützen, wie erste Studien zeigen: Neben der Regulation von Emotionen spielt im sozialen Kontext auch die Dekodierung emotionaler Reize eine wichtige Rolle, um die Intentionen und Handlungsabsichten Anderer erkennen und einordnen zu können. Rund um die Adoleszenz wird die stetige Verbesserung dieser Fähigkeiten seit der Geburt allerdings jäh unterbrochen und es fällt den Betroffenen vergleichsweise schwerer, soziale Reize zu entschlüsseln. McGivern u.a. (McGivern/Andersen/Byrd/Mutter/Reilly 2002) untersuchten 10- bis 22-jährige Personen und fanden heraus, dass die Dauer, einen emotionalen Ausdruck aus einem Gesicht zu deuten bei 11-jährigen im Vergleich zu Erwachsenen und auch jüngeren Kindern bis zu 20 Prozent anstieg. Über die folgenden Lebensjahre fiel die Reaktionszeit wieder ab und erreichte das Level erwachsener Personen um das 18. Lebensjahr. Auch Yurgelun-Todd und Killgore (2006) fanden einen Alterseffekt bei ihren 8- bis 15-jährigen Probanden mit der Aktivierung im frontalen Cortex: Je jünger sie waren, desto weniger wurde diese Struktur beim Anblick ängstlicher Gesichter aktiviert. Auch hier gelang es den jüngeren Teilnehmern sehr viel schlechter, die Emotion richtig als Angst zu erkennen. Schließlich sind auch Regionen, die das Wiedererkennen von Gesichtern vermitteln, mit Eintritt in die Pubertät etwas weniger funktionstüchtig als noch zuvor und auch danach (Blakemore 2008; Carey/Diamond/Woods 1980). Dieser Entwicklungsverlauf bezüglich des Wiedererkennens Anderer und der Interpretation von Gesichtsausdrücken wird heute als „Nebenwirkung" einsetzender Umbauarbeiten im Gehirn interpretiert (Blakemore 2008). Mit diesem Verlauf ist allerdings auch ein Marker ausgemacht, der anzeigen könnte, wann eine Förderung entsprechend anstehender Lernprozesse besonders sinnvoll ist (McGivern/Andersen/Byrd/Mutter/Reilly 2002; Spitzer 2008). Bezüglich der sozialen Reizverarbeitung konnte weiterhin gezeigt werden, dass bei sieben- bis zehnjährigen Kindern die Aktivität in einer Hirnregion zunimmt, die mit der Wahrnehmung und Interpretation biologischer Bewegungen assoziiert ist (superiorer temporaler Sulcus) (Carter/Pelphrey 2006). Schließlich gibt es erste Hinweise darauf, dass v.a. Veränderungen in frontalen Hirnbereichen dazu führen, dass bei Jugendlichen die Fähigkeit ausgebaut wird, das Verhalten anderer durch Zuschreibung mentaler Zustände zu interpretieren (Übersicht bei Blakemore 2008). Jugendliche sollen sich aus der Abhängigkeit der primären Bezugspersonen lösen, um sich eigenständig versorgen und in die Gemeinschaft einbringen zu können. Sie lernen in der Phase der Ablösung entsprechend, Signale aus der Gemeinschaft zu interpretieren und in diesem Kontext kurz- und langfristig optimal zu agieren. Spitzer (2008) betont, dass es hier ähnlich wie beim Erlernen der Sprache um das schrittweise Erlernen von Werten geht. Das funktioniert meist nicht allein durch theoretisches Verständnis, sondern v.a. durch aktive Teilhabe an einer Wertegemeinschaft. Damit dieser Lernschritt gelingt, brauchen Jugendliche also die Möglichkeit und Erlaubnis der Eltern, sich hier auch unter Begleitung von Vorbildern, auszuprobieren, um die Konsequenzen des eigenen Handelns im sozialen Kontext erfahren zu können (Spitzer 2008). Dies verlangt von den Eltern eben jenes „Loslassen", das häufig von gemischten Gefühlen begleitet wird, denn es ist richtig, dass die Jugendzeit auch eine Phase erhöhter Risiken darstellt.

2.2 Risiken: Kleinkriminalität und psychische Störungen

Das Lernen an sozialen Situationen, gepaart mit einer gesteigerten Suche nach Abwechslung, führt Jugendliche mitunter auch in Situationen, in denen gelernt wird, was langfristig eben keine positiven Konsequenzen hat: Entsprechend konnte beobachtet werden, dass ab einem Alter von 7 Jahren antisoziales Verhalten ansteigt und einen deutlichen Höhepunkt um das 17. Lebensjahr erreicht (Moffitt 1993). Eine neuseeländische Studie berichtet sogar, dass hier lediglich 7 Prozent einer Stichprobe junger Männer nicht in irgendwelche illegalen Aktivitäten involviert waren – eingeschlossen Kleinstvergehen wie unerlaubter Alkoholgenuss in zu frühen Lebensjahren. Der überwiegende Anteil lässt allerdings bald wieder von diesen Verhaltensweisen ab (Blumstein/Cohen 1987) und diese Beobachtung ist gut in das Modell sozialer und moralischer Lernprozesse während der Adoleszenz einzuordnen.

Schwieriger wird es für die nahen Bezugspersonen, wenn sich andeutet, dass Jugendliche einen langfristig ungünstigen Weg einschlagen. Dies kann vielfältige Gründe haben. Steinberg (2005) bezeichnet die Phase der Adoleszenz, die viele Chancen zu lernen bietet, deshalb auch als Periode erhöhter Vulnerabilität, denn gerade hier besteht auch die Gefahr, das Falsche zu lernen, v.a. wenn das neuronale Substrat dies durch seine Beschaffenheit unterstützt und/oder die zeitliche Abfolge der Reifung oder das Ergebnis der Reifungsprozesse gestört sind. Die meisten psychischen Störungen nehmen in der Pubertät, genauer im mittleren Alter von 14 Jahren ihren Anfang (Kessler u.a. 2005; Paus/Keshavan/Giedd 2008; Wittchen/Jacobi 2005). Dies gilt beispielsweise für Angststörungen, affektive Störungen, Essstörungen, Psychosen und Störungen durch psychotrope Substanzen (Hafner u.a. 1989; Kessler u.a. 2005; Laviola/Adriani/Terranova/Gerra 1999; Silveri/Tzilos/Pimentel/Yurgelun-Todd 2004). Das gehäufte Auftreten von Störungen in dieser Entwicklungsphase ist möglicherweise mit Anomalien im Reifungsprozess des Gehirns im Zusammenspiel mit psychosozialen Faktoren (wie z.B. Einfluss durch Gleichaltrige) oder/und Umweltfaktoren (wie hormonelle Veränderungen in der Pubertät oder Drogen) assoziiert (Paus/Keshavan/Giedd 2008). So wird für schizophrene Erkrankungen, die in der Adoleszenz ihren Anfang nehmen, angenommen, dass hier eine vergleichsweise stärkere Ausdünnung synaptischer Verbindungen zum Störungsbild beitragen kann (Feinberg 1982; Paus/Keshavan/Giedd 2008; Sporn u.a. 2003). Eine Anfälligkeit für den Abusus verschiedener Substanzen wurde mit den oben diskutierten Veränderungen im Belohnungssystem des Gehirns in Zusammenhang gebracht (Laviola/Adriani/Terranova/Gerra 1999). Schließlich werden auch für Angst- und affektive Störungen strukturelle und funktionelle Veränderungen in verschiedenen Hirnregionen Jugendlicher diskutiert (superiorer temporaler Gyrus, ventraler präfrontaler Cortex, Amygdala (Blumberg u.a. 2003; DelBello/Zimmerman/Mills/Getz/Strakowski 2004; Thomas u.a. 2001). Interessanterweise verändert sich das Geschlechterverhältnis für die Ausprägung von Angst- und affektiven Störungen von einem ausgeglichenen Verhältnis vor Beginn der Pubertät zu einem doppelt so häufigen Auftreten der Störungen bei Frauen verglichen mit Männern nach der Pubertät (Angold/Costello 2006; Paus/Keshavan/Giedd 2008). Der pubertäre Status sagt dabei diesen Unterschied zwischen den Geschlechtern besser vorher, als das Alter (Hayward/ Sanborn 2002), was auch hier einen Einfluss der Geschlechtshormone vermuten lässt.

Neben einer Reihe weiterer ätiologischer Faktoren spielen hier möglicherweise auch oben beschriebene Lernprozesse eine wichtige Rolle – aber nicht die einzige. Die Resilienzforschung zeigt eine Vielzahl protektiver Faktoren auf, die der Ausprägung psychischer Störungen entgegenwirken (Opp/Fingerle 2007). Pubertät ist also nicht mit der Ausprägung psychischer Störungen gleichzusetzen! Die überwiegende Anzahl Jugendlicher durchläuft die Phase der Adoleszenz entsprechend der anstehenden Entwicklungsaufgabe, selbstständig zu werden, mit all ihren Höhen und Tiefen letzten Endes sehr erfolgreich.

3. Schlussfolgerungen

Die Adoleszenz ist ein spannender Prozess, sowohl aus wissenschaftlicher Perspektive als auch für das Individuum selbst. Der Mensch lernt jetzt v.a. über den Umgang mit anderen soziales und moralisches Verhalten und hier auch, seine Position im Kontext anderer zu definieren. Er wählt Sexualpartner, Freunde und eine berufliche Laufbahn auf dem Weg zu einer autonomen Identität. Dies kann er umso besser, je flexibler die Kontrolle emotionaler und kognitiver Prozesse an die Erfordernisse angepasst und emotionale Stimuli dekodiert werden können. Hier dienen Aktivitäten, die manchmal auch die gesellschaftliche Norm überschreiten, möglicherweise Lernprozessen, die helfen, diese Norm für das eigenverantwortliche Handeln überhaupt zu definieren und in späteres Verhalten mit einzubeziehen – schließlich kann und soll diese Aufgabe jetzt nicht mehr von erwachsenen Bezugspersonen übernommen werden. Neurobiologische Reifungsprozesse scheinen diese Entwicklung zu unterstützen und im Wechselspiel mit der Umwelt überhaupt erst möglich zu machen: Bereiche des Gehirns, die zu langfristig optimaler und selbstverantwortlicher Planung befähigen, erfahren jetzt eine deutliche Veränderung, und das Belohnungssystem scheint ersten Ergebnissen zufolge das Aufsuchen autonomiefördernder Lernsituationen zu stützen. Entsprechend können die auf sozialer Ebene komplexer werdenden Reize auch auf neuronaler Ebene zunehmend besser verarbeitet werden. Jugendliche streben also danach, ihre Eigenständigkeit im gesellschaftlich definierten Wertesystem v.a. in sozialen Situationen auszuprobieren. Dies ist manchmal auch interessanter als der scheinbar trockene Stoff, der zeitgleich in der Schule vermittelt wird, und führt nicht selten zu Konflikten mit den Bezugspersonen. Wir sollten jedoch nicht vergessen: Jugendliche zeigen auch in den typischen pubertären Konfliktsituationen ein höchst lobenswertes Verhalten – sie sind lernbereit. Und das, was Menschen hier lernen, bringt sie in den meisten Fällen dazu, sich nach den emotionalen Höhen und Tiefen der Pubertät und Jugendzeit auch irgendwann mit sich und den beteiligten Bezugspersonen zu versöhnen.

Literatur

Adleman, Nancy E./Menon, Vinod/Blasey, Christine M./White, Christopher D./ Warsofsky, Ilana S./Glover, Gary H. u. a. (2002): A developmental fMRI study of the Stroop color-word task. In: Neuroimage, 16, H. 1, 61–75.

Angold, Adrian C./Costello, E. Jane (2006): Puberty and depression. In: Child/ Adolescent Psychiatric Clinics of North America, 15, H. 4, 919–937.

Arnett, Jeffrey/Balle-Jensen, Lene (1993): Cultural bases of risk behavior: Danish adolescents. In: Child Development, 64, H. 6, 1842-1855.

Barnea-Goraly, Naama/Menon, Vinod/Eckert, Mark/Tamm, Leanne/Bammer, Roland/Karchemskiy, Asya u.a. (2005): White matter development during childhood and adolescence: a cross-sectional diffusion tensor imaging study. In: Cerebral Cortex, 15, H. 12, 1848–1854.

Bechara, Antoine/Tranel, Daniel/Damasio, Hanna (2000): Characterisation of the decision-making deficit of patients with ventromedial prefrontal cortex lesions. In: Brain, 123, 2189–2202.

Bjork, James M./Knutson, Brian/Fong, Grace W./Caggiano, Daniel M./Bennett, Shannon M./Hommer, Daniel W. (2004): Incentive-elicited brain activation in adolescents: similarities and differences from young adults. In: Journal of Neuroscience, 24, H. 8, 1793–1802.

Blakemore, Sarah-Jayne (2008): The social brain in adolescence. In: Nature Reviews Neuroscience, 9, H. 4, 267–277.

Blakemore, Sarah-Jayne/Burnett, Stephanie/Dahl, Ronald E. (2010): The role of puberty in the developing adolescent brain. In: Human Brain Mapping, 31, H. 6, 926–933.

Blanton, Rebecca E./Levitt, Jennifer G./Peterson, Jeffrey R./Fadale, David/ Sporty, Mike L./Lee, Mimi u. a. (2004): Gender differences in the left inferior frontal gyrus in normal children. In: Neuroimage, 22, H. 2, 626–636.

Blumberg, Hilary P./Kaufman, Joan/Martin, Andrés/Whiteman, Ronald/Zhang, Jane H./Gore, John C. u. a. (2003): Amygdala and hippocampal volumes in adolescents and adults with bipolar disorder. In: Archives of General Psychiatry, 60, H. 12, 1201–1208.

Blumstein, Alfred/Cohen, Jacqueline (1987): Characterizing criminal careers. In: Science, 237, 985–991.

Bunge, Silvia A./Dudukovic, Nicole/Thomason, Moriah E./Vaidya, Chandan J./ Gabrieli, John D. (2002): Immature frontal lobe contributions to cognitive control in children: evidence from fMRI. In: Neuron, 33, H. 2, 301–311.

Carey, Susan/Diamond, Rhea/Woods, Bryan (1980): The development of face recognition – a maturational component. In: Developmental Psychology, 16, 257–269.

Carter, Elizabeth J./Pelphrey, Kevin A. (2006): School-aged children exhibit domain-specific responses to biological motion. In: Social Neuroscience, 1, H. 3–4, 396–411.

Casey, B. J./Getz, Sarah/Galvan, Adriana (2008): The adolescent brain. In: Developmental Review, 28, 62–77.

Casey, B. J./Trainor, Rolf J./Orendi, Jennifer L./Schubert, Anne B./Nystrom, Leigh E./Giedd, Jay N. u. a. (1997): A developmental functional MRI study of prefrontal activation during performance of a go-no-go task. In: Journal of Cognitive Neuroscience, 9, H. 6, 835–847.

Chambers, R. Andrew/Taylor, Jane R./Potenza, Marc N. (2003): Developmental neurocircuitry of motivation in adolescence: a critical period of addiction vulnerability. In: American Journal of Psychiatry, 160, H. 6, 1041–1052.

Choudhury, Suparna (2010): Culturing the adolescent brain: what can neuroscience learn from anthropology? Social Cognitive and Affective Neuroscience, 5, H. 2-3, 159–167.

Clark, Ann S./MacLusky, Neil J./Goldman-Rakic, Patricia S. (1988): Androgen binding and metabolism in the cerebral cortex of the developing rhesus monkey. In: Endocrinology, 123, H. 2, 932–940.

Crone, Eveline A./van der Molen, Maurits W. (2004): Developmental changes in real life decision making: performance on a gambling task previously shown to depend on the ventromedial prefrontal cortex. In: Developmental Neuropsychology, 25, H. 3, 251–279.

De Bellis, Michael D./Keshavan, Matcheri S./Beers, Sue R./Hall, Julie/Frustaci, Karin/Masalehdan, Azadeh u. a. (2001): Sex Differences in Brain Maturation during Childhood and Adolescence. In: Cerebral Cortex, 11, H. 6, 552–557.

DelBello, Melissa P./Zimmerman, Molly E./Mills, Neil P./Getz, Glen E./Starkowski, Stephen M. (2004): Magnetic resonance imaging analysis of amygdala and other subcortical brain regions in adolescents with bipolar disorder. In: Bipolar Disorders, 6, H. 1, 43–52.

Durston, Sarah/Casey, B.J. (2006): What have we learned about cognitive development from neuroimaging? In: Neuropsychologia, 44, H. 11, 2149-2157.

Durston, Sarah/Davidson, Matthew C./Tottenham, Nim/Galvan, Adriana/Spicer, Julie/Fossella, John A. u. a. (2006): A shift from diffuse to focal cortical activity with development. In: Developmental Science, 9, H. 1, 1-8.

Elliott, Rebecca/Newman, Jana L./Longe, Olivia A./Deakin, J.F. William (2003): Differential response patterns in the striatum and orbitofrontal cortex to financial reward in humans: a parametric functional magnetic resonance imaging study. In: Journal of Neuroscience, 23, H. 1, 303–307.

Ernst, Monique/Nelson, Eric E./Jazbec, Sandra/McClure, Erin B./Monk, Christopher S./Leibenluft, Ellen u. a. (2005): Amygdala and nucleus accumbens in responses to receipt and omission of gains in adults and adolescents. In: Neuroimage, 25, H. 4, 1279–1291.

Feinberg, Irwin (1982): Schizophrenia: caused by a fault in programmed synaptic elimination during adolescence? In: Journal of Psychiatric Research, 17, H. 4, 319–334.

Furby, Lita/Beyth-Marom, Ruth (1992): Risk taking in adolescence: a decision-making perspective. In: Developmental Review, 12, 1–44.

Galvan, Adriana/Hare, Todd A./Parra, Cindy E./Penn, Jackie/Voss, Henning/Glover, Gary u. a. (2006): Earlier development of the accumbens relative to orbitofrontal cortex might underlie risk-taking behavior in adolescents. In: Journal of Neuroscience, 26, H. 25, 6885–6892.

Gardner, Margo/Steinberg, Laurence (2005): Peer influence on risk taking, risk preference, and risky decision making in adolescence and adulthood: an experimental study. In: Developmental Psychology, 41, H. 4, 625–635.

Giedd, Jay N. (2004): Structural magnetic resonance imaging of the adolescent brain. In: Annals of the New York Academy of Sciences, 1021, 77–85.

Giedd, Jay N./Blumenthal, Jonathan/Jeffries, Neal O./Castellanos, F. X./Liu, Hong/ Zijdenbos, Alex u. a. (1999): Brain development during childhood and adolescence: a longitudinal MRI study. In: Nature Neuroscience, 2, H. 10, 861–863.

Gogtay, Nitin/Giedd, Jay N./Lusk, Leslie/Hayashi, Kiralee M./Greenstein, Deanna/ Vaituzis, A. Catherine u. a. (2004): Dynamic mapping of human cortical development during childhood through early adulthood. In: Proceedings of the National Academy of Sciences of the United States of America, 101, H. 21, 8174– 8179.

Gottlieb, Gilbert (1992): Individual development and evolution. New York: Oxford University Press.

Häfner, Heinz./Riecher, Anita/Maurer, Kurt/Löffler, Walter/Munk-Jorgensen, Paul/ Strömgren, Erland (1989): How does gender influence age at first hospitalization for schizophrenia? A transnational case register study. In: Psychological Medicine 19, H. 4, 903–918.

Hayward, Chris/Sanborn, Katherine (2002): Puberty and the emergence of gender differences in psychopathology. In: Journal of Adolescent Health, 30 (4. Suppl.), 49-58.

Hebbard, Pamela C./King, Rebecca R./Malsbury, Charles W./Harley, Carolyn W. (2003): Two organizational effects of pubertal testosterone in male rats: transient social memory and a shift away from long-term potentiation following a tetanus in hippocampal CA1. In: Experimental Neurology, 182, H. 2, 470–475.

Huttenlocher, Peter R./De Courten, Christian/Garey, Laurence J./Van Der Loos, Hendrik (1983): Synaptic development in human cerebral cortex. In: International Journal of Neurology, 16-17, 144–154.

Hyman, Steven E./Malenka, Robert C. (2001): Addiction and the brain: the neurobiology of compulsion and its persistence. In: Nature Reviews Neuroscience, 2, H. 10, 695–703.

Johnson, Mark H. (2000): Functional brain development in infants: Elements of an interactive specialization framework. In: Child Development, 71, H. 1, 75-81.

Johnson, Mark H./Mareschal, Denis (2001): Cognitive and perceptual development during infancy. In: Current Opinion in Neurobiology, 11, H. 2, 213-218.

Johnson, Mark H./Morton, John (1991): Biology and cognitive development: The case of face recognition. Oxford: Blackwell.

Kessler, Ronald C./Berglund, Patricia/Demler, Olga/Jin, Robert/Merikangas, Kathleen R./Walters, Ellen E. (2005): Lifetime Prevalence and Age-of-Onset Distributions of DSM-IV Disorders in the National Comorbidity Survey Replication. In: Archives of General Psychiatry, 62, 593-602.

Klingberg, Torkel/Vaidya, Chandan J./Gabrieli, John D./Moseley, Michael E./ Hedehus, Maj (1999): Myelination and organization of the frontal white matter in children: a diffusion tensor MRI study. In: Neuroreport, 10, H. 13, 2817– 2821.

Knutson, Brian/Adams, Charles M./Fong, Grace W./Hommer, Daniel (2001): Anticipation of increasing monetary reward selectively recruits nucleus accumbens. In: Journal of Neuroscience, 21, H. 16, RC159.

Kuhnen, Camelia M./Knutson, Brian (2005): The neural basis of financial risk taking. In: Neuron, 47, H. 5, 763–770.

Laviola, Giovanni/Adriani, Walter/Terranova, M. Livia/Gerra, Gilberto (1999): Psychobiological risk factors for vulnerability to psychostimulants in human adolescents and animal models. In: Neuroscience/Biobehavioral Reviews, 23, H. 7, 993–1010.

Lenroot, Rhoshel K./Giedd, Jay N. (2006): Brain development in children and adolescents: insights from anatomical magnetic resonance imaging. In: Neuroscience/Biobehavioral Reviews, 30, H. 6, 718–729.

Lenroot, Rhoshel K./Gogtay, Nitin/Greenstein, Deanna K./Wells, Elizabeth M./Wallace, Gregory L./Clasen, Liv S. u.a. (2007): Sexual dimorphism of brain developmental trajectories during childhood and adolescence. In: Neuroimage, 36, H. 4, 1065–1073.

Lerner, Richard M./Steinberg, Laurence (Hg.) (2004): Handbook of Adolescent Psychology. Hoboken: Wiley.

Luna, Beatriz/Sweeney, John A. (2004): The emergence of collaborative brain function: FMRI studies of the development of response inhibition. In: Annals of the New York Academy of Sciences, 1021, 296-309.

Martin, Catherine A./Kelly, Thomas H./Rayens, Mary K./Brogli, Bethanie R./Brenzel, Allen/Smith, W. Jackson u.a. (2002): Sensation seeking, puberty, and nicotine, alcohol, and marijuana use in adolescence. In: Journal of the American Academy of Child/Adolescent Psychiatry, 41, H. 12, 1495–1502.

McClure, Samuel M./Laibson, David I./Loewenstein, George/Cohen, Jonathan D. (2004): Separate neural systems value immediate and delayed monetary rewards. In: Science, 306, H. 5695, 503–507.

McGivern, Robert F./Andersen, Julie/Byrd, Desiree/Mutter, Kandis L./Reilly, Judy (2002): Cognitive efficiency on a match to sample task decreases at the onset of puberty in children. In: Brain and Cognition, 50, 73–89.

Moffitt, Terrie E. (1993): Adolescence-limited and life-course-persistent antisocial behavior: a developmental taxonomy. In: Psychological Review, 100, H. 4, 674–701.

Monk, Christopher S./McClure, Erin B./Nelson, Eric E./Zarahn, Eric/Bilder, Robert M./Leibenluft, Ellen u.a. (2003): Adolescent immaturity in attention-related brain engagement to emotional facial expressions. In: Neuroimage 20, H. 1, 420-428.

Morse, Joanne K./Scheff, Stephen W./DeKosky, Steven T. (1986): Gonadal steroids influence axon sprouting in the hippocampal dentate gyrus: a sexually dimorphic response. In: Experimental Neurology, 94, H. 3, 649–658.

Moses, Pamela/Roe, Katherine/Buxton, Richard B./Wong, Eric C./Frank, Lawrence R./Stiles, Joan (2002): Functional MRI of global and local processing in children. In: Neuroimage, 16, H. 2, 415–424.

Neufang, Susanne/Specht, Karsten/Hausmann, Markus/Güntürkün, Onur/Herpertz-Dahlmann, Beate/Fink, Gereon R. u.a. (2009): Sex differences and the impact of steroid hormones on the developing human brain. In: Cerebral Cortex 19, H. 2, 464–473.

Nuñez, Joseph L./Huppenbauer, Christopher B./McAbee, M. D./Juraska, J. M./ DonCarlos, Lydia L. (2003): Androgen receptor expression in the developing male and female rat visual and prefrontal cortex. In: Journal of Neurobiology, 56, H. 3, 293–302.

Opp, Günther/Fingerle, Michael (2007): Was Kinder stärkt. Erziehung zwischen Risiko und Resilienz. München: Ernst Reinhardt.

Paus, Tomáš (2005): Mapping brain maturation and cognitive development during adolescence. In: Trends in Cognitive Sciences, 9(2), 60–68.

Paus, Tomáš/Keshavan, Matcheri/Giedd, Jay N. (2008): Why do many psychiatric disorders emerge during adolescence? In: Nature Reviews Neuroscience, 9, H. 12, 947-957.

Perrin, Jennifer S./Hervé, Pierre-Yves/Leonard, Gabriel/Perron, Michel/Pike, Bruce/ Pitiot, Alain/Richter, Louis/Veillette, Suzanne/Pausova, Zdenka/ Paus, Tomáš (2008). Growth of White Matter in the Adolescent Brain: Role of Testosterone and Androgen Receptor. In: The Journal of Neuroscience, 28(38), 9519–9524;

Perrin, Jennifer S./Leonard, Gabriel/Perron, Michel/Pike, Bruce./Pitiot, Alain/ Richer, Louis u. a. (2009): Sex differences in the growth of white matter during adolescence. In: Neuroimage, 45, H. 4, 1055–1066.

Pfefferbaum, Adolf/Mathalon, Daniel H./Sullivan, Edith V./Rawles, Jody M./ Zipursky, Robert B./Lim, Kelvin O. (1994): A quantitative magnetic resonance imaging study of changes in brain morphology from infancy to late adulthood. In: Archives of Neurology, 51, H. 9, 874–887.

Reppucci, N. Dickon (1999): Adolescent development and juvenile justice. In: American Journal of Community Psychology, 27, H. 3, 307–326.

Romeo, Russell D./Sisk, Cheryl L. (2001): Pubertal and seasonal plasticity in the amygdala. In: Brain Research, Vol. 889, 71–77.

Rosenberg, David R./Lewis, David A. (1994): Changes in the dopaminergic inner-vation of monkey prefrontal cortex during late postnatal development: a tyrosine hydroxylase immunohistochemical study. In: Biological Psychiatry, 36, H. 4, 272–277.

Rosenberg, David R./Lewis, David A. (1995): Postnatal maturation of the dopamin-ergic innervation of monkey prefrontal and motor cortices: a tyrosine hydrox-ylase immunohistochemical analysis. In: Journal of Comparative Neurology, 358, H. 3, 383–400.

Rubia, Katya/Overmeyer, Stephan/Taylor, Eric/Brammer, Michael/Williams, Steve C./Simmons, Andrew u. a. (2000): Functional frontalisation with age: mapping neurodevelopmental trajectories with fMRI. In: Neuroscience/ Biobehavioral Reviews, 24, H. 1, 13-19.

Sato, Satoru M./Schulz, Kalynn M./Sisk, Cheryl L./Wood, Ruth I. (2008): Adoles-cents and androgens, receptors and rewards. In: Hormones/Behavior, 53, H. 5, 647–658.

Schmithorst, Vincent J./Wilke, Marko/Dardzinski, Bernard J./Holland, Scott K. (2002): Correlation of white matter diffusivity and anisotropy with age during childhood and adolescence: a cross-sectional diffusion-tensor MR imaging study. In: Radiology, 222, H. 1, 212–218.

Schulz, Kalynn M./Molenda-Figueira, Heather A./Sisk, Cheryl L. (2009): Back to the future: The organizational-activational hypothesis adapted to puberty and ad-olescence. Hormones and Behavior, 55, H. 5, 597–604.

Shaw, Philip/Kabani, Noor J./Lerch, Jason P./Eckstrand, Kristen/Lenroot, Rhoshel/ Gogtay, Nitin u. a. (2008): Neurodevelopmental trajectories of the human cerebral cortex. In: Journal of Neuroscience, 28, H. 14, 3586–3594.

Silveri, Marisa M./Tzilos, Golfo K./Pimentel, Patricia J./Yurgelun-Todd, Deborah A. (2004): Trajectories of adolescent emotional and cognitive development: effects of sex and risk for drug use. In: Annals of the New York Academy of Sciences, Vol. 1021, 363–370.

Sisk, Cheryl L./Foster, Douglas L. (2004): The neural basis of puberty and adolescence. In: Nature Neuroscience, 7, 1040–1047.

Snook, Lindsay/Paulson, Lori-Anne/Roy, Dawne/Phillips, Linda/Beaulieu, Christian (2005): Diffusion tensor imaging of neurodevelopment in children and young adults. In: Neuroimage, 26, 1164–1173.

Sowell, Elisabeth R./Peterson, Bradley S./Thompson, Paul M./Welcome, Suzanne E./Henkenius, Amy L./Toga, Arthur W. (2003): Mapping cortical change across the human life span. In: Nature Neuroscience, 6, H. 3, 309–315.

Sowell, Elisabeth R./Thompson, Paul M./Holmes, Colin J./Batth, Rajneesh/Jernigan, Terry L./Toga, Arthur W. (1999): Localizing age-related changes in brain structure between childhood and adolescence using statistical parametric mapping. In: Neuroimage, 9, H. 6, 587–597.

Sowell, Elisabeth R./Thompson, Paul M./Leonard, Christiana M./Welcome, Suzanne E./Kan, Eric/Toga, Arthur W. (2004): Longitudinal mapping of cortical thickness and brain growth in normal children. In: Journal of Neuroscience, 24, H. 38, 8223–8231.

Spear, Linda Patia (2000): The adolescent brain and age-related behavioral manifestations. In: Neuroscience/Biobehavioral Reviews, 24, H. 4, 417–463.

Spitzer, Manfred (2000): Geist im Netz. Modelle für Lernen, Denken und Handeln. Heidelberg: Spektrum.

Spitzer, Manfred (2002): Lernen. Gehirnforschung und die Schule des Lebens. Heidelberg: Spektrum.

Spitzer, Manfred (2008): Pubertät im Kopf. In: Nervenheilkunde, 7, 674–678.

Sporn, Alexandra L./Greenstein, Deanna K./Gogtay, Nitin/Jeffries, Neal O./Lenane, Marge/Gochman, Peter u. a. (2003): Progressive brain volume loss during adolescence in childhood-onset schizophrenia. In: American Journal of Psychiatry, 160, H. 12, 2181–2189.

Steinberg, Laurence (1987): The impact of puberty on familiy relations: Effects of pubertal status and pubertal timing. In: Developmental Psychology, 23, 451–460.

Steinberg, Laurence (2005): Cognitive and affective development in adolescence. In: Trends in Cognitive Sciences, 9, H. 2, 69–74.

Steinberg, Laurence (2008): A social neuroscience perspective on adolescent risk-taking. In: Developmental Review, 28, 78–106.

Steinberg, Laurence/Albert, Dustin/Cauffman, Elizabeth/Banich, Marie/Graham, Sandra/Woolard, Jennifer (2008): Age differences in sensation seeking and impulsivity as indexed by behavior and self-report: evidence for a dual systems model. In: Developmental Psychology, 44, 1764-1778.

Steinberg, Laurence/Morris, Amanda S. (2001): Adolescent development. In: Annual Review of Psychology, 52, 83–110.

Tamm, Leanne/Menon, Vinod/Reiss, Allan L. (2002): Maturation of brain function associated with response inhibition. In: Journal of the American Academy of Child/Adolescent Psychiatry, 41, 1231–1238.

Tamnes, Christian K./Østby, Ylva/Fjell, Anders M./Westlye, Lars T./Due- Tønnessen, Paulina/Walhovd, Kristine B. (2010): Brain maturation in adolescence and young adulthood: regional age-related changes in cortical thickness and white matter volume and microstructure. In: Cerebral Cortex 20, H. 3, 534–548.

Tangney, June P./Hill-Barlow, Deborah/Wagner, Patricia E./Marschall, Donna E./ Borenstein, Julie K./Sanftner, Jennifer u. a. (1996): Assessing individual differences in constructive versus destructive responses to anger across the lifespan. In: Journal of Personality/Social Psychology, 70, H. 4, 780–796.

Teicher, Martin H./Andersen, Susan L./Hostetter, John C. Jr. (1995): Evidence for dopamine receptor pruning between adolescence and adulthood in striatum but not nucleus accumbens. Brain Research. In: Developmental Brain Research, 89, H. 2, 167–172.

Thomas, Kathleen M./Drevets, Wayne C./Dahl, Ronald E./Ryan, Neal D./Birmaher, Boris/Eccard, Clayton H. u. a. (2001): Amygdala response to fearful faces in anxious and depressed children. In: Archives of General Psychiatry, 58, H. 11, 1057–1063.

Tobler, Nancy (1986): Meta-analysis of 143 adolescent prevention programs: Quantitative outcome results of program participants compared to a control or comparison group. In: Journal of Drug Issues, 16, 537-567.

Tseng, Kuei-Yuan/O'Donnell, Patricio (2007): Dopamine modulation of prefrontal cortical interneurons changes during adolescence. In: Cerebral Cortex, 17, H. 5, 1235-1240.

Tunbridge, Elizabeth. M./Weickert, Cynthia S./Kleinman, Joel E./Herman, Mary M./Chen, Jessica/Kolachana, Bhaskar S. u. a. (2007): Catechol-o-methyltransferase enzyme activity and protein expression in human prefrontal cortex across the postnatal lifespan. In: Cerebral Cortex, 17, H. 5, 1206–1212.

Volkow, Nora D./Fowler, Joanna S./Wang, Gene-Jack/Swanson, James M. (2004): Dopamine in drug abuse and addiction: results from imaging studies and treatment implications. In: Molecular Psychiatry, 9, H. 6, 557–569.

Wainryb, Cecilia/Shaw, Leigh A./Laupa, Marta/Smith, Ken R. (2001): Children's, adolescents', and young adults' thinking about different types of disagreements. In: Developmental Psychology, 37, H. 3, 373-386.

Weickert, Cynthia S./Webster, Maree J./Gondipalli, Prathima/Rothmond, Debora/Fatula, Robert J./Herman, Mary M. u. a. (2007): Postnatal alterations in dopaminergic markers in the human prefrontal cortex. In: Neuroscience, 144, H. 3, 1109–1119.

Wittchen, Hans-Ulrich/Jacobi, Frank (2005): Size and burden of mental disorders in Europe. A critcial review and appraisal of 27 studies. In: European Neuropsychopharmakology, 15, 357–376.

Yurgelun-Todd, Deborah A./Killgore, William D. (2006): Fear-related activity in the prefrontal cortex increases with age during adolescence: a preliminary fMRI study. In: Neuroscience Letters, 406, H. 3, 194–199.

Zuckerman, Marvin/Eysenck, Sybil/Eysenck, Hans J. (1978): Sensation seeking in England and America: cross-cultural, age, and sex comparisons. In: Journal of Consulting/Clinical Psychology, 46, H. 1, 139–149.

Jürgen Schwier

„Express Yourself"

Jugendliche Bewegungskulturen
in urbanen und naturnahen Räumen

1. Auf der Suche nach dem eigenen Stil

Warum ist das Skateboard für manche Heranwachsende weitaus attraktiver als der Fußball? Und warum ziehen Akteure das Freerunning dem Gerätturnen vor? Mit Blick auf die konkrete Person und unter Bezugnahme auf die von den genannten Bewegungsformen jeweils nahegelegten Körper-, Material- und Sozialerfahrungen wird man selbstverständlich sehr unterschiedliche Antworten auf diese Fragen geben können. Ein zentrales Kriterium für die Wahl des Skateboardings oder Freerunnings dürfte aber darin bestehen, dass sie eine klare Trennlinie zur Sportwelt der Erwachsenen ziehen und einen eigenwilligen *Style* in Gang bringen. Jugendliche Bewegungskulturen knüpfen so einerseits an einige klassische Verheißungen des modernen Sports an (Gemeinschaft, Expressivität, Augenblicks- sowie Spannungserleben) und grenzen sich andererseits von dessen starren Strukturen, Standardisierungen bzw. seiner ritualisierten Ordnung ab. Sie versuchen in gewisser Hinsicht, dem historisch gewachsenen (Wettkampf-)Sport ihren eigenwilligen Bewegungsstil gegenüberzustellen und machen das ständige In-Bewegung-Sein zu einem Leitmotiv ihres biografischen Handelns.

Obwohl einige jugendliche Bewegungskulturen wie das Surfen oder das Skateboarding schon selbst auf eine jahrzehntelange Geschichte zurückblicken, gehören sie mit ihrer Tendenz zur Hervorbringung eigener Aktionsräume, Gerätschaften, Sozialformen, Orientierungen und Zeitmuster sicherlich nach wie vor zu den schillernden und facettenreichsten Phänomenen im Feld des modernen Sports. Sie sind Experimentierfelder für innovative, erlebnisintensive Formen des körperlichen Ausdrucks, zeichnen sich unter anderem durch die weitestgehend fehlende Autorität von Sportorganisationen über die jeweilige Handlungspraxis aus und betonen mit ihren mehr oder weniger riskanten Mustern der Körperthematisierung gleichzeitig den Wagnischarakter des Sports (vgl. Loret 1995; Rinehart 2000; Schwier 1998).

BMXing, Crossgolfen, Kitesurfing, Wellenreiten, Snow- oder Skateboarding artikulieren so nicht nur ein anderes Sportverständnis, sondern sind wegen ihres noch nicht automatisierten Bewegungs- und Zeichencodes für unterschiedliche Lesarten, Sinnzuschreibungen, Nutzungsoptionen und *wilde* Körperinszenierungen offen. Derartige Trendsportarten können einerseits für vieles stehen, andererseits trennscharf bewegungskulturelle Differenzen anzeigen und insgesamt einen Wettstreit um Stil stimulieren. Ihre im Wechselspiel zwischen Szene, Medien und Jugendmarketing hervorgebrachten Diskurse sind zugleich Ressourcen für unsere Imagination; sie halten Bilder und Erzählungen bereit, wie Körperlichkeit, Sportivität, Freiheit, Individualität und Gemeinschaft für junge Frauen und Männer in zeitgenössischen Gesellschaften zu leben sind.

Jede jugendliche Bewegungskultur ist in gewisser Hinsicht zuallererst eine Ausdruckskultur, die mit dem Körper eigene Zeichen setzt, Erlebnisräume gestaltet und alternative Auslegungen des Sich-Bewegens erzeugt. Dabei bleibt zu berücksichtigen, dass der Sport ohnehin in allen seinen Erscheinungsformen auf individuelle und kollektive Sinnstiftung angewiesen ist. Was BMXing, Surfen oder Wakeboarding bedeuten können, ergibt sich im Kontext ihres Gebrauchs, wobei allerdings der *Common Sense* mit seinem konventionellen Sportverständnis eine wichtige Rolle spielt. Erst geteilte Sinngebungen machen bestimmte Handlungen auf dem Asphalt oder dem Wasser zum *Abubaca, Race Jibe* oder *Toeside 720.*[1] In gewisser Weise übersetzen also Prozesse der Bedeutungsbildung ein Bewegungsverhalten in die kulturellen Praktiken des BMX-Freestyle, des Windsurfings oder Wakeboardings (vgl. Schwier 2006). Diese Aktivitäten können nicht zuletzt deshalb soziale Wirksamkeit entfalten, weil sie zunächst nur um das Tätigsein kreisen und für nichts anderes zu stehen scheinen.

Der informelle Charakter jugendlicher Bewegungskulturen betont einerseits die Spontaneität, Freisinnigkeit und Individualität der Handlungspraxis, erfordert jedoch gleichzeitig die Hervorbringung eines Mindestmaßes an sozialer Regulierung, die den gemeinsamen Aktivitäten einen mehr oder weniger verlässlichen Rahmen gibt. Selbstorganisierte Bewegungsszenen gelten vor allem aufgrund unterschiedlicher Gestaltungsvorstellungen oder Bedürfnisinterpretationen der Akteure als störanfällig, und solche Gruppierungen bleiben – wie beispielsweise eine ethnografische Studie von Bindel (2008, 143–161) zeigt – nur dann funktionsfähig, wenn sie den Teilnehmern hinreichend Erlebnismomente offerieren und schrittweise eigene soziale Ordnungsmuster (wie Positionen, Rollenerwartungen bzw. -festlegungen, Verhaltensnormen) ausbilden. Die fortlaufende Arbeit an den kommu-

---

1 Der Begriff *Abubaca* bezeichnet eine Fahrfigur beim BMX (Bicycle Moto Cross), bei der man mit dem Hinterrad an ein Hindernis springt. *Race Jibe* ist eine enge, schnelle Halse beim Windsurfen. Beim Wakeboarding spricht man vom *Toeside 720,* wenn ein Akteur über die Zehenkante (Toeside) anfährt, dann abspringt und sich zweimal um die eigene Körperachse (720 Grad) dreht, während das Wakeboard in der Luft ist.

nikativen Rahmungen knüpft zumeist an bekannte bewegungskulturelle Sprach- und Dresscodes an, impliziert ein „Trainieren gleichberechtigter Beziehungen" (Bindel 2008, 155), einen spielerischen Umgang mit Status sowie die Ausbalancierung der Anerkennungsverhältnisse.

Nicht wenige der lokalen Szenen versuchen ferner, kommunikative (Außen-) Wirkungen zu erzielen, und inszenieren ihre Praktiken über eigenständige Medienprodukte, worauf im Folgenden noch detailliert Bezug genommen wird (S. 70ff.). Zunächst beschäftigt sich die Argumentation jedoch mit den besonderen Aktionsräumen jugendlicher Bewegungskulturen.

2. Handlungsorte als Aktionsräume

Jugendliche Bewegungskulturen nutzen gewöhnlich keine normierten Sportanlagen, da diese entweder für ihre Aktivitäten ungeeignet sind oder den Heranwachsenden der Zugang zu solchen Sporträumen aus unterschiedlichen Gründen verwehrt bleibt. Sowohl BMXer, Crossgolfer und Skateboarder als auch die Akteure beim Le Parkour, Speedminton oder Slacklining bringen handelnd ihre eigenen Aktionsräume hervor. Aus der Perspektive jugendlicher Bewegungskulturen ist quasi die ganze Welt voller potenzieller *Spielplätze*, die nur darauf warten, von der „gleitenden Generation" (Loret 1995) entdeckt und temporär in Besitz genommen zu werden. Grundsätzlich sind die Freiheitsgrade bei der Entfaltung eigener Aktionsräume allerdings unterschiedlich ausgeprägt: Aktivitäten wie Crossgolfen, Le Parkour oder Slackline sind fast an jedem Ort realisierbar, während Wakeboarder auf Anlagen angewiesen bleiben und Snowboarder bestimmte Pisten- und Liftregeln beachten müssen. Die genannten Beispiele verweisen gleichzeitig auf die Bandbreite der gewählten Örtlichkeiten: Zahlreiche jugendliche Szenen bevorzugen relativ exponierte Sportgelegenheiten und bewegen sich auf Asphalt, Sand, Schnee oder Wasser (vgl. Tabelle 1).

Tabelle 1: Aktionsräume jugendlicher Bewegungskulturen

Asphalt	**Sand**	**Schnee**	**Wasser**	**variabel**
BMXing	Beachsoccer	Eissurfen	Kitesurfing	Crossgolfen
Inline-Skating	Beachvolley-ball	Freeskiing	Wakeboarding	Le Parkour
Skateboarding	Sandboarding	Snowboarding	Wellenreiten	Slackline
Streetball	Strandsurfen	Snowkiting	Windsurfing	Speedminton

Einfluss auf die Freiheitsgrade der Akteure könnte ebenfalls der Umstand haben, dass einige dieser (Schnee- bzw. Wasser-)Sportaktivitäten gewisse finanzielle Ressourcen erfordern, während andere Praktiken ausgesprochen kostengünstig sind. So werden beim Crossgolfen lediglich ein Schläger und einige Golfbälle benötigt, die man gebraucht schon für wenige Euro bei On-line-Auktionen ersteigern kann, und Traceure brauchen bei ihren urbanen Hindernisläufen keine besondere Sportausrüstung. Ob die Teilhabe an den genannten Trendsportarten letztendlich durch soziale Ungleichheiten ge-steuert wird oder für die Wahl einer Bewegungsform reine Geschmacksun-terschiede entscheidend sind, lässt sich zurzeit kaum seriös beantworten. Einige qualitative Studien verorten die von ihnen untersuchten Akteure zwar vornehmlich in der „Mitte der dynamischen Mittelschicht" (Stern 2010, 55), repräsentative Daten über die soziale Positionierung von Trend-sportlern liegen jedoch bislang nicht vor. Es fällt ebenfalls auf, dass sowohl bei den kostengünstigen (Skateboarding, Crossgolfen oder Parkour) als auch bei den aufwendigeren Aktivitäten (Kitesurfen, Windsurfen oder Snowboarding) männliche Jugendliche bzw. junge Erwachsene mit hohem Bildungskapital (Gymnasiasten, Studenten) deutlich überrepräsentiert sind.

An die Stelle der Nutzung von normierten Sportstätten mit ihren baulich vorstrukturierten Handlungsoptionen und Sicherheitsstandards treten bei Skateboardern oder Wellenreitern die fortlaufende Auseinandersetzung mit den situativen räumlichen Bedingungen, die eigentätige Aneignung diverser *Spots* und ein Akzeptieren der damit verbundenen Risiken. Dies gilt sicher-lich ebenfalls für Bewegungspraktiken, deren Ausübung nicht an einen be-stimmten Untergrund gebunden ist. So können sich Crossgolfer und Traceure auf Asphalt und auf Waldboden, auf Industriebrachen oder in Naherholungsgebieten bewegen. Beim Slacklining kann man seinen Gurt sowohl in urbanen als auch in naturnahen Räumen spannen und über Was-ser, Asphalt, Auen oder Wiesen balancieren. Ein gemeinsames Merkmal jugendlicher Bewegungskulturen besteht in diesem Zusammenhang darin, dass sie Räume im Tun erschließen, dabei alternative Deutungen der Orte entfalten, deren Inbesitznahme ferner nicht auf Dauer angelegt ist, sondern flüchtig bleibt. So wie Crossgolfer immer wieder verschiedene Räume auf-suchen und sich jedes Mal einen neuen Platzstandard basteln, überwinden die Traceure beim Parkour bzw. Freerunning die Hindernisse auf ihrem Weg nie zweimal auf die gleiche Art und Weise.

Der Prozess der Verwandlung eines stillgelegten Fabrikgeländes oder eines Parks in einen Aktionsraum gilt nicht nur Crossgolfern und Traceuren als reizvolle Phase des Spiels. Auch Skateboarder verwandeln fahrend Beton-kanten, Treppen und Geländer in *Curbs*, *Gaps* und *Rails*. Raumerschließend wirken bei BMX-Fahrern, Crossgolfern, Skateboardern oder Traceuren also deren sinnstiftende und gelegentlich umdeutende Handlungen, die bei-spielsweise eine Treppe, einen Mauervorsprung oder ein Geländer erst zu einer Sportgelegenheit machen. Einige Akteure und Gruppierungen neigen zudem dazu, dieser raumgreifenden Praxis einen – pointiert formuliert – existenzialistischen Überbau zu geben. Durchaus exemplarisch für diese

Tendenz stellt so der Freerunning-Pionier Sébastien Foucan auf seiner Website fest: „Freerunning is more than training. It's relearning what we've lost" (http://www.foucan.com/?page_id=27).

Nicht zuletzt Borden (2001) hat detailliert nachgezeichnet, wie Skateboarder weltweit alternative Lesarten der Stadt herstellen und diese – jenseits ihrer herkömmlichen Funktion als Arbeits- und Konsumstätte – gleitend, rollend oder springend als Schauplatz des sportiven Vergnügens entwerfen. BMX-Räder und Skateboards dienen dabei als schnelle Fortbewegungsmittel, mit denen man in der Stadt auf der Suche nach *Action* diverse Szenetreffpunkte anfahren oder auch seine alltäglichen Besorgungen erledigen kann. Sie sind zugleich Sportgeräte, mit denen man Räume fahrend strukturieren, artistische Tricks realisieren und über hohe Geschwindigkeit Momente des Risikos erleben kann. Unter günstigen Umständen kann sogar das Gefühl entstehen, dass das Board oder Rad mit dem Körper verwächst. Der Wunsch, solche Augenblicke immer wieder neu zu erleben, stimuliert im Übrigen ein juveniles Grenzgängertum und eine Ästhetisierung der wagnisreichen Praxis.

Das Bestreben zur Umfunktionierung von Industriebrachen sowie von ursprünglich der Repräsentation und dem Konsum vorbehaltenen innerstädtischen Arealen hat immer das flüchtige Abenteuer im Auge, dient der Darstellung des eigenen *Styles* und der jugendlichen Bewegungsfreude. Die Stadt ist vor allem für BMXer, Skateboarder und Traceure ein Ort, der sowohl soziale Anerkennung als auch Abgrenzung verspricht. Der städtische Raum ermöglicht einerseits, die Virtuosität des eigenen Bewegungskönnens öffentlich zu präsentieren, und bietet andererseits ausreichend Gelegenheit zur Bestätigung des eigenen (sub-)kulturellen Selbstverständnisses (vgl. Beal 1999; Mortimer 2008; Schwier 1998). Als Anlaufstellen, Versammlungsorte und Bühnen dienen den Szenen aber auch kommunale oder kommerzielle BMX- und Skateparks, die vor allem von jüngeren Akteuren regelmäßig aufgesucht werden.

Im Vergleich zu traditionellen Sportdisziplinen sind viele der auf Straßen, Sand, Schnee und Wasser angesiedelten jugendkulturellen Bewegungspraktiken geradezu hyperaktiv, wobei die Temposteigerungen häufig mit dem Moment des Tiefen- und Drehschwindels gekoppelt werden. Solche Bewegungsformen sind „Amalgams of Skills and Thrills" (Rinehart 2000, 506), ihre Beherrschung setzt zeitintensive und zum Teil schmerzvolle Lern- und Übungsprozesse voraus, bei denen man sich auf Ungewohntes einlassen, Widerstände überwinden, individuelle Prüfungen bestehen und mit Verletzungsrisiken umgehen muss. Insgesamt unterstreicht der Wagnis-Aspekt die Notwendigkeit einer echten Hingabe an die Sache, für die genau jene Ressourcen zentral sind, über die Heranwachsende im Normalfall reichlich verfügen: Körperkapital, Vitalität und freie Zeit (vgl. Schwier/Danisch 2010). Weiterhin fällt auf, dass etliche jugendkulturell geprägte Trendsportarten in gewisser Hinsicht mit der Schwerelosigkeit und dem Aufgeben von Sicherheiten (Kontakt zum Boden, sicherer Halt oder Stand usw.) spielen:

„Ein allen gemeinsames Prinzip der Bewegungen und Bewegungsaus-richtungen kann als Erprobung der Vertikalen als Spielraum gekenn-zeichnet werden (…). Die Art dieser Bewegungen und ihre Ausrichtung sind zentral für das Verständnis der neuen Sportpraktiken. Mit den do-minierenden Bewegungsformen des Gleitens, Fliegens, Schwebens und Springens weisen sie kaum mehr mimetische Anschlüsse an Alltagsmo-toriken auf." (Stern 2010, 66; vgl. Loret 1995; Wheaton 2000)

Aus der Sicht der Szeneangehörigen lassen sich die urbanen und naturnahen Bewegungskulturen wohl noch immer als Experimentierfeld für unkonven-tionelle Formen körperlichen Ausdrucks und als geeignete Plattform für ei-genwillige Bedeutungsprozesse nutzen. Wenig überraschen kann daher, dass etliche Protagonisten bzw. Gruppierungen in den Bereichen BMXing, Crossgolfen, Parkour, Wellenreiten, Skate- oder Snowboarding eine Ten-denz zur Selbstmediatisierung ihres Tuns an den Tag legen und die eigenen Aktivitäten mit Digitalkamera sowie Internetauftritt inszenieren (vgl. Schwier 2008).

An dieser Stelle deutet sich zugleich an, warum informelle Sportszenen für Heranwachsende und junge Erwachsene attraktiv sind: Sie können einer-seits selbstgesteuert in Gleichaltrigengruppierungen ausgeübt werden, ver-sprechen andererseits mit ihrem Avantgardismus, ihrer Exaltiertheit und ih-rem freiheitlichen Image lustbetonte Möglichkeiten zum Sich-Unter-scheiden sowie zur erlebnisintensiven Selbstdarstellung.

3. Spielplätze männlicher Körperlichkeit

Die soziale Strukturiertheit der Geschlechterbeziehungen wirkt offenkundig sowohl in die Konstruktion des dominanten (Wettkampf-)Sportmodells als auch der alternativen Bewegungsformen hinein. Jugendliche Bewegungs-kulturen sind so zumeist eine männliche Domäne, sie erzeugen eben auch eigenartige Handlungsräume, in denen zeitgenössische Männlichkeitsmus-ter mit ganzem Körpereinsatz gespielt, eingeübt sowie unter Umständen va-riiert werden. Während Mädchen und Frauen in nahezu allen anderen Be-reichen des Sports quantitativ aufholen und mehr oder weniger gleichbe-rechtigt partizipieren, kommt ihnen beim BMXing, beim Streetball, Parkour oder den Boardsportarten nach wie vor ein ausgeprägter Randgruppenstatus zu. Die Geschlechterbeziehungen und -konstruktionen im Feld des Trend-sports sind allerdings von der Forschung bislang eher vernachlässigt wor-den. Neben der Studie von Wheaton und Tomlinson (1998), deren Fokus die verschiedenen weiblichen Rollenmodelle in der Subkultur des Windsur-fens bilden, diskutieren einige Untersuchungen zumindest am Rande die

Partizipationsmöglichkeiten männlicher und weiblicher Akteure (vgl. Beal 1999; Kolb 1996; Schwier 1998; Stern 2010; Wenzel 2001).

Gerade die jugendkulturellen Praktiken des BMXings, Parkours, Skateboardings, Wellenreitens, Windsurfings, Snowboardings, Streetballs oder Crossgolfens erweisen sich in dieser Hinsicht als eigenartig ambivalent. Einerseits stellen diese Bewegungsformen ausnahmslos männliche *Reservate* dar, in denen sich die Heranwachsenden sowohl in Bewegung als auch sprachlich mit dem nach wie vor wirksamen polaren Modell der Geschlechterbeziehungen (aktiv/passiv, dominant/dominiert, riskant/sicher, stark/schwach usw.) auseinandersetzen und derartige Polaritäten zelebrieren: Jungen gleiten virtuos auf dem Board oder kämpfen unter dem Korb um jeden Ball. Mädchen schauen dabei zu, werden zudem beispielsweise als *Skate Betties* etikettiert und als Teilnehmerinnen nur bei ausgeprägtem Bewegungskönnen akzeptiert (vgl. Schwier 1998, 62–65; Wenzel 2001, 140–144). Aber auch unabhängig vom konkreten Verhalten männlicher Jugendlicher lassen allein schon die plakative Unverwüstlichkeit der Körperthematisierung und das machistische Image des Skateboardens, Streetballs oder Surfens diese Praktiken für zahlreiche Mädchen wenig attraktiv erscheinen.

Die Akteure des Parkour oder BMX-Fahrens stellen also durchaus eine zeitgemäße Variante jenes Typus des Straßenjungen dar, wie ihn Zinnecker (1979, 733) für zurückliegende Jahrzehnte beschrieben hat: Straßenjungen „demonstrieren männliche Tugenden und Haltungen: Wagemut, körperliche Gewandtheit und Kraft, sie stecken voller Kriegslist (und) kennen alle Tricks". Auf den Faszinationsgehalt hegemonialer Männlichkeitsbilder und die zeitweilige Tendenz zur Übertypisierung tradierter Geschlechtsrollenklischees hat schon Kolb (1996) im Rahmen seiner phänomenologischen Untersuchung von Streetballszenen hingewiesen. Nach seiner Ansicht sind in der heutigen Gesellschaft kaum noch sozial akzeptierte Orte für juvenile Männlichkeitserprobungen vorhanden, und vor diesem Hintergrund erkennt er den Inszenierungen von Maskulinität beim Streetball eine vorwiegend explorierende Funktion zu. Gerade die Straßen des vermeintlichen „Asphaltdschungels" bleiben also ein Ort, an dem Männlichkeit von Heranwachsenden mit Körper und Bewegung konstruiert wird.

Andererseits berührt die Affinität einiger Trendsportarten zu körperlichen Wagnissen das Verhältnis von Mädchen- und Jungenwelten. So deuten einzelne Befunde zum Skaten und Windsurfen an, dass die zur Szene zählenden Mädchen und jungen Frauen von diesem Engagement und der subkulturellen Solidarität erheblich profitieren, da sie mit Eigenschaften, Körpererfahrungen und Verhaltensformen konfrontiert werden, die konventionelle Weiblichkeitsideale und -normen überschreiten. Nach Wheaton und Tomlinson (1998, 269) kann die Windsurfkultur beispielsweise zu einer Arena für die Entfaltung selbstbewusster weiblicher Körpervorstellungen werden. Grundsätzlich bleibt zu prüfen, ob die von Wheaton und Tomlinson (1998,

252) für diese Bewegungspraxis diagnostizierte Spannung zwischen dominanter Männlichkeit und den gleichzeitig für Frauen vorhandenen Dimensionen der Selbstermächtigung ebenfalls bei den anderen genannten Bewegungskulturen anzutreffen ist.

Während sich die Geschlechterverhältnisse in den lokalen Szenen seit der Frühphase des Parkour, Skateboardens oder Windsurfens bislang wohl kaum gravierend verändert haben, versucht das Jugendmarketing seit Jahren, zu einer verstärkten Teilhabe der weiblichen Zielgruppe beizutragen. Neben der Einführung von *Contest*s für Frauen, die inzwischen bei professionellen Events nahezu durchgängig angeboten werden, unterhalten auch Streetwearhersteller wie die Firma *Etnies* (http://etnies.com/team/girl) eigene weibliche Teams, lancieren damit Rollenmodelle für den Nachwuchs und machen sich insgesamt mit nicht unerheblichem Werbeaufwand für das Skateboarding als angemessene weibliche Handlungspraxis stark.

4. Selbstmediatisierung –
Jenseits von Authentizität und Jugendmarketing

Jugendliche Bewegungskulturen bilden ökonomisch interessante Nischenmärkte. Ihre Ausübung erfordert Geräte und Materialien, sie entfalten bestimmte Dresscodes, Musik- sowie Multimediapräferenzen und legen zum Teil touristische Aktivitäten (Events, Skatecollege, Surf- bzw. Snowboardreisen) nahe. Der Umstand, dass auch zahlreiche dort nicht aktive Heranwachsende Skater-, Surfer- oder Snowboardlabel favorisieren, Streetwear kaufen, entsprechende *Contests* besuchen oder Snow- und Skateboardsimulationen für ihren Computer erwerben, macht jugendliche Bewegungskulturen sogar über diesen Rahmen hinaus für das Marketing interessant. Die Wechselbeziehungen zwischen Szenen, Marketing und Medien bringen dabei zwischen avantgardistischem Sportsgeist und ökonomischen Verwertungsinteressen vielfältige Repräsentationen hervor. Auf der einen Seite schmiegen sich Sportartikelbranche und werbetreibende Wirtschaft mit ihren Kampagnen und Produkten an den *Spirit* der jugendlichen Bewegungskulturen an und treten als deren fördernde Begleiter auf. Auf der anderen Seite nehmen zahlreiche Szenen dies eher entspannt zur Kenntnis. Während neuere Bewegungspraktiken wie Parkour oder Freerunning noch ausgeprägt auf Echtheitsversprechen und einen antikommerziellen Habitus setzen, scheinen die diversen Boarderszenen längst jenseits der Gegensatzpaare Authentizität und Vermarktung ihren Wettstreit um Stil auszutragen. Sie vertrauen darauf, dass Außenstehende ihre Welt ohnehin nie ganz durchdringen können und schon allein das Anforderungs- bzw. Risikoprofil ihrer Bewegungsformen den pop- und sportkulturellen *Mainstream* auf Distanz hält. Gleichzeitig gibt es kaum Einwände gegen die Professionalisierung von herausragenden Boardern und BMX-Fahrern oder gegen Firmenteams, gesponserte Events oder Funsport-Messen (vgl. Hälbich 2008, 89–92).

Neben den Bilderwelten des Jugendmarketings und den medialen Inszenierungen des Trendsports (z.B. *X-Games*) haben jugendliche Bewegungskulturen sowohl in Nordamerika als auch in Europa von Anfang an selbst Medienerzeugnisse hervorgebracht, deren Vertrieb organisiert und versucht, mittels Videos, DVDs oder Fanzines das Lebensgefühl des Surfens, Skate- oder Snowboardings zu kommunizieren (vgl. Schwier 2006; Wheaton/Beal 2003). Die Selbstmediatisierung und Ästhetisierung des eigenen Tuns verfolgt dabei unterschiedliche Ziele: Es geht darum, den Strömungen in der Szene aktiv nachzuspüren, Respekt für den eigenen *Style* zu gewinnen, den „dramaturgischen Körper" (Gugutzer 2004, 234) zu feiern oder schlicht Aufmerksamkeit zu erregen. Neben den genannten Bewegungskulturen artikulieren sich auch Gruppierungen aus den Bereichen BMXing, Crossgolfen, Kitesurfing, Sandboarding, Speedminton und Parkour seit einigen Jahren über das World Wide Web und stellen mittels eigener Webseiten, Podcasts oder (Video-)Blogs eine eigene und selbst kontrollierte Medienöffentlichkeit von unten her. Die Nutzung des Internets bietet den Protagonisten solcher Bewegungspraktiken eine Chance, unter Umgehung der etablierten Medienkanäle kostengünstig ihre Botschaften zu verbreiten, die Communitas unter den Eingeweihten zu fördern sowie ortsunabhängig zahlreiche Menschen zu erreichen und diese miteinander zu vernetzen. Die Miniaturisierung der Technologie ist inzwischen im Übrigen längst so weit fortgeschritten, dass zahlreiche handelsübliche Mobiltelefone alle Computer- und Kamerafunktionen besitzen, die die Akteure zum Beispiel für die Gestaltung eines Videoblogs benötigen. Dann dauert es nur wenige Minuten, bis die Aufnahmen soeben ausgeführter *Moves* von Skateboardern oder Surfern bei Videoplattformen wie *You Tube* dem interessierten Publikum zur Verfügung stehen. Mit derartigen Medienobjekten können also engagierte Akteure zu (Multimedia-)Produzenten werden und ihr alternatives Sportverständnis propagieren (vgl. Schwier 2008).

Neben dem offenkundigen Bemühen um Distinktion in Gestalt der digitalen Dokumentation von Geschmacksunterschieden zum *Mainstream* des organisierten Sports versuchen die Internetauftritte, die DVDs sowie die hochgeladenen Videos und Blogs, die geteilten Werte und Orientierungen und damit die Gemeinschaft aller BMXer, Crossgolfer, Skateboarder, Traceure oder (Kite-)Surfer zu bestätigen. Den Erfahrungshorizont der Internetauftritte jugendlicher Bewegungskulturen und die damit verbundenen Prozesse der Selbstermächtigung bestimmen in dieser Perspektive letztlich die komplexen Wechselbeziehungen zwischen der Demonstration von *Style* bzw. Gruppenidentität auf der einen Seite und dem alltäglichen Aufzeigen von kulturellen Differenzen zum traditionellen Sportsystem auf der anderen Seite. So setzen Skateboard-Videos auf actiongeladene Bilder, nonkonformistischen Habitus und präsentieren *Moves*, *Mix-Parts* oder *Battles* in schneller Schnittfolge. Die entsprechenden Internetauftritte von Trendsportgruppierungen sind so immer ein Bestandteil des Kampfes um Deutungshoheit im

Feld des Sports und bieten sowohl den Eingeweihten als auch anderen Interessenten szenetypische Wissensbestände an (vgl. Wheaton/Beal 2003, 173).

Die selbstgestalteten Medienobjekte spiegeln online und offline unter anderem den Willen der jugendlichen Akteure, einen Unterschied in der (Sport-) Welt zu machen. Wenn die verschiedenen Szenen unermüdlich ihre Differenzen zum Sport-Medien-Komplex bzw. zur Sprache des Jugendmarketings anzeigen und die „Revolte gegen das Herkömmliche" (Marlovits 2001, 432) sowohl körperlich als auch medial zelebrieren, halten sie an der Hoffnung fest, mit ihrer Leidenschaft, ihren Ideen und ihrem Engagement zu einer ebenso eigensinnigen wie spektakulären Bewegungskultur beizutragen. Als Interpretationsgemeinschaften setzen sich die Szenen der BMXer, Crossgolfer, Surfer, Traceure, Kite-, Skate-, Snow- oder Wakeboarder lustbetont mit den vom Marketing, vom Medien- und Sportsystem bereitgestellten Ressourcen auseinander, wobei vorhandene Spielräume für Prozesse der Selbstermächtigung genutzt werden (vgl. Schwier 2006, 334-338). Unter Bezugnahme auf die Diskurse der Konsumkultur und des ökonomisierten Sports entfalten jugendliche Bewegungskulturen ein Reservoir an Aktionen und Symbolen, das sie wiederum quasi zum Stichwortgeber des Jugendmarketings und zum Motivationstrainer der Sportbewegung macht. Die mannigfachen Verflechtungen von Kultur und Ökonomie bilden sich eben auch in den Repräsentationen von Trendsportarten ab, und die jeweiligen Szenen sind – nicht zuletzt mit ihrer Tendenz zur Selbstmediatisierung – längst aktiv an den rasch einsetzenden Vermarktungsprozessen aktiv beteiligt.

5. Kinder- und Jugendarbeit mit urbanen Bewegungskulturen

Auf den ersten Blick scheint zwischen der pädagogischen Ausrichtung einer sportbezogenen Kinder- und Jugendarbeit und dem von den Szenen vertretenem Prinzip der Selbstorganisation sowie ihrem nonkonformistischen Habitus ein Widerspruch zu bestehen. Einen konkreten Ansatzpunkt bildet allerdings der Umstand, dass sich inzwischen Skateboard- bzw. BMX-Szenen in zahlreichen deutschen Kommunen für die Schaffung eines eigenen Versammlungsorts einsetzen, da auf einem speziell für die Anforderungsstrukturen der jeweiligen Bewegungsform hergerichteten Areal schlicht bessere Lern- und Übungsbedingungen gegeben sind. Am Beispiel des Flensburger BMX- und Skateparks sollen im Folgenden die Perspektiven einer bewegungsorientierten Jugendarbeit diskutiert werden, die an dieser Interessenlage der Heranwachsenden ansetzt. Der BMX- und Skatepark am alten Schlachthof ist nämlich das Ergebnis der Bemühungen der Szene und der Sportpiraten – eines Anbieters für sportorientierte Jugendarbeit – um einen eigenen Bewegungsraum. Im Verlauf eines mehrjährigen bürgerschaftlichen Engagements konnte die für die Verwirklichung des Projekts notwendige Unterstützung von Stadt, Land und Wirtschaftsunternehmen gesichert werden. Rund drei Jahre nach seiner Einweihung verzeichnet das Jugendareal weiterhin ansteigende Nutzerzahlen und weitet seine Angebotspalette aus. Den sogenannten Dirt Park mit verschiedenen Untergründen, die Teerfläche mit Rampe und den Betonpool suchen bei guter Wetterlage täglich rund einhundert Kinder, Jugendliche und junge Erwachsende auf, die auf Rollen und Rädern ihr Können demonstrieren und erweitern. Unter den Angehörigen der älteren Skateboardgeneration gibt es allerdings nach wie vor eine Gruppe, die dem Park aufgrund bestimmter Regelungen (Helmpflicht, Umgang mit Alkoholika) skeptisch gegenübersteht.

Die Jugendarbeit im BMX- und Skatepark ist darauf ausgerichtet, die Heranwachsenden bei der Weiterentwicklung ihrer sportlichen und sozialen Handlungsfähigkeit zu unterstützen, ihnen unterschiedliche Wege der Mitgestaltung und gesellschaftlichen Teilhabe aufzuzeigen sowie Prozesse des *Empowerments* zu stimulieren. Eine solche pädagogische Orientierung impliziert zuallererst die aktive Beteiligung der Heranwachsenden an allen das Jugendareal betreffenden Fragen – von der Planung baulicher Maßnahmen über die Öffentlichkeitsarbeit und Sponsorenakquise bis zur Moderation von Abstimmungsgesprächen zwischen den Nutzergruppen und der Durchsetzung der Sicherheitsregeln auf dem Gelände. Sowohl die alltägliche freie Bewegungspraxis als auch die Vermittlungsprozesse am außerschulischen Lernort sollen ferner durch den *harten Kern* der Szene (mit-)organisiert werden. Ein Teil dieser Sportlerinnen und Sportler im Alter von 14 bis 27 Jahren hat so bereits die vor Ort angebotenen Ausbildungsmodule (u. a. Kurse in Erster Hilfe, Team- bzw. Deeskalationstraining) absolviert und stellt sich seither mehr oder weniger regelmäßig als *Peer-group Teamer* zur Verfügung (vgl. Schwier/Dillmann 2010). Die Teamer wirken zugleich an der informellen Initiation und fahrpraktischen Ausbildung der nachwachsenden BMX- und Skateboard-Generation (Kinder ab 6 Jahre) mit, deren Mitgliederzahl sich seit Bestehen des Jugendareals deutlich erhöht hat. Der bewegte BMX- bzw. Skater-Stil mitsamt seinen besonderen Erlebnismöglichkeiten, Verhaltens- und Sprachcodes wird so auf dem Gelände täglich (vor-)gelebt, wobei Muster einer Peer-group-Sozialisation zum Tragen kommen. Neben der trendsportlichen Bewegungspraxis engagieren sich die Teamer und der harte Kern der Szene von Anfang an in den Bereichen Handwerk sowie neue Medien.

Für die Ausgestaltung der genannten Asphaltsportarten sind handwerkliche Basiskompetenzen überaus hilfreich. In gewisser Hinsicht stellt der eigenständige Geländer-, Hindernis- und Rampenbau lediglich die Voraussetzung zur Ausübung des Skateboardens oder BMX-Fahrens dar, da man vielerorts nicht auf entsprechende Anlagen zugrückgreifen kann. Aber auch wenn ein Park vorhanden ist, gibt es immer Elemente, die noch fehlen und dementsprechend selbst gezimmert werden müssen. Einen weiteren Bezugspunkt bildet die obligatorische Fahrrad- und Skateboardreparatur. Auf dem Gelände des Jugendareals kann man so nahezu täglich Heranwachsende bei gemeinsamen Instandsetzungsarbeiten an den Sportgeräten beobachten.

Jugendliche Bewegungskulturen weisen – wie schon erläutert – eine Tendenz zur Selbstmediatisierung ihres Tuns aus, worauf nicht zuletzt die kaum noch überschaubare Menge der bei netzbasierten Multimedia-Plattformen von den Akteuren eingestellten BMX-, Skateboard- oder Parkour-Clips verweist. Die Digitalkamera und der Internet-Auftritt gehören somit zum Alltagsleben der Szenen; mit den Videos kann man das eigene Können darstellen und den Austausch mit Gruppierungen in anderen Städten fördern. Darüber hinaus werden computerunterstützt Flyer und Plakate für eigene Veranstaltungen entworfen und hergestellt. An die Relevanz der internen Medienpraxis für die jugendkulturelle Szene (vgl. Zinnecker/ Barsch 2009, 292) knüpft gleichzeitig ein laufendes Mitmachprojekt an.

Das Projekt *eSportpark* versucht unter medienpädagogischer Begleitung, Online-Medien (Podcasts) zu szenerelevanten Themen in gemeinschaftlicher Autorenschaft herzustellen. Die konkrete Auseinandersetzung mit Multimedia-Formaten zielt gleichzeitig auf eine spielerische Aneignung der audiovisuellen Zeichensprache. Den selbstorganisierten Vermittlungsprozessen in der Gleichaltrigengruppierung und den dort anzutreffenden bewegungsgesteuerten Dialogen zu Fragen der Fahrtechnik oder des Stils wird dabei grundsätzlich in vergleichbarem Maß Intentionalität zugeschrieben wie den institutionalisierten, durchorganisierten Formen des Bewegungslernens im Schulsport oder Sportverein (vgl. Neuber 2009). Die für das BMXing oder Skateboarding typische Verbindung von sportlicher Handlungspraxis und digitalen Bewegtbildern verweist im Besonderen auf die Intentionalität informeller Lernarrangements: Die BMXer und Skateboarder produzieren ihre Bilderwelten in weiten Teilen nicht nur selbst, sondern setzen (Online-)Videos und Digitalkameras darüber hinaus fortlaufend für ko-konstruktive Vermittlungsprozesse in der Gruppe ein (vgl. Schwier 2008). Solche Situationen eines Lernens mit Kopf, Körper, Herz und Multimedia sind nur selten im Vorhinein geplant, sondern ergeben sich auch während der gemeinsamen Aktivitäten mehr oder weniger spontan.

Das zurzeit noch laufende Projekt beinhaltet die fortlaufende Konzeption, Produktion bzw. Publikation von Mediendateien zu den diversen Fahrtechniken sowie Szenecodes. Der Ablauf der Eigenproduktion von Videopodcasts gliedert sich idealtypisch in folgende Schritte:

(a) Moderiert von den Peer-group Teamern legen die Jugendlichen gemeinsam fest, welche Tricks und Fahrfiguren zum Gegenstand des Podcastings werden sollen. Die BMXer und Skateboarder können hier ferner ihr Wissen über die jeweiligen Bewegungsformen einbringen, da die Beschreibung der Schlüsselstellen der jeweiligen Fahrfigur unmittelbar in die Gestaltung des Storyboards eingeht.

(b) Auf dieser Grundlage erfolgt dann die interne Aufgabenverteilung und mediale Umsetzung. Die Gruppe entscheidet, wie die einzelnen Sequenzen gefilmt, geschnitten und zu einem Videopodcast zusammengestellt werden. Des Weiteren muss zu den Bewegtbildern ein passender Kommentar formuliert sowie Musik ausgewählt werden.

(c) Vor der Veröffentlichung im World Wide Web erfolgen eine Reflexion der Arbeitsabläufe und eine Beurteilung der Qualität der fertigen Mediendateien: Bildet der Podcast die Fahrfigur sachlich angemessen, wirkungsvoll und adressatengerecht ab? Im Rahmen solcher Gesprächsrunden geht es unter anderem darum, sich über Sinn- und Informationsgehalte zu verständigen sowie eine distanzierte Perspektive zu den eigenen Podcasts einzunehmen.

Die verschiedenen Arbeitsschritte werden dabei mehrfach durchlaufen. Die Kompetenzen der Teilnehmerinnen und Teilnehmer im Umgang mit Multimedia sollen sich im Sinne des *Learning by Doing* im Produktionsprozess selbst entwickeln. Unterstützend werden allerdings übergreifende Schulungen zur Kameraführung, zu Podcasting-Tools, zur Videobearbeitung und zum Webdesign angeboten. Begleitend finden themenzentrierte Gruppeninterviews statt, die Aufschluss über die subjektive Zufriedenheit mit der gemeinsamen Medienproduktion, über mögliche Schwierigkeiten und Verbesserungsmöglichkeiten geben sollen. Bezüglich der Gruppengespräche gehen die Projektverantwortlichen ferner davon aus, dass die Verwendung der medialen Eigenproduktionen als Ausdrucksform es den Jugendlichen erleichtert, sich in der Folge auch diskursiv mit den Ritualen, Stilelementen, Gesellungs- und Handlungsmustern der BMX- bzw. Skateboard-Szene auseinanderzusetzen. Die Medienarbeit im Mitmachprojekt lässt sich in diesem Sinne ebenfalls als Medien- und Trendsportkritik verstehen, soll aber zuallererst eine sinnliche Begegnung mit dem Lerngegenstand anregen und ein produktives Vergnügen bleiben.

Literatur

Beal, Becky (1999): Skateboarding: an alternative to mainstream sports. In: Coakley, Jay/Donnelly, Peter (Hg.): Inside Sports. London/New York: Routledge, 139–145.

Bindel, Tim (2008): Soziale Regulierung in informellen Sportgruppen. Eine Ethnographie. Hamburg: Czwalina.

Borden, Iain (2001): Skateboarding, Space and the City. New York: Berg.

Gugutzer, Robert (2004): Trendsport im Schnittfeld von Körper, Selbst und Gesellschaft. In: Sport und Gesellschaft – Sport and Society, 1, H. 3, 219–243.

Hälbich, Felix (2008): Die Geschichte des Skateboardings. Hamburg: Diplomica.

Kolb, Michael (1996): Streetball als jugendkulturelle Bewegungsform. In: Sportunterricht, 45, 412–422.

Loret, Alain (1995): Génération glisse. Dans l'eau, l'air, la neige … la révolution du sport des „années fun". Paris: Édition Autrement.

Marlovits, Andreas (2001): Snowboarding – Zur Psychologie einer Sportart und heraldischen Funktion seiner Gerätschaft. In: Sportwissenschaft, 31, H. 4, 425–436.

Mortimer, Sean (2008): Stalefish. Skateboard Culture from the Rejects Who Made It. San Francisco: Chronicle Books.

Neuber, Nils (2009): Informelles Lernen – Ein sportpädagogisches Thema? In: Brandl-Bredenbeck, Hans-Peter/Stefani, Miriam (Hg.): Schulen in Bewegung – Schulsport in Bewegung. Hamburg: Czwalina, 77–82.

Rinehart, Robert E. (2000): Arriving Sport: Alternatives to Formal Sports. In: Coakley, Jay/Dunning, Eric (Hg.): Handbook of Sports Studies. London: Sage, 504–519.

Schwier, Jürgen (1998): Spiele des Körpers. Jugendsport zwischen Cyberspace und Streetstyle. Hamburg: Czwalina.

Schwier, Jürgen (2006): Repräsentation des Trendsports. Jugendliche Bewegungskulturen, Medien und Marketing. In: Gugutzer, Robert (Hg.): body turn. Perspektiven der Soziologie des Körpers und des Sports. Bielefeld: transcript, 321–340.

Schwier, Jürgen (2008): Inszenierungen widerspenstiger Körperlichkeit. Zur Selbstmediatisierung jugendlicher Sportszenen. In: Zeitschrift für Soziologie der Erziehung und Sozialisation, 28, H. 3, 271–282.

Schwier, Jürgen/Danisch, Marco (2010): Im Rausch des Parkour. Jugendliche Körper und alternative Sportpraktiken. In: Niekrenz, Yvonne/Ganguin, Sonja (Hg.): Jugend und Rausch. Weinheim und München: Juventa, 123–132.

Schwier, Jürgen/Dillmann, Dirk (2010): eSportpark. Jugendliche als Produzenten und Nutzer von Lernmaterialien zum Trendsport. In: Danisch, Marco/Schwier, Jürgen (Hg.): Sportwissenschaft 2.0. Sport vermitteln im Social Web? Köln: Strauss, 89–102.

Stern, Martin (2010): Stil-Kulturen. Performative Konstellationen von Technik, Spiel und Risiko in neuen Sportpraktiken. Bielefeld: transcript.

Wenzel, Steffen (2001): Streetball. Ein jugendkulturelles Phänomen aus sozialwissenschaftlicher Perspektive. Opladen: Leske + Budrich.

Wheaton, Belinda (2000): „Just Do It": Consumption, Commitment, and Identity in the Windsurfing Subculture. In: Sociology of Sport Journal, 17, H. 3, 254–274.

Wheaton, Belinda/Tomlinson, Alan (1998): The Changing Gender Order in Sport? The Case of Windsurfing Subcultures. In: Journal of Sport & Social Issues, 22, H. 3, 252-274.

Wheaton, Belinda/Beal, Becky (2003): „Keeping it Real": Subcultural Media and the Discourses of Authenticity in Alternative Sport. In: International Review for the Sociology of Sport, 38, H. 2, 155–176.

Zinnecker, Jürgen (1979): Straßensozialisation. Versuch, einen unterschätzten Lernort zu thematisieren. In: Zeitschrift für Pädagogik, 25, 727-746.

Zinnecker, Jürgen/Barsch, Achim (2009): Jugendgeneration und Jugendszenen im Medienumbruch. In: Mikos, Lothar/Hofmann, Dagmar/Winter, Rainer (Hg.): Mediennutzung, Identität und Identifikationen. 2. Auflage. Weinheim und München: Juventa, 279–297.

2. Konflikthafte Jugendkörper

Vera King

Der Körper als Bühne adoleszenter Konflikte

Dimensionen der Vergeschlechtlichung

In der Adoleszenz[1] erlangen Körper und Geschlecht für Heranwachsende besondere Bedeutung. Sie sind in verstärktem Maße ‚konfrontiert' mit den geschlechtstypischen Veränderungen des Körpers und den damit verbundenen sozialen Möglichkeiten und Begrenzungen. Heranwachsende werden im Zuge dessen gesellschaftlich in die unterschiedlichen Praxen der Geschlechterordnung einerseits folgenreich eingeordnet, andererseits können Adoleszente in einigen Hinsichten neue Entwürfe von Geschlecht ‚ins Spiel bringen'. Entsprechend sind Adoleszente in einer besonderen Weise damit befasst, ihren geschlechtsspezifischen Habitus zu entwickeln, neu zu konturieren und zu verkörpern.[2] Die Adoleszenz kann insofern als eine weichenstellende biografische Phase angesehen werden, in der Geschlechter maßgeblich hervorgebracht werden – in der im kulturellen Sinne aus männlichen und weiblichen Kindern Männer und Frauen (gemacht) werden. Was „die Adoleszenz zu einem im doppelten Wortsinne *kritischen Moment* macht" (Bourdieu 1999, 34), gerade auch im Hinblick auf die soziale Herstellung und individuelle körperbezogene Aneignung von ‚Geschlecht': „‚Ins Leben treten'[3] [...], das bedeutet, dass man akzeptiert, an einem der gesellschaftlich anerkannten sozialen Spiele teilzunehmen und jene gleichermaßen ökonomisch wie psychologisch zu verstehende *Primärinvestition*, jene *Initialbesetzung* zu vollziehen, die bei jeder Teilnahme an einem

---

1 Mit dem Begriff ‚Adoleszenz' wird im Folgenden die Lebensphase psychischer und sozialer Veränderungen vom Ende der Kindheit bis zum Erwachsensein bezeichnet. Der Begriff ‚Adoleszenz' hat gegenüber dem Begriff ‚Jugend' u. a. den Vorzug, von einem deskriptiven Alltagsverständnis über Altersgruppen deutlicher abgegrenzt zu sein. Auch wird in der Begriffstradition eines soziologischen Adoleszenzbegriffs die Vermittlung von Sozialem und Psychischem oftmals stärker akzentuiert und analysiert als in einigen Zweigen der Jugendforschung. Konstitutionslogisch lässt sich die gesellschaftliche Konstruktion von ‚Jugend' oder ‚Adoleszenz' als soziale Form der Gestaltung von Generationenverhältnissen fassen, mit der Übergänge und das Heranrücken an den Erwachsenenstatus auch in zeitlicher Hinsicht reguliert werden (King 2004).
2 Was, im Sinne von Bourdieus Habituskonzept, *nicht* bedeutet, dass es sich um intentionale Akte oder bewusste Prozesse handelt.
3 Vgl. dazu die Analyse des französischen Soziologen und Erziehungswissenschaftlers Georges Lapassade (1963) mit dem Titel ‚L'entrée dans la vie'.

ernsthaften Spiel vorausgesetzt ist" (ebd.). Zu diesen, bis ins unbewusst Leibliche reichenden „Primärinvestitionen" und „Initialbesetzungen" gehört zentral die adoleszente ‚Besetzung' des Geschlechts und seiner Verkörperung. Diese folgen dabei nicht einfach einem Modus der freien Wahl, wie die Formulierung nahelegen könnte. Sie sind vielmehr eingebettet in – noch genauer zu beschreibende – sozialisierende Mechanismen, bei denen sich feld- und milieuspezifische Wirkfaktoren und Geschlechterkonstruktionen verknüpfen. Insbesondere verbinden sich zugleich, so wird im Folgenden dargelegt, soziale und kulturelle Dimensionen von ‚Geschlecht' mit individuellen Formen psychischer Verarbeitung der körperlichen Veränderungen. Im Zuge dessen schreiben sich kulturelle Geschlechterbedeutungen ein in die leibliche Selbst- und Fremdwahrnehmung. Doch woraus resultiert die enorme Wirksamkeit dieser Prozesse?

1. Wirksame Einschreibungen

Die Feststellung, dass soziale Bedeutungen in den Körper ‚eingeschrieben' sind (Laqueur 1992), gehört zu den weitgehend unbestrittenen Einsichten unterschiedlicher theoretischer Ansätze. Ob und wie allerdings jene Prozesse theoretisch konzipiert werden, die dazu führen, dass soziale Konstruktionen und Bedeutungsaufladungen von Körper und Geschlecht bis in die feinsten Verästelungen der Körper-Selbstwahrnehmung hinein wirksam werden, steht auf einem anderen Blatt. Oft genug geht das Erklärungsrepertoire nicht über die Annahme hinaus, dass kulturelle Bedeutungen das Erleben des (Geschlechts-)Körpers ‚prägen'. Diese Prägungsvorgänge bleiben oftmals unbestimmt, da zumeist weder die Herausforderungen beschrieben werden, die mit dem Körperlichen selbst auf psychischer Ebene verbunden sind, noch daher plausibel gemacht werden kann, weshalb gerade Selbst- und Fremddeutungen des Körperlichen und des Körpergeschlechts solche Mächtigkeit innehaben. Zudem kommen auch solche Ansätze, die jeglichen ‚Eigensinn' des Körperlichen oder genauer: jegliche *Integrationsanforderung durch Begrenzung*, die mit dem Körperlichen verbunden ist, negieren und dadurch versuchen, herkömmlich dualistische Schemata und konventionelle Geschlechterkonstruktionen zu durchbrechen, implizit auf neue Versionen des Natur-Kultur-Dualismus zurück. Waldenfels (2000) gelangt beispielsweise im Hinblick auf Butlers Perspektivierung des Körpers (vgl. Butler 1997) zu dem Schluss, dass es sich dabei um eine ‚neue' Variante des Cartesianismus handele (Waldenfels 2000, 361 ff.). Er kritisiert an diesen Varianten des Dekonstruktivismus, sie könnten gerade nicht erfassen, dass „der Leib [...] nicht auf die eine oder andere Seite (also entweder auf die Seite der Natur oder der Kultur, V.K.) gebracht werden (kann)" (S. 361), wie es sowohl in der Unterscheidung von *Sex* und *Gender* als auch in der kulturalistischen Verabsolutierung des Diskursiven geschieht. Die Herausforderung liege demgegenüber darin, den Körper als eine „Umschlagstelle zwischen Geist und Natur, [...] zwischen Kultur und Natur" (Waldenfels

2000, 361) zu fassen. Dies erfordert zugleich, die psychosozialen Bedeu-tungen und Konnotationen des Körperlichen, wie sie mit der Subjektwer-dung selbst verknüpft sind, mit den kulturellen Praxen in Beziehung zu set-zen. Ein Beispiel dafür ist, dass die Körperlichkeit selbst auf grundlegende Weise mit Abhängigkeit, Angewiesenheit und mit dem unhintergehbaren Eingebettetsein in eine Intersubjektivität verknüpft ist, und dass solche Konnotationen je nach individuellem psychischen und sozialen Werdegang, je nach kulturellen Normen unterschiedlich bewertet, angenommen oder verleugnet, bewusst oder unbewusst gehalten werden können. In diesem Sinne gehen vom Körperlichen gleichsam Bedeutungen aus, die wiederum soziale oder psychische sind und mit kulturellen Deutungen, Normen und Praxen verknüpft werden. Dabei ist allerdings das Körperliche selbst – im Besonderen die *Begrenztheit* des Seins, wie sie in einem allgemeinen Sinne mit Leiblichkeit, Natalität und Sterblichkeit verbunden ist, und die kulturell variierenden Formen der Bewältigung von Begrenztheit – innerhalb der So-zialwissenschaften vergleichsweise wenig thematisiert worden.[4] Waldenfels (2000) verdeutlicht dies auch in philosophischer Hinsicht am Beispiel der cartesianischen Konstruktion des *ego* hinsichtlich des impliziten Verhält-nisses von Geist und Körper:

„Zunächst der einfache Sachverhalt: jedermann kommt auf die Welt als Kind von Eltern. Dies wird niemand bezweifeln, doch es verwundert, dass die Philosophen darüber so wenige Worte verloren haben. Bei Descartes kommen weder Vater, Mutter noch Kinder vor, sondern das *ego* des *ego cogito* ist wie durch Urzeugung entstanden, durch eine Be-sinnung auf sich selbst [...].

[...] Doch alsbald stellt sich die Frage: Hat ‚Herr (oder Frau) Cogito' [...] denn keinen Leib? Wenn Cogito einen Leib hat, also männlich oder weiblich ist, so beinhaltet dies leibliche Bezüge: die Anderen sind in meinen Leib eingeschrieben: Zuerst bin ich leiblich da, auf die Welt ge-kommen als Kind von Eltern [...]. Dies verweist asymptotisch auf das Grundfaktum der Geburt, das seinerseits wiederum auf Andere verweist, von denen ich gezeugt, geboren und aufgezogen wurde. Als Kind habe ich bestimmte Vorfahren und als Erwachsener die Möglichkeit, selbst Nachfahren zu haben. Das Auf-die-Welt-kommen ist ein Grundereignis sozialen Charakters [...].

[...] gerade dieses Grundereignis ist nicht einfach mein eigenes, sondern hat schon bestimmte Züge der Fremdheit an sich. Die Geburt ist etwas, das mir zugestoßen ist, ein Ereignis, an dem Andere schon beteiligt wa-ren. Später wiederholt sich dieses Ereignis" (S. 305 ff.).[5]

---

4 Vgl. dazu Turner 1984 und den Überblick von Schroer 2005; zur Jugendforschung Hübner-Funk 2006 sowie King 2004.
5 Waldenfels weist in diesem Zusammenhang darauf hin, dass Arendt und Merleau-

Aus dieser Perspektive erlangen die eingangs erwähnten „Einschreibungen" in den Leib eine von den üblichen Semantiken abweichende Bedeutung: In meinen Körper eingeschrieben sind ‚die Anderen' aufgrund der unhintergehbaren Bezogenheit der eigenen Existenz auf jene, die mich hervorgebracht haben. Leiblichkeit – und Geschlechtlichkeit – sind damit ebenso unhintergehbar verknüpft mit der Angst und Ambivalenz, die sich auf diesen Zusammenhang und auf die Erfahrungen von Angewiesenheit und Fremdbestimmtheit richten: auf die Welt gekommen zu sein als Kind von Eltern, in eine Welt hineingeboren zu sein, in Lebensvollzüge, deren Ausrichtung von Anderen bestimmt waren. Diese Themen erlangen wiederum zentrale Bedeutung im adoleszenten Subjektbildungsprozess, in dem erstmals eine *reflexive* Auseinandersetzung mit dem eigenen Bildungsprozess (Habermas 2005, 31), mit Ursprung und Geschichte, und zugleich ein Prozess der abgrenzenden Neukonstruktion stattfinden können.

2. Der aufdringliche Körper in der Adoleszenz

Wie lässt sich in diesem Sinne die Sozialität des Leiblichen in Bezug auf die Adoleszenz weiter differenzieren? Zunächst stellen die körperlichen Veränderungen einen wesentlichen Anstoß adoleszenter Umgestaltungsprozesse auch auf der Ebene des Psychischen dar. Die mit dem herangewachsenen Körper verbundene Dialektik von Erweiterungs- und Begrenzungserfahrung kann als eine der zentralen Herausforderungen adoleszenter Veränderung betrachtet werden. So steht im Verhältnis zum kindlichen der herangewachsene Körper zunächst einmal für ‚groß' und ‚wirkmächtig' sein. Der Körper signalisiert, potenziell dem Kreis der ‚Großen', der Männer oder Frauen, zuzugehören – das Erwachsenwerden, die Potenz, die Individualität, das Selbstwerden. Das körperliche Herangewachsensein ist aus dieser Perspektive Voraussetzung der adoleszenten Individuation. Dabei ist der adoleszente Körper nicht allein groß, sondern auch im mehrfach determinierten Sinne sexuiert. Auf neue Weise ist der Bezug zum Anderen und damit auch die Abhängigkeit vom Anderen körperlich vermittelt: über Begehren und Begehrtwerden wie über die Bilder der potenziellen Fruchtbarkeit. Der geschlechtsreife Körper steht damit einerseits für den Bezug zu Vater und Mutter als Eltern und Erzeugern; somit für den Bezug zu den ‚Vorfahren', die das Individuum hervorgebracht haben, andererseits für die Potenzialität von ‚Nachfahren', für die Möglichkeit, selbst generativ zu sein. Die psychische Auseinandersetzung mit dem Körper während der Adoleszenz verläuft daher immer in der doppelten Bedeutung, dass der Körper sowohl potenzieller Träger der Individuation ist, insofern Materialisation und Bühne des ‚Für-mich-Seins', als auch Träger der Generativität, Materialisation und Bühne des ‚Von-Anderen-und-für-Andere-Seins'.

Ponty zu den wenigen gehörten, die sich mit der Natalität, der Geburtlichkeit auseinandergesetzt haben.

Diese verschiedenen Bedeutungsfacetten des herangewachsenen Geschlechtskörpers schaffen körperlich-psychisch-sozial grundlegend neue Bedingungen und entsprechende Herausforderungen, wie sie im Begriff der Adoleszenzkrise[6] gefasst sind. Die besondere Dynamik der Adoleszenzkrise liegt
unter anderem darin begründet, dass die gewohnte Selbstverständlichkeit
des leiblich-körperlichen Seins erschüttert wird: Psychisches Selbstver-
ständnis und körperliches Sein treten phasenweise auf befremdende Weise
auseinander. Der veränderte Körper tritt dem in vieler Hinsicht noch kindlichen Selbst wie etwas Fremdes gegenüber. Aus dieser Perspektive kann die
adoleszente Entwicklung als ein strukturell krisenhafter Prozess angesehen
werden, im Zuge dessen der herangewachsene geschlechtsreife Körper psychisch angeeignet und eine neue selbstgewisse Verankerung im Körper-
Selbst erst wieder hergestellt werden muss. Zur Beschreibung dieser adoleszenztypischen Spannung kann wiederum die phänomenologische Begrifflichkeit verwendet werden (Waldenfels 2000; Küchenhoff 1987), die
das Leib-*Sein* (im Sinne von: ich bin Leib) unterscheidet vom Körper-
Haben (im Sinne von: ich habe diesen Körper). In Anlehnung daran kann
festgehalten werden, dass das Verhältnis von Leib*sein* und Körper*haben*
durch die körperlichen Veränderungen der Adoleszenz auf charakteristische
Weise in beunruhigende Unordnung versetzt wird. Die bislang gewohnte
„Eigenleiberfahrung" des herangewachsenen Nicht-mehr-Kindes wird
durch die körperlichen Veränderungen nahezu vollkommen umgewälzt. In
der Eigenleiberfahrung vergegenständlicht sich, wie es Küchenhoff (1987)
formuliert hat, „unser Leib (immerfort) zum Körper, aber er kann normalerweise auch in die Unaufdringlichkeit zurückgleiten" (S. 290). Eben dieses Zurückgleiten in die Unaufdringlichkeit ist nun, so kann hier hinzuge-
fügt werden, gerade in der Adoleszenz phasenweise außer Kraft gesetzt und
muss erst neu erarbeitet werden. Der kindliche Leib ist zum aufdringlich
veränderten Körper geworden. In dieser adoleszenztypisch zugespitzten
Aufdringlichkeit des Körpers und der mit ihm verbundenen Fantasien und
Gefühle entsteht zwangsläufig eine psychische Labilisierung, wenn der
Leib passager zum aufdringlichen „Körper-Ding" (Waldenfels 2000, 248 f.)
wird, das dem Ich entfremdet erscheint: *Dieses Ding hier soll mein Leib
sein?* so die phasenweise befremdet-distanzierende Frage aus der Perspek-

---

6 Der Begriff der ‚Krise' wird oft konkretistisch missverstanden, so, als sei die Adoleszenzkrise gleichzusetzen mit einem zwangsläufig oder stets manifest dramatischen
  oder katastrophenähnlichen Verlauf. Schon bei Hall, dessen Werk „Adolescence"
  (1904) zu den Klassikern der Adoleszenzpsychologie gehört, wurde in einer Art bio-
  logistischer Ableitung die Adoleszenz als Sturm- und Drangperiode aus den Körper-
  prozessen konkretistisch abgeleitet. Im Gegenzug zu solchen Konzepten kam es umgekehrt zu nicht minder reduktionistischen Konzeptualisierungen von Jugend als einem krisenfreien Verlauf. Hier geht es jedoch um eine *strukturtheoretische* Betrachtung, bei der der Begriff der Krise jenen Umschlagspunkt bezeichnet, in dem
  aufgrund von Wandlungen eine neue Notwendigkeit zur Äquilibration auftaucht oder
  erzeugt wird, deren Inhalte und Formen eben im Moment des Umschlags noch nicht
  feststehen und daher ‚erarbeitet' werden müssen.

tive der Adoleszenten, die Reaktion auf die eigentümlichen Veränderungen des in der Adoleszenz herangewachsenen Geschlechtskörpers. Die kulturelle Umgebung antwortet mit entsprechenden Codes: Das ist Dein Körper, der dies und jenes bedeutet, und damit bist Du Frau oder Mann geworden.

Da der Körper als Bedeutungsträger sozialer Strukturierungen fungiert, gehen die Prozesse der Konstruktion der Geschlechterbedeutungen einher mit bestimmten Codierungen, die sowohl die geschlechtliche Arbeitsteilung als auch die Machtbeziehungen gleichsam leibhaftig begründen und repräsentieren sollen. Verknüpfungen von Körper- und Geschlechterbedeutungen, insbesondere über die Adjektivierungen der Sexualorgane etwa mittels der geläufigen Assoziationen von männlich-weiblich mit außen-innen, oben-unten, hoch-tief, aber auch expliziten Bewertungen wie rein-unrein, gesund-krank, wertvoll-überflüssig, stark-schwach usw. sind besonders eindrücklich aus den ethnologischen (Bourdieu 1997) oder ethnoanalytischen Forschungen (Bosse 1994) bekannt geworden. Aber auch in modernen Gesellschaften finden sich entsprechende Konstruktionen und den vormodern-rituellen Fixierungen von Körper-Bedeutungen analoge Effekte wie die vielfach analysierten Verknüpfungen der Menstruation mit Unreinheit, Krankheit oder Eingeschränkt-Sein (Waldeck 1988; King 1992; Flaake 2001; Hitzler/Honer 2005). Manche dieser Codierungen und Botschaften wirken unmittelbar und direkt – denken wir an bestimmte Geschlechterdiskurse, wie sie über kulturelle Leitbilder und Normen etwa in den Medien explizit zum Ausdruck gebracht und in den jugendkulturellen Stilen vorgefunden werden. Manche dieser Botschaften und Strukturierungsmechanismen sind jedoch, und das kennzeichnet gerade die Einschreibungen von Geschlechterbedeutungen in den Körper in modernisierten Gesellschaften, sehr viel vermittelter. Sie realisieren sich wesentlich auch darüber, welche Bedingungen, Ressourcen und Bewältigungsformen den Adoleszenten im Spannungsfeld der neuen Leib-Körper-Erfahrung zur Verfügung stehen. Wie wird dieses Spannungsfeld adoleszent in Szene gesetzt?

3. Inszenierungen von Körperbedeutungen

Wie ausgeführt wurde, gehen vom Körperlich-Leiblichen selbst Anforderungen aus – etwa die beschriebene anstehende Trennung vom kindlichen Körper-Selbstbild –, die sich nicht positiv als konkrete Geschlechts-/Körperbedeutung bestimmen lassen, die jedoch andererseits auch Formung und Begrenzung markieren. So repräsentiert der erwachsene geschlechtliche oder sexuelle Körper einerseits neue Potenz. Den sexuellen Körper anzueignen, verlangt jedoch zunächst, sich von den kindlichen Liebesobjekten und den kindlichen Bedeutungswelten zu trennen. Hinzu kommt, gleichsam von der anderen Seite her, dass der sexuelle Körper mit neuen Erfahrungen des Begehrens und der damit verknüpften Abhängigkeit von Liebesobjekten einhergeht. Auch hier stellt sich eine große Integrationsanforderung, nämlich die neu erwachten intensiven Wünsche auszubalancieren und die Sehnsucht nach Befriedigung und Nähe zum begehrten Anderen mit der gleichzeitig auftretenden Angst vor dem Verlust an Abgrenzungsfähigkeit in Einklang zu bringen. Da diese verschiedenen Trennungen und Neuanpassungen auch schwerfallen können, erzeugt die unabänderliche Konfrontation mit einem herangewachsenen Körper phasenweise Ängste, von daher auch Widerstand und verleugnende Tendenzen. Gerade die materielle und insofern unumstößliche Realität der körperlichen Veränderungen wird mit einer gewissen Zwangsläufigkeit zum Gegenstand der realitätsverhüllenden oder manipulativen Tendenzen, denn die adoleszente Entwicklung lässt sich durch die Diskrepanz zwischen der körperlichen Reife einerseits und einer noch nicht erreichten psychischen Integrationsfähigkeit andererseits charakterisieren. Die Integration der herangewachsenen Leiblichkeit am Ende der Adoleszenz verlangt insofern psychische Kompetenz, die zunächst, und dies charakterisiert das Adoleszenzspezifische, *noch nicht* eingelöst werden kann. Die Spannung zwischen körperlichem Herangewachsensein und einem der körperlichen Entwicklung Hinterherhinken der Psyche erzeugt eine Art Lücke. Hieraus folgen die typischen adoleszenten Kompensationen: das typische adoleszente Changieren zwischen Groß und Klein, zwischen großartigen und kleinmütigen Gesten. Es entwickelt sich eine ausgeprägte Spannung zwischen Sein und Schein, zwischen Wissen und Nichtwissen, Allmachtsfantasie und Entwertung, zwischen homosexuellen und heterosexuellen Identifizierungen, zwischen Verschmelzungswünschen und narzisstischem Rückzug, unersättlicher Gier und strenger Askese, die unvermittelt alternieren und dissoziiert werden können. Insbesondere Adoleszente schwanken in ihrer psychischen Größe und Kleinheit, und sie *spielen* auch damit im Sinne von ‚hysterischen‘ Selbstverhüllungen gegenüber ihrer körperlichen Reife. Die Varianten des Hin- und Herschwankens sind daher als adoleszenztypische Bewältigungsformen zu verstehen, als spielerische, mitunter jedoch auch unproduktiv fixierte Versuche, die dem adoleszenten Ich mitunter als überwältigend erscheinenden adoleszenten Veränderungen zu bemeistern.

Entsprechend werden die adoleszenten Inszenierungen auf der Bühne des Körpers und seiner Erscheinung gespielt. Dazu gehören, gleichsam am äußersten Rand des Körper-Ichs, zum Beispiel die adoleszenztypischen Ästhetisierungen des Körpers, mit denen sich Jugendliche von der Erwachsenenkultur abgrenzen, und die von den Erwachsenen als bizarr, hässlich, verrückt oder provokativ empfunden werden. Diese Ästhetisierungen sind ein Teil der in der Adoleszenz notwendigen ‚Überbesetzung‘ des Selbst. Diese phasenweise forcierte Konturierung des Selbst ist umso notwendiger, je unsicherer die Identität ist (Gugutzer 2005). Aus diesen Unsicherheiten ergibt sich auch, dass die Bilder des Körpers schwanken und von der Außenwahrnehmung abweichen. So wird in den Körper hineinphantasiert, und er wird manipuliert, indem zum Beispiel versucht wird, ihn ‚erwachsener‘

oder ‚kindlicher‘, ‚männlicher‘ oder ‚weiblicher‘, ‚erotischer‘ oder ‚abstoßender‘ zu machen. Andere Beispiele für die Manipulationen des Körpers sind sportliche Exzesse und vielfältige Formen, in denen der Körper malträtiert oder beherrscht wird, etwa durch Drogeneinnahme oder durch Askese. Jugendliche geben sich bekanntlich exzessiven Befriedigungen wie stoischen Versagungen hin. Sie experimentieren mit ihren körperlichen Kräften und Grenzen und spielen dabei in mehr oder minder gefährdenden Formen notwendigerweise auch mit dem Risiko und mit der Destruktion. Da die Trennung von der Kindheit, vom kindlichen Körper und kindlichen Beziehungskonstellationen und Welterfahrungen immer auch als Verlust erfahren wird, der in unterschiedlicher Ausprägung auch Schmerzen und Aggressionen hervorruft, schließen solche Trennungsempfindungen auch Fantasien von Destruktion mit ein im Sinne von *etwas ist unwiederbringlich verloren und damit ‚zerstört‘*. Passive Zerstörungsempfindungen können auch in aktive Haltungen umgesetzt und dadurch zu bewältigen versucht werden. Aggressive Manipulationen oder Grenzüberschreitungen stellen daher auch Versuche dar, den veränderten Körper und die Gefühle, ihm ausgeliefert zu sein, zu beherrschen – Versuche, die Abhängigkeit, *für die der Körper steht,*[7] zu bewältigen, die eigene Autonomie durch das Durchspielen von Grenzsituationen zu erproben. Das physische und psychische Veränderungsspiel mit dem gleichsam konstitutiv Unveränderlichen – der körperlichen Realität – ist insofern phasenweise zentraler Bestandteil der adoleszenten Psyche. Dieses Spiel kann auf unterschiedlichen Symbolisierungsebenen und mit unterschiedlicher Gewaltsamkeit und Fixierung im Konkreten ablaufen – so lange, bis die Körper-Selbst-Beziehung eine neue Gelassenheit erlangt hat, bis das aufdringliche Körper*haben* in der Adoleszenz auch wieder in ein ruhigeres oder hintergründigeres Leib*sein* zurückschwenken kann. Die Bedingungen und Chancen der Bewältigung dieser adoleszenztypischen Spannungen sind allerdings ungleich.

4. Körper, Sexualität und Geschlecht

Befunde der Jugend- und Adoleszenzforschung verschiedener Disziplinen weisen etwa darauf hin, dass zwar für beide Geschlechter der Körper regelmäßig als Austragungsort oder Medium adoleszenter Konflikte in Erscheinung tritt, sich jedoch die Formen der Körperbeschäftigung wie auch des körperbezogenen Agierens und Re-Agierens zu unterscheiden scheinen. Bei Mädchen wird mit dem Eintreten körperlicher Veränderungen oftmals ein manifester Einbruch des Selbstwertgefühls beobachtet, während Jungen eher zu begrenzungsverleugnenden manischen Reaktionen zu neigen scheinen. Junge Männer neigen statistisch eher zu externalisierenden Bewälti-

---

7 Wie beispielsweise auch Gugutzer (2005 und in diesem Band) in seiner Diskussion von Essstörungen zu Recht betont, geht es dabei also im Kern nicht um den Körper als solchen, sondern um Verunsicherungen des Selbst bzw. der Identität.

gungsformen adoleszenter Verunsicherungen wie Risikohandeln in Straßenverkehr, Sport und Jugendszenen oder körperlicher Aggressivität, junge Frauen eher zu internalisierenden Varianten wie Essstörungen, Selbstverletzungen oder Depressivität (Hurrelmann/Richter 2006). In diesem Sinne scheint diese Tendenz zur Körperkontrolle, aber auch zum riskanten ‚Spiel‘ mit Schmerz und Verletzung (Liebsch 2008 und in diesem Band) bei weiblichen und männlichen Adoleszenten unterschiedlich gerichtet. Bei Mädchen und jungen Frauen drückt sich der Drang zur Beherrschung eher in der adoleszenztypischen Zwanghaftigkeit aus, mit der beispielsweise Kontrolle ausgeübt wird über das, was in den Körper hineinkommt, etwa das Essen, aber auch über die Körperformen und die körperliche Erscheinung im Ganzen. Männliche Adoleszente versuchen demgegenüber eher, mittels des eigenen Körpers Kontrolle im Außen, über die äußere Welt der Objekte auszuüben.

Geschlechterbezogene Unterschiede im Erleben des Körpers, im Umgang mit Körper und Sexualität oder in der psychischen Bewältigung der mit dem Körper verbundenen Veränderungen werden auf diverse Bestimmungsgründe zurückgeführt. Übergreifend kann davon ausgegangen werden, dass sich die Interpretationen und ‚Bearbeitungen‘ von Körperbedeutungen bei jungen Frauen und Männern im Kontext variierender somatischer Kulturen (Kolip 1997) der Geschlechter in unterschiedlichen sozialen Feldern vollziehen. Bilder von Geschlecht und Sexualität sind etwa Gegenstand jugendkultureller Praktiken; die sexuelle und leibbezogene Biografie wird begleitet von Gleichaltrigen. Zugleich ist das körperliche Heranwachsen geprägt von den jeweiligen familialen Ausgestaltungen der Geschlechter- und Generationenbeziehungen, von der Art und Weise, wie das leiblich erfahrbare Erwachsenwerden der Tochter oder des Sohns von den Vätern und Müttern bewältigt oder nicht bewältigt wird.[8]

Für junge Frauen und Männer wird insofern in der Adoleszenz der Körper in verschiedenen Dimensionen sozialer Erfahrungen (teilweise) auf unterschiedliche Weise thematisch und im beschriebenen Sinne ‚aufdringlich‘. So sind Bilder des sexuellen Körpers verknüpft mit kulturellen Konstruktionen von Männlichkeit und Weiblichkeit, die etwa mit differierenden Bildern von ‚Hingabe‘ oder damit verbundenen Gefährdungspotenzialen konnotiert sind. Meuser (2005b, 283) verweist auf die kulturelle Zuweisung von „Verletzungsoffenheit" an (junge) Frauen und die komplementäre Verknüpfung von „Verletzungsmächtigkeit" mit Männlichkeit, wobei allerdings die spezifischen adoleszenten Vulnerabilitäten in Verbindung mit dem männlichen Körper, darauf bezogene Risiken und Ängste genauer einbezogen werden müssen (vgl. King 2006, 2010b). Der sexuelle weibliche geschlechtsreife Körper scheint überdies – deutlich insbesondere in traditionalen Gesellschaften, aber in variierenden, teils verdeckteren Formen auch

---

8 Zur intergenerationalen Dimension des Ablösungsprozesses vgl. King 2010a.

in der Moderne – zum einen ‚von außen', also kulturell, institutionell, ideologisch und familial, stärkerer Reglementierung, Beobachtung und Normierung zu unterliegen. Zum andern neigen wie erwähnt junge Frauen selbst zu einer stärker ‚nach innen' und auf die eigene physische Erscheinung gerichteten Kontrolle. Autodestruktive Tendenzen zur Körperkontrolle scheinen dabei umso größer zu sein, je weniger Raum Mädchen psychisch und sozial zur Bewältigung der mit den körperlichen Veränderungen einhergehenden Leib-Körper-Erfahrungen zur Verfügung steht. Je weniger Ressourcen insbesondere auch für expansive Selbst-Stabilisierung in der Adoleszenz gegeben sind, umso eher oder massiver wird der Körper zum Konfliktfeld. Adoleszente Entwicklungsspielräume junger Frauen können eingeschränkt sein durch familiale Dynamiken, in denen die Töchter funktionalisiert und dadurch an Abgrenzung gehindert werden. Dies belegen nicht nur Untersuchungen von Familien mit essgestörten Patientinnen (Reich 1997), sondern auch solche über die Reaktionen der Eltern auf Menarche und Sexualität der Töchter (Flaake 2001). Ähnliche Hintergründe eingeschränkter adoleszenter Entwicklungs- und Bewältigungsmöglichkeiten wurden für andere Formen des Körperagierens, zum Beispiel im Modus der Sucht reproduzierte Schwangerschaften oder Abtreibungen, in der Adoleszenz aufgezeigt (Berger 1989) oder für chronifizierte psychosomatische Beschwerden, wie zum Beispiel unspezifische Unterbauchschmerzen. Häufig wird dabei der Körper zur Bühne nicht nur individueller, sondern überdies familialer oder auch kultureller Konflikte (Hontschik 1987, 2005; King 1992, 2004). Essen und Habermas (1994) verstehen die ‚typisch weibliche' Hysterie sowie Bulimie auch als kulturelle Störungsbilder, in denen die jeweils veränderten historischen Bedingungen der adoleszenten Sozialisation junger Frauen zum Ausdruck kommen. Insbesondere verweisen sie hinsichtlich der historisch jüngeren Bulimie auf die Spannung zwischen gewachsenen Autonomieanforderungen an junge Frauen einerseits und familialen und gesellschaftlichen Sozialisationsbedingungen für weibliche Adoleszente andererseits, die der Autonomieentwicklung nicht im gleichen Maße förderlich seien.

Im Hinblick auf männliche Adoleszente zeigen etliche Studien die erwähnte größere Neigung auf, durch nach außen gerichtete Handlungen den Körper aufs Spiel zu setzen. Im Besonderen sind sie häufiger Opfer von Unfällen, von Risiko- oder Gewalthandlungen (Raithel 1999; Hontschik 2005; King 2006, 2010b). Zur Erklärung betonen einige Studien in diesem Kontext, dass die adoleszente Ablösung von der Familie für Jungen vor allem dann erschwert sei, wenn Väter nicht ausreichend als Begleiter zur Verfügung stehen. In diesem Sinne stellten etwa Böhnisch und Winter (1993) heraus, dass Jungen in modernen Gesellschaften mit der typischen Kleinfamilienkonstellation in der Adoleszenz besondere Schwierigkeiten dann bekommen können, wenn sie sich aus der weiblich-mütterlichen Welt der Familie lösen müssen. Da oftmals der Vater als Männlichkeitsmodell emotional oder praktisch nicht ausreichend greifbar sei, könnten daher, so die Autoren, spezifische Identifizierungslücken in der männlichen Identitätsbildung offenbar werden (vgl. auch Flaake 2005). Diese würden wiederum durch männliche Freunde oder durch besonders maskulin konnotierte und zugleich körper-zentrierte männliche Peer-group-Symboliken und Risikohandlungen zu kompensieren versucht. Weitere Ansätze verstehen Risikohandlungen als männliche ‚Strukturübungen' im Sinne Bourdieus, worin über jugendkulturelle Praktiken des Körper-Riskierens männliche Habitusformen eingeübt und inkorporiert werden (Meuser 2005 a). Ein möglicher Bestimmungsgrund insbesondere für forcierte Inszenierungen von maskuliner Körperlichkeit wird zudem darin vermutet, dass unter Bedingungen veränderter Geschlechterverhältnisse junge Männer mit jungen Frauen in vielen Bereichen auf historisch neue Weise konkurrieren, sodass männliche Adoleszente reaktiv neue geschlechtshomogene körperbetonte Formen der Ausgrenzung von Frauen entwickeln (Böhnisch/Winter 1993). Aus verschiedenen Perspektiven wird dabei nahegelegt, dass auf der einen Seite Gruppenhandlungen – gerade auch bei der Auseinandersetzung mit dem Geschlechtskörper – für Jungen in der Adoleszenz oftmals eine andere Bedeutung erlangen als bei jungen Frauen (King 2004), dass auf der anderen Seite sowohl für junge Männer als auch für junge Frauen die Thematisierungen und Inszenierungen von Körper, Sexualität und Geschlecht im Kontext von Gleichaltrigenbeziehungen eine große Rolle spielen. Jugendkulturelle Praktiken und bestimmte Aspekte von Peer-Beziehungen können als Äquivalente für Initiationsrituale in modernen Gesellschaften angesehen werden, bei denen Körper, Geschlecht und Sexualität angeeignet werden (King 2004, 2006; Dannenbeck u.a. 1999). Sie verbinden sich zudem mit spätmodernen Facetten des Körperkults und der Körpermodifikation (Featherstone 2000; Bette 2005; Pollmann 2006) oder übersteigern diese umso mehr, wenn, so deuten einige Befunde an (Ach/Pollmann 2006), körpermanipulative Praktiken auch an den Grenzen der (Auto-)Destruktivität sozial konsensfähig werden.

Kontrastiert man die Erklärungsmodelle für die jeweiligen geschlechtstypischen, das heißt stärker ‚internalisierenden' (bei Mädchen) oder stärker ‚externalisierenden' (bei Jungen) Bewältigungsformen oder selbstgefährdenden Praktiken, so fällt überdies auf, dass die empirisch als ‚typisch weiblich' konstatierten Formen, wie etwa Bulimie und Anorexie, vorrangig psychopathologisch und familiendynamisch analysiert werden, während die ‚typisch männlichen' Formen, wie etwa Risikohandeln in Sport, Freizeit, Straßenverkehr, vor allem im Kontext jugendkultureller Praktiken verstanden werden. Demgegenüber erscheint es sinnvoll, einerseits internalisierende Varianten auch unter dem Gesichtspunkt adoleszenztypischen Risikohandelns zu betrachten, bei dem zum Beispiel das Spiel mit Grenzüberschreitungen und Größenfantasien im Verhältnis zum eigenen Körper eine große Rolle spielt. Andererseits sind etwa externalisierte Grenzüberschreitungen von Jungen auch familiendynamisch sowie unter Gesichtspunkten ihrer Autodestruktivität und verdeckten Depression fassbar. Eine bedeutsame Analyserichtung, die weiterer Forschung bedarf, liegt überdies in der Verknüpfung von geschlechterkorrelierten körperbezogenen und adoleszenztypischen Bewältigungsweisen – z. B. Körpermodifikationen und -manipulationen – mit Folgen sozialer Wandlungsprozesse – zum Beispiel Mobilitäts- und Flexibilitätsanforderungen (Kardorff/Ohlbrecht 2007), Beschleunigung (Gerisch 2009; King/Gerisch 2008, 2009) – und damit einhergehenden sozialen Ungleichheiten.

Literatur

Ach, Johann/Pollmann, Arnd (Hg.) (2006): No body is perfect. Baumaßnahmen am menschlichen Körper. Bielefeld: transcript.

Berger, Margarete (1989): Zur Bedeutung des „Anna-selbdritt"-Motivs für die Beziehung der Frau zum eigenen Körper und zu ihrem Kind. In: Hirsch, Mathias (Hg.): Der eigene Körper als Objekt. Berlin: Springer, 241–277.

Bette, Karl-Heinrich (2005): Risikokörper und Abenteuersport. In: Schroer, Markus (Hg.): Soziologie des Körpers. Frankfurt a.M.: Suhrkamp, 295–322.

Böhnisch, Lothar/Winter, Reinhard (1993): Männliche Sozialisation. Bewältigungsprobleme männlicher Geschlechtsidentität im Lebenslauf. Weinheim und München: Juventa.

Bosse, Hans (1994): Der fremde Mann. Jugend, Männlichkeit, Macht. Eine Ethnoanalyse. Gruppengespräche mit jungen Sepiks in Papua-Neuguinea. Frankfurt a.M.: Fischer.

Bourdieu, Pierre (1997): Die männliche Herrschaft. In: Dölling, Irene/Krais, Beate (Hg.): Ein alltägliches Spiel. Frankfurt a.M.: Suhrkamp, 153-217.

Bourdieu, Pierre (1999): Die Regeln der Kunst. Frankfurt a.M.: Suhrkamp.

Butler, Judith P. (1997): Körper von Gewicht. Die diskursiven Grenzen des Geschlechts. Frankfurt a.M.: Suhrkamp.

Dannenbeck, Clemens/Mayr, Martina/Stich, Jutta (1999): Sexualität lernen: Zeit brauchen, Zeit lassen, Zeit haben – Jugendliche erzählen ihre Erfahrungen. In: Diskurs, H. 1, 36–43.

Essen, Cornelie v./Habermas, Tilmann (1994): Hysterie und Bulimie. Ein Vergleich zweier ethnisch-historischer Störungen. In: Habermas, Tilmann: Zur Geschichte der Magersucht. Eine medizinpsychologische Rekonstruktion. Frankfurt a.M.: Fischer, 164–194.

Featherstone, Mike (2000): Body Modification. London: Routledge.

Flaake, Karin (2001): Körper, Sexualität, Geschlecht. Studien zur Adoleszenz junger Frauen. Gießen: Psychosozial.

Flaake, Karin (2005): Junge Männer, Adoleszenz und Familienbeziehungen. In: King, Vera/Flaake, Karin (Hg.): Männliche Adoleszenz. Sozialisation und Bildungsprozesse zwischen Kindheit und Erwachsensein. Frankfurt a.M./New York: Campus, 99–120.

Gerisch, Benigna (2009): Der Körper in Zeiten der Beschleunigung und Entgrenzung. In: King, Vera/Gerisch, Benigna (Hg.): Zeitgewinn und Selbstverlust. Folgen und Grenzen der Beschleunigung. Frankfurt a.M./New York: Campus, 121–141.

Gugutzer, Robert (2005): Der Körper als Identitätsmedium: Eßstörungen. In: Schroer, Markus (Hg.): Soziologie des Körpers. Frankfurt a.m.: Suhrkamp, 323–355.

Habermas, Jürgen (2005): Die Zukunft der menschlichen Natur. Auf dem Weg zu einer liberalen Eugenik. 4. Auflage. Frankfurt a.M.: Suhrkamp.

Hall, Granville Stanley (1904): Adolescence. Volume 2. New York: Appleton.

Hitzler, Ronald/Honer, Anne (2005): Körperkontrolle. Formen des sozialen Umgangs mit physischen Befindlichkeiten. In: Schroer, Markus (Hg.): Soziologie des Körpers. Frankfurt a.M.: Suhrkamp, 356–370.

Hontschik, Bernd (1987): Theorie und Praxis der Appendektomie. Eine historische, psychosoziale und klinische Studie. Köln: Pahl-Rugenstein.

Hontschik, Bernd (2005): Das Ikarus-Syndrom. In: King, Vera/Flaake, Karin (Hg.): Männliche Adoleszenz. Sozialisation und Bildungsprozesse zwischen Kindheit und Erwachsensein. Frankfurt a.M./New York: Campus.

Hübner-Funk, Sibylle (2003): Wie entkörperlicht ist die Jugend der Jugendsoziologie? Argumente für eine „somatische Wende" unserer Disziplin. In: Mansel, Jürgen/Griese, Hartmut M./Scherr, Albert (Hg.): Theoriedefizite der Jugendforschung. Standortbestimmung und Perspektiven. Weinheim und München: Juventa, 67–74.

Hurrelmann, Klaus/Richter, Matthias (2006): Risk behaviour in adolescence. The relationship between developmental and health problems. In: Journal of Public Health. H. 14, 20-28.

Kardorff, Ernst v./Ohlbrecht, Heike (2007): Essstörungen im Jugendalter – eine Reaktionsform auf sozialen Wandel. In: Diskurs Kindheits- und Jugendforschung, 2, H. 2. S. 155–186.

King, Vera (1992): Geburtswehen der Weiblichkeit – verkehrte Entbindungen. In: Flaake, Karin/King, Vera (Hg.): Weibliche Adoleszenz. Frankfurt a.M./New York: Campus, 103–125.

King, Vera (2004): Die Entstehung des Neuen in der Adoleszenz. Individuation, Generativität und Geschlecht in modernisierten Gesellschaften. Wiesbaden: VS.

King, Vera (2006): Inszenierungen von Körper und Sexualität in männlichen Peer-Groups. In: AKJP, 37, H. 130, 163–184.

King, Vera (2010a): Adoleszenz und Ablösung im Generationenverhältnis. In: Diskurs Kindheits- und Jugendforschung, 5, H. 1, 9-20.

King, Vera (2010b): Männliche Entwicklung, Aggression und Risikohandeln in der Adoleszenz. In: Ahrbeck, Bernd (Hg.): Von allen guten Geistern verlassen? Aggressivität in der Adoleszenz. Gießen: Psychosozial, 97-119.

King, Vera/Gerisch, Benigna (2008): Das Unbehagen im Körper der Moderne. In: Schlesinger-Kipp, Gertraud/Warsitz, Rolf-Peter (Hg.): Die neuen Leiden der Seele. Frankfurt a.M.: Geber & Reusch, 260–271.

King, Vera/Gerisch, Benigna (2009): Zeitgewinnn und Selbstverlust. Frankfurt a.m./New York: Campus.

Kolip, Petra (1997): Geschlecht und Gesundheit im Jugendalter. Die Konstruktion von Geschlechtlichkeit über somatische Kulturen. Opladen: Leske + Budrich.

Küchenhoff, Joachim (1987): Körper und Sprache. In: Forum Psychoanalyse, 4, H. 3, 288–299.

Lapassade, Georges (1963): L'entrée dans la vie. Paris: Anthropos.

Laqueur, Thomas Walter (1992): Auf den Leib geschrieben. Frankfurt a.M./New York: Campus.

Liebsch, Katharina (2008): Zur Rolle des Schmerzes bei der Konzeptualisierung eines Körperbegriffs. Körpersoziologische Reflexionen einer jugendlichen Körperkultur. In: Rehberg, Karl-Siegbert (Hg.): Die Natur der Gesellschaft. Frankfurt a.M./New York: Campus, 1765–1773.

Meuser, Michael (2005a): Strukturübungen. Peergroups, Risikohandeln und die Aneignung des männlichen Geschlechtshabitus. In: King, Vera/Flaake, Karin (Hg.): Männliche Adoleszenz. Sozialisation und Bildungsprozesse zwischen Kindheit und Erwachsensein. Frankfurt a.M./New York: Campus, 309–324.

Meuser, Michael (2005b): Frauenkörper – Männerkörper. Somatische Kulturen der Geschlechterdifferenz. In: Schroer, Markus (Hg.): Soziologie des Körpers. Frankfurt a.M.: Suhrkamp, 271–294.

Pollmann, Arnd (2006): Hart an der Grenze. Skizze einer Anamnese spätmodernen Körperkults. In: Ach, Johann/Pollmann, Arnd (Hg.): No body is perfect. Baumaßnahmen am menschlichen Körper. Bielefeld: transcript, 307–324.

Raithel, Jürgen (1999): Unfallursache: Jugendliches Risikoverhalten. Weinheim und München: Juventa.

Reich, Günter (1997): Psychodynamische Aspekte der Bulimie und Anorexie. In: Reich, Günter/Cierpka, Manfred (Hg.): Psychotherapie der Eßstörungen. Stuttgart: Thieme, 44–60.

Schroer, Markus (2005): Zur Soziologie des Körpers. In: Schroer, Markus (Hg.): Soziologie des Körpers. Frankfurt a.M.: Suhrkamp, 7–47.

Turner, Bryan S. (1984): The Body and Society. Explorations in Social Theory. Oxford: Blackwell.

Waldeck, Ruth (1988): Der rote Fleck im dunklen Kontinent. In: Zeitschrift für Sexualforschung, 1, H. 3, 34–68.

Waldenfels, Bernhard (2000): Das leibliche Selbst. Frankfurt a.M.: Suhrkamp.

Robert Gugutzer

Essstörungen im Jugendalter

Identitätssuche im Medium von Leib und Körper

Wann das Jugendalter beginnt und wann es endet, variiert historisch und kulturell. Die basalen Themen, mit denen sich der und die Einzelne in dieser Lebensphase typischerweise auseinanderzusetzen hat, sind dagegen recht konstant. Der biologische Reifungsprozess und neue soziale Rollenanforderungen bringen es mit sich, dass Körper und Identität zwei fundamentale Aufgabenfelder im Jugendalter darstellen. Die sicht- und spürbaren Veränderungen des eigenen Körpers gilt es zu verstehen und zu akzeptieren, die körperlichen Fertigkeiten und Talente zu entwickeln und zu präsentieren, das eigene Selbst zu formen und zu stabilisieren und die dabei unweigerlich auftretenden Konflikte, Spannungen und Unsicherheiten auszuhalten und zu bewältigen. In dieser Lebensphase wird damit erstmals explizit, dass die Selbstthematisierung immer auch eine Körperthematisierung ist und vice versa.

In besonders deutlicher Weise zeigt sich die Gleichzeitigkeit und Gleichwertigkeit von Körper- und Selbstthematisierung – die selbstredend nicht auf das Jugendalter beschränkt ist (vgl. Gugutzer 2002) – bei Jugendlichen mit einer Essstörung.[1] Essgestörte Jugendliche, das heißt primär Mädchen und Frauen im Alter von ca. 12 bis 25 Jahren, repräsentieren eine soziale Gruppe, in der die Suche nach der personalen Identität ausdrücklich auch über die Inanspruchnahme des eigenen Körpers erfolgt. Vordergründig wird der Körper dabei im Hinblick auf das Aussehen, die Figur, das Essen und das Gewicht thematisch. Doch das ist nicht der Kern, um den es essgestörten Jugendlichen bei der Beschäftigung mit dem eigenen Körper geht. Meine These lautet:[2] Essstörungen liegt kein Schönheits-, Figur- oder Essproblem zugrunde, sondern *Essstörungen sind Ausdruck eines Identitätsproblems, das die Jugendlichen im Medium von Leib und Körper zu lösen'*

---

1 Wenn hier von Essstörungen die Rede ist, dann ausschließlich mit Bezug zur Magersucht (Anorexia nervosa) und Ess-Brech-Sucht bzw. Bulimie (Bulimia nervosa). Nicht angesprochen sind dagegen Esssucht (Binge-Eating-Disorder) und Fettsucht (Adipositas). Einen breiten Überblick über aktuelle sozialwissenschaftliche Literatur zum Thema Essstörung bietet der Fachinformationsdienst „Recherche Spezial" von GESIS (März 2010) unter www.gesis.org/forschung-lehre/gesis-publikationen/servicepublikationen/recherche-spezial.

2 Die These habe ich bereits in Gugutzer (2005) vorgestellt. Der vorliegende Text basiert in weiten Teilen auf diesem Artikel.

versuchen. Essgestörte Jugendliche entscheiden sich für diese radikale Körperpraxis als Lösungsstrategie für den Umgang mit sozialen und psychischen Problemen, die typischerweise mit ihrer familiären Situation verknüpft sind. Die Essstörung entspricht einer Überlebensstrategie innerhalb dieses psychisch belastenden sozialen Kontexts. Essgestörte Jugendliche hungern, essen über die Maßen und erbrechen sich, um auf diesem Weg Halt, Sicherheit und Orientierung in ihrem Leben zu finden und eine Identität zu entwickeln bzw. zu stabilisieren. Essens-, Figur-, Gewichts- oder Schönheitsprobleme sind ‚lediglich' Symptome, deren Ursache ein Identitätsproblem ist.

Diese These werde ich im Weiteren ausführen, indem ich an fünf Punkten aufzeige, inwiefern Leib und Körper[3] eine identitätsvergewissernde Bedeutung für essgestörte Jugendliche haben. Kurz gesagt: Leib und Körper sind für Essgestörte ein Medium der Identitätssuche und Identitätsstabilisierung im Hinblick auf (1) das Selbstwert- und (2) Autonomiegefühl, (3) bezüglich des Bedürfnisses nach Individualität und (4) Selbstermächtigung sowie (5) als Grundlage und Ausdruck der Selbstkontrolle.

1. Selbstwert und die Orientierung am Schlankheitsideal

Das Bild, das eine Person von ihrem Körper hat, spielt eine wichtige Rolle für das Selbstbild und also für die personale Identität. Wer sich dick, klein, alt, sportlich, kraftvoll, schön oder attraktiv empfindet, bewertet damit nicht nur seine körperliche Erscheinung und Fähigkeit, sondern er nimmt, wie das Reflexivpronomen ‚sich' andeutet, auch eine Bewertung seiner selbst vor. Dass das eigene Körperbild entscheidend von den gesellschaftlich vorherrschenden Körperbildern abhängt, ist offenkundig. Ob man sich als schlank oder dick wahrnimmt, ist geprägt von je kulturell vorgegebenen Vorstellungen, was Schlanksein oder Dicksein bedeutet bzw. welche Gestalt Schlanksein oder Dicksein annimmt.

Bei Essgestörten zeigt sich die normative Bindung an gesellschaftlich vorherrschende Körperbilder deutlich in ihrer Orientierung an dem gängigen

---

3 Anknüpfend an Hermann Schmitz (1985) und Gernot Böhme (2003) verstehe ich unter Leib jenen Phänomenbereich menschlichen Daseins, der ohne die äußeren Sinne wahrnehmbar ist. Leiblich ist das, was man an sich spürt, was einem nahe geht, was betroffen macht. Angst, Schmerz, Hunger, Wut, Freude, Lust etc. sind leibliche Regungen. Im Unterschied zum Leib als einer „subjektiven Tatsache" (Schmitz 1990, 6) ist der Körper eine „objektive Tatsache" (ebd., 5), insofern dieser auch in der Fremderfahrung gegeben ist (vgl. Böhme 2003, 12). Körperlich ist all das, was äußerlich sicht- und tastbar ist und daher auch anderen Blicken und Handlungen zugänglich ist. Der Körper kann zudem aktiv genutzt und manipuliert werden, wogegen der Leib eine passive (pathische) Selbsterfahrung bezeichnet. Auf die soziologische Bedeutung der Unterscheidung von Leib und Körper habe ich wiederholt an anderen Stellen hingewiesen (z. B. Gugutzer 2002, 2004, 2006).

Schönheitsideal, das seit dem 20. Jahrhundert mit dem Schlankheitsideal[4] synonym gesetzt werden kann. Folgt man der (nicht nur sozialwissenschaftlichen) Literatur zum Thema Essstörungen, dann ist das „schlanke Schönheitsideal in der westlichen Welt, verbunden mit einer ideologisierten Verpflichtung zu Fitness, [...] der wichtigste soziokulturelle Faktor für die Entstehung von Essstörungen" (Gerlinghoff/Backmund 2004, 26). Auch wenn es zu kurz gedacht wäre, Magersucht oder Bulimie auf die Verwirklichung des dominanten Schönheitsideals zu reduzieren, scheint die Bedeutung des Schlankheitsideals für die Entwicklung von Essstörungen unbestritten. So bilanziert etwa Hilde Bruch nach 35 Jahren Berufserfahrung mit Mager- und Fettsüchtigen:

> „Die Beschäftigung mit fettsüchtigen und anorektischen Patientinnen förderte eindrucksvoll zutage, in welchem Ausmaß die gesellschaftliche Einstellung dem Körper gegenüber, das Schönheitsideal unserer Gesellschaft und unsere ständige Sorge um das Aussehen eine Rolle spielen." (Bruch 2001, 116)

In der Orientierung am Schlankheitsideal, die je nach Art der Essstörung variiert, gewinnt der Körper eine identitätsstiftende Funktion. Magersüchtige und Bulimikerinnen versuchen durch die Ausrichtung auf dieses Körperideal, das zu erhalten und zu erreichen, was ihnen in anderen Lebensbereichen versagt bleibt bzw. nicht gelingt. Dazu die typische Äußerung einer Magersüchtigen:[5]

> „Alle Probleme, die ich hatte, schob ich auf meine Figur und sagte mir immer, wenn ich erst so dünn bin, dann bin ich glücklich, dann habe ich keine Probleme, viele Freunde und bin selbstbewusst." (N.N. in Gerlinghoff/Backmund 2000, 27)

Der dünne Körper löst alle Probleme. Wichtig ist hierbei zu sehen, dass es Magersüchtigen nicht darum geht, das gesellschaftlich vorherrschende weibliche Schönheitsideal umzusetzen. Die „Selbstaushungerung", wie Vandereycken u.a. (2003) sagen, die sie praktizieren, zielt vielmehr darauf, einen kindlichen, knabenhaften oder androgynen Körper zu bewahren, der die Angst vor dem Erwachsenwerden bzw. das Bedürfnis nach einer unbeschwerten und von Verantwortung für sich und andere losgelösten Kindheit symbolisiert (vgl. Selvini-Palazzoli 1982; Weber/Stierlin 2001). Nicht Schönsein motiviert primär das magersüchtige Handeln, sondern die ver-

---

4 Das Schlankheitsideal war allerdings bereits in der viktorianischen Zeit das dominierende Schönheitsideal und auch damals verantwortlich für die Zunahme von Diäten und Essstörungen unter jungen Frauen (vgl. Vandereycken u.a. 2003, 263 ff.). Zum historischen Wandel gesellschaftlicher Schönheitsbilder und -ideale siehe auch Brumberg (1994); Habermas (1994); Lausus (2002); Sprengel (1992).

5 Dieses und die meisten der folgenden Zitate von Magersüchtigen und Bulimikerinnen übernehme ich aus Texten von Monika Gerlinghoff, Leiterin des Therapie-Centrums für Essstörungen in München, und Herbert Backmund (2000, 2001).

zweifelte Suche nach Sicherheit und Halt im Leben, nach dem eigenen Selbst. Das Schlankseinwollen ist lediglich Mittel zum Zweck, der darin besteht, anerkannt zu werden und sich selbst zu finden.

Im Unterschied zu Magersüchtigen orientieren sich bulimische Frauen und Männer deutlich stärker an dem gesellschaftlich dominanten Ideal schöner, schlanker Frauen und Männer. Mit Blick auf bulimische Frauen meint zum Beispiel Margret Gröne (1997, 73):

> „Bulimische Frauen arbeiten beständig und heimlich daran, ihren Körper nach dem Vorbild des dünnen Schlankheitsideals zu modellieren. Ein äußerlich makelloser Körper ist nicht nur wichtig, weil die gegenwärtige Mode Schlankheit als Symbol von Schönheit und Attraktivität wertschätzt, sondern Gewichtskontrolle gleichgesetzt wird mit Selbstdisziplin, persönlicher Stärke, Willenskraft und Durchsetzungsvermögen."

Auch dieses Zitat verdeutlicht, wie sehr die Körperarbeit von Essgestörten im eigentlichen Sinne Identitätsarbeit[6] ist. Die Modellierung des Körpers in Richtung des gesellschaftlich konstruierten Ideals von Schönheit ist letzten Endes nicht ästhetisch motiviert, sondern gründet auf dem Bedürfnis nach Anerkennung, Aufmerksamkeit und Wertschätzung. Die körperliche Schwerstarbeit, die Bulimikerinnen durch ihre Heißhungerattacken leisten, wo sie Nahrungsmittel mit bis zu 10.000 Kcal. in kürzester Zeit verschlingen und anschließend erbrechen oder/und abführen, zielt nur vordergründig auf einen schönen Körper. Das eigentliche Ziel ist vielmehr der symbolische Körper: der schöne, schlanke Körper als Sinnbild für Disziplin, Stärke, Willenskraft – allesamt gesellschaftlich hoch angesehene Werte, mit denen das Versprechen einhergeht, anerkannt und wertgeschätzt zu werden.

Aus identitätssoziologischer Perspektive ist die Frage interessant, woher die Betroffenen ihr Körperbild haben. Werbung, Mode, Massenmedien sind hierfür sicherlich relevante kulturelle Akteure. Vor allem aber scheinen für das problematische Selbstbild essgestörter Jugendlicher signifikante Andere, konkret die Eltern, und von diesen überdurchschnittlich häufig die Mutter, von zentraler Bedeutung zu sein. Regelmäßig nämlich sind von Essgestörten Äußerungen wie die folgenden zu hören:

> „Ich nahm im Jugendalter, so in der Zeit ab meinem 15. Lebensjahr, einige Kilo zu. Davor hatte ich immer eine knabenhafte, sehr dünne Figur. Meine Eltern machten mich bald darauf aufmerksam, denn auch für sie war eine perfekte, dünne Figur das Ein und Alles. Sie zeigten mir, dass

---

6 Mein Verständnis von Identitätsarbeit deckt sich mit jenem von Heiner Keupp und Mitarbeitern in den sozialpsychologischen Identitätsdiskurs eingeführten Begriff und Konzept von „Identitätsarbeit" (vgl. Keupp/Höfer 1997). Anknüpfend an das Konzept der „alltäglichen Identitätsarbeit" empfiehlt Stefanie Richter (2006) einen ressourcenorientierten, salutogenetischen Ansatz im Umgang mit Essstörungen.

ihnen meine fülligen Oberschenkel missfielen." (N.N. in Gerlinghoff/ Backmund 2000, 25)

„Da Judo eine Gewichtsklassifikationsportart ist, ging es viel um Wiegen und Abnehmen. Da mein Vater mein Gewicht kontrollierte und sehr streng, teilweise mit Liebesentzug und Schlägen, auf meine Gewichtszunahme reagierte, log ich von Anfang an." (N.N. in ebd., 26)

„Ich mag mich nicht. […]. Weil ich dick bin. Ich esse zu viel, sagt meine Mutter." (N.N. in Bruch 2001, 124)

Solche Zitate zeigen beispielhaft, wie Kinder und Jugendliche die normativen Erwartungen ihrer Eltern hinsichtlich eines schönen, perfekten bzw. funktionierenden oder liebenswerten Körpers internalisiert haben und bemüht sind, deren Wunschbildern zu entsprechen. Sehr früh haben sie als Kinder gelernt, dass ihnen die lebenswichtige Anerkennung, Wertschätzung und Liebe der Eltern dann zuteil wird, wenn sie deren Werte, Ideale und Erwartungen erfüllen. Und diese richten sich eben auch auf den Körper. Das zeigt sich beispielsweise. daran, dass den meisten Fällen von anorektischem und bulimischem Verhalten Diäten vorausgehen, die die betroffenen Mädchen insbesondere von ihren Müttern übernommen haben bzw. ihnen von ihren Müttern (mit mehr oder weniger sanftem Druck) nahegelegt wurden. Darüber hinaus wurde vielen von ihren Vätern das Bild vermittelt, dass schöne und damit bewundernswerte Frauen schlanke Frauen seien. Vor einem solchen Hintergrund wird nachvollziehbar, dass das magersüchtige und bulimische Verhalten für die Betroffenen durchaus sinnhaft ist, erhalten sie dadurch doch soziale Anerkennung und eine Bestätigung ihres Selbstwerts.

2. Autonomiegewinn durch körperliche Selbstbehauptung

Eltern sind bezüglich der Entwicklung einer Essstörung wichtige Akteure, insofern Kinder typischerweise deren Werten und Idealen folgen. Zugleich versuchen Jugendliche, vor allem Anorektikerinnen, aber auch, sich durch ihr außergewöhnliches Essverhalten den Erwartungshaltungen der Eltern zu entziehen. Sie protestieren gegen die Anforderungen der Eltern, die sehr oft mit Leistung und Perfektionismus zu tun haben, indem sie ihren Körper als Machtmittel und Medium von Autonomie und Selbstbehauptung nutzen. Autonomie, verstanden als das Gefühl, selbstbestimmt über das eigene Leben verfügen zu können, ist eine wichtige Identitätsbedingung wie auch Ausdruck einer stabilen Identität (vgl. Nunner-Winkler 1990). Die Familienstrukturen jugendlicher Essgestörter sind häufig solcher Art, dass sie die Entwicklung eines Autonomiegefühls be- oder gar verhindern.

Das gilt insbesondere für sogenannte „Magersuchtfamilien" (Massing u. a. 1999, 146). Kennzeichnend für Magersuchtfamilien sind Werte wie Harmonie, Leistung, Fürsorge und Dasein für andere, symbiotische Beziehungsmuster, vor allem zwischen Mutter und Tochter (vgl. Selvini-Palazzoli 1982), sowie grenzüberschreitende Interaktionsmuster (vgl. Minuchin u.a. 1983; Reich/Buss 2002), die vom ungefragten Eindringen in die Privat- und Intimsphäre wie Bade- und Schlafzimmer bis zum sexuellen Missbrauch (von dem Magersüchtige überdurchschnittlich häufig betroffen sind) reichen können. Die Kinder solcher Familien leben in einem Interaktionskontext, der ihnen nicht gestattet, selbstständig und losgelöst von den anderen Familienangehörigen zu leben. Die emotionale Bindung an die Familie ist so groß, dass eine entwicklungsgemäße Individuation nicht möglich ist. In dieser Situation bietet sich die Magersucht als Ausweg, als Notlösung an. Die Nahrungsverweigerung wird zum Machtmittel gegen die Bindungszwänge und familiären Grenzüberschreitungen, das Hungern zur Autonomie sichernden Körperpraxis. So sagt eine Betroffene:

„Sie können mich zwingen, alles zu tun, was sie wollen, […] aber sie können mich nicht mehr zwingen, noch einen einzigen Bissen hinunterzuschlingen." (Zit. in Borcke-Vogt 1992, 61)

In dem Versuch, durch Nahrungsverweigerung Autonomie und Unabhängigkeit zu gewinnen, spielt die symbolische Bedeutung von Nahrung eine wichtige Rolle. Elterliche und vor allem mütterliche Liebe zeigt sich zuallererst ja darin, für das Überleben der Kinder aufzukommen, was konkret heißt, Kinder mit Nahrung zu versorgen. Entsprechend bedeutet die Nahrungsverweigerung nicht nur einen faktischen Verzicht auf Nahrung, sondern sie symbolisiert zudem die Ablehnung mütterlicher bzw. elterlicher Zuwendung. In Gestalt des freiwilligen Hungerns kämpft die Magersüchtige für die Ablösung von den Eltern/der Mutter und also für ein Stück Autonomie. Der eigene Körper ist dabei sowohl Mittel als auch Ziel dieses symbolischen Kampfes. „Hungern – meine einzige Waffe" lautet ein Buchtitel von MacLeod (1983), und diese Waffe richtet die Magersüchtige auch gegen ihre Ernährer. Zwischen beiden Parteien entsteht ein regelrechter Machtkampf, da Eltern üblicherweise alles Erdenkliche versuchen, ihr Kind zum Essen zu bringen. In diesem Kampf, der auf dem Kampffeld Körper ausgetragen wird, triumphiert die Magersüchtige, selbst wenn der Preis dafür das eigene Leben ist. Dass der Sieg insofern ein sehr fragwürdiger ist, bloße Illusion bleibt, spielt für die Magersüchtige keine Rolle. Denn, so Borcke-Vogt (1992, 61): „Diese grandiose Utopie der Autonomie verleiht der Magersüchtigen Identität."

Im Unterschied zu Magersüchtigen spielen Autonomiekonflikte für Bulimikerinnen und Bulimiker im Hinblick auf ihr essgestörtes Verhalten in der Regel relativ spät eine Rolle. Das hat seinen Grund darin, dass Bulimikerinnen und Bulimiker typischerweise in Familienstrukturen groß geworden sind, aufgrund derer sie schon sehr früh gezwungen waren, selbstständig zu werden. Bulimiker beschreiben ihre Familien als sehr konflikthaft, instabil, unbeständig – etwa aufgrund der Trennung der Eltern oder des Todes eines Eltern- oder Großelternteils –, sie erleben ihre Familie als chaotisch und wenig Halt gebend (vgl. Gröne 1997; Liotti 1989). Früh in ihrer Kindheit müssen sie Verantwortung für andere Familienmitglieder übernehmen, sich um sich selbst sorgen und dabei ihre eigenen kindlichen Bedürfnisse zurückstecken. So erleben sie sich schon in jungen Jahren als sehr autonom, wobei hinzuzufügen ist, dass es sich hier eher um eine „Pseudoautonomie" (Reich/Buss 2002, 235) als um eine ‚echte' Autonomie handelt. Identitätsrelevant wird der Konflikt um Autonomie dann typischerweise beim Auszug aus dem Elternhaus. Das ist der biografische Lebenseinschnitt, in dem der/die Betroffene häufig eine bulimische Symptomatik entwickelt. Der Psychoanalytiker Tilmann Habermas (1990, 108) meint dazu:

> „Die bulimische Symptomatik beginnt mit dem Versuch abzunehmen, d. h. sich sowohl gegenüber der eigenen Leiblichkeit und Triebhaftigkeit zu behaupten (Reduktion des Körpers; Dressur des Primärtriebs Hunger), als auch, sich gegenüber anderen abzugrenzen. In den später einsetzenden bulimischen Durchbrüchen kommt die andere Seite des Konflikts, mit ihren regressiven Zügen, zum Zuge."

Ähnlich wie die Magersüchtige versucht die Bulimikerin zunächst also, durch ihre Entmaterialisierungsstrategien autonom zu bleiben – nämlich autonom gegenüber leiblich-affektiven Regungen und signifikanten Anderen. Da ihre kindlichen Bedürfnisse so aber nicht gestillt werden, entwickelt sie die Technik des Essens und Erbrechens. Die Bulimie verspricht ihr dabei einen doppelten Gewinn: In Form immer diffiziler praktizierter Essrituale ermöglicht sie ihr einerseits, nicht vernünftig, sondern kindlich maßlos sein und Unmengen essen zu dürfen. Andererseits vermittelt das Erbrechen – trotz der Schuld-, Scham- und Ekelgefühle, die damit auch verknüpft sind (vgl. Mennell/Simons 1989, 21, 23) – das Gefühl, wenigstens in einem Bereich Sicherheit, Kontrolle und Autonomie zu besitzen, nämlich im Bereich des eigenen Körpers. Denn durch das heimliche Erbrechen gelingt es den Bulimikerinnen und Bulimikern, das Gewicht zu halten und damit nach außen die Fassade zu wahren, dass mit ihnen und in ihrem Leben alles in Ordnung sei. Symbolisch drückt dieses ritualisierte Verhalten also aus: Bei all den Unsicherheiten, Verunsicherungen und nicht gelebten Bedürfnissen, die mein Leben kennzeichnen, ermöglicht es mir die Bulimie, wenigstens im Hinblick auf meinen Körper selbstbestimmt über mein Leben verfügen zu können.

3. Individualität durch körperliche Einzigartigkeit

Neben dem Autonomiebedürfnis ist der Wunsch nach dem Empfinden von Einzigartigkeit und Besonderheit eines der wichtigsten Handlungsmotive, auf denen die extreme Körperpraxis Essgestörter basiert. Beispielhaft hierfür die folgenden Äußerungen zweier jugendlicher Anorektikerinnen:

„Ich wollte mit meiner Magersucht zur Elite gehören und verband damit, außergewöhnlich, etwas Besonderes, Extravagantes, Einmaliges zu sein. Ich wollte demonstrieren, dass ich ein vergeistigter Mensch bin, dem materielle Gier und Leidenschaft fremd sind. Durch meine Magersucht wollte ich erreichen, dass man über mich spricht. Zwar habe ich mit meiner Krankheit nicht erreicht, zur Elite zu gehören, dennoch brachte mir meine Krankheit die Sonderstellung ein, die ich mir wünschte." (N.N. in: Gerlinghoff/Backmund 2000, 50)

„Ich wollte mir meine Magersucht nicht nehmen lassen, eine Welt, in der ich sicher war, in der ich Bestätigung fand und wo mir keiner dreinreden konnte. Wenn ich mich auch manchmal in schlimmen Zeiten so schwach fühlte, dass ich glaubte, ohnmächtig zu werden, so empfand ich trotzdem das Gefühl der Überlegenheit. Ich hatte etwas Besonderes, etwas, das niemand nachempfinden konnte; ich konnte etwas, was die anderen nicht konnten: Ich konnte aufs Essen verzichten. Ich war stärker als alle anderen." (N.N. in: ebd., 65)

An diesen Zitaten lässt sich der primäre Sinn des Hungerns für Magersüchtige ablesen: Aufmerksamkeit („man über mich spricht"), Sicherheit („sichere Welt"), Anerkennung („Bestätigung"), Autonomie („wo mir keiner dreinreden konnte"), Einzigartigkeit („konnte etwas, was die anderen nicht konnten"), Erfahrung von „Stärke". Der zentrale subjektive Sinn, den die Magersüchtigen ihrer extremen Körperpraxis zugrunde legen, besteht eben nicht in der Verkörperung eines bestimmten Schönheitsideals. Vielmehr kennzeichnen zwei andere, grundlegende Werte den motivationalen Mittelpunkt magersüchtigen und bulimischen Handelns: Leistung und Perfektion. Zwar meint Leistung und Perfektion im körperlichen Sinne Schlank- und Schönsein, genauer gesagt: das disziplinierte und systematische Hinarbeiten aufs Schlanksein und Schönsein. Doch im Fall von Magersucht und Bulimie ist diese körperliche Leistung nicht das originäre Ziel, sondern Mittel für das übergeordnete Ziel, Anerkennung und Liebe zu erhalten.

Magersüchtige und Bulimiker zeigen bekanntlich auffällig gute bis sehr gute Leistungen in Schule, Studium, Beruf oder Sport. Diese Leistungsfähigkeit zeigen sie auch im Umgang mit ihrem Körper: Magersüchtige, indem sie immer weniger essen, um immer dünner zu werden, Bulimiker, indem sie essen und sich erbrechen, um eine möglichst perfekte Figur zu erlangen. Zu beachten ist jedoch, dass diese Leistungsorientierung und der Perfektionismus weniger Ausdruck eigener Leistungswünsche und Perfektionsbedürfnisse sind als vielmehr die Realisierung hoher Leistungsanforderungen aus der unmittelbaren sozialen Umwelt. So berichten jugendliche Magersüchtige und Bulimikerinnen regelmäßig, dass Leistung und Perfektion für ihre Eltern und andere enge Bezugspersonen absolut zentrale Werte im Leben seien.

„Manchmal fürchte ich, dass für meine Eltern Liebe nur an Äußerlichkeiten, an Leistungen und gutes Funktionieren gebunden ist." (N.N. in: Gerlinghoff/Backmund 2000, 40)

„Ich hatte immer das Gefühl, ich müsste mir das Leben überhaupt erst verdienen, etwas leisten, etwas bringen, um überhaupt leben zu dürfen. So musste ich jeden Tag früh aufstehen, sonst hatte ich meinen Tag bereits schuldig begonnen. Jeden Tag wuchs die Angst, nicht mehr mithalten zu können mit den Ansprüchen, die die anderen an mich stellten." (N.N. in Gerlinghoff/Backmund 2001, 81)

„Hungern war ein wichtiges Alibi für mich, viel zu krank zu sein, viel zu schwach, um die hohen Erwartungen, die meine Eltern an mich stellten, endlich selbstständig zu sein und auf eigenen Füßen zu stehen, zu erfüllen." (N.N. in: ebd., 28)

Diese Zitate lassen sich so interpretieren, dass Magersüchtige und Bulimikerinnen die Leistungsideologie, durch die sich unsere Gesellschaft insgesamt auszeichnet, über ihre Eltern vermittelt bekommen, internalisiert und sich zu eigen gemacht haben. Sie folgen diesen verinnerlichten Wertvorstellungen in Form ihres essgestörten Verhaltens, verbunden mit dem vordergründigen Wunsch nach Einzigartigkeit und Individualität. Das eigentliche Bedürfnis jedoch, das sie damit stillen wollen, ist Anerkennung und Liebe. Die körperliche Schwerstarbeit, die Magersüchtige und Bulimiker in Gestalt ihrer Essstörung leisten, ist diesem familiär vermittelten radikalen Leistungsindividualismus geschuldet und wesentlich Identitätsarbeit: Für ein stabiles Identitätsgefühl sind Anerkennung und Liebe von anderen Menschen unabdingbar.

Jugendliche Magersüchtige und Bulimiker versuchen also, mithilfe ihres Körpers von außen vorgegebenen Leistungsanforderungen gerecht zu werden, um so ein Gefühl von Einzigartigkeit und Individualität zu gewinnen. Sie tun dies auf unterschiedlichen Wegen: die Magersüchtigen in einer quasi autistischen Weise, wenn sie sich in ihre eigene „sichere Welt" zurückziehen und radikal selbstbezogen an ihrem Einzigartigkeitsgefühl arbeiten, die Bulimiker in einer dagegen eher extrovertierten Weise, insofern sie am äußerlich sichtbaren perfekten Körper arbeiten in der Hoffnung, dass ihnen dadurch Anerkennung zuteil wird. Allerdings ist diese Arbeit am möglichst perfekten körperlichen Erscheinungsbild im Ergebnis mehr Schein als Sein, was die Betroffenen offensichtlich auch selbst erkennen. Sie arbeiten zwar an der perfekten Fassade, um als etwas Besonderes und Einzigartiges wahrgenommen zu werden. Doch hinter der schönen Fassade des perfekten Körpers verbirgt sich ein, wie sie selbst sagen, „hässliches" Ich, das voller Unsicherheiten, Selbstzweifel und Ängste ist. Sich genau das selbst eingestehen und damit die Masken fallen lassen zu können, dürfte wohl der erste Schritt sein, um sich von der Essstörung verabschieden zu können. Oder wie eine Betroffene meint:

„Als ich in die Klinik kam, wollte ich an meinem Essverhalten etwas ändern. Inzwischen weiß ich, dass es vor allem darum geht, dass ich mich selbst ändere und finde. Ich muss meine Schale, meine Rollen, das Bild, das ich und andere von mir haben, aufgeben." (N.N. in: Gerlinghoff/Backmund 2000, 95)

4. Selbstgewissheit und Selbstermächtigung durch leiblich-affektive Grenzerfahrungen

Absichtsvolles Hungern, Heißhungerattacken und freiwillig herbeigeführtes Erbrechen können als Grenzerfahrungen bezeichnet werden, genauer als leiblich-affektive Zustände, die für den Einzelnen entweder als spürbarer Widerstand (z.B. als Schwere, Last, Engegefühl) oder als spürbare Leichtigkeit (z.B. in der Lust oder Freude, als Weitegefühl) erfahrbar werden.[7] Gemeinsam ist allen Grenzerfahrungen, dass sie sich für das Individuum als leiblich-affektive Betroffenheit bemerkbar machen. In der leiblich-affektiven Grenzerfahrung wird das Individuum mit sich selbst konfrontiert, und diese leibliche Selbstkonfrontation scheint für Essgestörte auch positiv besetzt zu sein.

Angesichts der realen körperlichen Bedrohung, die mit einer Essstörung verbunden ist, stellt sich die Frage, worin der Nutzen der Essstörung für die betroffene Person liegt. Welchen Sinn hat die Essstörung? Offenkundig liegt der Sinn dieser radikalen Körperpraktiken – neben den bereits genannten Identitätsaspekten – nicht zuletzt darin, dass damit auf einer leiblich-affektiven Ebene Identitätsgewinne möglich werden. Der Identitätsgewinn des Hungerns, Vollstopfens und Erbrechens liegt offensichtlich in der Vermittlung einer spürbaren Selbstgewissheit, einer leiblichen Selbstermächtigung. Das Hungergefühl, das Völlegefühl im Laufe einer Heißhungerattacke oder das Zusammenspiel von Enge- und Weitegefühl beim Erbrechen sind Situationen leiblich-affektiver Selbsterfahrung, deren Evidenz unleugbar ist und dadurch Selbst-Gewissheit vermittelt. Vergleichbar mit anderen autoaggressiven Verhaltensweisen (z.B. sich Schneiden, Brennen, Schaben) werfen diese Körperpraktiken die Handelnden in einer Weise auf sich selbst zurück, die sie als positiv bewerten. Sie spüren sich selbst in diesen Momenten und erleben sich selbst als real und gegenwärtig. Wie es scheint, ist das eine Erfahrung, die sie sonst nicht machen. So meint z.B. eine Magersüchtige:

„Alles war so hoffnungslos und ausweglos. Der einzige Triumph, den ich hatte, war mein Hungern [...]. Es machte mir richtig Spaß, mich zu quä-

---

7 Ich stütze mich auch hier auf den Leibbegriff von Schmitz (s. auch Fußnote 3, S. 94), dem zufolge sich das leibliche Befinden kontinuierlich zwischen „Enge" (bzw. „Engung") und „Weite" (bzw. „Weitung") bewegt (vgl. Schmitz 1985; siehe auch Gugutzer 2002, 90 ff.).

len, meinen Körper zu spüren, das Brennen, die Leere im Innern, den Hunger." (N.N. in: Gerlinghoff/Backmund 2000, 24)

Selbst wenn man bei dieser Äußerung skeptisch bleibt, ob die Betroffene tatsächlich „richtig Spaß" bei ihrem Tun empfand, spricht aus ihren Worten nichtsdestotrotz die positive Bedeutung, die sie ihrer Selbstkasteiung zuschreibt. Das „Hungern" und das vermutlich dabei empfundene „Brennen", die innere „Leere" und überhaupt den „Körper zu spüren" sind für sie Erfahrungen von besonderem Stellenwert. Verallgemeinert ließe sich sagen: Die Magersüchtige flieht in Gestalt dieser leiblich-affektiven Grenzerfahrungen aus einer Welt voller Hoffnungs- und Auswegslosigkeit in die ihr einzig zur Verfügung stehende Welt, in der sie Stolz empfinden und einen positiven Selbstwert erleben kann – ihren Körper. Die Verzweiflung ist offenkundig massiv, wenn dieses Gefühl der Selbstsicherheit bzw. Selbstgewissheit mithilfe solch masochistischer Körperpraktiken (sie sagt: „mich zu quälen") gesucht wird. Der subjektive Sinn des selbst zugefügten Leidens in der Essstörung und anderer autoaggressiver Verhaltensweisen, die damit oft einhergehen, ist jedenfalls eine Form leiblicher Selbstermächtigung.

„Auch ich [wie schon ihre Eltern; R.G.] genieße es zu leiden. Ich lebe nach dem Motto: Was mich nicht tötet, macht mich hart. Oder: je tiefer ich falle, desto höher werde ich kommen. Je mehr ich ertrage, desto reiner, wahrhaftiger und geläuterter werde ich sein. Das sind alte, überkommene Weisheiten in meiner Familie. Darum bin ich immer brutal mit mir umgegangen: In eine Wunde schmierte ich brennendes Desinfektionszeug; hatte ich mir beim Spielen irgendetwas verstaucht oder geprellt, wurde der entsprechende Körperteil gerade besonders bewegt und gefordert. Ich habe mir und anderen mit meinen Verstümmelungen […] beweisen wollen, dass ich es wert bin zu leben. Ganz extrem war das dann später in meiner Magersucht. Im Geheimen habe ich mir immer eine ganz schlimme Krankheit gewünscht, die schließlich zum Tode führt, weil sie zu spät entdeckt wurde […]." (N.N. in: ebd., 41)

Auch dieses Zitat verdeutlicht, wie verinnerlichte Werthaltungen signifikanter Anderer handlungsleitend wirken und in einen positiven Selbstwert umgemünzt werden können: Leidensfähigkeit ist in dieser Familie ein zentraler Wert, und die Essgestörte hat diesen Wert frühzeitig in eigene Körpertechniken umgesetzt. Die Leidenserfahrungen, von denen sie spricht, stellen zweifelsohne Grenzerfahrungen dar, aus denen sie einen positiven Selbstwert zu ziehen vermochte. Ihr Wille behielt im Kampf gegen ihr leiblich-affektives Betroffensein eindeutig die Oberhand. Nur der totale Triumph, der für sie scheinbar im zu-Tode-Hungern bestanden hätte, blieb ihr – zum Glück – verwehrt.

5. Selbstkontrolle als Leib- und Körperkontrolle

Das bisher Gesagte lässt sich wie folgt zusammenfassen: Der Sinn einer Essstörung besteht für die Jugendlichen in entscheidender Weise darin, mittels einer Kontrolle über den eigenen Leib und Körper Selbstkontrolle zu gewinnen. Im Medium von Leib- und Körperkontrolle versuchen Essgestörte, ihre Selbstzweifel, Versagensängste, Unsicherheiten etc. zu beherrschen. Sie wählen diese Verhaltensstrategie, um durch die Beherrschung ihrer leiblichen Bedürfnisse, Triebe und Affekte jene Sicherheit und Orientierung in ihrem Leben zu finden, die ihnen auf anderem Wege versagt geblieben ist. Die Kehrseite davon ist naheliegender Weise die Angst vor einem Kontrollverlust. Da diese Angst bzw. die Scham- und Schuldgefühle, die aus einem eingetretenen Kontrollverlust resultieren, dauerhaft sind, handelt es sich bei diesem Problemlösungsversuch um eine Illusion. Letzten Endes ist dieser Lösungsversuch zum Scheitern verurteilt – und dennoch ist er nicht sinnlos.

Die Leib- und Körperkontrolle äußert sich bei Magersüchtigen und Bulimikerinnen beispielsweise in Form von Diäten, dem Zählen von Kalorien, täglichem, auch mehrfachem Wiegen, der Auswahl bestimmter, sogenannter ‚guter‘ (= kalorienarmer) Nahrungsmittel, deren Zubereitung und der Festlegung der Reihenfolge ihrer Aufnahme, ritualisierten Orten und Zeiten des Essens etc. Essgestörte entwickeln, wie man mit Michel Foucault (1976) sagen könnte, spezifische „Disziplinartechniken", mittels derer sie ihr Essverhalten kontrollieren und so ihren Körper zu einem „fügsamen" Objekt machen, aus dem sie positive Identitätseffekte ziehen. Auch Foucaults (1983) These, dass Macht nicht nur repressiv und unterdrückend wirke, sondern ebenso produktive und positive Resultate hervorbringen könne, bestätigt sich bei Magersüchtigen und Bulimikerinnen: Indem sie ihre leiblichen Bedürfnisse durch entsprechende Körperpraktiken kontrollieren und disziplinieren, gewinnen sie – aus ihrer Perspektive – Macht über sich und ihr Leben. Sie gewinnen an Selbstkontrolle und Selbstermächtigung.

Das Gefühl der Selbstermächtigung basiert dabei auf einer kognitiven Strategie, die Essgestörte anwenden: Sie trennen zwischen sich und ihrem Körper. Genauer empfinden sie ihren Körper „als etwas von ihnen Getrenntes", wie Gröne im Hinblick auf Bulimikerinnen sagt. Für Bulimikerinnen wird der eigene Körper, so Gröne (1997, 111),

> „zu einem außerhalb ihrer selbst liegenden Objekt; bestimmte Aspekte ihres organischen Funktionierens betrachten sie als nicht zu ihrem Selbst gehörig. Diese Trennung zwischen Leib und Seele, Körper und Geist, ist eine Spaltung, derzufolge es den Frauen sinnvoll erscheint, gegen die vom Körper ausgehenden Wünsche und Regungen zu kämpfen und Versuche zu unternehmen, ihn zu beherrschen und zu disziplinieren."

Die in dem Zitat angesprochene Trennung von Ich oder Selbst einerseits, Leib und Körper andererseits impliziert ein bestimmtes Machtverhältnis: Macht haben aus der Sicht einer essgestörten Person ihr Leib und ihr Körper. Das Ich muss gegen diese leiblich-körperliche Macht ankämpfen, um nicht völlig unterzugehen. Dazu wiederum ist es nötig, die Kontrolle über die leiblich-körperlichen Regungen und Empfindungen zurückzuerobern. Das folgende Zitat verdeutlicht das:

> „Kalorienzählen wurde zu meinem Lebensinhalt. Es machte mir wahnsinnigen Spaß und ich war stolz, dass ich so diszipliniert war und alles im Griff hatte. Ich dachte mir, dann würde ich so bleiben, wie ich bin, doch das war nicht so. Ich nahm immer mehr ab, nicht so, dass ich es richtig mitbekam, denn ich wog mich nur selten. Aber dann verlor ich absolut die Kontrolle über mich selber. Es war, als würde ich das gar nicht tun, sondern jemand anderes in mir zwang mich, nicht aufzuhören, jeden Tag weniger Kalorien zu mir zu nehmen und jeden Tag mehr zu trainieren. Auch als ich das längst nicht mehr wollte. Als ich sogar Angst hatte, weiter abzunehmen, zwang mich irgendetwas in mir, es dennoch zu tun." (N.N. in: Gerlinghoff/Backmund 2000, 26)

Essgestörte erfahren eine Macht, so lässt sich das Zitat verallgemeinern, die außerhalb ihres Selbst liegt und die die absolute Kontrolle über ihren Körper hat. Das empfinden sie als Verlust von Selbstkontrolle. Diese vermeintlich externe Macht, die sie bedroht und der sie sich ausgeliefert fühlen, sitzt jedoch in ihrem Körper, wie die Magersüchtige in dem Zitat selbst sagt. Die Macht ist also gerade nichts Äußerliches, sondern innerlich – es sind ihre leiblich-affektiven Regungen und Empfindungen. Die Macht ist ihr eigener Leib. Die Macht ist sie selbst.

Essgestörte kämpfen gleichwohl gegen diese Macht an in der Hoffnung, dadurch ihre Selbstkontrolle zu behaupten. Sie tun das in der Regel in der Weise, dass sie, um es mit Paul Watzlawick u.a. (1974) zu sagen, „mehr desselben" versuchen, also noch mehr Körperkontrolle auszuüben versuchen. Das allerdings ist der logische Irrtum einer Magersüchtigen: Zu glauben, durch noch mehr Kontrolle sei es möglich, sich der als Bedrohung empfundenen leiblichen Macht – dem spürbaren Drang zu hungern und zu trainieren – entziehen zu können, ist ein Trugschluss. Stattdessen müsste es darum gehen, wie es bei Watzlawick u.a. heißt, „weniger desselben" zu tun, also weniger Körperkontrolle auszuüben. Das nämlich würde bedeuten, dass die Betroffene ihre leiblichen Regungen und Empfindungen und damit sich selbst annehmen und akzeptieren könnte. Solange sie jedoch ihre leiblichen Bedürfnisse klein hält, indem sie diese als groß und mächtig und als ihr feindselig gesonnen bewertet, solange setzt sich dieser Kampf gegen sich selbst weiter fort.

Zusammengefasst heißt das: Essgestörte müssten lernen, dass es kein Zeichen von Schwäche oder mangelnder Selbstkontrolle ist, wenn sie ihren leiblichen Bedürfnissen nachgeben, sondern dass dies umgekehrt ein Ausdruck von Stärke und Selbstermächtigung ist. Essgestörte müssten mit anderen Worten zuallererst lernen, ihre Essstörung als einen Teil ihrer selbst zu akzeptieren, um sich selbst akzeptieren zu können. Eine Essstörung ist eben kein Figur- oder Schönheitsproblem, sondern ein Identitätsproblem, für dessen Lösung die Selbstakzeptanz eine notwendige Voraussetzung ist.

Literatur

Böhme, Gernot (2003): Leibsein als Aufgabe. Leibphilosophie in pragmatischer Hinsicht. Kusterdingen: Die Graue Edition.

Borcke-Vogt, Sigrun von (1992): Die Bedeutung des Körpers für die Magersucht. Würzburg: Med. Diss., Universität Würzburg.

Bruch, Hilde (2001): Essstörungen. Zur Psychologie und Therapie von Übergewicht und Magersucht. Frankfurt a.M.: Fischer.

Brumberg, Joan J. (1994): Todeshunger. Die Geschichte der Anorexia nervosa vom Mittelalter bis heute. Frankfurt a.M./New York: Campus.

Foucault, Michel (1976): Überwachen und Strafen. Die Geburt des Gefängnisses. Frankfurt a.M.: Suhrkamp.

Foucault, Michel (1983): Der Wille zum Wissen. Sexualität und Wahrheit, Bd. 1. Frankfurt a.M.: Suhrkamp.

Gerlinghoff, Monika/Backmund, Herbert (2000): Was sind Ess-Störungen? Ein kleines Handbuch zur Diagnose, Therapie und Vorbeugung. Weinheim/Basel: Beltz.

Gerlinghoff, Monika/Backmund, Herbert (2001): Magersucht. Anstöße zur Krankheitsbewältigung. München: dtv.

Gerlinghoff, Monika/Backmund, Herbert (2004): Magersucht und andere Essstörungen. In: Aus Politik und Zeitgeschichte, B 1-2, 23-29.

Gröne, Margret (1997): Wie lasse ich meine Bulimie verhungern? Ein systemischer Ansatz zur Beschreibung und Behandlung der Bulimie. Heidelberg: Carl Auer.

Gugutzer, Robert (2002): Leib, Körper und Identität. Eine phänomenologisch-soziologische Untersuchung zur personalen Identität, Wiesbaden: Westdeutscher Verlag.

Gugutzer, Robert (2004): Soziologie des Körpers. Bielefeld: transcript.

Gugutzer, Robert (2005): Der Körper als Identitätsmedium: Eßstörungen. In: Schroer, Markus (Hg.): Soziologie des Körpers. Frankfurt a.M.: Suhrkamp, 323–355.

Gugutzer, Robert (2006): Der body turn in der Soziologie. Eine programmatische Einführung. In: Gugutzer, Robert (Hg.): body turn. Perspektiven der Soziologie des Körpers und des Sports. Bielefeld: transcript, 9-53.

Habermas, Tilmann (1990): Heißhunger. Historische Bedingungen der Bulimia nervosa. Frankfurt a.M.: S. Fischer.

Habermas, Tilmann (1994): Geschichte der Magersucht. Eine medizinpsychologische Rekonstruktion. Frankfurt a.M.: S. Fischer.

Keupp, Heiner/Höfer, Renate (Hrsg.) (1997): Identitätsarbeit heute. Klassische und aktuelle Perspektiven der Identitätsforschung. Frankfurt a.M.: Suhrkamp.

Lausus, Nicola I. (2002): Die Codierung des Körpers. Eßstörungen – Anorexia nervosa – im soziokulturellen Kontext der modernen Wohlstandsgesellschaft. Konstanz: Hartung-Gorre.

Liotti, Giovanni (1989): Ein kognitiv-interpersonales Verständnis der Bulimia nervosa. In: Kämmerer, Annette/Klingenspor, Barbara (Hg.): Bulimie. Zum Verständnis einer geschlechtsspezifischen Essstörung. Stuttgart: Kohlhammer, 31–48.

MacLeod, Sheila (1983): Hungern, meine einzige Waffe. Der verzweifelte Kampf eines jungen Mädchens um seine Identität. Autobiographischer Bericht über die Magersucht. München: Kösel.

Massing, Almut/Reich, Günter/Sperling, Eckhard (unter Mitarbeit von H. Georgi und E. Wöbbe-Mönks) (1999): Die Mehrgenerationen-Familientherapie. Göttingen: Vandenhoeck & Ruprecht.

Mennell, Stephen/Simons, Katherine (1989): Die Soziologie der Bulimie. In: Kämmerer, Annette/Klingenspor, Barbara (Hg.): Bulimie. Zum Verständnis einer geschlechtsspezifischen Eßstörung, Stuttgart: Kohlhammer, 11–30.

Minuchin, Salvador/Rosman, Bernice L./Baker, Lester (1983): Psychosomatische Krankheiten in der Familie. Stuttgart: Klett-Cotta.

Nunner-Winkler, Gertrud (1990): Jugend und Identität als pädagogisches Problem. In: Zeitschrift für Pädagogik, 36, 671–685.

Reich, Günter/Buss, Claudia (2002): Familienbeziehungen bei Bulimia und Anorexie. In: Familiendynamik, 27, 231–258.

Richter, Stefanie (2006): Essstörung. Eine fallrekonstruktive Studie anhand erzählter Lebensgeschichten betroffener Frauen. Bielefeld: transcript.

Schmitz, Hermann (1985): Phänomenologie der Leiblichkeit. In: Petzold, Hilarion (Hg.): Leiblichkeit. Philosophische, gesellschaftliche und therapeutische Perspektiven. Paderborn: Junfermann, 71–106.

Schmitz, Hermann (1990): Der unerschöpfliche Gegenstand. Grundzüge der Philosophie. Bonn: Bouvier.

Selvini-Palazzoli, Mara (1982): Magersucht. Von der Behandlung einzelner zur Familientherapie, Stuttgart: Klett-Cotta.

Sprengel, Anja (1992): Frauen zwischen Schlanksein und Dicksein in Gesellschaften des Nahrungsmittelüberflusses. Erklärungsansätze zur Entstehung von Eßstörungen. Flensburg: Pädagogische Hochschule Flensburg.

Vandereycken, Walter/van Deth, Ron/Meermann, Rolf (2003): Wundermädchen, Hungerkünstler, Magersucht. Eine Kulturgeschichte der Ess-Störungen. Weinheim/Basel/Berlin: Beltz.

Watzlawick, Paul/Weakland, John/Fish, Richard (1974): Lösungen. Zur Theorie und Praxis menschlichen Wandels. Bern/Stuttgart: Huber.

Weber, Gunthard/Stierlin, Helm (2001): In Liebe entzweit. Ein systemischer Ansatz zum Verständnis und zur Behandlung der Magersuchtsfamilie. Heidelberg: Carl Auer.

www.gesis.org/forschung-lehre/gesis-publikationen/servicepublikationen/recherche-spezial (März 2010).

Katharina Liebsch

Selbstverletzendes Verhalten von Jugendlichen

Über die gesellschaftliche Bedeutung des Schmerzes
im krisenhaften Umgang mit dem Körper in der Adoleszenz

Vorbemerkung

‚Jugendlicher Leichtsinn' ist ein geflügeltes Wort, das auch die Gefährdung des eigenen Körpers thematisiert. Es verweist darauf, dass eine gewisse Sorglosigkeit und Nachlässigkeit in Bezug auf das eigene körperliche Wohlergehen als ein verbreitetes Moment von Jung-Sein angesehen wird. Riskantes Verhalten beim Sport und im Straßenverkehr, zeitweise exzessiver Alkohol- oder Drogenkonsum, ungeschützter Sex oder ungesundes Ernährungsverhalten sind, wenn sie von Jugendlichen praktiziert werden, zwar problembehaftet und mit destabilisierenden Begleiterscheinungen verbunden, werden aber zumeist seufzend und als hoffentlich vorübergehend hingenommen. Im Unterschied zu tolerierten Formen der Selbstgefährdung aber macht seit geraumer Zeit eine Praxis von sich reden, die als Ritzen oder Schneiden bezeichnet und von der behauptet wird, dass sie unter Jugendlichen heute eine erhebliche Verbreitung habe. Neu ist nicht nur die Aktivität, sich mittels Werkzeugen an Armen, Beinen und Bauch selbst zu verletzen, sondern auch die Dokumentation desselben auf entsprechenden Internetseiten und dass diese Verhaltensweisen unter Freunden, Freundinnen und Peers Gesprächsthema ist. Neu ist auch, dass sich hier eine Verhaltensweise zeigt, die kaum mit sozialer Akzeptanz rechnen kann und zumeist in den Bereich von Krankheit und psychischer Störung verwiesen wird.

Im Unterschied zu kulturell sichtbaren und historisch verbreiteten Formen der gezielten körperlichen Veränderung bzw. Beschädigung, wie sie beispielsweise als Körperschmuck (Piercen, Tattoos), als Übergangsrituale (Beschneidung) oder im Rahmen religiöser und spiritueller Handlungen (von z.B. Schamanen oder Fakiren) vollzogen werden, ist das Selbstverletzende Verhalten kaum sozial kontrolliert und kulturell situiert. Als hochgradig individualisierte Handlung, die in der Regel vor den sozialen Kontexten versteckt wird, ist das Selbstverletzende Verhalten Jugendlicher eine neue kulturelle Praxis, die in mehrfacher Hinsicht erklärungsbedürftig ist.

Auf der individuell-personalen Ebene ist zunächst zu fragen, welche Motive und Befindlichkeiten bei den praktizierenden Jugendlichen eine Rolle spielen. Auf der kulturellen Ebene ist zu klären, welche Bedeutung Körper, Blut und Schmerzen im Rahmen dieser Praxis erhalten und wie sie sinnhaft repräsentiert werden. Für die gesellschaftliche Ebene ist festzuhalten, dass sich die Zunahme des Selbstverletzenden Verhaltens von Jugendlichen vor dem Hintergrund weltweiter bio- und medizintechnologischer Innovationen vollzieht, also im Kontext von Entwicklungen, in denen die menschliche Körpernatur im Spannungsfeld von technischen Möglichkeiten, ethisch Vertretbarem, Gewünschtem und Gefürchtetem zunehmend als gestaltbar und nicht länger als schlicht gegeben angesehen wird. Veränderungen im individuellen und kollektiven Umgang mit der Körperlichkeit zeigen sich in stetig neuen Formen der Bearbeitung, Gestaltung und Einflussnahme auf den Körper (s. auch Bammann in diesem Band). So sind beispielsweise operative Eingriffe zum Zweck der ästhetischen Veränderung des Körpers nicht länger Unfallopfern vorbehalten und pharmakologische Behandlungen zur Erreichung oder Stabilisierung eines gewünschten Körperbildes (Stichwort Botox-to-go oder sog. Diätpillen) sind zu sichtbaren Bestandteilen des Alltags geworden.

Im Zuge solcher Transformationen von Körperlichkeit und der korrespondierenden Beschreibungen und Verständnisse verändern sich auch Personen-Konzepte und Selbstbilder und diese haben wiederum Auswirkungen auf die Lebensphase Jugend. Da die Aneignung der eigenen Körperlichkeit wie auch die Fundierung eines Selbstbilds im Zentrum der Adoleszenz stehen, spricht viel für die Annahme, dass die veränderte Bedeutung des Körpers in der Gesellschaft auch mit einer Veränderung der Adoleszenz und ihrer Abläufe und Ausgestaltungsweisen verbunden ist. Beispielsweise ließe sich spekulieren, dass eine wachsende technische Verfügbarkeit des Körpers auch die Toleranz gegenüber verschiedenen Formen des Umgangs mit dem eigenen Körper vergrößere, was für Jugendliche mit Freiheiten, aber auch mit neuen Beliebigkeiten verbunden sein könnte.

Trotz vieler offener Fragen ist jedoch offensichtlich, dass Selbstverletzendes Verhalten ein kulturell und historisch neues Phänomen darstellt. Es wäre deshalb verkürzt, der einschlägigen Literatur folgend, diese Praxis vor allem als eine psychische Deformation von Einzelpersonen unter vorrangig psychologisch-pädagogischer Perspektive zu betrachten. Vielmehr muss die Thematik unter Einbezug der skizzierten gesellschaftlichen Tendenzen und Perspektiven verstanden werden. Dazu gehört zunächst einmal, die Selbstverletzung nicht nur als „Verhalten" zu begreifen. Mit dem Begriff des Verhaltens ist eine dem Individuum zugeordnete Aktivität bezeichnet, die der Person bzw. Persönlichkeit zugerechnet und in deren Verantwortungsbereich angesiedelt wird. Da dieses Handeln sich aber in sozialen und gesellschaftlichen Kontexten und mit Hilfe sozialer Herstellungsmechanismen vollzieht, die womöglich auch Ursache dieser neuen Praxis sind, braucht es zum Verständnis des hier diskutierten Phänomens einen erweiterten Analyserahmen. Es soll deshalb im Folgenden das Selbstverletzende Verhalten als eine soziale und kulturelle „Praxis" verstanden werden, die sich als verkörperte und diskursive Tätigkeit im Spannungsfeld von Sozialstruktur, Institutionen, Macht und Ritual realisiert. Mit dem Begriff der Praxis soll im Unterschied zum Begriff des Verhaltens der Tatsache Rechnung getragen werden, dass die sich im Prozess von Adoleszenz wie auch gesellschaftlichen Transformationen verändernden Körperlichkeiten durch kollektives und individuelles Wissen und Handeln geformt und produziert werden. Bislang aber verfügen die Sozial- und Kulturwissenschaften nicht über ein begrifflich-theoretisches Verständnis vom adoleszenten Körper, der sowohl materiell gegeben als auch durch soziale Normen geformt als auch im Zuge eigener Handlungen hervorgebracht wird. Und so können die folgenden Ausführungen bestenfalls als erste Annäherung an eine sozialwissenschaftliche Perspektivierung der Thematik, als ein erster Schritt in diese Richtung verstanden werden. Dazu werden zunächst Forschung und Forschungsergebnisse zum Selbstverletzenden Verhalten vorgestellt und anschließend wird eine theoretische Rahmung für das Verständnis der Praxis des Selbstverletzenden Verhaltens vorgeschlagen.

1. Selbstverletzendes Verhalten im Spannungsfeld von Sozialstruktur, Ritual, Institutionen und Macht

Selbstverletzendes Verhalten wird, folgt man der einschlägigen zumeist psychologisch-psychiatrischen Literatur, als eine funktionell motivierte Verletzung oder Beschädigung des eigenen Körpers gefasst, „die in direkter und offener Form geschieht, sozial nicht akzeptiert ist und nicht mit suizidalen Absichten einhergeht" (Petermann/Winkel 2009, 23). Mit einer solchen, relativ weiten Definition wird versucht, sowohl die unterschiedlichen Erscheinungsformen als auch eine Bandbreite an Motiven und Funktionen zu erfassen und diese zugleich von ähnlichen Verhaltensweisen, wie z. B. Selbstmordversuchen oder psychischen Krankheiten wie dem Borderline-Syndrom oder auch Essstörungen abzugrenzen (vgl. z. B. Brunner/Resch 2007; Chapman u. a. 2009).

Der US-amerikanische Psychiater Armando Favazza, der schon in den 1980er-Jahren zu dem Thema forschte und publizierte, berichtet von Selbstverletzungen an beinahe allen Stellen des Körpers (Favazza 1996), vor allem aber werden Unterarme, Oberschenkel und der Bauch mit Rasierklingen, Nadeln oder Schreibwerkzeugen wiederholt verletzt bzw. gestaltet (z. B. Symbole, Wörter oder Bilder eingeritzt). Die Akteure sind zum überwiegenden Teil weiblich und geben bei Befragung an, dass sie den Akt der Selbstverletzung regelmäßig, nach einem individuell entwickelten Muster und zumeist heimlich vollziehen und den Umfang und die Tiefe der Verletzung nicht planen. Blut und Wunden werden nicht selten als Zeichen der

Lebendigkeit gedeutet, das Schmerzempfinden ist entweder durch die situative Aufregung reduziert oder wird als Erleichterung gedeutet, weil ein seelischer Schmerz dadurch in den Hintergrund gedrängt wird (siehe z.B. Teuber 2000; Strong 2002; Hawton/Rodham/Evans 2002, 2006; Doctors 2004; Schneider 2004; Levenkron 2001; Hawton/Harris 2008).

Die ersten größeren Untersuchungen der 1960er-Jahre kommen aus den USA (Graff/Mallin 1969). Sie weisen bereits darauf hin, dass Selbstverletzendes Verhalten eine Art der Kontrolle und Gestaltung von akuten wie auch lebensgeschichtlichen Problemen ist, eine Form, mit der biografischen Erfahrung von Gewalt, Missbrauch, Vernachlässigung oder dem Verlust geliebter Personen umzugehen. Akteure berichten davon, dass das Selbstverletzende Verhalten ihnen eine schnelle, aber nur zeitweilige Erleichterung von diversen Ängsten, rasenden Gedanken und schnell wechselnden Gefühlen verschaffe. Es ermögliche Selbstwahrnehmung und Selbstberuhigung und eine physische Kommunikation von Schuld- und Stressgefühlen. Gleichermaßen kann es als ein Akt der Reinigung, der Selbstbestrafung oder auch der Selbstfürsorge erlebt werden (vgl. Doll 2005; Liebsch 2008a; Nixon/Heath 2009).

Die Verbreitung und Ausbreitung der Verhaltensweise ist aufgrund der Heimlichkeit der Praktik nur schwer auszumachen. Vorliegende Studien befragten entweder Patientinnen und Patienten psychiatrischer Einrichtungen (z.B. Walsh/Rosen 1998; Schneider 2004; Salbach-Andrae u.a. 2007) oder Mitglieder geschlossener bzw. relativ stark strukturierter Institutionen wie Militär und Gefängnis (z.B. Arboleda-Flores/Holley 1988; Klonsky u.a. 2003), wo der Anteil der Personen, die sich selbst verletzten, bei bis zu 20 Prozent lag. Dabei war das Selbstverletzende Verhalten häufig mit anderen psychischen Störungen verbunden (Komorbidität) und zudem lassen sich aufgrund seiner Verbreitung im Militär und im Gefängnis Imitationseffekte oder institutionell erzeugte Reaktionen vermuten.

Darüber hinaus werden seit einigen Jahren in mehreren Ländern Befragungen von Jahrgangsgruppen an Schulen durchgeführt, um Informationen zum Verbreitungsgrad der selbstverletzenden Handlungen bei Jugendlichen zu erhalten (z.B. De Leo/Heller 2004 in Australien; Hawton u.a. 2002, 2006 sowie Muehlenkamp/Gutierrez 2004 in England; Brunner/Resch 2007; Resch u.a. 2008 für Deutschland; zu Ungarn siehe Csorba u.a. 2009). Hier wird sichtbar, dass die Praxis der Selbstverletzung im Jugendalter und bei Heranwachsenden ausgeprägt auftritt. Je nach Definition und variierend mit den verwendeten Messkriterien wird von einer Prävalenz von 7 bis 15 Prozent berichtet. Gleichermaßen schwankt auch die Geschlechtstypik des Verhaltens mit den zugrunde gelegten Kriterien. Werden auch Praxen wie sich Schlagen oder nach Gegenständen treten, um sich selbst zu verletzen, in die Definition integriert, steigt der Anteil der männlichen Akteure deutlich an (Muehlenkamp/Gutierrez 2004). Zudem verdeutlichen die Schulstudien, dass Gedanken an absichtliche Selbstverletzungen wie auch das Reden darüber sowohl in realer als auch in netzbasierter Kommunikation adoleszenter Schülerinnen und Schüler präsent sind (siehe dazu auch Misoch 2007).

2. Erklärungsansätze – Welche Disziplin hat die Macht, ihr Wissen durchzusetzen?

So komplex und vielschichtig das Selbstverletzende Verhalten ist, so breit ist auch das Spektrum der Erklärungsansätze. Es umfasst entwicklungspsychopathologische, lerntheoretische, psychoanalytische und hirnorganische Ansätze (vgl. den Überblick bei Chapman u.a. 2009). Ähnlich umfassend ist die Liste der Risikofaktoren, die biologische Faktoren, wie z.b. einen Serotonin-Mangel, soziale Faktoren, wie beispielsweise Traumatisierung und Missbrauch, genauso aufführen wie eine große Bandbreite emotionaler Befindlichkeiten, z.b. eine gestörte Emotionsregulation oder auch eine kognitive und emotionale Vulnerabilität. Die Bremer Psychologen Franz Petermann und Sandra Winkel haben diverse Einflüsse in einem Schaubild zusammengebracht, dem sie den Titel „Bedingungsmodell des selbstverletzenden Verhaltens im Jugendalter" (Petermann/Winkel 2009, 111) gegeben haben. Sie merken allerdings an, dass ihre Zusammenstellung möglicher Einflüsse keine Auskunft darüber gibt, welche Faktoren in welcher Ausprägung für eine Entstehung des Selbstverletzenden Verhaltens ausschlaggebend sind und wie die Faktoren zusammenwirken. Diese Relativierung der Autoren macht deutlich, dass eine Zusammenführung von Ursachen, Funktionen und Wirkungen bis dato fehlt. Stattdessen gibt es eine Reihe von gut ausgearbeiteten Einzelperspektiven, die jedoch zumeist nicht mit anderen Ansätzen abgeglichen und zusammengebracht werden.

So haben Hirnforschung und Psychobiologie gezeigt, dass schwere Traumatisierungen die Struktur und die Chemie des Gehirns und anderer Körpersysteme, die bei der Stressregulierung mitwirken, verändern und bei der Erzeugung intensiver Angst- und Aggressionszustände sowie bei Gefühlen der Leere und Sinnlosigkeit eine zentrale Rolle spielen. Aus dieser Perspektive wird das Selbstverletzende Verhalten durch die Vergabe von Psychopharmaka zu regulieren versucht. Diese Forschungsrichtung unterstützt auch die Vorstellung von der Selbstverletzung als suchtähnlichem Verhalten. Der durch die Verletzungen bedingte Stress sorgt für den Ausstoß körpereigener Opiate, die für das Gefühl von Beruhigung und Schmerzfreiheit sorgen. Durch Medikamentenvergabe kann dieser Mechanismus ersetzt bzw. unterbunden werden, was allerdings nur eingeschränkt gelingt und keinesfalls als einzige Therapieform angeboten werden sollte (vgl. z.B. van der Kolk u.a. 1985; Libal/Plener 2008).

Psychoanalytische Ansätze zum Verstehen des Selbstverletzenden Verhaltens betonen die Bedeutung früher Entwicklungsstadien, in denen Körper und Selbst noch nicht differenziert wahrgenommen werden. Basierend auf

Sigmund Freuds Konzept eines frühen „Körper-Ich" als Basis späterer Personen- und Selbstvorstellungen (Freud 1923) wird angenommen, dass bei frühkindlicher Vernachlässigung körperlicher Bedürfnisse sowie bei deren Überstimulation durch Missbrauch den Kleinkindern die Erfahrung fehle, ihren Körper in das Gesamtkonzept ihrer Person zu integrieren. Eine solche Entwicklung führt dazu, dass der eigene Körper abgespalten, wie ein äußeres Gegenüber fantasiert und auch dementsprechend behandelt wird (Hirsch 2002). In der Selbstverletzung werden die frühkindlichen Erfahrungen und das frühe Körper-Ich reaktiviert und das frühe Trauma neu inszeniert. Als eine Art Körpersprache redefiniert die Selbstverletzung die Körpergrenzen, die das Selbst vom Anderen trennen. Die Verletzung der eigenen Arme kann, so gesehen, ein Hinweis auf den erfahrenen Mangel des Getragen- und Gehalten-Werdens sein. Oder um die Psychoanalytikerin Shelley Doctors zu zitieren: Schneiden ist der „Versuch der Selbststeuerung von jemandem, der gelernt hat, dass er keine Hilfe von anderen erwarten kann" (Doctors 2004, 270).

Alles in allem sortiert die einschlägige Literatur die verschiedenen Formen und Komorbiditäten des Selbstverletzenden Verhaltens in den Rahmen einer Typologie von „Störungen", z.B. von Persönlichkeitsstörungen, Dissoziationsstörungen, Impulskontrollstörungen oder auch Essstörungen (Schmal/Stiglmayer 2009; Petermann/Winkel 2009; Chapman u.a. 2009). Solche Einordnungen sind ein Versuch, dem Phänomen einen Rahmen und einen Kontext zu geben und es durch die Einsortierung in ein Ordnungsschema samt den dort zur Verfügung stehenden Erklärungen begreifbar zu machen. Der hier dominant aktivierte Deutungsrahmen ist der von Krankheit und Gesundheit, und der kanadische Wissenschaftshistoriker Ian Hacking hat bei dieser Art von Erklärungen darauf hingewiesen, dass Krankheiten gleichermaßen erfunden wie entdeckt werden (Hacking 1999). Damit ist weniger eine Erfindung im Labor gemeint als ein Herstellungsprozess, der durch begriffliche Assoziation und Klassifikation Gestalt annimmt. So stellt beispielsweise die Deutung und Einordnung von Selbstverletzendem Verhalten als „Impulskontrollstörung" (Petermann/Winkel 2009, 99ff.) das Ritzen in den Kontext einer Bandbreite verschiedener Formen von Abweichung, z.B. aggressive Ausbrüche, das Übertreten von Regeln und Gesetzen oder auch das Von-Zuhause-Weglaufen. Die Klassifikation „Impulskontrollstörung" basiert auf der normativen Annahme, dass die Herstellung von Impulskontrolle eine wichtige Aufgabe im Prozess des Aufwachsens und Werdens eines jeden Individuums ist. Gleichermaßen ist Impulskontrolle ein gesellschaftliches Erfordernis, ohne sie wäre das Zusammenleben und soziale Miteinander nur schwer vorstellbar. Ein Begriffsverständnis, welches „Impulskontrollstörungen" lediglich als psychische Schwächen von Individuen auffasst, vernachlässigt demzufolge die Rolle und den Einfluss sozialer und gesellschaftlicher Regulationsformen von Normen. Es kann deshalb als Verkürzung bezeichnet werden, dass eine sozialwissenschaftliche Perspektive in der Literatur zum Thema Selbstverletzendes Verhalten so gut wie gar nicht vertreten ist. Diese Ausblendung gesellschaftlicher Ansätze ist zudem doppelt institutionalisiert: Faktisch-praktisch werden die Akteure, wenn die Selbstverletzung sichtbar und öffentlich wird, zum Arzt oder in ein Krankenhaus geschickt und fortan im Rahmen einer medizinisch-psychiatrischen Krankheitsdiagnose betrachtet und behandelt. Auf der Ebene des Wissens, Verstehens und der begrifflichen Klassifizierung des Phänomens wird die sozialwissenschaftliche Perspektive marginalisiert – eine Tendenz, die seit geraumer Zeit als „Medikalisierung" gefasst wird (Conrad 2005).

Der Begriff der Medikalisierung bezeichnet die Ausdehnung medizinischer Definitionen und Perspektiven auf Fragen und Bereiche, die zuvor als soziale Probleme verstanden wurden. Für die Individuen ist die Definition eines Problems als Krankheit nicht selten mit einer moralischen Entlastung verbunden, geht andererseits aber auch mit neuen Formen von Kontrolle und Disziplinierung oder auch Stigmatisierung einher. Für das Verstehen der sozialen Phänomene verschieben sich die Relevanzen gesellschaftlichen Wissens: Medizin, Hirnforschung und Psychologie sind heute einflussreicher als Soziologie und Kulturanthropologie. Zudem entstehen durch Medikalisierung neue soziale Konstellationen, z.B. neue institutionelle Einrichtungen wie niedrigschwellige Beratungsstellen für Jugendliche, die sich selbst verletzen. In der Reflexion und Analyse derartiger Neuerungen und Verschiebungen als begleitende und/oder produzierende Faktoren des Selbstverletzenden Verhaltens könnte der sozialwissenschaftliche Beitrag zum Thema Selbstverletzung von Jugendlichen bestehen. Bislang stellt dies jedoch eine Leerstelle dar.

Um die sozialwissenschaftliche Lücke in den Forschungen und Erklärungen zum Selbstverletzenden Verhalten Jugendlicher zu schließen, müsste zudem die begrifflich-theoretische Auseinandersetzung mit dem Zusammenhang von Körper, Adoleszenz und Gesellschaft intensiviert werden. Sie könnte den Rahmen, das Fundament oder Bezugssystem für eine genuin soziologische Auseinandersetzung mit dem Thema Selbstverletzung bilden. Dazu einige Überlegungen zusammenzutragen, ist das Ansinnen des zweiten Teils dieses Beitrags.

3. Die Gesellschaftlichkeit der selbstverletzten Körper

3.1 „Grenzrealisierung" (Plessner)

Die körperkulturelle Praxis der Selbstverletzung arbeitet an Begrenzungen und an der Entgrenzung des Körpers. Faktisch-materiell wie auch normativ-konventionell werden Grenzen verletzt, verschoben und aufgehoben, indem Blut zum Fließen gebracht wird, Schmerzen zugefügt und ausgehalten werden, Narben entstehen und neue Gewohnheiten und Verhaltensweisen etabliert werden. Ein solches Handeln verweist auf psychische Befindlichkeiten, biografische Hintergründe und auf soziale und gesellschaftliche Kontexte, die es im Rahmen einer theoretischen Konzeptualisierung zu verstehen gilt. Dafür braucht es ein begrifflich-theoretisches Verständnis von Körperlichkeit, das die Arbeit an den Grenzen des Körperlichen thematisiert. Anknüpfungspunkte dafür lassen sich finden in der Philosophischen Anthropologie Helmuth Plessners, die den Körper als ein spezifisches „Verhältnis eines begrenzten Körpers zu seiner Grenze" (Plessner 1975, 103) versteht. Plessner weist in seinem Buch „Die Stufen des Organischen und der Mensch" darauf hin, dass Menschen die Erfahrung ihrer Körperlichkeit zweifach reflektieren. Er schreibt:

> „Jeder Mensch lebt nicht nur ein Leben, sondern er weiß zugleich darum, dass er nur im Vollzug eines Lebens leben kann, und er weiß weiter darum, dass er es ist, der im Vollzug eines Lebens sein Leben lebt." (Plessner 1975, 383 f.)

Körperlichkeit ist also im Verständnis von Plessner nicht zu trennen von einem aktiv gestalteten Prozess, einem gelebten und erfahrenen Lebens-Verlauf („Vollzug") einerseits und einer Personen-Vorstellung, einem Selbstbild („dass er es ist") andererseits. Sowohl der Verlauf des Lebens als auch das eigene, körperliche Selbst werden, wie Plessner es nennt, „vollzogen", und Menschen haben immer auch ein Bewusstsein, eine Vorstellung und ein Wissen über diese Vollzüge. Sie können sich sozusagen neben sich stellen, sich selbst beobachten und ihre eigenen Handlungen zum Gegenstand erneuten Handelns und Denkens machen. Handeln und Wissen sind hier in das Verständnis des Körpers eingelassen.

Mit Plessners Bestimmung des Menschen lässt sich die menschliche Körperlichkeit als eine Balance zwischen dem Transzendentalen und dem Phänomenalen beschreiben, als ein Produkt von Normen und Bedeutungen (transzendental) einerseits und eines material vorhandenen Korpus (phänomenal) andererseits. Das Erleben, das Erfahren und der Umgang mit dem Körper ist gleichermaßen von der Möglichkeit und Fähigkeit zur Distanz und zur Reflexion zum gegebenen Körper bestimmt wie auch von der Expressivität, Resonanz und Unmittelbarkeit der Körperlichkeit selbst; Plessner bringt hier die Unterscheidung zwischen „Ex-Zentrischem" und „Positionalität" ein.

Diese Unterscheidung lässt sich am Beispiel von Schmerz veranschaulichen. Schmerzen sind zum einen unmittelbarer Ausdruck der Körperlichkeit. Zugleich aber entsteht durch die Wahrnehmung von Schmerzen eine Vorstellung von den Dimensionen und Innenräumen des Körpers. Magenschmerzen geben uns eine Idee von der Lokalität des Magens, seinen Abgrenzungen zu anderen Organen, und wir sind in der Lage, neben dem direkten Schmerz auch noch etwas über die Beschaffenheit des eigenen Körpers in Erfahrung zu bringen. Wir erleben den Schmerz und wissen, dass wir uns unseres Körpers nicht entledigen können (Positionalität), zugleich aber können wir uns außerhalb unseres Körpers stellen, die leibliche Erfahrung benennen, lokalisieren und sie sogar manipulieren (ex-zentrisch). Im Plessner'schen Verständnis ist Körperlichkeit nicht per se vorhanden, sondern muss zur Wahrnehmung gebracht werden. Deshalb spricht Plessner von der Positionalität als „grenzrealisierendes Ding" und davon, dass Körperlichkeit eine „vermittelte Unmittelbarkeit" sei, also bereits durch diskursive und normative Vorgaben vorgegeben, und insofern als „vermittelt" anzusehen ist. Indem er die Positionalität als „grenzrealisierend" bezeichnet, macht er darauf aufmerksam, dass die verschiedenen Ausdrücke und Erscheinungsformen von Körperlichem erst im Zuge von Kennzeichnungen an der Grenze zwischen lebendiger Körpermaterie und symbolisch-semiotischer Bedeutungsproduktion entstehen. So ist die als „Positionalität" bezeichnete physische Körperlichkeit zugleich auch immer ein Verweis auf die Aktivität und den Prozess der Entwicklung und Veränderung der verschiedenen Ausdrücke von Körperlichkeit, eben auf die Arbeit an der Grenze des Körpers. „Positionalität" ist an Raum, Zeit und Ort gebunden, an eine soziale Zuständigkeit, die Menschen für ihre Körper haben. Leibliche Regungen und Erfahrungen, so denkt Plessner, können nur aus der sozialen und kulturalisierten Beschreibung der Gegenständlichkeit des Körper-Habens erfahren werden.

Legt man diese Perspektive auf das Selbstverletzende Verhalten an, dann lässt sich beispielsweise der Schmerz als eine Form der „Grenzrealisierung" verstehen. In der Erfahrung und dem Umgang mit den selbst zugefügten Schmerzen realisieren sich Deutungen und Vorstellungen von Körperlichkeit, die als Produkte grenzrealisierender Arbeit aufgefasst werden können. Im Schmerz zeigt sich die Grenze zwischen Selbst-Wahrnehmung und Selbst-Zerstörung bzw. Selbst-Auflösung. Gleichzeitig manifestiert sich ein spezifischer Körperausdruck, der die Verletzlichkeit und Schmerzempfindlichkeit des Selbst auf je besondere Art und Weise zum Ausdruck bringt. Schmerz bildet die „ex-zentrische Positionalität" des Körpers sowohl in der Dimension von Erfahrung als auch als soziale, biografische und kulturelle Spezifik der eigenen Körperlichkeit ab. Darüber hinaus sind Plessners begriffliche Unterscheidungen für das Verständnis der paradox anmutenden Selbstverletzung von Jugendlichen hilfreich, weil in seiner theoretischen Begrifflichkeit der Wechsel von Perspektiven auf den Körper sowie die Überschreibung und Verschiebung von Grenzen in der Wahrnehmung und im Umgang mit Körpern enthalten ist.

So gesehen bietet die Plessner'sche Theorieperspektive die Möglichkeit, die Körperpraxis der Selbstverletzungen in ihren Abläufen und Prozessen zu erfassen. Plessners Überlegungen sind inhaltlich unspezifisch und normativ neutral. Das hat den Vorteil, dass man dazu aufgefordert ist, sich dem Thema Selbstverletzung zunächst einmal ohne Betroffenheit und moralische

Empörung zu nähern, um seine Abläufe und Komplexität zu verstehen. Unberücksichtigt aber bleiben in diesem Ansatz die Fragen nach dem Warum, nach der Gewichtung von Bedeutungen bzw. Sinn-Elementen sowie nach den Funktionen der Praxis der Selbstverletzung. Deshalb soll nun in einem weiteren Schritt der anthropologische Ansatz Plessners um eine kulturwissenschaftliche Perspektive erweitert werden.

3.2 Bedeutung und Funktion jugendlicher Selbstverletzung in der Gegenwartsgesellschaft

Die Kulturanthropologin Mary Douglas hat den Gedanken stark gemacht, dass in Zeiten gesellschaftlicher Orientierungskrisen, wenn eine zentrale Idee oder kulturelle Konstruktion in der Bevölkerung keinen Glauben mehr findet – entweder weil sie als Illusion enttarnt worden ist oder weil sie aus einem anderen Grund ihre Legitimation verloren hat – ein Rückgriff auf „die schiere Faktizität des menschlichen Leibes" stattfindet. Dabei wird die bedrohte oder verlorene kulturelle Konstruktion auf den Körper übertragen, um ihr eine Aura von „Wirklichkeit" und „Gewissheit" zu geben (Douglas 1966, 109).

Diese Überlegung ist für die hier verhandelte Thematik interessant, weil sich argumentieren ließe, dass Jugendliche mit den Praktiken der Selbstverletzung auf die Faktizität des Körpers verweisen, also etwas thematisieren, das im Unterschied zu politischen und kulturellen Fragen und Problemen eine große Unmittelbarkeit besitzt. Dies vollzieht sich im Kontext einer Gegenwartsgesellschaft, in der es zunehmend schwieriger wird, Körper und Leib als faktisch und gegeben zu erfahren und zu verstehen: Die „schiere Faktizität des Leibes" ist angesichts von Embryonenforschung, Gehirnforschung und neuen Medien kein wirklich fester Bezugs- und Orientierungspunkt mehr. Vielmehr lässt sich angesichts der Entwicklungen im Bereich der Biomedizin, Gehirnforschung und Medientechnologien eher eine Minimierung von körperlicher Substanz und Materialität beschreiben. Die „schiere Faktizität" des Körpers ist angesichts der wachsenden Bedeutung von Zellkulturen in der Petrischale, von Hirn-Chips und Avataren selbst in die Krise geraten. Zum einen schwinden die gesellschaftlichen Möglichkeiten zur Substantiierung und Materialisierung von gesellschaftlich relevanten Fragen. Darüber hinaus aber ist, zum zweiten, das seit der Aufklärung dominierende Verständnis der Körpernatur selbst infrage gestellt.

Im Gegenzug dazu sind Individuen aufgefordert, dieses zweifache gesellschaftliche Vakuum neu zu füllen. Deshalb ließe sich beispielsweise vermuten, dass die schwindende Repräsentation von körperlicher Materialität in der Gesellschaft durch eine verstärkte Behandlung von Körpern als Waren, als Objekte und als Gegenstände kompensiert wird. Die Zunahme von Fitnesskult, Schönheitsoperationen und Kinderpornografie beispielsweise könnten als Indikatoren für eine solche Tendenz angesehen werden, und gleichermaßen kann auch das Selbstverletzende Verhalten im Kontext solcher gesellschaftlicher Transformationen als deren Produkt und Ausdruck verstanden werden.

Zur Begründung dieser Überlegung lässt sich erneut Mary Douglas bemühen, die im Rahmen ihrer kulturvergleichenden Forschungen über den unterschiedlichen Umgang mit „Reinheit und Gefährdung" zu der Überzeugung gelangt ist, dass durch invasive Körpertechniken gesellschaftliche Prägungen vorgenommen werden. Sie formuliert: „What is carved in human's flesh is an image of society." (Douglas 1966, 143) Die im Zuge der Selbstverletzung vorgenommenen gesellschaftlichen Einprägungen sind soziale und kulturelle Zeichen, und Narben und Blut haben hier einen hohen Symbolwert. Darüber hinaus haben Narben insbesondere dann die Funktion eines historischen Zeichens, wenn man seiner eigenen Erinnerung nicht ganz trauen kann. Sie sind eine dauerhafte körperliche Erinnerung an nicht nur Schmerz und Verletzung, sondern auch an Heilung. Sie erinnern auch daran, dass der Kampf noch andauert und noch nicht verloren ist (vgl. auch LeBreton 2003; Scarry 1992).

Deshalb kann die selbstverletzende Bearbeitung des Körpers zum einen als Teil eines Körper-Projekts angesehen werden, die der Konstruktion einer verlässlichen Ich-Identität dienen soll und die nur durch ein starkes Engagement sich selbst gegenüber zu bewirken ist. Zum anderen ist das Sich-Schneiden zugleich auch eine Thematisierung der Konventionalität und Normativität der Gesellschaft. Das Brechen, Erzwingen oder gezielte Herstellen von Konventionen ist mit Schmerzen verbunden, und jeder Schmerz ist ein Indikator für die Variabilität der gesellschaftlichen Konventionen. Oder umgekehrt formuliert: Die Gewaltförmigkeit aller kulturellen Konzeptualisierungen des Körpers kommt im Schmerz zum Ausdruck. Die Ausdrucksformen des Schmerzes sind jedoch ihrerseits kulturell umkämpft und umstritten.

So gibt es zum einen umfangreiche gesellschaftliche und technische Bemühungen, an der Verminderung bzw. dem Ausschalten der mit und durch Schmerzen verursachten Körperwahrnehmung zu arbeiten, und die Schmerztherapie gilt als besonders förderungswürdiges Ziel der medizinischen Wissenschaft. Dass Schmerz aber nichts Absolutes ist und nicht unbedingt auf einer somatischen Schädigung beruhen muss, sondern in verschiedenen Kontexten von unterschiedlichen Personen jeweils anders wahrgenommen werden kann, zeigt sich beispielsweise in Berichten über Schmerzbefreiung durch Placebo-Vergabe, über das Leiden an Phantomschmerzen nach einer Amputation oder auch über die Schmerzunempfindlichkeit von Soldaten, die starke Verletzungen erlitten haben (Ruoß 1998, 14; Liebsch 2008 b).

Zum zweiten aber entstehen im gesellschaftlichen Prozess der weit verbreiteten Vermeidung und Verhinderung von Schmerzen neue kulturelle Spielräume für den Umgang mit Schmerz, die sich in der Form einer Bereitschaft zum Ertragen von Schmerzen zeigen, sofern die Funktion und der Sinn des Schmerzes in ein kulturelles Deutungsmuster münden. Darunter fallen beispielsweise die neuen Formen von „Body Modification" (Featherstone 2001; Bammann in diesem Band), die in der Form von Schönheitsoperationen, als Tattoos oder eben auch als Sich-Schneiden und Ritzen in Erscheinung treten. Hier zeigt sich der Schmerz sowohl als objektiv körperlich-medizinisches Phänomen als auch als kultureller und individuell gestaltbarer psychischer, kognitiver und symbolischer Ausdruck des Körperlichen.

Die Bereitschaft, Schmerz in Kauf zu nehmen, zu ertragen, zu überwinden oder bewusst zu erfahren, spielt vor allem dann eine wichtige Rolle, wenn Verschönerung, Optimierung und Steigerung der körperlichen Leistungs- und Erlebnisfähigkeit betrieben werden. Die mit Schönheitsoperationen, Tätowierungen, dem Antrainieren von Muskelpaketen und mit sportlichen Höchstleistungen verbundenen Schmerzen werden als zwangsläufige Begleiterscheinungen in Kauf genommen. Im Sado-Masochismus und beim Selbstverletzenden Verhalten werden Schmerzen sogar bewusst inszeniert und zur Erlebnissteigerung praktiziert. Dies verschiebt die Perspektive des Erleidens von Schmerz auf das Zufügen von Schmerz und seine kulturell und individuell gefassten Grenzen der Akzeptanz.

Diese Kulturalität des Schmerzes ist für das Verständnis des Selbstverletzenden Verhaltens von Bedeutung. Das Erleben, Nicht-Erleben und der Umgang mit Schmerzen ist durch subjektive Realitäten, kulturelle Symbolisierungen und gesellschaftliche Konventionalisierung bestimmt, die gleichermaßen Bestandteil der hier diskutierten Praxis sind. Darüber hinaus ist mit der Perspektive der Kulturalität des Schmerzes auch die kulturalisierende Funktion der Adoleszenz in den Blick gerückt: Im Umgang mit dem physisch erfahrenen Schmerz erproben Jugendliche die kulturelle Gestaltung und Bearbeitung des Körpers. Zugleich loten sie die Grenzen der Kulturalität des Körpers aus, indem sie im Schmerz das mit der Körperlichkeit verbundene Jenseitige, Unbestimmbare und Unverfügbare erfahren.

Die schmerzhafte Arbeit an der Grenze der Kulturalität des Körpers wird in Zeiten umfassender Objektivation des Körperlichen zum Bestandteil der Jugendphase als Moratorium. Stellvertretend für andere Lebensbereiche werden hier soziale Normen und Grenzen des Akzeptierten bearbeitet, verschoben und mit neuen kulturellen Ausdrucksformen versehen. Damit verweist die Verbreitung der jugendlichen Praxis der Selbstverletzung auf eine gesellschaftliche Tendenz, die Erprobung von Innovation, Experimentieren und Entdeckung auf die eigene Körperlichkeit zu beschränken.

Literatur

Arboleda-Florez, Julio/Holley, Heather L. (1988): Criminalization of the mentally ill: Part II. Initial detention. In: Canadian Journal of Psychiatry, 33, H. 2, 87–95.

Brunner, Romuald/Resch, Franz (Hg.) (2007): Borderline-Störungen und selbstverletzendes Verhalten bei Jugendlichen. Ätiologie, Diagnostik und Therapie. Göttingen: Vandenhoeck & Ruprecht.

Chapman, Alexander L./Leung, Debbie W./Walters, Kristy N./Niedtfeld, Inga (2009): Psychologische Theorien selbstverletzenden Verhaltens. In: Schmal, Christian/Stiglmayer, Christian (Hg.): Selbstverletzendes Verhalten bei stressassoziierten Erkrankungen. Stuttgart: Kohlhammer, 73–95.

Conrad, Peter (2005): „The Shifting Engines of Medicalization". In: Journal of Health and Social Behavior, 46, March, 3–14.

Csorba, Janos/Dinya, Elek/Plener, Paul/Nagy, Edit/Páli, Eszter (Hg.) (2009): Clinical diagnoses, characteristics of risk behaviour, differences between suicidal and non-suicidal subgroups of Hungarian adolescent outpatients practising self-injury. In: European Child and Adolescent Psychiatry, 18, 309–320.

De Leo, Diego/Heller, Travis S. (2004): Who are the kids who self-harm? An Australian self-report school survey. In: Med. J. Aust. H. 191, 140–144.

Doctors, Shelley (2004): Wenn Jugendliche sich selbst schneiden. Neuere Ansätze zum Verständnis und zur Behandlung. In: Streeck-Fischer, Annette (Hg.): Adoleszenz – Bindung – Destruktivität. Stuttgart: Klett-Cotta, 267–289.

Doll, Heike (2007): Menschen mit selbstverletzendem Verhalten und die sozialpädagogischen Interventionen im Vergleich zur psychosomatischen Behandlung: Grin Verlag.

Douglas, Mary (1966): Purity and Danger – an analysis of concepts of pollution and taboo. New York: Routledge.

Favazza, Armando R. (1996): Bodies under Siege: Self-Mutilation and Bodymodification in Culture and Psychiatry, 2nd edition. Baltimore: Johns Hopkins University Press (zuerst 1987).

Featherstone, Mike (Hg.) (2000): Body Modification, Vol. 5 „Body and Society". London: Sage.

Freud, Sigmund (1993): Das Ich und das Es. In: ders., Gesammelte Werke, Bd. 13, Frankfurt a.M.: Fischer, 246-289. Zuerst 1923.

Graff, Harold/Mallin, Richard (1969): The Syndrom of Wrist Cutter. In: American Journal of Psychiatry, 124, 36-42.

Hacking, Ian (1999): Was heißt ‚soziale Konstruktion'? Zur Konjunktur einer Kampfvokabel in den Wissenschaften. Frankfurt a.M.: Fischer.

Hawton, Keith/Harris, Louise (2008): Deliberate self-harm by under-15-year-olds: characteristics, trends and outcome. In: Journal of Child Psychology and Psychiatry, 49, 441–448.

Hawton, Keith/Rodham, Karen/Evans, Emma/Weatherall, Rosamund (2002): Deliberate self harm in adolescence: Self report survey in schools in England. In: BMJ 325, 1207–1211.

Hawton, Keith/Rodham, Karen/Evans, Emma (2006): Selbstverletzendes Verhalten und Suizidalität bei Jugendlichen. Risikofaktoren, Selbsthilfe und Prävention. Bern u. a. : Huber.

Hirsch, Mathias (2002): Der eigene Körper als Symbol? Der Körper in der Psychoanalyse von heute. Gießen: Psychosozial.

Klonsky, David E./Oltmanns, Thomas F./Turkheimer, Eric (2003): Deliberate self-harm in a nonclinical population: prevalence and psychological correlates. Am J Psychiatry, 160, 1501–1508.

Kolk, Bessel A. van der/Greenberg, Mark/Boyd, Helene/Krystal, John (1985): Inescapable Shock, Neurotransmitters, and Addiction to Trauma: Toward a Psychobiology of Post Traumatic Stress. In: Biological Psychiatry, 20, 314–325.

LeBreton, David (2003): Schmerz. Eine Kulturgeschichte. Zürich/Berlin: Diaphanes.

Levenkron, Steven (2001): Der Schmerz sitzt tiefer. Selbstverletzung verstehen und überwinden. München: Kösel.

Libal, Gerhard/Plener, Paul L. (2008): Pharmakotherapie selbstverletzenden Verhaltens im Jugendalter. In: Brunner, Romuald/Resch, Franz (Hg.): Borderline-Störungen und selbstverletzendes Verhalten bei Jugendlichen. Ätiologie, Diagnostik und Therapie. Göttingen: Vandenhoeck & Ruprecht, 165–194.

Liebsch, Katharina (2008a): Kolonialisierung und Methodisierung: Selbsthass. In: Uhlig, Stephan (Hg.): Was ist Hass? Berlin: Parodos, 107–116.

Liebsch, Katharina (2008b): Entgrenzung und Begrenzung durch Medikalisierung. Das Beispiel Schmerz. In: Psychosozial 10, H. 110: Neue moderne Leiden, 61–72.

Misoch, Sabina (2007): Der Körper im Netz: Inszenierungen selbstverletzenden Verhaltens durch Jugendliche. In: Tagungsband zum 33. Kongress der Deutschen Gesellschaft für Soziologie in Kassel 2006. Frankfurt a.M./New York: Campus.

Muehlenkamp, Jennifer/Gutierrez, Peter M. (2004): An investigation of differences between selt-injurious behavior and suicide attempts in a sample of adolescents. In: Suicide and life-threatening behaviour 34, H. 1, 12–23.

Nixon, Mary K./Heath, Nancy L. (Hg.) (2009): Self-injury in youth. New York: Routledge.

Pelz, Reta/Becker, Katja (2008): Risikoverhaltensweisen und suizidales Verhalten bei Jugendlichen. In: Brunner, Romuald/Resch, Franz (Hg.): Borderline-Störungen und selbstverletzendes Verhalten bei Jugendlichen. Ätiologie, Diagnostik und Therapie. Göttingen: Vandenhoeck & Ruprecht, 95–114.

Petermann, Franz/Winkel, Sandra (2009): Selbstverletzendes Verhalten. Erscheinungsformen, Ursachen und Interventionsmöglichkeiten. Göttingen u.a.: Hogrefe.

Plessner, Helmuth (1975): Die Stufen des Organischen und der Mensch. Einleitung in die philosophische Anthropologie. 3. Auflage. Berlin/New York: de Gruyter. Zuerst 1928.

Resch, Franz/Parzer, Peter/Haffner, Johann/Stehen, Rainer/Roos, Janette/Klett, Martin/Brunner, Romuald (2008): Prävalenz und psychische Auffälligkeiten bei Jugendlichen mit selbstverletzendem Verhalten. In: Brunner, Romuald/ Resch, Franz (Hg.): Borderline-Störungen und selbstverletzendes Verhalten bei Jugendlichen. Ätiologie, Diagnostik und Therapie. Göttingen: Vandenhoeck & Ruprecht , 85–94.

Ruoß, Manfred (1998): Psychologie des Schmerzes. Göttingen/Bern/Toronto/Seattle: Hogrefe.

Salbach-Andrae, Harriet/Lenz, Klaus/Klinkowski, Nora (2007): Selbstverletzendes Verhalten bei weiblichen Jugendlichen. In: Zeitschrift für Psychiatrie, Psychologie und Psychotherapie, 55, H. 3, 185–193.

Scarry, Elaine (1992): Der Körper im Schmerz. Die Chiffren der Verletzlichkeit und die Erfindung der Kultur. Frankfurt a.M.: Fischer.

Schmal, Christian/Stiglmayr, Christian (Hg.) (2009): Selbstverletzendes Verhalten bei stressassoziierten Erkrankungen. Stuttgart: Kohlhammer.

Schneider, Anke (2004): „[…] damit ich mich spüre […]". Zur Symptomgenese und Symptomspezifizität Selbstverletzenden Verhaltens. Theoretische Reflexionen und eine empirische Studie zu Selbstverletzung und Piercing. Univ. Diss. Heidelberg/Berlin: Logos.

Strong, Marilee (2002): A bright red scream. Self-mutilation and the language of pain. London: Penguin.

Teuber, Kristin (2000): „Ich blute, also bin ich". Selbstverletzung der Haut von Mädchen und jungen Frauen. Univ., Diplomarbeit. München. 3. Auflage. Herbolzheim: Centaurus.

Walsh, Barent W./Rosen, Paul M. (1988): Self-Mutilation: Theory, Research and Treatment. New York: Johns Hopkins University Press.

Benno Hafeneger

Der aggressive Jugendkörper

Gewalt und inszenierte Männlichkeit

Aggression und Gewalt sind vor allem männlich-jugendliche Phänomene
und mit Körperlichkeit verbunden. Sie gehören zu den Formen abweichenden Verhaltens und waren als physische Subjektivität in der Jugendgeschichte wiederholt Thema und Gegenstand von wissenschaftlichen, politischen und pädagogisch-praktischen Auseinandersetzungen. Dabei ist der
Körperdiskurs immer auch mit einem repressiven, kriminalpräventiven und
sozialpädagogischen Sicherheits- und Kontrolldiskurs über abweichende
körperliche Verhaltensweisen verbunden. Vor dem Hintergrund des gesellschaftlichen Wandels hat in den letzten Jahren das Interesse an einer Neu-
bestimmung männlicher Identität ebenso zugenommen wie die Versuche,
männliche Verhaltensweisen wie Aggressivität und Gewalt zu verstehen
(Blass 2010). Zum einen sind es empirische Befunde, die Debatten stimulieren, zum anderen ist es der mediale Blick auf Aggression und Gewalt
(und Kriminalität), der eine alarmistische Rhetorik, kulturkritische Zeitdi-
agnosen und gesellschaftliche Krisenszenarios anbietet. Seit Anfang der
1990er-Jahre sind aggressive und gewaltaffine Jugendliche erneut Gegenstand einer gesellschaftlichen Dauerdiskussion; dabei wechseln sich die
Phänomene ab, aber die jugendzentrierte Beschäftigung und die öffentlichen Aufgeregtheiten bleiben.

Ich will im Folgenden dem Phänomen des „aggressiven männlichen Jugendkörpers" und der mit „Gewalt inszenierten Männlichkeit" mit vier Blicken nachgehen. Zunächst wird der Zusammenhang von Körper – Jugend –
Gewalt und die Bedeutung der Jugendphase für die Entwicklung des männlichen Körpers skizziert; dann werden aggressive und gewaltförmige Phänomene in die Diskussion um das krisenhafte Junge-Sein heute, die Jun-
gensozialisation und männliche Körperkonzepte eingeordnet. Weiter soll
ein knapper historischer Blick vergegenwärtigen, dass die Phänomene nicht
neu sind; und schließlich sollen einige aktuelle Entwicklungen beispielhaft
veranschaulichen, mit welchen Phänomenen wir es heute zu tun haben.

1. Jugend – Körper – Gewalt

In der Vielfalt von Thematisierungen wird der männliche Körper mit unterschiedlichen Attributen versehen, die das Spannungsfeld und die Ambivalenzen in den Suchprozessen deutlich machen, den männlichen Körper zu beschreiben. Dem männlichen Jugendkörper werden Attribute und Merkmale zugeschrieben, zu denen mit positiver Konnotation und erwünschten Bildern eher „natürlich und rein", „kräftig und gesund", „sportlich und attraktiv", „leistungsstark und kreativ" und mit negativer Konnotation eher „grob und rowdyhaft", „aggressiv und gewalttätig", „kriminell und süchtig" gehören. Dabei ist der aggressive Jugendkörper, wie er sich bei einem Teil (!) der männlichen Jugendlichen historisch wiederholt gezeigt hat und zeigt, durchaus ambivalent: Er wird im Feld von „Natur und Kultur" verhandelt und einerseits – so ein zentrales Bild – als gesellschaftliche und biografische „Gefahr und Gefährdung" gesehen, als ruppig und unruhig, provozierend und aggressiv beschrieben; andererseits ist er mit aggressiven Attributen gleichzeitig in der Arbeitswelt, im Sport und als gesellschaftlich akzeptiertes Abenteuer erwünscht.

Der männliche Jugendkörper ist mit der Debatte um Geschlechtsrollenfixierungen, -stereotypisierungen und -klischeebildungen verknüpft. Er war und ist mit einer Fülle von Bildern und Konstruktionen verbunden, Gegenstand gesellschaftlicher Kontroversen und moralischer Paniken, wissenschaftlicher Debatten und pädagogischer Erörterungen sowie repressiver Kontrolltechniken (Abraham/Müller 2010). Als adoleszente Phänomene gehören „Aggressivität" und „Gewalt" zu den zentralen Begriffen, wenn über männliche Jugend, deren Entwicklung und auffällige Verhaltensweisen diskutiert wird. Ihre Thematisierung ist mit altbekannten Klagen über „die" Jugend und die gesellschaftliche (Un-)Ordnung verbunden. Dabei eignen sich Gewalt (und Kriminalität) für Skandalisierungen, und es ist ein Feld für Grenzziehungen nach dem Motto: „bis hierher und nicht weiter".

Werden Jugend und Gewalt zusammengedacht, dann verdichten sich gesellschaftliche Zuschreibungen von Gefährdung, Abweichung und Gefährlichkeit. Die Unschärfe des zusammengesetzten Begriffs Jugendgewalt prädestiniert ihn als vielseitig verwendbares Skandalisierungskonzept. Mit der Bezeichnung Jugendgewalt wird eine Erklärung suggeriert, nämlich eine Beziehung zwischen Alter und Gewalt; es wird von *jugendlicher Gewaltbereitschaft* gesprochen. Bei der Beurteilung von Gewalt wird normalerweise nach dem Inhalt der Tat gefragt, der Gesetzesbruch wird auf Willen und Absicht des Täters bezogen. Spricht man von Jugendgewalt, so wird der Tat jedoch ein Nicht-Motiv untergeschoben. Der Gewalttätige hat demnach den Zweck, Gewalt auszuüben, wobei der Grund in der (altersbedingten) Gewaltbereitschaft liegen soll. Der allgemein gehaltene negative Verweis auf die Jugend, die per se als defizitär, problematisch und erziehungsbedürftig definiert ist, wie auch die Ungenauigkeit des moralisch aufgeladenen Gewaltbegriffs machen deutlich, dass Jugendgewalt im gesellschaftlichen Diskurs eine „soziale Zensur" darstellt, eine Kategorie der Denunziation und moralischen Verurteilung, deren Funktion es ist, gesellschaftliche Positionen zuzuweisen und zu legitimieren. An solchen hochgradig komplexen Konstruktions- und Etikettierungsversuchen waren und sind unterschiedliche Akteure beteiligt, zu denen die männliche Jugend selbst mit ihren gewaltaffinen Gesellungsformen und Verhaltensweisen, dann die Gesellschaft mit ihren Bildern und Mustern und ihren vielfältigen vermittelnden Sozialisationsinstanzen (Familie, Schule, Arbeitswelt, Militär, Freizeit und Kultur, Medien) und auch die Wissenschaften (Medizin, Sozial- und Erziehungswissenschaften) gehören. Dabei ist der Körperdiskurs immer Teil des generellen Jugenddiskurses, in dem es um die jeweilige historisch-zeitbezogene Jugendphase mit ihren Entwicklungsaufgaben und Übergängen, Herausforderungen und Risiken sowie um die soziale Frage, das Generationen- und Geschlechterverhältnis geht (vgl. Hafeneger 2010b).

Aggressivität und Gewalt sind spezifische, sozial und kulturell vermittelte und geprägte Interaktions- und Ausdrucksformen körperlichen Benehmens, von körperlichen Stimmungen und sozialem Verhalten. Sie sind ein Medium der Interaktion, der jugendkulturellen Vergemeinschaftung und Zugehörigkeit wie auch ideologisch motivierter Vergesellschaftungen. Dabei können verursachende Faktoren und Belastungsmerkmale die Aggressivität und Gewalt(-bereitschaft) unter männlichen Jugendlichen begünstigen und zu Desintegration und Mehrfachexklusionen führen. Wenn über männliche Jugendliche bzw. soziale und ethnische Gruppen (Minderheiten) im Zusammenhang mit Aggressivität und Gewalt gesprochen wird, ist immer deren Heterogenität zu beachten; dieser differenzierte Blick trägt wiederum zur Erklärung zahlreicher interner Einstellungs- und Verhaltensunterschiede bei (vgl. Schiffauer 2008). Zu den kumulierenden belastenden Faktoren, Bedingungen und Erfahrungen zählen insbesondere:

- strukturelle Gewalt und ein autoritäres Klima des Aufwachsens (häusliche Gewalt als Alltag in Familien),
- hoher schulischer Leistungs- und Selektionsdruck,
- Milieu, soziale Herkunft (niedrige Bildung), Arbeitslosigkeit und Armut,
- Desintegrationserfahrungen und Zukunftsängste,
- Misserfolge, negative Karrieren und fehlende Anerkennungserfahrungen,
- problematische Peer-Sozialisation (auch in ethnischen Milieus) und sozial-räumliche Segregation (Stadtteile, Brennpunkte).
- stimulierender und verstärkender Medienkonsum,
- fehlende stützende männliche Identifikationsfiguren,
- unsichere problematische Bindungen,
- ein hierarchisches Rollendenken und Weltbild,
- legitimatorische Vorstellungen über Aggression und Gewalt als Mittel und Wege der Durchsetzung, Behauptung und Zielerreichung.

2. Der männliche Körper in der Jugendphase

In die Prozesse und Übergänge der Jugendphase und des Erwachsenwerdens ist – so die Vorstellung – der Körper eingewoben. Auch er soll erwachsen werden und Teil der dann „normalen" und stabilen (Patchwork-) Identität sein. Die Jungenbilder sind immer auch an die biografisch folgenden – tradierten und sich modernisierenden – Männerbilder und Männlichkeitsvorstellungen gebunden, die sich im Spannungsfeld vom „hegemonialen", „starken" und mittlerweile „schwachen" Geschlecht bewegen (Richter 2006; Dammasch 2008; Hüther 2009). Aus relationaler Sicht ist Männlichkeit eine Kategorie, die sich nur in der ambivalenten Spannung zur Weiblichkeit und im Verhältnis zu anderen Männern begreifen lässt. Die Entwicklung und Vermittlung von Männlichkeit vollzieht sich institutionell und informell vor allem über die Strukturen und Interaktionen in Familie und Kindertagesstätte, Schule und Ausbildung, Peer-group und Medien.

Mit Blick auf die Eltern (und nur auf ihre Bedeutung soll hier kurz hingewiesen werden) geht es vor allem auch – in genderkritischer und -sensibler Perspektive – um die Anwesenheit eines verfügbaren, aufmerksamen und schützenden Vaters und die hier eingelagerten anerkennenden Körper- und Beziehungserfahrungen in den ersten Lebensjahren. Diese gehören zur Entwicklung eines (hier männlichen) stabilen (reifen) Identitätsgefühls mit einer flexiblen Bandbreite, zur Entdeckung und Entwicklung des Körpers, zum Verständnis und zur Bedeutung des Geschlechts bzw. von Geschlechtsvorstellungen. Dabei ist – neben der Mutter – wiederholt auf die grundlegende Bedeutung der väterlichen Präsenz, eines schützenden Vaters für die Entwicklung von emotionaler Sicherheit hingewiesen worden (Blos 1990), und „je weniger Angst der Vater vor der frühen Kindheit hat, desto reichhaltiger kann das Spektrum der zugelassenen Beziehungserfahrungen eines Jungen werden" (Blass 2010, 682). Die Adoleszenz ist für die Männlichkeitsentwicklung und eine stabile Körper-Selbst-Integration eine zentrale Entwicklungszeit, weil sich in ihr – mit den Ablösungsprozessen, den narzisstischen Größenphantasien, den vorübergehenden Identifizierungen, wechselnden Stimmungen und dem Objekthunger – die endgültige männliche (sexuelle) Identität herausbildet und festigt. Auch hier kommt dem Vater bzw. der väterlichen Präsenz mit seiner vorgelebten Haltung in der ödipalen und adoleszenten Entwicklung eine Aggression modulierende Funktion für die Männlichkeitsentwicklung zu.

In der langen und entstrukturierten Jugendphase der (Post-)Moderne sind die männlichen Jugendlichen mit der Herausforderung konfrontiert, in ihrer Identitätsbildung „mit dem sich entwickelnden Körper umzugehen" (Shell Deutschland Holding 2010, 86). Sie sind mit Übergangs- und Bewältigungsherausforderungen konfrontiert, die mit Zugewinnen an Autonomie, neuer sozialer Verortung und einer körperbezogenen Lebensführung mit unterschiedlichen „Männlichkeitsbeweisen" verbunden sind. Dies sind immer hochgradig ambivalente Prozesse des Mann-Werdens bzw. – so das Diagnoseangebot – des „doing gender" von männlichen Kindern und Jugendlichen. Die Prozesse können gelingen oder misslingen, sind mit Gefahren und Gefährdungen, Risiken und Chancen verbunden; und sie zeigen eine große Vielfalt an Körperpraxen und Umgangsformen. Dazu gehören Körpergewicht sowie Ernährungs- und Bewegungsgewohnheiten, die Demonstration heterosexueller Potenz, symbolische Kämpfe um Arenen und Reviere in den kommunalen Lebenswelten; oder sie sind mit Phänomenen wie Piercing, Tattoos, Rauchen, Alkohol, dem Besuch von Sonnen- und Fitnessstudios verbunden.

Aggression und Gewalt sind immer auch soziale Praxen, sie sind Ausdrucksmittel, Verarbeitungs- und Aneignungsmuster gesellschaftlicher Realität; dabei können sie episodal bleiben oder sich auch verfestigen. Jugendliche machen mit und aus ihrem Körper „immer etwas", was für sie subjektiv von Bedeutung ist. Damit drücken sie ihre Lebensweise und sinnliche Subjektivität, ihre sozialen Bezüge (Milieus) und Beziehungen, ihr Selbst- und Weltverhältnis aus. Dies kann mit Verhaltensweisen und Gruppenstilen verbunden sein, die riskant und provozierend, aggressiv und gewaltförmig sind. Als adoleszente Phänomene treten sie spontan-situativ auf oder können auch ein fest gefügtes und strategisches Verhaltensmerkmal sein. Dabei kann aggressives Leben und Erleben konform oder nonkonform, destruktiv oder konstruktiv, gesellschaftlich erwünscht oder unerwünscht sein. Mit all ihren Formen ist die gesellschaftliche Vorstellung und Erwartung verbunden, dass sie als Ausdrucksweisen männlicher Lebensweise als vorübergehend und in einem passageren Identitätsfindungsprozess zu verstehen sind und dass der Jugendliche anschließend in die Gemeinschaft der etablierten Erwachsenengesellschaft zurückkehrt. Demgegenüber löst pathologisches und mit Entwicklungsstörungen verbundenes Körperagieren die Ambivalenzen im Umgang mit dem eigenen jugendlichen Körper auf. Im Rahmen ritualisierter Wiederholung (z. B. Gewalt, Sucht, Rausch) gibt es keine Entwicklung, sondern Stillstand und eine Objektverwendung des Körpers (Körper als Schauplatz und Zweck der Identitätsdefinition) mit zugehörigen Metaphern („Gewalt ist geil").

3. Gewalt gegen Kinder und Jugendliche

Zum Ende des 19. Jahrhunderts begann der wissenschaftliche Diskurs und die Problematisierung der Jugendphase vor dem Hintergrund von tiefgreifenden Veränderungen und Verwerfungen gesellschaftlicher Strukturen (Familie, Schule, Freizeit, Medien); diese schienen ihrem erzieherischen Auftrag immer weniger gerecht zu werden. In den Deutungen von Entwicklung und Erziehung von Kindern und Jugendlichen sowie den erzieherischen Legitimationen stützte man sich auf zeitgenössische wissenschaftliche (pädagogische, psychologische, medizinisch-psychiatrische, rechtliche, biologische und kriminalanthropologische, dann auch milieutheoretische) Erkenntnisse oder auch auf religiöse Weisheiten, wie z. B. die Sprüche Salomons (XIII, 24): „Wer seine Rute schont, der haßt seinen Sohn; wer ihn lieb hat, der züchtigt ihn beizeiten." Der Blick richtet sich dabei vor allem auf abweichendes Verhalten und Phänomene im Bereich von sogenannten charakterlichen Unarten und Störungen, Pathologien und Anomalitäten. Zu erinnern ist hier z. b. an die „Onaniedebatte" in der Wilhelminischen Zeit (vgl. Dudek 1990; Hafeneger 2010 a).

Der „Kampf" gegen Verwahrlosung und Straffälligkeit, Aggressivität und Gewalt durchzieht die (Sozial-)Pädagogik, Jugendhilfe und Soziale Arbeit von Anfang an (vgl. Dudek 1990; Lutz 2009). Aber der männliche Körper war und ist nicht nur aggressiv und gewalttätig, er war und ist gleichzeitig – darauf kann hier nur hingewiesen werden – seit Beginn des 20. Jahrhunderts und bis in die 1980er-Jahre im Rahmen von Familie, Schule und Einrichtungen der Jugendhilfe unterschiedlichen Formen von Gewalt – wie Züchtigung, Prügel, Schläge, Demütigung, Einsperren, Missbrauch – ausgesetzt. Dieser Zugriff und Umgang gehörte zum pädagogischen Kontrolldenken und nahm im Schul- und Familienalltag z. T. brutale und sadistische Formen an. Solche Praxen haben den autoritären und herrschaftspolitischen Erziehungsnormen eines gesellschaftlichen Denkens entsprochen, nach dem der männliche Körper bzw. „Willen" auch mit Gewalt anzupassen, zu disziplinieren und zu unterwerfen sei; ihn galt es auch mit Gewalt „auf den rechten Weg zu bringen". Dies steht in der pädagogischen (medizinischen und kriminologischen) Denktradition, nach der in dem potenziell krisengefährdeten Lebensabschnitt im „auffälligen Jugendlichen ein potenzieller Krimineller" gesehen und „Jugend" als soziales, psychologisches und pädagogisches Problem wahrgenommen wird. Mit ihnen musste – nach dieser Logik – erzieherisch-repressiv und vor allem auch präventiv umgegangen werden, weil Anpassung und Integration, das Erwachsenwerden und „Hineinwachsen in vorgegebene Lebenszusammenhänge" (Dudek 1990, 25) nicht mehr als unproblematisch erschienen.

Seit Beginn des 20. Jahrhunderts zeigt eine umfangreiche Literatur, wie das pädagogische Straf- und Überwachungsregime (körperliche Züchtigung, Prügelstrafe) bereits im Kindesalter in seinem Für und Wider abgewogen und legitimiert wurde und wie der „Prügelpädagogik" – die sich argumentativ zugunsten der Prävention verschob, um angenommene pathologische Dispositionen gar nicht erst zur Entfaltung kommen zu lassen – auch wissenschaftlich Geltung verschafft wurde. Gewalt wurde zum Zweck der Disziplinierung vor allem gegenüber männlichen Kindern und Jugendlichen legitimiert. Die schon in der Reformpädagogik einsetzende und vor allem seit den 1990er-Jahren geführte Diskussion weist auf die Folgen dieser Pädagogik hin. Demnach ist die von Jugendlichen ausgehende Gewalt auch – so ein Hinweis – als Reaktion auf eigene reale (alltägliche) Gewalterfahrungen in Form von Züchtigungen und Prügel, Demütigung und Missachtung, sexueller Gewalt in Familie und Erziehung zu verstehen.

4. Körper als Bühne von Männlichkeit

Der Körper gehört zum Kernbereich männlicher Jugendlichkeit und die Identität(sbildung) ist mit dem Körper-Selbst verwoben; er ist für männliche Jugendliche immer auch eine Bühne und ein Medium, ein kreatives Instrument der Sichtbarmachung von Lebensäußerungen, der Selbstdarstellung und Inszenierung, der Veränderungen und Manipulationen. Schon für Freud (1923) war das Ich zunächst ein körperliches, und auf dem unmittelbaren Erleben des eigenen Körpers bauen sich nach ihm die symbolischen Repräsentationen des Körpers und des Selbst auf (körperorientierte Kerngeschlechtsidentität, Geschlechtsrollenidentität). Die Aneignung und der Umgang mit dem eigenen Körper wie mit anderen (fremden) Körpern, dann das körperliche Benehmen und die unterschiedlichen Körperlichkeiten mit ihrem Aussehen, ihrem Styling und ihrer Modellierung (auch riskanten Manipulationen) zeigen, welche biografische und soziale (und sexuelle) Bedeutung der Körper für die Sicherung der Identität hat. Männliche Körperlichkeit bzw. die unterschiedlichen Formen sind kein Naturgesetz, sondern sie werden gesellschaftlich, sozial und kulturell hergestellt und verändern sich historisch immer wieder. So weist Möller (2010) neben der „hegemonialen Männlichkeit" (Connell 1999) mit „komplizenhafter Männlichkeit", „untergeordneter Männlichkeit" und „marginalisierter Männlichkeit" auf drei weitere Formen hin.

Die Folgen des gesellschaftlichen Wandels und die Verunsicherung von Männlichkeitsvorstellungen von der Kindheit bis ins hohe Lebensalter des Mannes, sind für Jungen und männliche Jugendliche mit den Fragen verbunden: Wann ist ein Junge ein richtiger Junge? Wann ist ein (junger) Mann ein richtiger (junger) Mann? Dabei ist seit der zweiten Hälfte der 1980er-Jahre vor allem das – historisch und kulturell herausgebildete und brüchig werdende – Konzept der „hegemonialen Männlichkeit" bestimmend (Connell 1999). Danach richtet sich der Blick auf Strukturen männlicher Hegemonie, das Machtgefälle zwischen Männern und Frauen, unter Männern sowie die Machtbeziehungen. Diese sind mit Stigmatisierung, Ausgrenzung und Abwertung von Frauen und „anderen" Männlichkeiten verbunden. Männliche Jugendliche wachsen überwiegend in der Erwartung heran, an „hegemonialer Männlichkeit" mittels der „patriarchalen Dividende" (Connell) zu profitieren, und der Wandel dieses Männlichkeitskonzepts zeigt sich in modernisierten Gesellschaften weniger in der Körperlichkeit und Gewalt als in institutionell zugewiesenen Kompetenzen, an Leistungen und Expertenschaft. Er bleibt als „männlicher Habitus" (Bourdieu 1997) dominant, indem sich Bestandteile von ihm „nicht nur in die soziale, sondern auch die psychische und korporale Repräsentanz des Sozialisanden quasi als ‚zweite Natur' einschreiben" (Möller 2010, 35). Dieses Konzept und ihre Vermittlungen sind die Folie, vor der aggressive und gewaltförmige Phänomene diskutiert werden (vgl. Gilmore 1991; Böhnisch 2004; Dammasch 2008). Mit dem „Einsatz" von Gewalt sehen sich die männlichen Jugendlichen zum einen in der Lage, eine ambivalente, unübersichtliche, herausfordernde, eine emotional belastende Lebenssituation zu bewältigen und zum anderen ihre Interessen, Bedürfnisse und Bedarfe zu realisieren. Danach sind gewalthaltige Handlungsmuster das Resultat von Auseinandersetzungsprozessen mit der jeweiligen Umwelt, und diesem Paradigma folgend ist die Entwicklung gewalthaltiger Handlungsmuster als aktiver Prozess zu verstehen.

In den Identitätsbildungs- und Auseinandersetzungsprozessen kann der Körper vielfältig und auch wie ein äußeres Objekt abgespalten und verwendet werden, das zum Träger und zum Ziel von Affekten wie Angst und Abwehr, Aggression und Gewalt wird. Er bekommt eine doppelte Funktion, indem er einerseits Dominanz und Destruktion bindet, als Aggressionsobjekt dient und damit das Selbst vor der Auflösung bewahrt; andererseits ist er Objektsurrogat und verschafft dem Körper die Illusion der Autarkie. In extremen, riskanten und gewaltförmigen Verhaltensweisen wird die eigene und fremde körperliche Unversehrtheit und Integrität *aufs Spiel gesetzt,* sind Kontrollverlust und kurzfristige Entladungen (als Thrill- und Kickerlebnisse) eine biografisch erworbene Gefühlsdisposition und Option, die subjektiv – infolge von Missachtungs-, Kränkungs- und fehlenden Anerkennungserfahrungen – psychischen und gruppenbezogenen „Gewinn" verspricht (vgl. Sutterlüty 2003).

5. Historischer Blick: gewalttätig, halbstark, kriminell

Aggressives und gewalttätiges Körpererleben und -handeln sind in der Jugendgeschichte seit Beginn des 20. Jahrhunderts wiederholt beschriebene Phänomene und gehören zu den Formen abweichender und öffentlicher Verhaltensweisen (Dudek 1990; Abels 1993; Hafeneger 1994; Simon 1996). Sie zeigen sich in Inszenierungs- und jugendkulturellen Gesellungsformen, bei denen ein rauer, körpernaher Stil gelebt und gepflegt wird: „Körper, Körpersprache und Körpersymbolik haben in allen männlich dominierten Subkulturen einen besonderen Stellenwert" (Simon 1996, 157). Die Wertschätzung von männlicher Körperlichkeit, verbunden mit Körperkraft, Leistungsfähigkeit und Formen betonter Körperkontakte, sind Merkmale von interpersonellen Beziehungen und gehören zum Alltag von körperbetonten Jugendkulturen.

Vor dem Hintergrund der jeweiligen gesellschaftlichen Entwicklungen, von Umbrüchen und Krisen sowie den Bedingungen und Erfahrungen des Aufwachsens entwickeln sich unter männlichen Jugendlichen und jungen Erwachsenen „alte" und „modernisierte" Formen von kulturellen Zusammenhängen. Diese sind u.a. mit Begriffen wie wilde Cliquen, Viertel- und Halbstarke, Vagabunden, Banden und Gangs bezeichnet, dann als jugendkulturelle Szenen wie Rocker, Mods, Skinheads und in der Fußballfanszene als Hooligans, Ultras oder Hooltras wiederholt beschrieben worden (vgl. Hafeneger 1994; Simon 1996; Gabler 2010). Sie sind mit szenetypischen „männlichen" Verhaltensweisen und Gruppennormen, Männlichkeitsbildern und einem aggressiven Habitus verbunden, der Zugehörigkeit und Rollensicherheit stiftet. Vielfach sind sie Inseln und Domänen, in denen ein aggressiv männlicher Lebensstil und vermeintlich klare und eindeutig maskuline Rollenvorstellungen – und die Abwehr „unmännlicher", d.h. latent weiblicher und homosexueller/homoerotischer Verhaltensweisen – unbeirrt (weiter) existieren können. Die gelebte und erlebte Aggressivität und Gewalt ist immer mit der Aneignung und Besetzung von sozialen Räumen und Territorien verbunden, die als Kulisse und Bühne der eigenen Darstellung und Selbstinszenierung dienen. Sie sind als spezifische Formen und jeweils raumvermittelte Teilhabe am sozialen und gesellschaftlichen Leben zu verstehen, geprägt vom Zeichen-, Symbol- und Repräsentationssystem der kulturellen Gruppen.

In der neueren Jugendgeschichte markiert die Schrift „Die Halbstarken" von Pastor Clemens Schultz aus dem Jahr 1912 den Beginn eines gesellschaftlichen, wissenschaftlichen und pädagogischen Diagnoseblicks, der bis in die heutige Zeit variantenreich wiederkehrt. Für Schultz war der „Halbstarke" und „Straßenjunge" in der Wilhelminischen Zeit der „junge Mann im Alter von 15–22 Jahren", der zur „verkommenen Großstadtjugend gehört" (Schultz 1912, 7). Er ist für ihn auf einem „falschen Weg", ein Taugenichts, Tagedieb und arbeitsscheu; er ist gefährlich, hat „Freude am Zerstören" und ist „der geschworene Feind der Ordnung" (S. 8). Der Typus des „Halbstarken" wird in der Wilhelminischen Zeit, der Weimarer Republik und in den 1950er-Jahren diagnostiziert und mit Attributen wie aggressiv und gewalttätig, unangepasst und auffällig, verwahrlost und kriminell etikettiert (vgl. Hafeneger 1994; Lindner 1996; Simon 1996). Halbstarke sind Teil der großstädtischen Arbeiterjugend und werden von der bürgerlichen Gesellschaft als (politische) Gefahr und Gefährdung wahrgenommen. Zu ihren körperbetonten Praxen, mit denen es um Sichtbarmachung, Provokation und den spannungsreichen „Kick" geht, gehören u.a. Krawalle, Mutproben, Prügeleien (Straßenschlachten), Kräftemessen, Verteidigung von Territorien, Grölen, Belästigen und Eckenstehen.

Im Freizeitleben der Weimarer Republik kann eine Vielfalt von kulturellen, formellen und informellen Gesellungsformen der männlichen Jugendlichen identifiziert werden (vgl. Hafeneger 1994; Simon 1996). Mit Blick auf oppositionelle Jugendkulturen, aggressive und gewaltaffine Körperlichkeit ist neben den „Halbstarken" und „wilden Cliquen" (als größtenteils arbeitslose und unqualifizierte Jugendliche und Formen der proletarischen Jugendkultur) insbesondere auf uniforme – deutsch-völkische, militante, militaristische und chauvinistische – Gesellungsformen hinzuweisen, die als bündische Gruppen, als Jugend-, Wehr-, Siedlungs- und Kampfbünde zum rechten politischen Spektrum zählten und mit aggressivem (sozial-revolutionärem) Gestus die Nachkriegsordnung und Weimarer Republik öffentlich bekämpften (vgl. Breuer/Schmidt 2010). Gruppen aus der Jugendbewegung wie „Stahlhelm", „Adler und Falken, „Schilljugend", die „Geusen", der „Jungnationale Bund" oder die „Artamanen" – um nur einige beispielhaft zu nennen – waren mit einer Körperkonzeption verbunden, die von paramilitärischen Merkmalen wie „gesundes Leben für Körper und Geist", „körperliche und charakterliche" Ertüchtigung und Härte, Führer und Gefolgschaft sowie soldatischer Disziplin geleitet waren.

In der neueren Geschichte der Bundesrepublik gibt es seit den 1950er-Jahren und dem Auftreten der „Halbstarken" (mit ihrem Habitus, ihren Krawallen, ihren Belästigungen und Provokationen, ihrer Auseinandersetzung mit der Polizei und ihrem „Stören der öffentlichen Ordnung") zyklisch wiederkehrend Gruppen von „aggressiven Jugendlichen" (Kraußlach u.a. 1976; Simon 1996), Debatten über Formen von abweichenden und aggressiven bzw. gewaltförmigen Verhaltensweisen, die wiederum von spielerischen Elementen, „harmlosen Scherzen" bis hin zu „demonstrativen Gewaltakten" reichten und Aufsehen erregten (Simon 1996, 84). In der Kultur der Rocker, Skins, Gangs und militanten Fußballfans werden aggressive Stile, körperbezogene Kommunikationsformen und körperliche Auseinandersetzungen gesucht; sie sind eine Bühne für spannungsreiche und intensive Erfahrungen. Sie waren verbunden mit einem jeweils erkennbaren und demonstrativen männlich-körperlichen Erscheinungsbild, mit „Bemalung", Kleidungsstücken und Frisur, mit Accessoires und Bewegungsformen, Bewegungsräumen und Treffgelegenheiten, die wiederum zu jugendkulturellen Stilelementen (und mit ihnen verbundenen Kultvorstellungen und Mythen) wurden.

6. Inszenierungsformen heute – vier Beispiele

Seit den 1990er-Jahren bezieht sich die öffentliche Gewaltdebatte auf unterschiedliche Formen und Phänomene. Dazu gehören die Gewalt an Schulen, die sich gegen andere Schüler, Lehrer und die Einrichtung richtet; rechtsextrem, fremdenfeindlich und antisemitisch motivierte Gewalt; dann Gewalt im öffentlichen Raum und aggressive bzw. gewaltaffine Jugendkulturen und auch jugendliche Gesellungsformen mit Migrationshintergrund.

Die folgenden vier Beispiele zeigen exemplarisch unterschiedliche, konforme und nonkonforme, organisierte und spontane Formen körperlichen Agierens und von Inszenierung im Spannungsfeld von expansiv-destruktiver und kreativ-konstruktiver Aggressivität bzw. Gewalt: in der Fußballfankultur, in der rechtsextremen Jugendszene, als Alltagsgewalt in Schulen und im städtischen Alltag (in U-Bahnen, im öffentlichen Raum) und in jungmännerbündischen Gemeinschaften wie dem Militär.

6.1 Beispiel: Sport und Fußballfans

Der Sport ist mit seinen Spielformen auch eine gesellschaftlich anerkannte und akzeptierte Inszenierungsbühne für Konkurrenz und aggressives Benehmen sowie für Formen männlicher Körperinszenierung als „Grazie, Arbeit und Kampf" (Simon 1996, 159). Das gilt vor allem für Massensportarten wie den Fußball mit seiner Körperlichkeit der Spieler, seiner Fortsetzung im Fußballumfeld und Erleben der Fans und schließlich der medialen Inszenierung als Zuschauer-Sport. Inszeniert werden „Wettbewerb und Leistung auf der einen, Spannung, Kennerschaft und Begeisterung auf der anderen Seite" (Resch/Steinert 2010, 215). Arbeit, Leistung und Wettbewerb sind vor allem – und nur auf diesen Aspekt des Fußballs soll hier hingewiesen werden – an den Körper bzw. körperliche Qualitäten von hoch bezahlten Profis gebunden. Fußball ist eine Arena der Männlichkeit, und die Beherrschung des trainierten und aggressiven Körpers gehört (als „fair play" angeboten) zu seinen zentralen Merkmalen. Dieses System sportlicher Wettkämpfe mit seinen Regeln und Ritualen wird auch den männlichen jugendlichen Zuschauern zum Mitmachen angeboten (vgl. Kreisky/Spitaler 2006). Hier finden die männlichen jugendlichen Fans (die Ultraszene) – jenseits ihres Alltags – ein Angebot und abstraktes „Arbeitsbündnis" sowie ein Ereignis- und Erlebnisfeld, in dem sie sich mit ihren Choreografien, Ritualen und Inszenierungen ihres Fanseins körperlich – ästhetisch, kreativ, verbal (anfeuernd, johlend, gröhlend), aber auch rücksichtslos und aggressiv (auch randalierend) – einbringen können (vgl. Gabler 2009, 2010). Körperliche Männlichkeit wird von den Fans vor allem in den Fankurven/-zonen der Stadien zelebriert. Zugehörigkeit vermittelndes Outfit und (Ver-)Kleidung, kreative und mit Drohgebärden verbundene Gesten und Bewegungsformen, Parolen- und Sprüchekulturen oder auch alkoholvermittelte Verbrüderung gehören zu ihrem Spektrum körperlicher Verhaltensweisen und Äußerungsformen. Dabei sind die Ultras eine – z. T. auch gewaltbereite und gewaltförmig agierende – Provokationskultur, die Vereinstreue und Lokalverbundenheit zelebriert, die Stehplatzkultur in den Stadien verteidigt, die Vereinspolitik kritisch verfolgt und ihr Fansein zum Lebensmittelpunkt macht.

Vor dem Hintergrund der erwarteten Leistung findet mit unterschiedlichem körperlichem und verbalem Einsatz – skandierend, unterstützend und auffordernd, aber auch pfeifend und niederbrüllend, randalierend und prügelnd – die Teilnahme am Spielgeschehen im Stadion und „rund ums Stadion" statt. Der Zuschauer-Sport Fußball war und ist (immer noch) betont männlich und ein männerbündisches Phänomen mit militärischen, aristokratischen und proletarischen Elementen; die männlich-jugendlichen Fans der Ultraszene sind Anhänger ihrer Mannschaft, mit der sie kämpfen, siegen und/oder verlieren. In den emotionalen und identifikatorischen Ambivalenzen des Fanseins – zwischen Begeisterung und Bewunderung, Enttäuschung und Wut – wird neben der inszenierten „modernen" fröhlich-optimistischen

Spaß- und Partystimmung (mit infantilisierter Begeisterung) immer auch eine aggressive Gefühlsstruktur angesprochen und mobilisiert; es wird öffentlich aufgerufen und „von oben" erlaubt, große Gefühle auszuleben. Regelverletzungen, Widerständigkeiten und Körperlichkeit werden von Teilen der Ultras dosiert erprobt und riskiert – und zugleich durch die Kontroll- und Sicherheitsmechanismen von Vereinen und Polizei eingehegt. Die Entwicklung der Szene hin zur Gewalt, die zumindest aus polizeilicher Sicht schon fortgeschritten ist, drückt sich auch verstärkt in den polizeilichen Kategorisierungen aus; gleichzeitig kritisieren Fans das unangemessene und „aggressive Auftreten" der Polizei (Feltes 2010).

Der Fußball ist für die Ultraszene weiter ein Medium, sich die Städte und Arenen, den öffentlichen Raum (Bahnhof, Fußgängerzone, Straßen und Plätze) aggressiv anzueignen, wie er sonst den männlichen Jugendlichen nicht gehört: „Junge Männer reisen aus den Vor- in die Innenstädte und besetzen sie durch Lärmen und sonstige Pöbeleien" (Resch/Steinert 2010, 227 f.). Demgegenüber ist die Männlichkeit des „modernisierten Fans" nicht mehr „rohe" (proletarische) Körperlichkeit und aggressiv, sondern eingehegt und gekonntes Selbstmanagement, bei dem es eher um das Ausleben von spielerischen und ästhetischen Elementen in einer Kulisse des fröhlichen und harmlosen Beisammenseins geht.

6.2 Beispiel: Rechtsextreme Jugend

Die rechtsextreme Jugend- und Jungmännerszene ist seit Beginn der 1990er-Jahre ein fester Bestandteil der bundesdeutschen Gesellschaft. Zur Szene gehören autoritäre und hierarchische Maskulinitätsvorstellungen, und ein Teil agiert aggressiv und militant (Boehnke/Fuß/Hagan 2002). Neben der mit unterschiedlichen Facetten verbundenen „Ideologie der Ungleichwertigkeit" (Heitmeyer) gehört Gewaltorientierung zu den zentralen Merkmalen der extremen Rechten. Die von männlichen Jugendlichen und jungen Männern der Szene (Skinheads, Kameradschaften, Autonome Nationalisten, neonazistische Gruppen, Cliquen) ausgehenden fremdenfeindlich, antisemitisch und rechtsextrem motivierten Gewalt- und Straftaten (nach der Polizeilichen Kriminalstatistik etwa 15.000 jährlich) haben seit mehreren Jahren dieses hohe Zahlenniveau. Zahlreiche Studien belegen das Ausmaß und die Entwicklungen, die Motive und „Tätertypen"; so werden etwa 95 Prozent der Gewalttaten von jungen Männern überwiegend in Gruppen begangen.

Die rechtsextreme Szene ist männerdominiert, und aggressive sowie hegemoniale Männlichkeit ist für sie konstitutiv. Diese Merkmale gehören zu ihrem ideologischen Repertoire, ihrem Handeln und ihrer Mobilisierung. Das gilt vor allem für die Habitualisierungsformen und Körperpraxen männlicher, rechtsextrem orientierter Jugend- und Jungmännerszenen, für deren politische Sozialisation und die von ihnen herausgebildeten Dominanzansprüche. Gewaltbereitschaft und konkrete Gewalttaten gehören zu den zentralen Mitteln der männlich-politischen Selbstinszenierung (Dierbach 2010). Dabei richtet sich Gewalt einmal gegen Andere, dann ist sie für die inneren Dynamiken und die Integrationsmechanismen (Konstrukt einer vermeintlich verschworenen Kameradschaft) konstitutiv. Dabei bewegt sich die Szene zwischen gesellschaftlicher und subjektiv erlebter Marginalisierung einerseits und maskulinen Hegemonialansprüchen andererseits; und sie bietet Jugendlichen ein sozialisatorisches Feld von Bearbeitungsversuchen männlicher Identität. Physische Gewalt und deren Inszenierung hat für männliche Jugendliche – vor allem im Einstiegsalter zwischen 12 und 16 Jahren – eine gewisse Attraktivität, und ihr kommt in der Szene eine Schlüsselrolle zu. Dieses Angebot erreicht vor allem männliche Jugendliche mit kumulativen Erfahrungen sozialer Marginalisierung (Rommelspacher 2006; Heitmeyer u. a. 1992; Möller/Schuhmacher 2007; Möller 2008; Claus u. a. 2010).

In der Szene beginnt sich das Männlichkeitsbild zu pluralisieren, es ist aber nach wie vor bestimmt von einer idealisierten vormodernen „soldatischen, stark gewalt-affinen Männlichkeit" (Claus u. a. 2010, 15). Das Bild des „soldatischen Mannes" und der „militarisierten Männlichkeit" wird weiterhin gepflegt und ist innerhalb der extremen Rechten hegemonial; es ist weiß und völkisch im Dienst der „nationalen Sache". Dieses Bild wird entlang von dichotomer Geschlechterordnung sowie von völkischen und elitären Ordnungs- und Machtvorstellungen „Geschlecht – Rasse und Körper" konstruiert. Im rechten Sinne einer „vorbildlichen Männlichkeit" werden weitere Attribute wie „Anstand, Familie, sauberes Verhalten, deutsche Gesittung" propagiert, die wiederum in einer „harten und liebevollen" Erziehung u. a. in männerbündischen Gesellungsformen realisiert werden sollen. Gleichzeitig eignen sich Teile der Szene auch Artikulationsformen und Accessoires „moderner" Männlichkeit an; dies gilt vor allem für die „Autonomen Nationalisten" (AN) und andere subkulturelle Gruppen, von denen ein hohes Maß an Gewaltbereitschaft ausgeht. Deutlich wird das in der äußerlich unbefangenen „Aneignung linksautonomer Symbolik in Kleidung, Sprache, Musik und Lebensstil" (Heilmann 2010, 61). Das „neue" militante Auftreten, der gewaltförmige Aktionismus und die jugendkulturelle Ästhetik sowie ideologische Facetten (Antikapitalismus, Sympathien mit dem anti-israelischen Widerstand, Straße als Kampfplatz) entsprechen einer subversiv-kämpferischen Männlichkeit, die vor allem junge urbane Männer ansprechen soll. Dabei kommt „ihre Gewaltbereitschaft in der hedonistischen Verbindung mit Spaß und Gemeinschaftserleben den Ausdrucks- und Praxisformen adoleszenter Männlichkeit wesentlich näher als die affektkontrollierte Diszipliniertheit, die der NPD-Funktionär verkörpert" (Heilmann 2010, 63).

6.3 Beispiel: Alltagsgewalt

Gewaltförmige Verhaltensweisen in der Schule und im öffentlichen Raum gehen vor allem von männlichen Jugendlichen in Cliquen- und Peerkontexten aus (Dollase 2010). Die Phänomene sind komplex und reichen in der Schule von „verbalen und psychischen Aggressionen gegen Mitschüler(innen) und Lehrpersonen über Vandalismus und Randale bis hin zu härteren Gewaltformen wie Erpressung und Rohheitsdelikten (Körperverletzung)" (Buchen 2009, 483). Aggressionen in Form von Mobbing, Cyber-Mobbing, Bullying und Amokläufen verweisen auf einen weiten Gewaltbegriff mit vielen Facetten von devianten und delinquenten Verhaltensweisen (Raithel/Mansel 2003). Gewaltaffine und gewaltförmige Verhaltensmuster sind nachweislich vor allem unter männlichen Jugendlichen aus den unteren und bildungsfernen sozialen Schichten zu finden, und der größte Teil der Gewalt geht von männlichen Sonder-, Haupt- und Gesamtschülern sowie Schülern im Berufsgrundbildungsjahr aus. Sie sind überwiegend unter 16 Jahre alt und Täter und Opfer zugleich (vgl. Melzer 2000; Heitmeyer/Imbusch 2005; Fuchs u.a. 2009). Nach der 16. Shell Jugendstudie (2010) ist Gewalt für 23 Prozent der befragten Jugendlichen eine reale Erfahrung. Dabei sind „männliche Jugendliche mit 32% nach wie vor weitaus häufiger als weibliche Jugendliche mit 15% in Schlägereien (sei es als Täter oder auch als Opfer) verwickelt gewesen" (S. 23). Ausdrücklich hingewiesen wird mit Blick auf die Daten der 15. Shell Jugendstudie auf eine Steigerung bei Hauptschülern und den engen Zusammenhang zu Bildung und Lebenslage.

Neuere Schuluntersuchungen zeigen, dass es an Schulen – wenn man von Amokläufen, „School Shooting" absieht – kaum schwerwiegende Gewalttaten gibt und dass von einer kleinen Minderheit, einem „kleinen harten Kern" von etwa zwei Prozent aller Schüler etwa ein Viertel aller körperlichen Gewalthandlungen ausgeht (Fuchs u.a. 2009). So stellt zum Beispiel das Kriminologische Forschungsinstitut Niedersachsen (Baier u.a. 2009) im Rahmen von repräsentativen SchülerInnenbefragungen fest, dass die Quote der Jugendlichen, die nach eigenen Angaben in den letzten zwölf Monaten vor der Befragung mindestens eine Gewalttat begangen haben, in den Jahren 1998/99 zwischen 17,3 und 24,9 Prozent, in den Jahren 2005 bis 2008 zwischen 11,5 und 18,1 Prozent lag. Empirische Daten zur Ablehnung von oder Zustimmung zu aggressiven Verhaltensweisen in der Bewältigung von Problemen zeigen nach der Studie deutliche Unterschiede in der Schichtzugehörigkeit und dem Bildungshintergrund der Jugendlichen. So wird auch nach der 16. Shell Jugendstudie „in der Oberschicht Aggression zu 79% völlig ausgeschlossen, in der Unterschicht nur zu 56%" (2010, 229). Weiter sind nach dieser Studie vor allem jüngere männliche Jugendliche „aggressionsbereiter" als weibliche Jugendliche und reagieren männliche Jugendliche mit Migrationshintergrund „öfter aggressiv auf Probleme, vor allem Deutsche mit einer Zuwanderungsgeschichte" (S. 230). Die Daten zeigen zusammengefasst, dass sich die Alltagsgewalt in den vergangenen Jahren auf einem gleichbleibenden Niveau einpendelte und Steigerungen nicht zu erkennen sind.

6.4 Beispiel: Männerbündische Gemeinschaften

In der Tradition der (Jung-)Männerbünde mit ihren gesellschaftlich organisierten und erwünschten Gesinnungsgemeinschaften und Vergemeinschaftungsangeboten stehen unterschiedliche maskuline Gruppen und Organisationen: Es sind bündische Jungengruppen, studentische Verbindungen, die katholische Kirche und das Militär. Sie haben mit ihren jeweils tradierten Körperpraktiken unterschiedliche Wege und Formen der Modellierung von Aggressivität und Gewalt herausgebildet, die gesellschaftlich erwünscht und sanktioniert sind. Allenfalls deren Überschreitung (z. B. in der Bundeswehr) sorgt hin und wieder für öffentliche Entrüstung. Gemeinsam ist den männerbündischen Gemeinschaften eine Reihe von jeweils zugehörigen Initiationsriten, Ritualen und „Prüfungen", die ihre „Männlichkeit", Mitgliedschaft und Zugehörigkeit begründen (van Gennep 1999). Die unterschiedlichen körperlichen Initiationen sind in traditionellen wie in modernen – nach wie vor männlich bestimmten – Gesellschaften jeweils wichtige Medien im Erwachsenwerden (als Trennungs-, Umwandlungs- und Neuaufnahmeprozess) und zur Herstellung und Sicherung der kulturell erwünschten Männlichkeit (und zugleich der Abwehr von Weiblichkeit und Homosexualität).

Beim Militär geht es um die dienstliche und rituelle Einübung grundlegender Tugenden wie Pflicht, Treue, Tapferkeit sowie eine aggressive Kampfbereitschaft. Diese mit Härte, Gehorsam, Drill und Opferbereitschaft in den Körper und seelischen Haushalt „einzuschreiben" und einzuüben, hat das Ziel, eine abwehr- und kampfbereite – eine soldatische, militärische – Männlichkeit herzustellen. Dabei steht dem Konzept und Leitbild des „Bürgers in Uniform" das Bild der kriegerischen Männlichkeit und eines archaischen Kriegerideals gegenüber, zu dessen Grundausstattung die genannten „ewig gültigen" Soldatentugenden gehören. Auch das Thema Sexualität ist bei der soldatischen Männlichkeit dauerhaft präsent: Es wird in Ritualen und Mutproben ausgelebt und „bewiesen". Diese ist aber gleichzeitig mit Tabus versehen, weil eine funktionierende sexuelle Potenz und Heterosexualität unterstellt wird.

Literatur

Abels, Heinz (1993): Jugend vor der Moderne. Opladen: Leske + Budrich.

Abraham, Anke/Müller Beatrice (2010): Körperhandeln und Körpererleben – Einführung in ein brisantes Feld. In: Abraham, Anke/Müller Beatrice (Hg.): Körperhandeln und Körpererleben. Bielefeld: transcript, 9–37.

Baier, Dirk/Pfeiffer, Christian/Simonson, Julia/Rabold, Susann (2009): Jugendliche in Deutschland als Opfer und Täter. Hannover: KFN.

Blass, Heribert (2010): Wann ist der Mann ein Mann? oder: Männliche Identität zwischen Narzissmus und Objektliebe. In: Psyche, H. 8, 64. Jahrgang, 675–699.

Blos, Peter (1990): Sohn und Vater. Diesseits und jenseits des Ödipuskomplexes. Stuttgart: Klett.

Böhnisch, Lothar (2004): Männliche Sozialisation. Weinheim und München. Juventa.

Bourdieu, Pierre (1997): Die männliche Herrschaft. In: Dölling, Irene/Krais, Beate (Hg.): Ein alltägliches Spiel. Geschlechterkonstruktion in der sozialen Praxis. Frankfurt a.M.: Suhrkamp, 153–217.

Breuer, Stefan/Schmidt, Ina (2010): Die Kommenden. Eine Zeitschrift der Bündischen Jugend. Schwalbach/Ts.: Wochenschau.

Buchen, Sylvia (2009): Aggressionen und Gewalt Jugendlicher unter Geschlechterperspektive. In: neue praxis, H. 5, 39. Jahrgang, 482–494.

Claus, Robert/Lehnert, Esther/Müller, Yves (Hg.) (2010): „Was ein rechter Mann ist …". Männlichkeiten im Rechtsextremismus. Berlin: Dietz.

Connell, Robert (1999): Der gemachte Mann. Konstruktion und Krise von Männlichkeiten. Opladen: Leske + Budrich.

Dammasch, Frank (Hg.) (2008): Jungen in der Krise. Das schwache Geschlecht? Frankfurt a.M.: Brandes und Apsel.

Dollase, Rainer (2010): Gewalt in der Schule. Stuttgart: Klett.

Dudek, Peter (1990): Jugend als Objekt der Wissenschaften. Opladen. Westdeutscher Verlag.

Feltes, Thomas (2010): Gewalt als misslungene Kommunikation. In: neue praxis, 40, H. 4, 405–421.

Freud, Sigmund (1923): Das Ich und das ES. GW, Bd. 13. Frankfurt a.M.: Fischer, 237–289.

Fuchs, Marek/Lamnek, Siegfried/Luedtke, Jochen/Baur, Nina (2009): Gewalt an Schulen. Wiesbaden: VS.

Gabler, Jonas (2009): Ultrakulturen und Rechtsextremismus. Köln: Papyrossa.

Gabler, Jonas (2010): Die Ultras – Fußballfans und Fußballkulturen in Deutschland. Köln: Papyrossa.

Gennep, Arnold van (1999): Übergangsriten. Frankfurt a.M./New York: Campus. Zuerst 1909.

Hafeneger, Benno (1994): Jugend-Gewalt. Opladen: Leske + Budrich.

Hafeneger, Benno (2010a): Strafen, prügeln, missbrauchen. Anmerkungen zur Geschichte des pädagogischen Gewaltverhältnisses zwischen den Generationen. In: Psyche, 64, H. 8, 747–753.

Hafeneger, Benno (2010b): Identität und Körperlichkeit männlicher Jugendlicher. In: Abraham, Anke/Müller, Beatrice (Hg.): Körperhandeln und Körpererleben. Bielefeld: transcript, 203–224.

Heilmann, Andreas (2010): Normalisierung und Aneignung – Modernisierung und Flexibilisierung von Männlichkeiten im Rechtsextremismus. In: Claus, Robert/Lehnert, Esther/Müller, Yves (Hg.): „Was ein rechter Mann ist …". Männlichkeiten im Rechtsextremismus. Berlin: Dietz, 53–66.

Heitmeyer, Wilhelm/Buhse, Heike/Liebe-Freund, Joachim/Möller, Kurt/Müller, Joachim/Ritz, Helmut/Siller, Gertrud/Vossen, Johannes (1992): Die Bielefelder Rechtsextremismus-Studie. Erste Langzeituntersuchung zur politischen Sozialisation männlicher Jugendlicher. Weinheim und München: Juventa.

Heitmeyer, Wilhelm/Imbusch, Peter (Hg.) (2005): Integrationspotenziale moderner Gesellschaften. Wiesbaden: VS.

Hüther, Gerald (2009): Männer. Das schwache Geschlecht und sein Gehirn. Göttingen: Vandenhoeck & Ruprecht.

Kraußlach, Jörg/Düwer, Friedrich/Fellberg, Gerda (1976): Aggressive Jugendliche. München: Juventa.

Kreisky, Eva/Spitaler, Georg (Hg.) (2006): Arena der Männlichkeit. Über das Verhältnis von Fußball und Geschlecht. Frankfurt a.m./New York: Campus.

Lindner, Werner (1996): Jugendprotest seit den fünfziger Jahren. Opladen: Leske + Budrich.

Lutz, Tilman (2009): Soziale Arbeit im Kontrolldiskurs. Wiesbaden: VS.

Melzer, Wolfgang (Hg.) (2000): Schwerpunktthema: Gewalt an Schulen. Gießen: Psychosozial.

Möller, Kurt (2008). Körperpraxis und Männlichkeit bei Skinheads. In: Baur, Nina/Luedtke, Jens (Hg.): Die soziale Konstruktion von Männlichkeit, Opladen/Farmington Hills: Barbara Budrich, 223–238.

Möller, Kurt (2010): Jungen und Politische Bildung. In: kursiv, H. 3, 32–40.

Möller, Kurt/Schuhmacher, Niels (2007): Rechte Glatzen. Wiesbaden: VS.

Raithel, Jürgen/Mansel, Jürgen (Hg.) (2003): Kriminalität und Gewalt im Jugendalter. Weinheim und München: Juventa.

Resch, Christine/Steinert, Heinz (2010): Sport als Inszenierung: Konkurrenz, Nationalismus und die Lizenz zum schlechten Benehmen. In: Heinemann, Thomas/Resch, Christine (Hg.): (K)ein Sommermärchen, Essen 2010. Münster: Westfälisches Dampfboot, 214–233.

Richter, Horst-Eberhard (2006): Die Krise der Männlichkeit in der unerwachsenen Gesellschaft. Gießen: Psychosozial.

Rommelspacher, Birgit (2006): „Der Hass hat uns geeint". Junge Rechtsextreme und ihr Ausstieg aus der Szene. Frankfurt a.M.: Campus, 53–66.

Schiffauer, Werner (2008): Parallelgesellschaften. Wie viel Wertekonsens braucht unsere Gesellschaft? Bielefeld: transcript.

Schultz, Clemens (1912): Die Halbstarken, Leipzig: Paul Eger.

Shell Deutschland Holding (Hg.) (2010): Jugend 2010. Frankfurt a.M.: Fischer.

Simon, Titus (1996): Raufhändel und Randale. Weinhein und München: Juventa.

Sutterlüty, Ferdinand (2003): Gewaltkarrieren. Jugendliche im Kreislauf von Gewalt und Missachtung, Frankfurt a.M./New York: Campus.

3. Gestaltete Jugendkörper

Imke Schmincke

Bin ich normal?

Körpermanipulationen und Körperarbeit im Jugendalter

Einleitung

Bin ich normal? Kaum eine Frage beschäftigt Jugendliche mehr als diese. Beim ersten Wahrnehmen körperlicher Veränderungen beginnt der heimliche vergleichende Blick auf die Körper der AltersgenossInnen, in der Umkleidekabine, unter der Dusche, im Schwimmbad. Die Überprüfung ist mit der Hoffnung verbunden, weder als Frühentwicklerin noch als Spätzünder dazustehen, mit dem Wunsch, im unspektakulären Mittelbereich abtauchen zu können. Gleichzeitig steigt aber auch das Bedürfnis, als etwas Besonderes wahrgenommen zu werden, als einzigartig, individuell. Diese Widersprüchlichkeit ist kein Spezifikum der Jugendphase, aber sie artikuliert sich hier in besonderer Weise. Thema dieses Aufsatzes ist die Frage danach, wie Normen verkörpert werden und welche Bedeutung diese für den adoleszenten Körper haben. Der adoleszente Körper steht nämlich aus mehreren Gründen im Fokus von Normalisierungspraktiken und erlebt diese mitunter auch zugespitzter und/oder konfliktiver. Zum einen finden in der Jugendphase in relativ kurzer Zeit große körperliche Veränderungen statt. Nicht zufällig stellt sich daher die selbstvergewissernde Frage „Bin ich normal?" häufig in Zusammenhang mit dem Wachsen der Brüste oder des Penis, wie ein Blick in Aufklärungsbücher bzw. Jugendzeitschriften zeigt. Zum anderen sind diese Veränderungen aus einer körpersoziologischen Perspektive nicht unabhängig von sozialen und kulturellen Deutungsmustern zu verstehen, die diese rahmen und das Erleben und Wahrnehmen strukturieren. Die physiologisch-psychischen Veränderungen des Körpers werden als Zeichen des Übergangs vom Kind zum Erwachsenen und vom Mädchen zur Frau bzw. Jungen zum Mann gedeutet. Zusammengefasst unter dem Begriff der „Geschlechtsreife" werden diese Veränderungen zum essenziellen Definitionskriterium von Jugend. Auch wenn die Körpersoziologie die Jugendphase nach sozialen Kriterien bestimmt, wird deren Beginn doch immer mit der „Geschlechtsreife" in eins gesetzt.[1] Die mit der Puber-

---

1 So heißt es beispielsweise bei Schäfers/Scherr: „Jugend ist eine gesellschaftlich institutionalisierte, intern differenzierte Lebensphase, deren Verlauf, Ausdehnung und Ausprägung wesentlich durch soziale Bedingungen und Einflüsse [...] bestimmt

tät verbundenen körperlichen Veränderungen sind überdeterminiert, d. h. sozial und kulturell mehrfach aufgeladen. Ein körperliches, vielmehr leibliches Erleben findet nicht unabhängig von der sozialen Determinierung statt. Jugendliche inkorporieren mit den Veränderungen die an sie geknüpften gesellschaftlichen Erwartungen, die hier vor allem im Horizont von Geschlecht und Sexualität stehen. Insbesondere das Geschlecht als eindeutig weibliches oder männliches wird in der Jugendphase zu einer Norm, die körperlich angeeignet werden muss. Die starke Normierung, ihre körperliche Verankerung, gerade auch das Scheitern an dieser Norm und die Relevanz dieser körperlichen Prozesse für die Identitäts-Entwicklung führen häufig zu Konflikten.[2] Klaus Hurrelmann formuliert hierzu beispielsweise: „Viele, wahrscheinlich sogar die meisten, der sozial, psychisch und körperlich ‚auffälligen' Verhaltensweisen sind Symptome für Überforderungen […]. Sie drücken die Probleme aus, die Jugendliche bei der Entwicklung und Aneignung des Körpers, der Entfaltung von Individualität und Identität, der sozialen Integration in die verschiedenen Lebensbereiche der Gesellschaft und der Assimilation mit der physischen Umwelt haben" (Hurrelmann 2010, 10). Daher steht in der Jugendforschung bisher häufig vor allem der problematische, oder besser: der problematisierte Jugendkörper im Fokus der Aufmerksamkeit, der deviante Körper, Suchtverhalten etc., oder aber es geht in weniger problematisierender Absicht um den subkulturellen Jugendkörper und Jugendbewegungen, deren Codes vor allem körperlich kommuniziert werden (Kleidung, Haartracht, Tätowierung, Piercing etc.).

Ich möchte hingegen in diesem Text den Blick auf den ‚normalen' Jugendkörper richten, genauer: darauf, wie körperliche Normalität hergestellt wird. Hierfür ist jedoch zunächst ein Rückgriff auf Konzepte der Körpersoziologie wichtig, um meine körpersoziologische Perspektive zu plausibilisieren (S. 145 ff.). Im anschließenden Abschnitt wende ich mich dann empirischen Phänomenen der Körpernormalisierung zu und konzentriere mich dabei vor allem auf Fragen der Figur sowie ein Phänomen, das zwar auch eine Manipulation des Körpers bedeutet, jedoch im Gegensatz etwa zur kulturellen Praxis der Tätowierung weit weniger bis gar keine wissenschaftliche Beachtung findet: die der Körperenthaarung (S. 148 ff.). Die hier unter der Überschrift „Körpermanipulation und Körperarbeit" lose zusammengetragenen Beobachtungen sollen am Schluss theoretisch gerahmt und aus einer körpersoziologischen Perspektive gedeutet werden (S. 152 ff.).

---

wird" (2005, 23). Dessen ungeachtet wird auch dort der zeitliche Beginn mit der „Geschlechtsreife" bestimmt.

2 Wichtige Studien verweisen auf die Relevanz von Geschlecht für das körperliche Erleben und Erleiden der Jugendphase (mit Fokus vor allem auf weibliche Identität vgl. Helfferich 1994; Kolip 1997; Flaake 2001).

1. Die Norm und der Körper – körpersoziologische Perspektiven

Die Körpersoziologie beschäftigt sich zunächst mit ‚dem' Körper bzw. damit, dass ‚der' Körper keine vorsoziale Tatsache ist, sondern, wie Robert Gugutzer formuliert, sowohl Produkt wie Produzent von Gesellschaft ist, also mit der wechselseitigen Durchdringung von Körper und Gesellschaft (vgl. Gugutzer 2004, 6f.). Aber in dieser Formulierung bleibt ‚der' Körper eine recht abstrakte soziale Tatsache, denn er existiert immer als ein bestimmter, von verschiedenen sozialen Differenzen strukturierter Körper, so beispielsweise als vergeschlechtlichter und eben auch als alter oder junger Körper. Diese Differenzierungen verweisen auf gesellschaftliche Normen, die sich in die Körper einschreiben, aber auch konstitutiv für die Körper, d.h. ihnen nicht einfach äußerlich oder vorgängig sind. Diese theoretische Perspektive ist in den Arbeiten von Pierre Bourdieu und Michel Foucault freigelegt worden. Eine andere körpersoziologische Forschungsperspektive beschäftigt sich stärker mit der leiblichen Ebene körperlichen Erlebens oder vielmehr mit der Verschränkung von Körper und Leib. Auf diese Theorieperspektiven und die sich an sie anschließenden zentralen Konzepte möchte ich im Folgenden kurz eingehen, soweit sie für den hier aufgeworfenen Zusammenhang von Jugend-Körper und Norm relevant sind, um dann aktuelle Thesen zum Körper zu diskutieren.

Foucault fokussierte mit seinem historisierenden Blick den Körper als Produkt verschiedener gesellschaftlicher Machttypen, genauer: historisch spezifischer Verschränkungen von Macht und Wissen. Mit der Moderne ‚entsteht' der individuelle Körper als Vorstellung und Produktivkraft. Foucaults Arbeiten sind insofern wegweisend für körpersoziologische Forschungen, als sie aufzeigen, dass der menschliche Körper Gegenstand von Diskursen, Praktiken und Techniken ist und in diesen und durch diese lebbar, erfahrbar und formbar wird. Es sind nicht zuletzt gesellschaftliche Normen, in denen körperliche Existenzweisen hervorgebracht werden. Wie insbesondere Judith Butler im Anschluss an Foucault herausgearbeitet hat, ist Geschlecht eine zentrale kulturelle Norm, der Körper unterworfen werden, außerhalb derer sie aber auch nicht lebbar sind (vgl. Butler 2009). Trotz der konstitutiven Kraft gesellschaftlicher Normen ist jedoch auch immer wichtig zu betonen, dass der Körper in der Norm nicht aufgeht, dass diese sehr wohl als Zwang erlebt wird und sich dagegen auch eine Widerständigkeit und Eigensinnlichkeit des Körperlichen artikuliert. Diese stärker praxeologische Sicht auf den Körper – im Gegensatz zu einer die Macht der Diskurse fokussierenden – wird zum einen in den Arbeiten Bourdieus, zum anderen in leibphänomenologischen Ansätzen thematisiert. Bourdieu gesteht mit seinem Konzept des Habitus dem Körper eine Eigenlogik zu, die jedoch selbst Produkt der Inkorporierung sozialer Strukturen ist. Der Habitus als Set an Wahrnehmungs-, Denk-, Gefühls- und Handlungsschemata resultiert aus der sozialen Position im jeweiligen Feld, ermöglicht jedoch zugleich erst die Orientierung in diesem Feld und reproduziert damit die jeweils geltenden Ordnungsprinzipien. So bezeichnet er den Habitus als strukturierte *und* strukturierende Struktur, die im Körperlichen verankert ist (vgl. Bourdieu 1996, 279). Die stärker phänomenologischen Ansätze übernehmen die auf Helmuth Plessner zurückgehende analytische Trennung in den *Begriff des Körpers* und damit *die reflektierte und instrumentelle Seite des Körper-Habens* einerseits und den *Begriff des Leibes* andererseits, der *die unmittelbare Ebene des körperlichen Fühlens, Spürens und Erlebens, des Körper-Seins* bezeichnet. Hieran anschließende körpersoziologische Arbeiten gehen von einer Verschränkung dieser beiden Ebenen aus, d. h. davon, dass körperlich-sinnliche Erfahrungen durch soziale Deutungsmuster oder eben: Normen gerahmt und strukturiert werden (vgl. Lindemann 1993; Gugutzer 2002; Jäger 2004). Ziel dieser Ansätze ist es, keine der beiden Seiten aufeinander zu reduzieren und doch ein analytisches Instrumentarium für das Soziale im körperlichen Erleben zu generieren.

Viele Arbeiten verknüpfen ein systematisch-theoretisches Interesse an körpersoziologischen Fragen mit zeitdiagnostischen Beobachtungen zu aktuellen Wandlungsprozessen im Verhältnis von Gesellschaft und Körper. Gerade hier, in diesen Diagnosen taucht häufig der jugendliche Körper (jugendkulturelle Praktiken und Bewegungen, die sich in neuen Körperpraktiken, Styles, Moden etc. äußern) als Indiz für einen solchen Wandel auf. Die sich häufig wiederfindende These ist die von einer Körperfixiertheit zeitgenössischer westlicher Gesellschaften. Die populäre zeitdiagnostische These zum Verhältnis von Körper und Gesellschaft argumentiert aus einer individualisierungstheoretischen Perspektive wie folgt: Wir erleben derzeit einen Körperboom und Körperkult, weil traditionelle Bindungen, Werte und Bezüge erodieren. Der Einzelne ist auf sich selbst zurückgeworfen und der eigene Körper, die Sorge um ihn, bilden den (letzten?) identitätsstabilisierenden Anker, eine letzte Sinn-Ressource. Ronald Hitzler stellt fest, der Körper verdränge den Leib, die Reflexivität (damit aber auch Objekthaftigkeit und Instrumentalisierung des Körpers) bestimme den (post-)modernen Umgang mit dem eigenen Körper. Inszenierung und Gestaltung des Körpers für die Blicke der anderen kennzeichneten den aktuellen Körperkult (vgl. Hitzler 2002). Ähnlich, wenn auch stärker systemtheoretisch grundiert, behauptet Karl-Heinrich Bette, dass wir eine Paradoxie von Körperaufwertung und Körperverdrängung erleben. Seine These ist, „daß Menschen ihre Körper im Rahmen von Freizeit, Sport, Mode, Erwachsenen- und Jugendkultur als Fluchtpunkt und Projektionsfläche für Kommunikation und Sinngebung nutzen, um die überfordernden Konsequenzen der gesellschaftlichen Modernisierung abzufangen" (Bette 1999, 106). Während Bette den Jugendlichkeitskult ‚erwachsener‘ Menschen im Rahmen der modernen Paradoxie von Körperverdrängung und -aufwertung verortet, deuten andere Jugendkulturen selbst als Individualisierungsphänomene. In der Beschäftigung mit

Mode, Kleidung und der Orientierung an Styles drücke sich die Suche nach Identität genauso aus wie die nach Zugehörigkeit und Teilnahme. So plausibel und eingängig die Rede von der Individualisierung auch immer scheint, so wenig kann sie erklären, warum welche Normen für eine soziale Ordnung hegemonial werden und welche Formen gesellschaftlicher Herrschaft sich hierin manifestieren. Außerdem haftet ihr häufig ein leicht kulturkonservativer Gestus an, der insbesondere in der Betrachtung von jugendkulturellen Phänomenen einen angemessenen Blick auf das Phänomen verstellt. Deswegen will ich im Folgenden auch eine andere zeitdiagnostische These stärker machen, mit der sich Individualisierungsphänomene eher als Selbsttechnologien verstehen lassen.

Dieser Ansatz schließt an Foucaults Konzept der Gouvernementalität und damit an einen Begriff der Regierung an, der diese nicht nur als äußerliche Herrschaftstechnik, als Fremdführung sondern auch als eine Form der Selbstführung begreift (vgl. Foucault 2004). Die ‚Verinnerlichung‘ gesellschaftlicher Normen wie Autonomie und Eigenverantwortung ist konstitutiv für die Bildung von Subjektivität. Insofern ist auch Individualisierung als eine Form der Selbsttechnologie zu verstehen, in der jedoch die Individuen Ausdruck und Produkt einer sozialen Logik sind. Die Form der *Verinnerlichung sozialer Herrschaft in Techniken der Selbstführung* wird als Ausdruck einer Ökonomisierung des Sozialen, einer Neoliberalisierung der Gesellschaft interpretiert. Entsprechend beschäftigen sich die meisten Arbeiten dieses Ansatzes auch mit dem Verhältnis von staatlichen Programmen und deren Umsetzung (vgl. Bröckling/Krasmann/Lemke 2000). Aber auch der menschliche Körper rückt hier in den Fokus. Übertragen auf die Körperthematik will ich im Anschluss an Paula-Irene Villa die Bearbeitung des Körpers als Arbeit am Selbst begreifen, d.h. als Verkörperung sozialer Normen. Die Beschäftigung mit dem eigenen Körper im Sinne seiner Optimierung (Optimierung als Norm und Zwang mit dem Ziel gesellschaftlicher Teilhabe) ist desweiteren *gleichzeitig* als Selbstermächtigung und als Unterwerfung des Selbst zu verstehen (Villa 2008a, 8).[3]

Was bedeutet diese These für den adoleszenten Körper? Ich möchte mir im Folgenden an ausgewählten empirischen Beispielen genauer ansehen, wie Jugendliche versuchen, einen normalen (‚natürlichen‘?) Körper herzustellen, und lege dabei besonderen Fokus auf Figur und Körperbehaarung.

---

3 In dem von Villa herausgegebenen Sammelband geht es um Körpermanipulationen mit dem Ziel der ‚Verbesserung‘ und ‚Verschönerung‘ des eigenen Körpers wie beispielsweise mittels der plastischen Chirurgie, die dort als „Arbeit am sozialen Selbst" gedeutet werden. Diese sei „mitnichten eine rein subjektive, individuelle ‚Privatangelegenheit‘ von souveränen, handlungsrationalen, freien und selbstbewussten Menschen", da „Entscheidungen über den eigenen Körper als Entscheidungen über das Selbst hochgradig normativ" sind (Villa 2008a, 8).

2. Körpermanipulation und Körperarbeit

Die Rede von der Manipulation des Körpers ist missverständlich, denn sie suggeriert, es gäbe so etwas wie den ursprünglichen, von sozialen Einflüssen und individuellen Gestaltungswünschen unabhängigen ,eigentlichen' Körper vor dieser Manipulation. Die Manipulation oder Modifikation des Körpers umfasst jedoch ein Kontinuum an Praktiken und Techniken, mittels derer der Körper verändert und/oder verbessert werden soll. Diese reichen vom Tragen einer Brille, einem neuen Haarschnitt, Prothesen oder Herzschrittmachern, Diäten und Bodybuilding bis zu den drastischeren und daher verstärkt Aufmerksamkeit auf sich ziehenden Mitteln wie Piercings und chirurgischen Eingriffen zur Veränderung der Brüste, der Vagina oder des Gesichts (vgl. dazu auch Villa 2008b, 252; Featherstone 2000; Schlich 2001). Deutlich wird an dieser Aufzählung, dass am Thema der Körpermanipulation die Grenze zwischen Kultur und Natur unscharf wird, ja, sich geradezu umkehrt, wie am vorliegenden Beispiel der *Herstellung körperlicher Normalität* überaus deutlich wird. Im Folgenden liegt der Fokus ja auf den Techniken, mittels derer körperliche Normalität bzw. Natürlichkeit hergestellt werden soll.

Die *Bravo* führt regelmäßig unter dem Titel „Dr. Sommer-Studie" Jugendstudien zu den Themen Liebe, Körper und Sexualität durch. Befragt werden Jugendliche zwischen 11 und 17 Jahren. Die aktuelle Studie aus dem Jahr 2009 stellt fest, dass die Zufriedenheit mit dem eigenen Aussehen gesunken sei und insbesondere Mädchen Aussehen, Körper und Gewicht kritischer einschätzten als das in der Vorläuferstudie von 2006 der Fall war. Konkret zeigen sich 77 Prozent der Jungen und nur 55 Prozent der Mädchen mit ihrem Aussehen zufrieden. Die Körperregionen, mit denen die Hälfte der Mädchen bei sich unzufrieden ist, sind – wen wundert's? – Po, Brüste, Beine und Bauch. Die meisten Jungen geben als Veränderungswunsch „mehr Muskeln/sportlicher" an, die meisten Mädchen „wäre lieber schlanker". Mit ihrem Gewicht zufrieden ist nur knapp die Hälfte (48 Prozent) der 16- bis 17-jährigen Mädchen, bei den gleichaltrigen Jungen sind es dagegen 75 Prozent. Diese Selbsteinschätzung wird mit dem ebenfalls in der Studie erhobenen Body-Mass-Index kontrastiert, nach welchem 80 Prozent der Mädchen und 76 Prozent der Jungen ein Normalgewicht hätten. Eigenwahrnehmung und Wirklichkeit stünden somit im Widerspruch, konstatiert die Studie (S. 47). 80 Prozent der Jugendlichen sehen einen Zusammenhang zwischen Gewicht und Beliebtheit und knapp die Hälfte der 17-jährigen Mädchen, aber auch 11 Prozent Jungen haben schon einmal eine Diät gemacht. Erstaunlich ist auch, dass sogar 11-Jährige schon Erfahrung mit Diäten haben: 16 Prozent der Mädchen und 8 Prozent der Jungen. Was die Studie nicht erhebt, sind die äußeren Einflüsse auf die Körperwahrnehmung der Jugendlichen.

Eine Präventionsstudie der Universität Potsdam zum Thema „Körperunzufriedenheit und gestörtes Essverhalten bei Jugendlichen" aus dem Jahr

2009 kommt zu insgesamt sehr ähnlichen Ergebnissen (vgl. Warschburger 2009). Der Fokus dieser Befragung von Jugendlichen zwischen 10 und 16 Jahren lag ebenfalls auf der Diskrepanz zwischen Wunsch und Wirklichkeit bezogen auf die eigene Figur. Auch hier zeigte sich, dass sich mehr als die Hälfte der Mädchen eine schlankere Figur wünschte, unabhängig davon, dass über 80 Prozent von ihnen als ,normalgewichtig' eingestuft wurden. Bei Jungen war die Diskrepanz zwischen Selbsteinschätzung und Wunschfigur weniger disparat. Aber bei ihnen beziehe sich die Körperzufriedenheit bzw. -unzufriedenheit auch weniger auf Gewicht als auf Muskulosität, was in dieser Studie nicht genügend reflektiert worden sei. Auch wenn immerhin ein Drittel der Mädchen über Diäterfahrungen verfüge, seien es doch auch 16 Prozent der Jungen. Die Studie schließt: Da Diätverhalten und Körperunzufriedenheit als wesentliche psychosoziale Risikofaktoren für gesundheitsgefährdende Essstörungen gelten, seien Präventionsmaßnahmen dringend geboten.

Wirft man einen Blick in Jugendzeitschriften, so zeigt sich, dass die Beschäftigung mit der Optimierung des eigenen Körpers ein zentrales Themenfeld ist.[4] Die sich wahrscheinlich an 10- bis 12-jährige Mädchen richtende Zeitschrift *Bravo Girl* hat eine „Figur" betitelte Rubrik, in der es um nichts anderes als um den ,richtigen', d.h. aber auch ,normalen' Umgang mit dem eigenen Körper geht und gleichzeitig um dessen Attraktivitätssteigerung. Wenn in der einen Ausgabe vor Essstörungen gewarnt wird (mal vor Magersucht, dann vor Übergewicht), dann geht es das nächste Mal um die ,richtigen' Ernährungsgewohnheiten, Fitness-Tipps und Übungen für einen flachen Bauch. Die für Frauenzeitschriften so typische Doppelbotschaft – ,Sei wie du bist, aber beachte folgende Diät- und Schminktipps!' – findet sich bereits in der Mädchenzeitschrift. Der Körper spielt in fast allen Rubriken eine wichtige Rolle, in den Modetipps genauso wie bei den Flirttipps und nicht zuletzt in den geschalteten Werbeanzeigen, die zu mehr als 50 Prozent Produkte zur Körperenthaarung bewerben.

Während beim Thema Körperfigur und Essverhalten neben dem eben beschriebenen Normalisierungsdiskurs immer auch ein gewisser Alarmismus mitschwingt und ,natürlich' das ,pathogene' Essverhalten zum Thema gemacht wird, hier also die Norm Schönheit mit der Norm Gesundheit verkoppelt ist, gibt es im Diskurs um die Entfernung der Körperbehaarung keine pathogenen ,Auswüchse'.

Die australischen Wissenschaftlerinnen Marika Tiggermann und Sarah J. Kenyon (1998) stellen in einer quantitativen Umfrage von Schülerinnen und Studentinnen fest, dass 98 Prozent Beine und Achseln rasieren und dies damit begründen, weiblich und attraktiv sein zu wollen. Sozialer Zwang wird nur retrospektiv als Grund genannt (d.h. als Grund, mit der Rasur an-

---

4 Die Aussagen zur *Bravo Girl* beziehen sich auf eine Sichtung der von Januar bis August 2010 erschienenen Ausgaben (Nr. 1–17).

gefangen zu haben). In einer Folgestudie zur „hairlessness norm" befragen Tiggemann und Lewis (2004) sowohl Männer wie Frauen und testen den Zusammenhang von Rasur und Ekelgefühl. Am stärksten ist dieser in der Begründung des eigenen Rasurverhaltens, d.h. der Ekel vor der eigenen Körperbehaarung ist ausgeprägter als der gegenüber der Körperbehaarung anderer. Die Autorinnen können somit festhalten, dass vor allem die befragten Frauen die normativen Aspekte zwar wahrnehmen, diese für ihre eigene Praxis jedoch umdeuten. Sie schreiben:

> „Attributing their own hair-removal practice to femininity/attractiveness reasons is exactly the kind of rationale that serves to keep women insecure about their bodies. If women were able to give more explicit recognition to the normative pressures they are subject to, the problem of unwanted hair could be located more squarely at the society level, rather than as a problem with the individual woman's body." (Tiggemann/ Lewis 2004, 386)

Neben die Praxis der Enthaarung von Achseln und Beinen (und Gesicht und Brust bei Männern), die sich erst in den letzten 20 Jahren allmählich als Standard durchgesetzt hat, tritt seit einigen Jahren auch die Rasur des Schamhaars.[5] Die Schamhaar-Frisur bzw. -entfernung ist Inbegriff eines neuen Jugendtrends, der aber schon längst auch ältere Jugendliche und Nicht-Jugendliche ergriffen hat. Auch die Dr.-Sommer-Studie erfragt die Einstellung zur Intimrasur und stellt eine Zunahme gegenüber den 2006 erhobenen Daten fest: 41 Prozent der Jungen und 65 Prozent der Mädchen rasieren sich die Schamhaare mit den Begründungen „weil es schöner aussieht" und „hygienischer ist" (S. 52). Eine Studie der Zeitschrift *Neon*, die eine ältere Jugendklientel als die *Bravo* bedient, kommt in einer Befragung von 20- bis 35-Jährigen zu dem Ergebnis, dass immerhin 60 Prozent der Befragten erwarten, dass sich der Sexualpartner im Intimbereich rasiere.[6] Während Haare am Kopf Schönheit, Gesundheit und Attraktivität symbolisieren (bei Frauen je mehr desto besser), wirken Haare an allen anderen Körperstellen zunehmend als unattraktiv. Dies gilt vor allem für Frauen, aber zunehmend auch für Männer, insbesondere aber für Jugendliche. Andreas Bernhard nimmt in seinem Zeitungsartikel zum Thema Schamhaar die *Bravo* zum Indikator für die Frage, wann in Deutschland das Verschwinden des Schamhaars eingesetzt habe, und stellt fest, dass ab 2001 auf den in jeder Ausgabe veröffentlichten Ganzkörperfotos von Jugendlichen die teilweise Entfernung der Schamhaare sich durchsetzte und ab 2002 die Komplettrasur, und dass parallel dazu Piercings und Tattoos, zum Standard würden.

---

5 Das Entfernen der Körperbehaarung bzw. Stylen bestimmter Haarzonen wie der Schamhaarregion entwickelt sich mehr und mehr zu einem eigenen Dienstleistungszweig, wie die aktuell in vielen bundesdeutschen Großstädten wie Pilze aus dem Boden sprießenden sogenannten „Waxing-Studios" anzeigen.

6 http://de.statista.com/statistik/daten/studie/2364/umfrage/einschaetzung-der-erwartungshaltung-gegenueber-intimrasur/. Zugriff am 29.9.2010.

Welche gesellschaftlichen Gründe haben den enthaarten Körper zum erstrebenswerten Ideal, zu einer neuen Schönheitsnorm werden lassen? Es gibt bisher wenig Literatur zu diesem Thema. Allgemein gilt, dass diese Norm historisch und kulturell variiert, wie auch die Gründe sowohl religiös wie ästhetisch gerahmt sein können. Bezogen auf die letzten 50 Jahre und westliche Gesellschaften ist sicher festzustellen, dass mit der zunehmenden öffentlichen Sichtbarkeit von nackter Haut, auch entsprechender Kleidermoden, die auf dieser sichtbar werdende Behaarung zum Thema und Problem wurde. Unter anderem durch die Verbreitung pornografischer Darstellungen setzte sich dann in den letzten Jahren immer mehr die Intimrasur durch. In ihrem Schwerpunktheft zum Thema „Intimmodifikationen" analysieren Ada Borkenhagen und Elmar Brähler vor allem die weibliche Intimfrisur und stellen zunächst zwei klassische Erklärungen vor. Während die eine die Rasur als Infantilisierung der weiblichen Sexualität und damit letztlich als deren Abwehr interpretiert, deutet das andere Erklärungsmodell die Intimrasur als Akt der Befreiung, weil durch die stärkere Sichtbarkeit Frauen sich der eigenen Anatomie bewusst seien und die Empfindsamkeit der Genitalzone gesteigert werde. Borkenhagen und Brähler halten beide Erklärungsmodelle im Einzelfall für plausibel. Ihres Erachtens ist das Phänomen aber grundlegender zu erklären. Für sie handelt es sich dabei um einen kulturellen Trend zur Intimästhetik als einer neuen Norm, an der der (weibliche) Intimbereich gemessen werde: „Es ist die ‚neue' Sichtbarkeit der äußeren weiblichen Genitalien, die dazu führt, dass sich auch für diesen Bereich Schönheitsnormen herausbilden: Erstmals entwickelt sich eine allgemeingültige [...] verbindliche Intimästhetik" (Borkenhagen/Brähler 2008, 10). Auch dieser Bereich unterliege nun einem Gestaltungsimperativ.[7]

Festzuhalten bleibt zunächst, dass die beschriebenen Körpermanipulationen, die auf die Figur und Oberfläche der Körper zielen, offensichtlich für erwachsene wie jugendliche Körper Relevanz haben, wenn auch mit unterschiedlicher Reichweite. Dies wird insbesondere deutlich an der Normierung des Intimbereichs. Die heranwachsende Generation eignet sich diese zu einem früheren Zeitpunkt ihrer körperlichen und Identitäts-Entwicklung an und gestaltet ihre Körper entlang dieses neuen Standards, der gerade in seiner Verkörperung zur unhinterfragten Vorstellung von Normalität und Natürlichkeit wird. Bernard stellt dazu lakonisch fest: „In den Nullerjahren wurde eine schroffe Grenzlinie zwischen den Körpern diesseits und jenseits eines bestimmten Alters gezogen. Das Rasurdiktat scheidet die Generationen wie den Menschen vom Affen" (Bernard 2010, V2/4).

---

7 Dass die Gestaltungsbereitschaft auch über das Frisieren hinausgeht, hat Borkenhagen an dem Phänomen der „Designervagina", der weiblichen kosmetischen Genitalchirurgie untersucht (vgl. Borkenhagen 2008).

3. Normalisierte Jugendkörper?

Die sich in den Bemühungen um die richtige Figur (bzw. in der Unzufriedenheit mit der jeweils individuellen) und eine glatte Hautoberfläche zeigenden Techniken der Arbeit am eigenen Körper zum Zweck seiner Normalisierung offenbaren unterschiedliche normative Ziele: Einerseits geht es um Schönheit und Gesundheit, andererseits um Schönheit bzw. sexuelle Attraktivität und Hygiene als gesellschaftliche Ideale, denen nahezukommen auch der jugendliche Körper sich anstrengt. Hinter dieser Anstrengung, den eigenen Körper zu optimieren und zu maximieren, stehen der Glaube und das Wissen, dass körperliche und damit auch sexuelle Attraktivität die notwendige Voraussetzung für Erfolg und damit die aktuelle Währung sozialer Anerkennung ist. Der normalisierte Körper ist letztlich ein hochgradig artifizieller, weil bearbeiteter Körper und gleichzeitig ein hochgradig standardisierter. Die umfangreiche körperliche Norm wirkt nicht als Zwang von außen, sondern sie wird innerlich angeeignet und wirkt als eigenverantwortliche Entscheidung für das eigene Aussehen und das eigene Selbst. Insofern ist diese Arbeit am Körper als Arbeit am Selbst und letztlich als Technologie des Selbst zu beschreiben, denn die Unterwerfung unter soziale Normen erscheint frei gewählt und als Mittel der Selbstermächtigung: Attraktivität ist nicht Schicksal, sondern Ergebnis körperlicher Manipulationen und Anstrengungen – auch wenn diese nach Möglichkeit im Ergebnis verschwinden sollen. Mit Bourdieu kann man die Habitualisierung – und damit Inkorporierung – der ästhetischen Normen auch als Form symbolischer Herrschaft beschreiben, da auch die Bewertungs- und Klassifikationsschemata – und damit ästhetische Normen – der sozialen Positionierung dienen und auch von jenen übernommen werden, die unter dieser körperlichen Normierung am meisten leiden. Was in dieser Hinsicht für den erwachsenen Körper gilt, gilt auch für den jugendlichen Körper. Worin besteht aber die spezifische Besonderheit des adoleszenten Körpers?

Die Situation der Jugendlichen unterscheidet sich insofern von der Erwachsener, als die bei ihnen wahrnehmbaren psychisch-physiologischen körperlichen Veränderungen als Zeichen des Erwachsenwerdens gerahmt und erlebt werden. Erwachsensein als Norm heißt in unserer Gesellschaft aber primär, Mann bzw. Frau zu sein sowie ökonomisch unabhängig bzw. erwerbstätig. Beides wird Jugendlichen als Ideal vorgehalten und wird ihnen doch auch immer wieder abgesprochen. Mit dieser widersprüchlichen gesellschaftlichen Adressierung verändert sich auch die Rahmung für das körperliche Erleben: Sie besteht im Imperativ, sich möglichst früh um den eigenen Körper zu kümmern, ihn zu stylen und zu pflegen, um seine Attraktivität zu steigern und sozial wahrgenommen zu werden. Gleichzeitig erleben Jugendliche ihren Körper erstmals als etwas, das sich nicht oder nur begrenzt steuern lässt. Der aktuelle Gestaltungsimperativ hat insbesondere für die jugendliche Entwicklung etwas Unerbittliches: Wie der Blick in entsprechende Studien und in Jugendzeitschriften gezeigt hat, gibt es nicht nur ein sehr enges und normatives Körper-Schönheitsideal – schlank, unbehaart und (hetero-)sexuell begehrenswert –, sondern darüber hinaus auch eine sehr enge Vorgabe, Geschlecht zu performieren, d.h. darzustellen und zu verkörpern. Auch wenn sich bezogen auf den körperlichen Gestaltungsimperativ hinsichtlich Schönheit, Gesundheit und Hygiene eine Angleichung beobachten lässt, da sich sowohl junge Frauen wie Männer diesen Imperativen unterwerfen müssen, zeigt ein differenzierender Blick, dass in der Aneignung dieser Normen auch sehr klassische Weiblichkeits- und Männlichkeitsmuster moduliert werden, die wenig Spielraum dafür lassen, den standardisierten und asymmetrischen Mustern zu entkommen. Aber noch einmal: Die Normen werden verkörpert, d.h. sie sind den sich entwickelnden Körpern nicht äußerlich. Sie erzwingen und ermöglichen Identität, aber ihre Macht ist durch die Gleichzeitigkeit von Unterwerfung und Selbst-Ermächtigung, durch die Arbeit am Körper als Selbsttechnologie, stabiler oder zumindest unsichtbarer.

Um aber abschätzen zu können, ob und wenn ja in welcher Weise diese Verkörperungen aktueller Gestaltungsimperative in der Praxis jugendlichen Körpererlebens aufgehen, ob und inwiefern sie die Adoleszenz als leidvolle oder lustvolle Phase erleben lassen – und nicht zuletzt, ob es auch widerständige Aneignungen gibt: All diese gerade für eine leibphänomenologische Perspektive wichtigen Fragen lassen sich nur aus der Empirie heraus beantworten, und das heißt mit Selbstauskünften, Interviews, Beobachtungen etc. derjenigen, um die es hier ging: der Jugendlichen und ihrer Körper.

Literatur

Bernard, Andreas (2010): Das Schamhaar. In: Süddeutsche Zeitung, 66, Ausgabe 18, 23./24.1.2010, V2/4.
Bette, Karl-Heinrich (1999): Systemtheorie und Sport. Frankfurt a.M.: Suhrkamp.
Borkenhagen, Ada (2008): Designervagina – Enhancement des weiblichen Lustempfindens mittels kosmetischer Chirurgie. Zur sozialen Konstruktion weiblicher kosmetischer Genitalchirurgie. In: Borkenhagen, Ada/Brähler, Elmar (Hg.): Intimmodifikationen. Spielarten und ihre psychosozialen Bedeutungen. Gießen: Psychosozial, 23–29.
Borkenhagen, Ada/Brähler, Elmar (2008): Die nackte Scham – theoretische und empirische Aspekte des aktuellen Trends zur weiblichen Teil- bzw. Vollintimrasur. In: Borkenhagen, Ada/Brähler, Elmar (Hg.): Intimmodifikationen. Spielarten und ihre psychosozialen Bedeutungen. Gießen: Psychosozial, 7–11.
Bourdieu, Pierre (1996): Die feinen Unterschiede. Kritik der gesellschaftlichen Urteilskraft. Frankfurt a.M.: Suhrkamp.
Bröckling, Ulrich/Krasmann, Susanne/Lemke, Thomas (Hg.) (2000): Gouvernementalität der Gegenwart. Studien zur Ökonomisierung des Sozialen. Frankfurt a.M.: Suhrkamp.
Butler, Judith (2009): Die Macht der Geschlechternormen und die Grenzen des Menschlichen. Frankfurt a.M.: Suhrkamp.
Dr.-Sommer-Studie (2009): Liebe! Körper! Sexualität! München: Bauer.

Featherstone, Mike (2000): Body Modification. London: Routledge.

Flaake, Karin (2001): Körper, Sexualität, Geschlecht. Studien zur Adoleszenz junger Frauen. Gießen: Psychosozial.

Foucault, Michel (2004): Geschichte der Gouvernementalität. Frankfurt a.M.: Suhrkamp.

Gugutzer, Robert (2002): Leib, Körper und Identität. Eine phänomenologisch-soziologische Untersuchung zur personalen Identität. Wiesbaden: Westdeutscher Verlag.

Gugutzer, Robert (2004): Soziologie des Körpers. Bielefeld: transcript.

Helfferich, Cornelia (1994): Jugend, Körper und Geschlecht. Die Suche nach sexueller Identität. Opladen: Leske + Budrich.

Hitzler, Ronald (2002): Der Körper als Gegenstand der Gestaltung. Über physische Konsequenzen der Bastelexistenz. In: Hahn, Kornelia/Meuser, Michael (Hg.): Körperrepräsentationen. Die Ordnung des Sozialen und der Körper. Konstanz: UVK, 71–85.

Hurrelmann, Klaus (2010): Lebensphase Jugend. Eine Einführung in die sozialwissenschaftliche Jugendforschung. Weinheim und München: Juventa.

Jäger, Ulle (2004): Der Körper, der Leib und die Soziologie. Entwurf einer Theorie der Inkorporierung. Königstein/Ts.: Helmer.

Kolip, Petra (1997): Geschlecht und Gesundheit im Jugendalter. Die Konstruktion von Geschlechtlichkeit über somatische Kulturen. Opladen: Leske + Budrich.

Lindemann, Gesa (1993): Das paradoxe Geschlecht. Transsexualität im Spannungsfeld von Körper, Leib und Gefühl. Frankfurt a.M.: Fischer.

Schäfers, Bernhard/Scherr, Albert (2005): Jugendsoziologie. Einführung in Grundlagen und Theorien. Wiesbaden: VS.

Schlich, Thomas (2001): Eine kurze Geschichte der Körperverbesserung. In: Randow, Gero von (Hg.): Wie viel Körper braucht der Mensch? Hamburg: Ed. Körber-Stiftung, 131–144.

Tiggemann, Marika/Kenyon, Sarah J. (1998): The Hairlessness Norm: The Removal of Body Hair in Women. In: Sex Roles, 39, H. 11/12, 873–885.

Tiggemann, Marika/Lewis, Christine (2004): Attitudes towards Women's Body Hair: Relationship with Disgust and Sensitivity. In: Psychology of Women Quarterly, 28, 381–387.

Villa, Paula-Irene (2008a): Einleitung – Wider die Rede vom Äußerlichen. In: Villa, Paula-Irene (Hg.): Schön normal. Manipulationen am Körper als Technologien des Selbst. Bielefeld: transcript, 7–19.

Villa, Paula-Irene (2008b): Habe den Mut, Dich Deines Körpers zu bedienen! Thesen zur Körperarbeit in der Gegenwart zwischen Selbstermächtigung und Selbstunterwerfung. In: Villa, Paula-Irene (Hg.): Schön normal: Manipulationen am Körper als Technologien des Selbst. Bielefeld: transcript, 245–272.

Warschburger, Petra (2009): Körperunzufriedenheit und gestörtes Essverhalten bei Jugendlichen. In: Praxis Klinische Verhaltensmedizin und Rehabilitation, H. 85, 152–158.

Alexandra König

Wie Jugendliche sich kleiden

Reproduktion sozialer Ungleichheit –
im Sinne des eigenen Geschmacks

1. Einleitung

„In unseren Geschäften haben Sie jetzt Gelegenheit, sich für Ihren persönlichen Stil ein Update zu holen!" So lockt aktuell H&M (Fashion News 9.2010). Eine andere Modekette verheißt eine Kollektion mit der „anspruchsvolle Frauen ihre Individualität zum Ausdruck" bringen können – „erlaubt ist, was gefällt!" (www.world.orsay.com).

Freiheit in der Wahl der Kleidung, dabei seinem Geschmack zu folgen, gar das Äußere als Ausdruck der Individualität zu verstehen – dies ist eine historisch neue Idee und Form der Kleiderpraxis. Voraus geht dem der Fall von Kleiderordnungen und Luxusbeschränkungen. Ab dem 19. Jahrhundert gibt die Kleidung nicht mehr bloß Hinweis auf Stand und Beruf, sondern wird vor allem als Indiz für die Persönlichkeit ihres Trägers gelesen. Seitdem ist der Einzelne versucht, „mit dem eigenen Äußeren darzustellen [...], wer man wirklich ist" (Sennett 1999, 340). Die Kleidung wird zu einem zentralen Medium der Selbst-Präsentation, gerade auch für Jugendliche, denen andere Bereiche, über die sich Erwachsene ausdrücken (wie das Auto, der Beruf, die Familie), nur begrenzt zugänglich sind. Im Feld der Mode nehmen Jugendliche – vor allem seit der zweiten Hälfte des 20. Jahrhunderts – gar eine gewisse Vorreiterrolle ein (König 1985).

Der Frage, welche Bedeutung die Kleidung für Jugendliche spielt, wie sie sich kleiden, was sie präferieren und ablehnen, also ihren ästhetischen Praktiken und Präferenzen, wendet sich der vorliegende Beitrag zu. Empirische Basis der folgenden Argumentation sind 15 problemzentrierte Interviews und 12 Gruppendiskussionen[1] mit insgesamt 41 Jugendlichen zu ihren ästhetischen Praktiken und Präferenzen (König 2007). Ausgewählt wurden die Interviewten im Sinne des theoretical samplings; die Dateninterpretation erfolgte in Orientierung an der Grounded Theory (vgl. etwa Strauss 1994; Strauss/Corbin 1996) und der Dokumentarischen Methode (vgl. etwa Bohnsack 1999).

---

1 Angelehnt sind die problemzentrierten Interviews an Witzel (2000), die Gruppendiskussionen an Bohnsack (2000).

Die Studie, die hier vorgestellt werden soll, zeigt, dass trotz proklamierter Freiheit Kleidungsstücke nicht zu freischwebenden Optionen werden. Vielmehr sind die ästhetischen Praktiken und Präferenzen (weiterhin) an die soziale Position gebunden, sind Element sozialer Ordnung.

Als hilfreich zur Interpretation der Daten erweist sich der Ansatz von Pierre Bourdieu. Damit wird Geschmack, werden kulturelle Praktiken und Präferenzen, wie etwa die in Bezug auf die Kleidung, in ihrer Gebundenheit an die soziale Position interpretierbar. Zur Erklärung des Zusammenhangs zwischen kulturellen Praktiken/Präferenzen und sozialer Klasse bietet Bourdieu das Konzept des „Habitus" an. Die (Wahrnehmungs-, Denk-, Bewertungs- und Handlungs-)Schemata des Habitus formen sich, so Bourdieu, in frühen Erfahrungen, vor allem in der Herkunftsfamilie. Somit ist der Habitus stets gebunden an eine bestimmte Soziallage, an die Struktur der Existenzbedingungen, unter denen er geprägt wurde. Kurz: die sozialen Strukturen werden einverleibt. Indem der Habitus, der damit immer (auch) Klassenhabitus ist, das Wahrnehmen und Denken strukturiert und das Handeln anleitet, sucht der Einzelne Umgebungen auf, die ihm vertraut, den früheren Erfahrungen ähnlich sind, wählt etwa Kleidung, in der er sich von je her wohl fühlt. Wir mögen und wählen das, wie Bourdieu zugespitzt formuliert, wozu wir „ohnehin verdammt sind" (Bourdieu 1999, 290). Zu einem Element sozialer Ungleichheit werden die ästhetischen Praktiken aber erst, weil die Güter und Praktiken der Angehörigen der oberen Klassen als höherwertig beurteilt werden, ihnen also Legitimität zugeschrieben wird – von den Angehörigen der oberen wie auch von denen der unteren Klassen. Kulturelle Praktiken und Präferenzen, wie eben die für bestimmte Moden, werden so zu distinktiven Zeichen, und die ästhetische Intoleranz, wie sie sich in der Abscheu gegenüber Lebensstilen der unteren Klassen zeigt, trägt grundlegend zur Reproduktion der Klassenstrukturen bei. Hierin zeigt sich, so Bourdieu, eine Form von Gewalt: symbolischer Gewalt.

Im Folgenden werden zwei Fälle aus dem Sample skizziert, die in Bezug auf ihre ästhetischen Praktiken und Präferenzen wie auch ihre soziale Position kontrastiv sind (2). An deren Beispiel werden Reichweite wie Grenzen einer klassentheoretischen Perspektive deutlich. Die Analyse der Erzählungen der Jugendlichen zeigt: Soziale Ungleichheitsstrukturen werden reproduziert – aber in individualisierter Weise (3). Es geht, so werde ich abschließend zusammenfassen, um eine „Individualisierung von Klasse" (4).

2. „Wie ne kleine Windsor" oder „nicht nuttig rüberkommen": zwei Fallbeispiele

Zum einen ist da Lea, 15 Jahre: Als Kind wurde Lea von ihrer Mutter „immer wie ne kleine Windsor angezogen" (1/18 f.) – ein Stil, der zu den offiziellen Empfängen, auf die sie ihren Vater von klein auf begleitete, zu den großen Festen, die sie mit ihren Eltern besuchte, passte. Unwohl fühlte sie sich in ihrer Haut erst mit dem Wechsel auf das Gymnasium:

„ab der sechsten hörte das auf mit diesen Jungenfreundschaften weil halt dann irgendwie immer alle nur auf großen Busen geachtet haben und auf n schönen dicken Hintern und das is bei mir irgendwie alles nich so vorhanden." (1/22 ff.)

Unzufrieden mit ihrem zierlichen Körper, enttäuscht über die Reaktion der Jungen, die sich eben noch ihre Freunde nannten und sich nun Mädchen mit runderen Formen zuwandten, streifte sie die von den Eltern vorgegebene exklusive Kleidung ab und orientierte sich ganz an ihrer allseits beliebten Freundin Jenny. In dieser Kleidung, die so deutlich nicht „die ihre" ist, geriet sie zu einem nichtigen Imitat:

„ich wurd nich als Ich akzeptiert, ich wurd als eigentlich als niemand akzeptiert ich wurde einfach nur als Abklatsch von dieser Jenny gesehen." (6/20 f.)

Weder bei ihren Mitschülern noch bei ihren Eltern, die einen eleganteren Stil präferierten, fand sie dafür Anerkennung. Es folgt ein intensiver Prozess der Arbeit an sich:

„ich hab wirklich ausprobiert [...] ich hab mich manche Abende hab ich wirklich geschminkt und geschminkt und geschminkt." (10/30 f.)

Ihre Schmink-, Frisier- und Ankleideproben finden nicht nur vis-à-vis ihres Spiegelbildes statt: Sie knüpft neue Freundschaften zu ein paar Mädchen, mit denen sie gemeinsam einkaufen geht; mit ihrer besten Freundin Susanne trifft sie sich vor dem Besuch (des VIP-Bereichs) einer Diskothek bei dieser zuhause, um sich dort gemeinsam auf den Abend vorzubereiten[2]; bei ihren „Großeinkäufen" wird Lea von ihrer Mutter begleitet, die den Wert von Kleidung zu schätzen weiß und gleich passende Kleidungsstücke zu einem Artikel kauft; konkrete Unterstützung erhält Lea von ihrer Tante, einer angesehenen Modedesignerin, die ihr für besondere Anlässe spezielle Stücke entwirft und schneidert – etwa für das Fest auf dem Schloss eines Grafen in Wien, zu dem sie ihren Freund begleiten wird.

Zwischen diesen Kreisen formt sie ihren Stil, der zu den Bühnen, auf denen sie sich bewegt, zu den Personen, die ihr nahestehen, passt, und den sie als ihren eigenen empfindet. Er ist nicht einzigartig, wie sie selbst zugesteht, „aber sonst so is es eigentlich, hab ich so ziemlich mein Eigenes gefunden" (16/34).

---

2 Lea orientiert sich nunmehr an Susanne, ohne sich als „Abklatsch" zu fühlen: „ich hab mich auch mehr oder weniger n bisschen mit ihr angepasst, weil wir merkten irgendwann das passt zusammen so unser Stil, unsere Art" (2/49 ff.). Sie beschreibt einen eigenwilligen Prozess des „Mit-ihr-Anpassens", ein Zusammentreffen zweier Personen mit ähnlichen Dispositionen, die sich in ähnlichen Welten bewegen.

Auch ihren Körper hat sie sich neu „angeeignet" – befördert vor allem durch ihren Freund und bestätigende Blicke, die sie von älteren Jungen auf sich gerichtet spürt. In den „männlichen Blicken" erkennt sie:

> „es is doch nich so, dass man halt mit mit kleiner Oberweite nich bei den Jungs ankommt [...] ich sag einfach so is mein Körper und dafür bin ich schlank, dafür hab ich keinen dicken Hintern und dafür hab ich nich kurze Beine, so." (3/15 ff.)

Sie tritt selbstbewusst auf, erkennt, dass ihr Aussehen (nicht nur „bei den Jungs") Anerkennung verspricht – und hat Spaß daran. Der wachsame Blick der Eltern wird zunehmend überflüssig:

> „meine Eltern mögen meinen Stil mittlerweile eigentlich auch sehr und [...] meine Eltern achten sehr drauf [...] wie ich angezogen bin, wie ich erzogen bin [...] weil sie einfach sagen in den guten Kreisen muss es einfach irgendwo auch mh ordentlich und gesittet zugehen." (15/16 ff.)

Die „guten Kreise" sind der Raum, für den die Eltern sie vorbereitet haben, dessen Anforderungen Lea schon früh kennenlernte und mittlerweile wie selbstverständlich beherrscht. Ihr öffnen sich Türen in die adelige Gesellschaft, auf die großen Feste in Wien, die, wie sie sagt, „Heiratsmärkte" sind, und in der Schule zählt sie sich derweil zu den „King-Fishs" – ein Name, der auf die noble Einkaufsstraße in ihrer Heimatstadt anspielt. Auf harsche Ablehnung stoßen unter den selbsternannten „Königen" Mitschüler in einfachen T-Shirts und Baggyhosen: „das is einfach was wo wir einfach sagen ‚ja komm haut ab'" (7/23). Auch von Mitschülerinnen in bunt zusammengestellter Kleidung, die sie als „so unordentliches so so ungebildet" (18/34) wahrnimmt und verurteilt, grenzt sie sich ab.

Zum anderen ist da Silvia, 17 Jahre. Silvia entdeckte ihr Interesse an der eigenen Kleidung ebenfalls kurz nach dem Wechsel zur weiterführenden Schule. Anziehend wirkte auf sie der Markenartikel, den „alle in der Schule gehabt" (1/5) haben: die Buffalo-Schuhe. An diesem Gegenstand lernt Silvia die finanziellen Grenzen der Eltern und deren funktionale Argumentation kennen:

> „dann sagten meine Eltern sie ham das Geld nich dafür und ham gesagt es gibt auch günstigere Sachen, die man anziehen kann." (1/5 f.)

In ihrer weiteren Erzählung wird deutlich, wie die elterliche Sicht zur eigenen Einsicht wird:

> „da hab ich dann auch gesagt, hab ich selber erkannt so, das muss nich so unbedingt sein. Es gibt auch viele Schuhe, die so ähnlich aussehen." (1/21 ff.)

Innerhalb ihres Möglichkeitsraums formt sich nun ihre Vorstellung davon, was zu ihr passt, bildet sich das, was sie als „ihren Stil" bezeichnet. Dabei legitimiert sie ihre Kleiderstücke wiederholt mit Verweis auf die Ähnlichkeit zu Markenartikeln – Marken, die für sie kaum erschwinglich sind, die aber als die eigentlich legitimen Güter Orientierung geben.

Auch bei ihr ist die Suche nach dem „eigenen Stil" ein intensiver Prozess der Arbeit an sich, vor allem an ihrem Körper: Nachdem Silvia in frühen Jahren als Bulimikerin ihren Körper malträtiert hatte, trainiert sie diesen nun im Fitnessstudio, teilweise an sechs Tagen pro Woche (ein „befriedigendes Gefühl" 5/28); über operative Eingriffe denkt sie nach, um ihren „breiten Hüften" zu Leibe zu rücken; seitdem sie dreizehn ist, geht sie regelmäßig auf die Sonnenbank.

Insgesamt sind ihre ästhetischen Praktiken wenig spielerisch, Zwänge und Ängste werden spürbar. Als Beispiel kann ihr Umgang mit kurzen Röcken dienen: Eigentlich trägt Silvia gern kurze Röcke. Sie achtet darauf, dass „die nich zu kurz sind, also nich nuttig rüberkommen" (3/4 f.), doch trotz ihrer Wachsamkeit ist sie unsicher. Wenn sie mit ihrer Freundin Sandy ausgeht, spricht sie sich mit ihr vorher ab – entweder tragen beide Röcke oder keine. Diese gemeinsame Praxis verbindet die Freundinnen und stiftet Sicherheit. Zusätzlich eröffnet die Abstimmung für Silvia die Möglichkeit, die Freundin zu kontrollieren, denn diese droht die Grenze zum „Nuttigen" gelegentlich zu überschreiten. Zu gewagte Stücke anzuziehen, verbietet Silvia ihr, wenn sie gemeinsam ausgehen:

„Weil dann is meistens so ‚ach die sieht aber aus wie so ähm ne' und dann is meistens so ‚die Freundin von ihr oh is aber auch n bisschen ne'." (21/16 ff.).

Sie reglementiert die Freundin, kontrolliert so den gemeinsamen Auftritt aus Angst vor sozialer Degradierung. Erschwerend kommt für Silvia hinzu, dass ihr Freund, der früher kurze Röcke an ihr schätzte, ihr diese mittlerweile verbietet:

„ich sag mal so er spioniert mir schon n bisschen nach, deswegen geh ich auch nich soo gerne weg, deswegen achte ich auch schon darauf was ich dann anziehe." (2/33 ff.)

In seinem Panoptikum stehend holt sie den Rock immer seltener aus dem Schrank, verliert die Freude daran („mittlerweile trag ich den nich mehr so gerne"). Die Problematik bleibt und entzündet sich an weiteren Stücken:

„es gibt jetzt ne weiße Hose, da sieht man nich alles durch aber ne weiße Hose sieht man halt n bisschen drunter. Und dann sagt er ‚nee das darfst du nich anziehen, wenn ich nich dabei bin' am Anfang hab ichs eingesehen, mittlerweile aber auch nich mehr [...]. Jetzt sag ich mir ‚nee ich trag das was ich will, was mir gefällt'." (1/4 ff.)

Trotz aller Widrigkeiten, externer Zwänge und Ängste proklamiert Silvia ihren eigenen Geschmack als das handlungsleitende Prinzip – auch wenn sie die weiße Hose höchstens noch heimlich trägt.

Vergleicht man die Erzählungen von Lea und Silvia, so fallen Unterschiede, aber auch Gemeinsamkeiten ihrer (erzählten) ästhetischen Praktiken auf. In Tabelle 1 sind die Konzepte zusammengefasst, die im Folgenden diskutiert und im abschließenden Kapitel in der These zur „Individualisierung von Klasse" gebündelt werden.

Tabelle 1: Fallvergleich

Konzepte (Kapitel)	Lea	Silvia
Beginn (3.1)	weiterführende Schule	
Entwicklung/Leistung (3.2)	1. Nachahmung 2. durch Arbeit an sich zum eigenen Stil	
Leitende Idee (3.1.2; 3.2)	der eigene Geschmack	
Kapital (3.3)	breites Spektrum	eingeschränktes Spektrum
Symbolisches Kapital (3.4)	hoch	niedrig
Abgrenzung (3.4)	„stillos", „ungebildet"	„nuttig"
Beruf der Eltern	Vater: Immobilien-Consulter Mutter: renommierte Architektin	Vater: gelernter Heizungstechniker, arbeitslos Mutter: Altenpflegerin
Schule	Internationales Gymnasium	Hauptschule

3. Reproduktion sozialer Ungleichheit – im Sinne des eigenen Geschmacks

3.1 Anspruch und Anforderung auf der weiterführenden Schule

Schon Grundschulkinder lieben einen bestimmten Pullover, verweigern einen anderen. Der eigentliche Beginn des Interesses am eigenen Aussehen wird von den Jugendlichen jedoch – unabhängig von der Schulform – mit dem *Eintritt in die weiterführende Schule* verknüpft. Hier spüren sie zwei neue Anforderungen an sich und ihr Aussehen, nämlich (1) eine Nicht-mehr-Kind-Präsentation und (2) eine Selbst-Präsentation zu liefern.

3.1.1 Eine Nicht-mehr-Kind-Präsentation wird erwartet

Das eigene Aussehen wird von den Heranwachsenden zunehmend reflektiert, die von Eltern vorgelegte Kleidung stößt auf Ablehnung, körperliche

Veränderungen werden beobachtet und mit denen anderer verglichen. Virulent wird das eigene Aussehen vor allem mit dem Wechsel auf die weiterführende Schule. In dieser neuen Welt unter lauter Fremden, in diesem altersstrukturierten Kontext, in dem sie die Jüngsten sind, sind sie aufgefordert zu zeigen, dass sie keine Kinder mehr sind. So trifft der Spott jene, die aussehen, als seien sie von ihrer Mutter angezogen. Die 15-jährige Vio grenzt sich deutlich von solchen „zurückgebliebenen" Jungen ab:

„bei uns in der Stufe haben wir so Jungs, die eigentlich ziemlich zurückgeblieben sind [...] die ziehen sich dann eben wirklich noch genauso wie in der Grundschule an [...], Also ich würde mir jetzt nichts mehr von meiner Mama kaufen lassen. Und so sehen die Jungs eben noch teilweise aus." (14/6 ff.)

Eine „Nicht-Mehr-Kind"-Präsentation verlangt, dass die Heranwachsenden aus der „kindlichen Kleidung" schlüpfen – als solche gelten etwa bunte Stücke, „Hochwasserhosen", Produkte vom Discounter und spezifische Kindermarken. Schrittweise handeln sich die Heranwachsenden das Recht aus, solche Kleidung abzulehnen und selbstbestimmt über ihr Aussehen zu verfügen – selbstbestimmt, in Orientierung an anderen Jugendlichen: Silvia begehrt die verbreiteten Buffalo-Schuhe, Lea orientiert sich an der beliebten Mitschülerin, Janine fängt im Alter von zwölf Jahren an, sich (gegen den Willen der Eltern) zu schminken, denn „die anderen Mädchen aus der Klasse fingen auch alle an, sich zu schminken" (15/20 f.), Ole schält sich mit dem Wechsel aufs Internat aus der von der Mutter gewählten bunten Oilily-Kleidung, beobachtet seine Mitschüler, guckt „wie laufen die anderen Leute rum, mit denen ich wirklich jeden Tag konfrontiert bin, mit denen ich jeden Tag zu tun hab und äh dann kam irgendwie so bei mir diese HipHop-Phase" (1/23 ff.).

Die erste Schminke, spezielle Jugendmarken resp. jugendkulturelle Stile, die Betonung des eigenen Körpers oder auch Tätowierungen – all dies sind sichere Zeichen dafür, dass man über das eigene Aussehen, den eigenen Körper verfügt, also kein Kind mehr ist.[3] Jugendlicher zu werden ist mehr als nur ein „natürlicher" Prozess; es bedarf der entsprechenden Präsentation – und genau dafür sind Kleidung und ästhetische Praktiken geeignete Medien.[4]

---

3 Für die Mädchen in ihrer knappen Kleidung, mit ihren angemalten Gesichtern geht es kaum um eine erotische Wirkung – zumindest zu Beginn.

4 Ähnlich markieren Kleidungsstücke das Frau-Sein. Hübsche Beispiele liefert Kaufmann in seiner Studie zum „Oben-ohne-Baden". So zitiert er eine Neunjährige, die feierlich erklärt „ich habe keine Lust ... also ich will meine Brüste nicht aller Welt zeigen" (1996, 108). Das Bikini-Oberteil wird zum Kennzeichen von Weiblichkeit.

3.1.2 Eine Selbst-Präsentation wird erwartet

Allein die Präsentation als Nicht-mehr-Kind trägt den Anforderungen in einer individualisierten Gesellschaft jedoch nicht Genüge. Die Jugendlichen wissen, dass die Kleidung als Hinweis auf ihre Persönlichkeit gelesen wird – und in diesem Sinne präsentiert werden soll. Wie sehr dies eine soziale Anforderung an die Heranwachsenden ist, zeigt eindrücklich das Beispiel von Lea: Ganz im Sinne der Erwartung an eine Präsentation als Jugendliche legte sie die von ihren Eltern ausgesuchte Kleidung ab und wählte mit der Imitation der Freundin einen jugendlichen Stil. In der Kritik der Mitschüler an ihrer Form der Präsentation („ich wurd nich als Ich akzeptiert") wird der Anspruch deutlich, der an die Kleidung gelegt wird: Eine *Selbst*-Präsentation wird verlangt.

Zwei grundlegende Prinzipien durchziehen wie rote Fäden die Erzählungen der Jugendlichen: (a) die sich in ihren Formulierungen ähnelnden Verweise auf den eigenen Geschmack, der als oberstes Gestaltungsprinzip des eigenen Handelns gedeutet wird, und (b) der proklamierte Grundsatz „jeder hat seinen eigenen Geschmack [...] wenn dem das gefällt dann soll der das anziehn" (2/29ff.). Suggeriert der zweite Grundsatz eine Freiheit der Akteure, so impliziert er gleichzeitig eine soziale Anforderung: Ein „eigener Geschmack" muss vorhanden sein, ein Selbst-Bezug in der Kleidung hergestellt und kenntlich gemacht werden.

3.2 Selbst-Präsentation: eine anspruchsvolle Leistung

Die Anforderung, dem eigenen Geschmack zu folgen, mit der Kleidung anzuzeigen, wer man ist, und so eine Selbst-Präsentation zu bieten, ist eine anspruchsvolle Arbeit an sich. Die Datenanalyse zeigt, dass es sich bei der Selbst-Präsentation (a) um eine permanente, weil stets prekäre *Leistung* und (b) um eine *gemeinsame*, zumindest um eine *soziale Praxis* handelt, dass (c) die Selbst-Präsentation je nach Bühne *variiert*, wobei (d) die Variationen *positionsspezifisch begrenzt* sind.

(a) Auch wenn der „eigene Geschmack" als eine innere, höchst persönliche Wesenseigenschaft verstanden wird, bedarf eine gelingende Selbst-Präsentation der Arbeit an sich. Diese ist intensiv, weil wenig routiniert, vor allem mit dem beginnenden Anspruch der Selbst-Präsentation; aber auch später verlangt die Selbst-Präsentation stets ein gewisses Maß an Aufmerksamkeit und Arbeit an sich, wie die Erzählungen der älteren Jugendlichen zeigen. So führte bei Vio (17 Jahre, Gymnasiastin) allein die fehlende Schminke zu einem Unwohlsein: „einmal, war ich ungeschminkt in der (Stadt), die Haare waren gut, und ich war nur ungeschminkt, ich kam mir so scheiße vor, ich dachte ‚boah ist das peinlich jetzt so'." (11/2 f.)

Eindrücklich zeigen die vielen Erzählungen zu peinlichen Erlebnissen, wie sehr die Selbst-Präsentation „ein zartes, zerbrechliches Ding [ist], das durch das kleinste Mißgeschick zerstört werden kann" (Goffman 1998, 52).

Neben Kleidung und Schminke verlangt auch der Körper Aufmerksamkeit, ist vielfältigen Bearbeitungsprogrammen unterzogen – eine teils langfristige Arbeit an sich, die nicht delegiert werden kann.[5] Diäten und Fitnessprogramme, Pillen, die zur Vergrößerung des Muskelumfangs beitragen, das Zupfen der Augenbrauen, die Rasur als tägliche Pflicht bis hin zum Besuch (und der Finanzierung) von Sonnenstudios – vielfältig sind die Weisen der Selbstdisziplinierung, der Bearbeitung des Körpers[6] und damit der Steigerung des körperlichen Kapitals.

(b) Die Arbeit an sich ist dabei keineswegs ein einsames Projekt: Fitnessstudios werden zu Treffpunkten, Shoppingtouren finden zu mehreren statt, über die neue Hose wird auf dem Schulhof gelästert, gegenseitige Beratungen finden statt, Stücke werden zum Tausch angeboten. Einige Mädchen treffen sich vor dem Besuch einer Party oder Diskothek mit Freundinnen, bereiten sich mit Musik und manchmal auch Alkohol auf den Auftritt vor. So erzählt Vio:

„meine beste Freundin wohnt nebenan [...] und bevor wir weggehen, treffen wir uns immer (kurz), tauschen noch mal Klamotten aus und so, und dann gucken wir vorher ‚wie sieht das aus, kann ich das anziehen?' ‚Nä, wenn du jetzt so ein weit ausgeschnittenes Oberteil anziehst, muss ich aber auch eins anziehen, sonst kann ich ja nicht mithalten'." (5/23 ff.)

Die gemeinsamen Anproben innerhalb dieser exklusiven Ensembles (Goffman 1998, 104 ff.) gewähren Beratung und Unterstützung, schaffen Sicherheit, vor allem bei „heiklen Stücken" wie auch vor dem Betreten unbekannter Bühnen. Sie dienen der Abstimmung untereinander resp. der gegenseitigen Kontrolle, gewährleisten eine gemeinsame Situationsdefinition und schüren ein Gefühl der Zusammengehörigkeit. Hier treffen vor allem Personen aufeinander, die einen ähnlichen Geschmack teilen, sich auf den gleichen Ort vorbereiten und über einen ähnlichen Umfang an Kleidung verfügen. Ist diese Form der gemeinsamen Praxis den Mädchen vorbehalten, so sprechen sich Jungen telefonisch ab, gehen gemeinsam

---

5 Ein hohes Maß an Wachsamkeit während des Auftritts ist beispielsweise bei Mädchen zu beobachten, die ständig ihre Hüfthose hochziehen und kontrollieren, wie weit der String-Tanga zum Vorschein kommt. Jungen in weiten Hosen und übergroßen Pullovern müssen hingegen kaum Sorge tragen, dass ein verrutschtes Kleidungsstück sie degradiert.
6 Piercings, so zeigt die Shell-Jugendstudie 2010 (Leven/Quenzel/Hurrelmann 2010, 86ff.), sind vor allem in der Unterschicht und unteren Mittelschicht (21 %) und bei Mädchen (16 % gegenüber 6 % bei Jungen) verbreitet. Tätowierungen sind seltener, weisen aber die gleiche Verteilungstendenz auf. Auch unter dem Solarium findet man häufiger Jugendliche der unteren Schichten und mehr Mädchen als Jungen.

einkaufen und erfahren im Spott oder Lob, welche Präsentation angemessen ist.

(c) Die Selbst-Präsentation ist keine konstante Größe, sondern variiert je nach Bühne, die betreten, und nach Personen, denen man begegnet wird. Die Heranwachsenden bewegen sich auf unterschiedlichen Bühnen, in „jugendlichen Erfahrungswelten" ebenso wie auf Familienfeiern und Hochzeiten, kleiden sich für ein Bewerbungsgespräch oder die Tanzschule. Sie folgen also nicht einfach „ihrem eigenen Geschmack", sondern antizipieren die kontextspezifischen Anforderungen, formen verschiedene Varianten ihrer Selbst-Präsentation und lernen, diese situationsspezifisch zu nuancieren. Vor allem in den Einzelinterviews wird der Akteur als „contextualist", werden „intra-individuelle Variationen" erkennbar (Lahire 2008).[7]

Während einige Spaß an dem Spiel mit Variationen haben, sich auf besondere Anlässe freuen und diese zelebrieren, binden sich andere enger an eine bestimmte Selbst-Präsentation. David beispielsweise war früher „Skater, und da musste ich breite Sachen" (12/48 f.) anziehen. Dieses umfassende Programm lässt wenig Spielraum zu. Auf der Familienfeier gerät er in Streit mit seinen Eltern, die ihm Stoffhose und Fliege vorlegen. Dennoch: Auch er orientiert sich an den Anforderungen des Kontextes, sofern dies sein „Skater-Sein" nicht allzu sehr infrage stellt.

(d) Die Akteure wählen nicht nur ihre Kleidung im Hinblick auf die Bühne, die sie betreten. Vielmehr prägen die Bühnen, die ihnen von klein auf vertraut sind, ihren Geschmack, ihre Wahrnehmungs- und Handlungsschemata. Die „heterogeneous socializing influences" (Lahire 2008, 174) fördern ein Repertoire an kulturellen Praktiken, die der „plurale Akteur" in ähnlichen Situationen aktivieren kann, die es ihm ermöglichen, sich souverän auf verschiedenen (aber eben diesen ähnlichen) Bühnen zu bewegen.

Der kontrastive Vergleich der ästhetischen Praktiken und Präferenzen von Lea und Silvia zeigt, dass diese beiden Mädchen sich auf verschiedenen Bühnen bewegen. Gemeinsam ist ihnen jedoch keine. Die Pluralität der Bühnen, mit denen die „pluralen Akteure" vertraut werden, hat ihre Grenzen – *positionsspezifische* Grenzen (König 2010).

Festzuhalten ist: Die Selbst-Präsentation ist eine *anspruchsvolle* (mehr oder weniger intensive) Leistung der Akteure. Sie ist gebunden an die Bühnen, auf denen sie sich (bereits in frühen Jahren) zu bewegen lernen, an die nahen Anderen, aus deren Augen sie sich selbst sehen. Gleichzeitig ist die Selbst-Präsentation positionsspezifisch begrenzt. Das heißt, sie ist eine höchst

---

7 Gruppendiskussionen eignen sich dagegen besonders, um konjunktive, klassenspezifische Erfahrungsräume zu erfassen. Systematisch unterschätzt werden dabei jedoch intra-individuelle Variationen (Lahire 2003) sowie Abweichungen von geteilten Erfahrungsräumen. Diese werden in Einzelinterviews besser greifbar.

voraussetzungsvolle Leistung, gebunden an das Kapital, welches der Akteur für seine Selbst-Präsentation zu nutzen weiß.

3.3 Selbst-Präsentation: eine voraussetzungsvolle Leistung

Die Weise der Gestaltung des jugendlichen Körpers, die Wahrnehmung und Beurteilung, was schön ist, was zu einem passt, was man wählt, ist gebunden an die soziale Position, an das zur Verfügung stehende Kapital (Bourdieu 1983, 1999). Knapp seien hier die wichtigsten Arten genannt:

(a) Da Kleidung selten selbst produziert wird, sind ästhetische Praktiken eng gebunden an das *ökonomische Kapital*.[8] Entsprechend steht den Akteuren ein je spezifischer Ausschnitt aus dem pluralen Angebot von Produkten offen. Die einen unternehmen teure Großeinkäufe mit der Mutter für ein stimmiges Outfit, andere arrangieren sich mit dem „Zwang der Notwendigkeit" und erstehen auf dem Markt günstige Stücke.

(b) Als Kapital fungieren auch die „Möglichkeiten, andere um Hilfe, Rat oder Information zu bitten [...]. Substrat dieser Kapitalsorte ist das Netz der sozialen Beziehungen [...] die man eingegangen ist" (Fuchs-Heinritz/König 2005, 166). Der Wert des *sozialen Kapitals* im Sinne von Bourdieu dokumentiert sich in all den Anekdoten über gemeinsame Einkaufstouren und Beratungen. Innerhalb ihrer jeweiligen „Netze sozialer Beziehungen" erhalten die Akteure Ratschläge, erfahren, was als schön und angemessen gilt, und erhalten Zugang zu spezifischen Bühnen.

(c) Relevant für die ästhetischen Praktiken und Präferenzen der Jugendlichen ist ferner das in frühen Jahren inkorporierte *kulturelle Kapital*. Als Kinder erfuhren sie, was als „guter" resp. „schlechter" Geschmack gilt, welche Kleidung für sie unpassend ist, lernen eine spezifische Wertschätzung von Kleidung kennen, begleiten ihre Eltern auf unterschiedliche Bühnen, erfahren etwa, wie man sich in einem feinen Restaurant kleidet, sich auf einem Empfang angemessen und zunehmend souverän präsentiert – ein kulturelles Kapital, das in seiner frühen Vertrautheit tief im Körper einverleibt wird und ein Wohlgefühl in ähnlichen Situationen schürt. So ist Leas gegenwärtiger Stil ihrem früheren „Windsor"-Stil ähnlich, gewährt ihr zumindest weiterhin Zugang zu den entsprechenden Bühnen.

---

8 Die Shell-Jugendstudie 2010 (Leven/Quenzel/Hurrelmann 2010, 86) zeigt, dass rund 40 Prozent der Jugendlichen aus der Oberschicht bzw. der oberen Mittelschicht, aber nur 20 Prozent derer aus der Unterschicht in ihrer Freizeit jobben. Diese ungleiche Praxis weist darauf hin, dass das „ökonomische Kapital" zwar an die soziale Position der Herkunftsfamilie gebunden, aber nicht als bloße „Mehr-Abgabe" der reicheren Eltern zu verstehen ist.

(d) Der jugendliche Körper gibt das allgemeine Körperideal vor, körperbetonte Kleidung wird gar als alleiniges Anrecht der Jugend beansprucht (Silvia 22/26). Der *jugendliche Körper* kann also als Kapital fungieren. Gleichzeitig sind es wahrscheinlich gerade die Jugendlichen, die am kritischsten auf ihren Körper schauen. Insbesondere bei den Mädchen unterliegt der eigene Körper einer strengen Selbstkontrolle. Die Erzählungen zeigen, dass der Körper zwar Quelle von Zufriedenheit, aber auch von Scham sein kann. So nutzt Lisa (17 Jahre, Gymnasium) ihre weiblichen Formen als Kapital, wenn sie selbstbewusst und ein wenig belustigt feststellt: „Jetzt muss ich ihm mal zeigen, was ich hab" (4/37), während Janine (15 Jahre, Hauptschülerin) ihren Bauch zu verdecken sucht, nachdem ihr von Verwandten und Freunden gesagt wurde „,du bist aber fett geworden'" (9/26 ff.). Die Angst vor Achtungsverlust wird in ihrer Antizipation der bevorstehenden Klassenfahrt virulent. Die gemeinsame Fahrt wird sie ans Meer führen. Dabei gilt ihre Sorge der Situation am Strand, wo sie ihren Körper den Blicken der Mitschüler und Mitschülerinnen aussetzen, den verdeckenden Pulli beiseitelegen muss: Sie versucht zu fasten.

Der (wahrgenommene) Körper schränkt den Möglichkeitsraum ein („mit der Figur kann ich den [Bikini] nich anziehen": Janine 14/11f.). Der soziale Gradient bei der Prävalenz von Übergewicht und Adipositas ist vielfach belegt (Kurth/Schaffrath 2007, 737). Die soziale Strukturiertheit der Wahrnehmung des eigenen Körpers – bei konstant gehaltenem Body Mass Index – belegt Bittlingmayer (2008, 167): 10- bis 11-jährige Hauptschülerinnen haben im Vergleich zu gleichaltrigen Gymnasiastinnen ein dreimal höheres Risiko, mit dem eigenen Körper unzufrieden zu sein. Zudem haben Mädchen wie Jungen von der Hauptschule häufiger bereits eine Diät versucht als die Altersgleichen auf dem Gymnasium (Bittlingmayer 2008, 163).[9]

---

9 Bei Mädchen begünstigt eine „verunsicherte, überkritische Beziehung zum eigenen Körper die Bereitschaft, sich der Außenbewertung zu unterwerfen" (Hagemann-White 2003, 71). Die Angst vor sozialer Degradierung (als Nutte, als Schlampe) wie auch die Wahrnehmung der eigenen Attraktivität ist bei Mädchen enger an den Körper gebunden. Auch listen sie mehr tabuisierte Kleidungsstücke auf, die ihnen ihr Körper diktiert. Bachmann (2008) zeigt in ihrer Ethnografie zur Kleiderpraxis am Beispiel eines Mannes und einer Frau, wie unterschiedlich der eigene Körper erfahren wird. Während für den Mann das Körpergefühl den *„produktiven* Maßstab" bei der Kleidungswahl stellt – ein angenehmer Stoff oder komfortabler Schnitt soll ein Wohlgefühl schaffen –, geht bei der Frau das Körpergefühl der Kleiderwahl als *„negativer* Maßstab" voraus – die Kleidung soll einen als problematisch wahrgenommenen Körper kaschieren (vgl. 2008, 84). Dennoch, die Arbeit am eigenen Körper ist nicht allein den Mädchen vorbehalten. Penz (2010, 37) weist beispielsweise darauf hin, dass der „dickliche und untrainierte Körper als Zeichen schwachen Willens, mangelnder Selbstbeherrschung oder auch der Faul- und Trägheit" gilt – und damit gerade auch für Männer (klassenspezifisch überformt) Zielscheibe der Bearbeitung wird.

3.4 Selbst-Präsentation: eine Kapital versprechende Leistung

Die Selbst-Präsentation ist gebunden an Kapital und gleichzeitig selbst Kapital, nämlich *symbolisches Kapital*. Das symbolische Kapital besteht „aus den Chancen, soziale Anerkennung und soziales Prestige zu gewinnen und zu erhalten" (Fuchs-Heinritz/König 2005, 169) und kann, so Bourdieu, in seiner Bedeutung kaum überschätzt werden: „Die soziale Welt vergibt das seltenste Gut überhaupt: Anerkennung, Ansehen, das heißt ganz einfach Daseinsberechtigung [...]. Weniges ist so ungleich und wohl nichts grausamer verteilt als das symbolische Kapital" (Bourdieu 2001, 309 f.).

Die Ungleichverteilung ist am Beispiel von Silvia und Lea evident: Während Lea von den Möglichkeiten, die ihr (mittlerweile) offenstehen, von dem Spaß an ihrer Selbst-Präsentation schwärmt, beschreibt Silvia ihre ästhetischen Praktiken unter ständigem Verweis auf deren Grenzen: Früh erfährt sie den „Zwang der Notwendigkeit" (Bourdieu 1999, 103 f.), lernt Stücke zu finden, die den „legitimen" Marken ähneln,[10] spürt die Restriktionen des Freundes, wird begleitet von einer ständigen Sorge vor sozialer Degradierung.

All die beschriebenen Schamgefühle, die Ängste vor sozialer Degradierung, verweisen auf eine soziale Hierarchie, auf die Sorge vor Statusverlust. Dem stehen all die Abwertungen anderer Geschmäcker gegenüber, der Ekel vor Stilen sozial tiefer stehender Gruppen. Auch hierin zeigt sich eine (positionsspezifische) Klassifizierung resp. Hierarchisierung der Güter und Praktiken. Aufgrund der enggezogenen Verbindung zwischen Innerem und Äußerem wird nun nicht nur der Kleidungsstil einer Person als äußeres Gut abgewertet, sondern die gesamte Person. Unterlegt wird dies durch das freiheitlich erscheinende Prinzip „jeder soll seinem Geschmack folgen", womit als freie, persönliche Wahl begriffen wird, was sozial strukturiert und äußerst voraussetzungsvoll ist.

4. Fazit: „Individualisierung von Klasse"

Aus den interpretativ gewonnenen Konzepten lässt sich das übergeordnete Konzept der „Individualisierung von Klasse" modellieren, das ich im Folgenden skizzieren werde.

4.1 Reproduktion sozialer Ungleichheit

Ästhetische Praktiken und Präferenzen tragen zur Reproduktion sozialer Ungleichheit bei. Zum einen, weil diese *gebunden sind an die soziale Position* des Akteurs, an das ihm zur Verfügung stehende Kapital. Klassenspezi-

---

10 Silvia, die ihre Kleidung mit Verweis auf deren *Ähnlichkeit* zu Markenartikeln zu weihen sucht, bestätigt das Legitimitätsgefälle und trägt genauso zur Perpetuierung der Hierarchie bei.

fische Handlungs-, Wahrnehmungs- und Bewertungsschemata werden früh in der Herkunftsfamilie und (nicht unabhängig davon) auf verschiedenen Bühnen, in der Schule wie mit den Peers inkorporiert, und diese habituellen Schemata strukturieren das weitere Handeln.

Zum anderen wird den vestimentären Praktiken auch eine *ungleiche Wertigkeit* zugeschrieben. Die Art der Selbst-Präsentation prädisponiert für bestimmte Bühnen (die spezifische „symbolische Weihe" versprechen), führt Personen mit ähnlich strukturierten Geschmäckern zusammen, verspricht Anerkennung – oder verwehrt diese (zumindest in bestimmten Räumen).

Mit dem Aspekt der „Reproduktion sozialer Ungleichheit" findet sich die Bourdieusche These von der Klassengebundenheit von Lebensstilen, von der sozialen Strukturiertheit des Geschmacks bestätigt. Beschränkt man den analytischen Blick jedoch allein auf die Reproduktionsmechanismen, ist der Kern kultureller Praktiken und Präferenzen nur unvollständig erfasst. Schaut man sich die Tabelle 1 (S. 160) nochmals an, so fällt auf, dass mit der Ungleichheitsthese lediglich der untere Bereich (der die Unterschiede zwischen Lea und Silvia fasst) erklärt wird – hiermit also nur die halbe Geschichte erzählt ist.

4.2 ... mit Selbst-Bezug

Allein die Inkorporierung eines herkunftsspezifischen Geschmacks würde den sozialen Anforderungen in einer individualisierten Gesellschaft nicht gerecht. Vor allem mit dem Wechsel auf die weiterführende Schule spüren die Heranwachsenden, dass sie gefordert sind zu zeigen, wer sie sind. Der wiederholte Verweis auf den „eigenen Geschmack", der Spott über jene, die scheinbar einfach nur einen Stil nachahmen, indiziert, dass, dem eigenen Geschmack zu folgen, eine soziale Erwartung ist. Ein *Selbst-Bezug* muss in den Praktiken hergestellt werden, eine *Selbst-Präsentation* wird von den Anderen erwartet und vom Individuum für sich beansprucht – über die verschiedenen Klassen hinweg.

Das Selbst ist dabei nun nicht zu verstehen als eine vor-gesellschaftliche Größe, vielmehr ist es bereits strukturiert, im Sinne der Einverleibung externer Strukturen (Bourdieu 1979, 189 f.). Und es formt sich nicht in der narzisstischen Betrachtung des eigenen Spiegelbildes weiter aus, sondern erfährt sich „aus der besonderen Sicht anderer Mitglieder der gleichen gesellschaftlichen Gruppe oder aus der verallgemeinerten Sicht der gesellschaftlichen Gruppe als Ganzer" (Mead 1973, 180).

Innerhalb ihres strukturierten Möglichkeitsraums, ihrer habituellen Grenzen sind die Akteure also aufgefordert, etwas „Eigenes" zu formen, einen Selbst-Bezug herzustellen. Eine Selbst-Präsentation verlangt, dass ein für sich und andere identifizierbares Individuum erkennbar wird (Bühler-Niederberger 2005, 223).

Dass die Kleidung ein Medium der Selbst-Präsentation ist, das als Hinweis auf die Persönlichkeit ihres Trägers gelesen wird, ist historisch neu (Sennett 1999), wird derweil aber von Jugendlichen aller Klassen, wenn auch mit unterschiedlichen Nuancen, so gesehen resp. erfahren, wird so zu einem breit geteilten Anspruch, einer allgemeinen Anforderung. Es ist kaum mehr möglich, eine Distanz zwischen Innerem und Äußerem, eine „feine Scham" (Simmel 1908, 314) aufzubauen. Eine solche „Radikalisierung des Selbst" (Bühler-Niederberger 2005) kann für den Einzelnen „als Gewinn an Freiheit oder als Druck, dem man nicht nachkommen kann und von dem man sich kaum noch distanzieren kann" (Bühler-Niederberger 2005, 238), empfunden werden. Die Voraussetzungen, die für eine symbolisches Kapital versprechende Selbst-Präsentation notwendig sind, werden in einer solchermaßen individualisierenden Betrachtung verschleiert.

4.3 ... als Arbeit an sich

Die Suche nach dem „eigenen Stil" verlangt eine Arbeit an sich, die ein komplexer, aufwendiger und anspruchsvoller Prozess, eine Leistung der Akteure ist. Weder erben die Privilegierten lediglich ein klar vorgefertigtes Kapital noch verinnerlichen die weniger Privilegierten bloß den „Zwang der Notwendigkeit".[11] Innerhalb ihrer je klassenspezifischen Möglichkeitsstrukturen sind die Jugendlichen aufgefordert, etwas aus ihrem Kapital zu machen, aktiv eine (jugendgemäße) Selbst-Präsentation zu formen, etwas zu entwickeln, was sie als „ihren Stil" präsentieren können.

Gerade in der Jugendphase betreten die Heranwachsenden (fern ihrer Eltern) neue Bühnen, die spezifische Anforderungen an ihre jugendliche Selbst-Präsentation stellen. Die weiterführende Schule ist nur ein Beispiel. Grundlegend sind die früh inkorporierten Strukturen aus der Herkunftsfamilie und die vertrauten Bühnen, doch sind die Jugendlichen aufgefordert, mit den neuen Anforderungen umzugehen, an ihrer Selbst-Präsentation zu arbeiten, zwischen verschiedenen Varianten situativ zu wechseln (Lahire 2008), Variationen innerhalb der klassenspezifischen Schemata zu erproben, gar deren Grenzen zu verschieben.

---

11 Auch die (jugendlichen) Angehörigen der unteren Klasse erkennen, anders als Bourdieu konstatiert, dass Kleidung nicht nur wärmt und schützt (Primat der Funktion), sondern auch als Hinweis auf die Person gelesen wird (Primat der Form) – und arbeiten daran auf unterschiedliche Weise, stilisieren sich als Rapper u.v.m., verknüpft mit der Hoffnung auf symbolischen Gewinn. Ferner ist die These, dass die Angehörigen der unteren Klassen mögen, „wozu sie ohnehin verdammt sind" (Bourdieu 1999, 290), nicht auf alle Bereiche übertragbar. So hat sich beispielsweise in der Jugend-Generation das Körperideal über die Klassen hinweg verbreitet, sind die Ideale weniger klassenspezifisch verteilt, als es Bourdieus Analyse vermuten lässt. Gerade die Hauptschülerinnen im Sample klagen über ihre Rundungen. Auch sie messen sich an einem Körperideal, das wohl nicht ihrer Klasse entstammt – was mit „Depressionen" (Sonja und Janine), aber auch mit dem Gang ins Fitnessstudio quittiert wird.

In der Analyse der Leistungen der Akteure zeigt sich, dass „Inkorporierung" mehr ist als bloß die stumme Übernahme von Schemata – es wird (auch!) verhandelt, nachgefragt, beraten, unterstützt. Und genau dies birgt die Möglichkeit, habituelle Grenzen zu verschieben.

Mit dem Konzept der „Individualisierung von Klasse"[12] wird dem zentralen Befund der Untersuchung Rechnung getragen, dass der (Kleider-)Geschmack klassenspezifisch strukturiert ist, ästhetische Präferenzen und Praktiken zur Perpetuierung sozialer Ungleichheit beitragen. Die Reproduktion der Klassenstruktur geschieht jedoch in *individualisierter* Weise, d. h. innerhalb ihres strukturierten Möglichkeitsraums stellen die Akteure einen Selbst-Bezug her – eine anspruchs- wie voraussetzungsvolle Leistung, eine Arbeit an sich, die mit Sorge oder aber mit Freude, Genuss und eben auch Gewinn verbunden sein kann.[13]

Literatur

Bachmann, Cordula (2008): Kleidung und Geschlecht. Ethnographische Erkundungen einer Alltagspraxis. Bielefeld: transcript.

Bittlingmayer, Uwe H. (2008): Ungleich sozialisierte Körper. Soziale Determinanten der Körperlichkeit 10-11-jähriger Kinder. In: Zeitschrift für Soziologie der Erziehung und Sozialisation, 2, H. 28, 155–173.

Bohnsack, Ralf (1999): Dokumentarische Methode und die Analyse kollektiver Biographien. In: Jüttemann, Gerd/Thomae, Hans (Hg.): Biographische Methoden in den Humanwissenschaften. Weinheim/Basel: Beltz, 213–230.

Bohnsack, Ralf (2000): Gruppendiskussion. In: Flick, Uwe/Kardorff, Ernst von/ Steinke, Ines (Hg.): Qualitative Forschung. Ein Handbuch. Reinbek: Rowohlt, 369–383.

Bourdieu, Pierre (1979): Entwurf einer Theorie der Praxis auf der ethnologischen Grundlage der kabylischen Gesellschaft. Frankfurt a.M.: Suhrkamp. Zuerst 1972.

Bourdieu, Pierre (1983): Ökonomisches Kapital, kulturelles Kapital, soziales Kapital. In: Kreckel, Reinhard (Hg.): Soziale Ungleichheiten. Sonderband 2 der Sozialen Welt. Göttingen: Otto Schwartz, 183–198.

Bourdieu, Pierre (1999): Die feinen Unterschiede. Kritik der gesellschaftlichen Urteilskraft. 11. Aufl. Frankfurt a.M.: Suhrkamp. Zuerst 1979.

---

12 Zu überlegen ist, ob das Phänomen mit „Subjektivierung" (anstatt „Individualisierung") treffender beschrieben ist. Mit „Subjektivierung" wird der Doppelcharakter fassbar, der aus der sozialen Erwartung an den Einzelnen wie aus dem individuellen Anspruch des Einzelnen besteht. Für den Bereich der Arbeit haben dies etwa Holtgrewe/Voswinkel (2002) aufgezeigt.

13 Kontur gewinnt dieses Konzept in dem aktuellen DFG-Projekt „Zwischen Selbstprojekt und limitierten Chancen – eine Längsschnittstudie der biografisch verdichteten Phase zwischen Schule und Berufsqualifikation" (Bühler-Niederberger/König). So zeigt sich beispielsweise in den Berufswünschen von Jugendlichen, dass (a) die Berufswünsche entsprechend ihres Möglichkeitsraums strukturiert sind, (b) die Jugendlichen einen engen Selbst-Bezug zu ihrer Berufswahl herstellen („ich wollte schon immer Friseurin werden") und (c) sie auf ihre (frühen) Leistungen in diesem Bereich verweisen (Bühler-Niederberger/König 2011).

Bourdieu, Pierre (2001): Meditationen. Zur Kritik der scholastischen Vernunft. Frankfurt a.M.: Suhrkamp. Zuerst 1997.

Bühler-Niederberger, Doris (2005): Kindheit und die Ordnung der Verhältnisse. Von der gesellschaftlichen Macht der Unschuld und dem kreativen Individuum. Weinheim und München: Juventa.

Bühler-Niederberger, Doris/König, Alexandra (2011): Childhood as a resource and laboratory for the self-project. In: Childhood (i.E.).

Fuchs-Heinritz, Werner/König, Alexandra (2005): Pierre Bourdieu. Eine Einführung ins Werk. Konstanz: UVK.

Goffman, Erving (1998): Wir alle spielen Theater. Die Selbstdarstellung im Alltag. 7. Aufl. München: Piper. Zuerst 1959.

Hagemann-White, Carol (2003): Berufsfindung und Lebensperspektiven in der weiblichen Adoleszenz. In: Flaake, Karin/King, Vera (Hg.): Weibliche Adoleszenz. Zur Sozialisation junger Frauen. Weinheim/Basel/Berlin: Beltz, 64–83.

Holtgrewe, Ursula/Voswinkel, Stephan (2002): Anerkennung und Subjektivierung von Arbeit (Vortrag für die Sitzung der Sektion Arbeits- und Industriesoziologie am 28./29.6.2002) http://soziologie.uni-duisburg.de/personen/holtgrewe/ uhsv-indsoz02.pdf; letzter Zugriff: 10/2010.

Kaufmann, Jean-Claude (1996): Frauenkörper – Männerblicke. Konstanz: UVK.

König, René (1985): Menschheit auf dem Laufsteg. Die Mode im Zivilisationsprozeß. München: Hanser.

König, Alexandra (2007): Kleider schaffen Ordnung. Regeln und Mythen jugendlicher Selbst-Präsentation. Konstanz: UVK.

König, Alexandra (2011): Jugendliche und ihre Kleidung: Pluralität in Grenzen. In: Baurmann, Jürgen/Neuland, Eva (Hg.): Sprachliche und kulturelle Aneignungs- und Ausdrucksformen von Kindern und Jugendlichen. Bern/Frankfurt/New York: Peter Lang (i.E.).

Kurth, B.-M./Schaffrath, Rosario (2007): Die Verbreitung von Übergewicht und Adipositas bei Kindern und Jugendlichen in Deutschland. Erste Ergebnisse des bundesweiten Kindheits- und Jugendgesundheitssurveys. Berlin: Robert Koch-Institut, 736-743 (http://www.kiggs.de/experten/down loads/Basispublikation/ Kurth_Uebergewicht.pdf; letzter Zugriff: 10/2010).

Lahire, Bernard (2003): From the habitus to an individual heritage of dispositions. Towards a sociology at the level of the individual. In: Poetics, 31, 329–355.

Lahire, Bernard (2008): The individual and the mixing of genres: Cultural dissonance and self-distinction. In: Poetics, 36, 166–188.

Leven, Ingo/Quenzel, Gudrun/Hurrelmann, Klaus (2010): Familie, Schule, Freizeit: Kontinuitäten im Wandel. In: Albert, Mathias/Hurrelmann, Klaus/Quenzel, Gudrun/TNS Infratest: 16. Shell Jugendstudie. Jugend 2010. Frankfurt a.M.: Fischer, 53–128.

Mead, George Herbert (1973): Geist, Identität und Gesellschaft. Frankfurt a.M.: Suhrkamp. Zuerst 1934.

Penz, Otto (2010): Schönheit als Praxis. Über klassen- und geschlechtsspezifische Körperlichkeit. Frankfurt a.M.: Campus.

Sennett, Richard (1999): Verfall und Ende des öffentlichen Lebens. Die Tyrannei der Intimität. 10. Aufl. Frankfurt a.M.: Fischer. Zuerst 1974.

Simmel, Georg (1908): Das Problem des Stils. In: Dekorative Kunst. Illustrierte Zeitschrift für angewandte Kunst, Bd. 16, 11. Jg., H. 7, 307–316.

Strauss, Anselm L. (1994): Grundlagen qualitativer Sozialforschung. München.

Strauss, Anselm L./Corbin, Juliet (1996): Grounded Theory. Grundlagen qualitativer Sozialforschung. Weinheim/Basel: Beltz.

Witzel, Andreas (2000): Das problemzentrierte Interview. In: Forum Qualitative Sozialforschung, Volume 1. http://www.qualitative-research.net/fqs-texte/ 1-00/1-00witzel-d.htm; letzter Zugriff: 07/2010.

Kai Bammann

Body Modification

Tattoos, Piercings und andere Körperveränderungen
als „unauslöschliche" Einschreibungen in den Jugendkörper

Einleitung

Tattoos und Piercings sind Provokation. Tattoos und Piercings sind Anpassung. Plakativ beschreiben diese beiden so gegensätzlichen Aussagen den Rahmen, in dem sich die Motivation für und die Wahrnehmung von Body Modification bewegt.

In Jugendkulturen ist Body Modification weit verbreitet. Es gibt zahlreiche Gründe, den Körper durch Schmuck, Hautbilder und andere Eingriffe zu verändern (vgl. Bammann 2006). Auch wenn es oft als Jugendphänomen wahrgenommen wird – und dieser Aspekt für den vorliegenden Beitrag herausgegriffen werden soll –, darf nicht übersehen werden, dass Body Modification sich heute einen Platz in allen Altersgruppen und Gesellschaftsschichten erobert hat und zu einem gesamtgesellschaftlichen Phänomen geworden ist.

Fern davon, eine gesellschaftlich anerkannte Form einer „rite de passage" (van Gennep 2005) als Übergang in das Erwachsenenleben zu sein, kann das Tattoo oder ein anderer Eingriff in den Körper dennoch auch in der modernen Gesellschaft für das Individuum genau diesen Zweck erfüllen. Zwischen Individualisierung und Massenphänomen, Selbstfindung und Anpassung ist die Gestaltung des jugendlichen Körpers durch Formen der Body Modification auch ein Symptom einer komplizierter werdenden Gesellschaft, in der junge Menschen auf verschiedenen Wegen versuchen, ihren eigenen Weg zu gehen und mithin letztes Endes ihren Platz in der Gemeinschaft zu finden.

1. Body Modification – Was ist das, wo fängt es an, wie weit geht es?

In der Regel bezeichnet Body Modification – als Oberbegriff – das dauerhafte oder vorübergehende Gestalten bzw. Verändern des Körpers durch Eingriffe in die körperliche Integrität. Dabei werden gesellschaftlich gefor-

173

derte bzw. allgemein tolerierte Veränderungen wie Schminken, Maniküren, Frisieren, Haarstyling, Diäten, kosmetische Operationen oder rituelle Eingriffe wie die Beschneidung von Jungen im jüdischen oder muslimischen Glauben zumeist nicht unter den Begriff gefasst, obwohl auch diese Veränderungen des körperlichen Erscheinungsbildes sind.

Tatsächlich gibt es in der modernen Gesellschaft den unmodifizierten Körper nicht (bzw. jemand, der wirklich nichts an sich verändern oder gestalten würde, würde sich als ungepflegt, schlampig, verwildert etc. gesellschaftlicher Ausgrenzung ausgesetzt sehen). Die Veränderung des Körpers ist allerdings weder ein modernes noch ein Phänomen der sogenannten „zivilisierten" Gesellschaften. Gerade auch in traditionellen (den dann oftmals sogenannten „primitiven") Stammeskulturen haben Veränderungen des Äußeren eine wichtige soziale Bedeutung. Es erscheint mithin durchaus angemessen, davon zu sprechen, dass die zielgerichtete Gestaltung des körperlichen Erscheinungsbildes einer der Faktoren ist, der den Menschen vom Tier unterscheidet (vgl. auch Bammann 2008, 262) – und der folgerichtig als wichtiger Schritt der Entwicklung menschlicher Gesellschaft und Kultur angesehen werden muss.

Allerdings bleibt es eine Frage des individuellen ästhetischen Urteils, was Menschen schön finden und was in der jeweiligen Gesellschaft Anerkennung erfährt. Eine jährlich wechselnde Mode weist auf die Unbeständigkeit von Schönheitsidealen hin. Der Wandel von runden zu schlanken Körpern in Kunst und Mode (man denke an den Gegensatz der klassischen „Rubensmodelle" früherer Zeiten zu den Supermodels heutiger Tage) zeigt, dass dies auch ganz konkret für den menschlichen Körper gilt. Der Ohrring oder Stecker beim Mann ist ein anderes sehr anschauliches Beispiel. In früheren Zeiten eher Zeichen der Zugehörigkeit zu Randkulturen, war er bis in die Mitte des 20. Jahrhunderts eine absolute Ausnahme. Erste Männer mit Ohrring oder -stecker wurden noch mit Argwohn betrachtet – doch heute ist dieser Anblick so normal geworden, dass nicht nur Väter, sondern oftmals gleich auch deren Söhne ab dem Grundschulalter wie selbstverständlich Schmuck im Ohrläppchen tragen. Bei Frauen gehört dieser ohnehin zum westlichen Schönheitsideal hinzu und eine Frau fällt hier eher auf, wenn sie keinen Ohrschmuck trägt, was im Übrigen dazu führt, dass dieser Schmuck oft gar nicht mehr zu den Piercings gezählt wird.

Diese wenigen Beispiele zeigen, wie sehr Schönheitsideale Veränderungen unterliegen, wie schnell auch aus abweichenden Formen des Körperschmucks etwas ganz Normales werden kann.

Das Beispiel des Ohrrings kann möglicherweise auch eine Erklärung bieten für das, was in den vergangenen Jahren mit Tätowierungen und Piercings zu beobachten ist. Je vertrauter der Anblick wird, desto weniger erregt dieser negative Aufmerksamkeit und Ablehnung – und desto größer ist die

Chance, dass sich das Phänomen tatsächlich weiter verbreitet und gesellschaftlich etabliert.

Das, was heute unter dem Begriff der Body Modification bekannt ist, geht auf die Bewegung der „Modern Primitives" zurück, die ihren Anfang in den 1960er- und 1970er-Jahren nahm (ausführlich: Juno/Vale 1989). Verbindungen gab es dabei auch zur Homosexuellenszene der US-amerikanischen Ostküste sowie zu SM- und Fetisch-Szenen. Hierdurch erklärt sich vor allem auch die enge Definition: Im Zentrum des Interesses der neuen Body-Modification-Bewegung, die damals aus diesen Szene-Kontexten entstand, standen Tattoos, Piercings und anderer dauerhafter Körperschmuck, der vor allem den nackten Körper schmückte und hervorhob. Vor einem betont auch sexuellen Hintergrund ging es um das Auffallen, um eine Bewegung, die sich bewusst von der Masse und von gesellschaftlichen Normen absetzte, und um das besondere Erleben in einer sich zu einem neuen Selbstbewusstsein entwickelnden ohnehin sehr bunten Szene.

Diese Ideen waren allerdings nicht neu, und Tattoos sowie anderer Körperschmuck haben eine ungleich lange Tradition. Tattoos (dazu Oettermann 1994) und Körperschmuck waren in vielen Gesellschaften verbreitet, u.a. als Schönheitsideale, als Symbole im Rahmen ritueller Handlungen, als Zeichen von Status und Stärke. Die „Modern Primitives" griffen dies auf, übertrugen reale Rituale in die moderne Gesellschaft und setzten sie in einen neuen Kontext, verfälschten allerdings auch einiges und schufen so eigene Legenden (vgl. Zbinden 1998, 85ff.). Ziel war es, unter Berufung auf historische Überlieferungen die Body Modification in die Moderne zu transportieren und neu zu etablieren. Ein Ziel, das – geht man heute durch die Straßen, zu Sportveranstaltungen oder schaltet man den Fernseher ein – durchaus erreicht wurde.

Mit zunehmender Verbreitung und Akzeptanz sind Tattoos und Piercings heute zu einem normalen Anblick geworden. Ungeachtet der langen Geschichte gab es in westlichen Kulturen zuvor keine Epoche, in der diese Formen des Körperschmucks derart offen von so vielen Menschen nach außen gezeigt wurden. Auch andere Formen der Body Modification (die, wie z.B. die Narbenzeichnung, ebensolche traditionellen Vorbilder haben) sind mittlerweile hinzugekommen und erweitern das Spektrum.

Aus der Provokation und Abgrenzung von einst ist eine in weiten Teilen gesellschaftlich anerkannte Ergänzung von Mode und individuellem Ausdruck geworden. Zugleich zwingt dies diejenigen, die dennoch auffallen wollen, dazu, sich immer wieder Neues auszudenken und dabei nicht zuletzt zu zunehmend (wenn auch vereinzelt) extremeren Eingriffen überzugehen. Zur Body Modification (vgl. u.a. auch Favazza 1999; Kasten 2006) ist heute zu zählen:

- *Tätowierung:* das Einbringen von Farbe unter die Haut mit Nadeln oder anderen Werkzeugen, um ein dauerhaftes Bild zu gestalten. Neben den dauerhaften Tattoofarben gibt es mittlerweile auch solche, die innerhalb einer bestimmten Zeit verblassen und wieder vollständig verschwinden. Noch deutlich weniger eingriffsintensiv sind Bemalungen mit Farben, die die Haut vorübergehend einfärben, oder aber Bodypainting, bei dem die Farbe direkt nach der Aktion wieder abgewaschen werden kann.
- *Piercing:* Schmuckstücke, zumeist aus Metall, die in durchstochenes Gewebe eingesetzt werden. Hierbei gibt es Weichgewebepiercings, wie z.B. im Ohrläppchen oder der Lippe, Knorpelpiercings z.B. in der oberen Ohrmuschel oder der Nase, Surface-Piercings, die unter der Hautoberfläche entlang führen, wie z.B. am Bauchnabel oder der Augenbraue. Ergänzt wird das Spektrum durch Dehnungsringe, bei denen es neben dem Schmuckeinsatz auch darum geht, das Loch selbst zu dehnen und zu vergrößern.
- *Scarification:* Narbenzeichnung z.B. durch Schnittverletzungen, Brandzeichen oder Ähnliches. Teilweise wird der Effekt der Narbenbildung verstärkt, indem der Heilungsprozess behindert oder unterbrochen wird. Es kann dabei auch Farbe in die Wunde eingebracht werden, um die entstehenden Narben hervorzuheben.
- *Branding:* Brandmale nach Art der Brandzeichnung von Tieren, die mit einem glühend-heißen Eisen in die Haut eingebrannt werden und bei denen dann Narben entstehen. Es handelt sich hierbei um eine spezielle Form der Scarification.
- *Tackern* (Stapling) und *Nähen:* Einbringen von Tackernadeln oder Nadel und Faden (wie beim Nähen), um diese Fremdkörper entweder vorübergehend im Gewebe zu belassen oder um eine bestimmte Narbenbildung hervorzurufen. Teilweise werden auch Hautfalten oder Körperöffnungen (vorübergehend) zusammengenäht.
- *Cutting* und *Spaltung:* Schnittverletzungen in der Haut bzw. bis in das tiefergehende Gewebe oder das chirurgische Spalten und Trennen von Körperweichteilen, insbesondere der Zunge.
- *Implantat:* Einsetzen von Fremdkörpern aus Metall, neuerdings auch aus Teflon oder Silikon unter die Haut, die dann spür- bzw. je nach Größe auch deutlich sichtbar sind. Subdermalimplantate befinden sich vollständig unter der Haut, bei Transdermalimplantaten wird ein Teil – z.B. eine Platte – unter die Haut verbracht, ein anderer Teil ragt heraus. An diesem lässt sich dann Schmuck, z.B. ein Metalldorn befestigen.
- Hin und wieder finden sich Elemente der Body Modification auch eingebunden in Aktionen aus dem Bereich der *Performance-Kunst* (vgl. Bammann 2006, 18 f. mit weiteren Nachweisen). Im Rahmen der künstlerischen Aktion wird dabei in die Integrität des Körpers eingegriffen, nicht selten zumindest um den Preis von akuten Wunden oder permanenten Narben. Namhafte Beispiele sind die Aktionen des (Mit-)Begründers des modernen Body-Modification-Movements Fakir Musafar („Suspen-

sion" = das Aufhängen an durch die Haut gestochene Haken; Fakir 2006); Stelarc, der für seine Aktionen verschiedene Formen von Exo-Skeletten und künstlichen Körperfortsetzungen entwerfen ließ; oder Orlan, die in einer über mehrere Jahre dauernden Aktion mittels einer Vielzahl von kosmetischen Operationen ihren zum Kunstobjekt erklärten Körper umgestalten ließ.

Wer ein echtes Tattoo scheut, kann auf Henna-„Tattoos" zurückgreifen, eine Naturfarbe, die z. B. im indischen Raum als Schmuck bei Festen aufgetragen wird und innerhalb einiger Tage oder Wochen wieder verblasst und verschwindet. Entsprechend finden sich auch Magnet-Clips anstelle von echten Piercings. Dem Trend folgend gibt es auch T-Shirts, Pullover, Hosen und Jacken (bis hin zu klassischen Sackos) mit aufgedruckten Tattoo-Motiven zum Anziehen, die eine Vorliebe für Tattoos nach außen tragen, ohne dass der so Gekleidete sich der Prozedur des Tätowierens unterziehen muss. Dabei verbirgt die Kleidung zugleich, was bzw. ob sich etwas darunter auf der Haut befindet.

Während Jugendliche ihren Körperschmuck eher zeigen wollen und es ihnen gerade um die Repräsentation nach außen geht, steht dieser Aspekt bei Erwachsenen oftmals nicht im Vordergrund oder ist sogar unerwünscht. Insbesondere bei Intimpiercings, aber auch bei unter der Kleidung verborgenen Tattoos kann der Reiz gerade auch darin liegen, ein Geheimnis zu haben, um das nicht jeder weiß.

2. Zahlen und Forschungsfragen

In den Jahren 2003 und 2009 wurden in Deutschland durch ein Leipziger Forscherteam zwei repräsentative Studien durchgeführt, in denen die Verbreitung von Körpermodifikationen wie Tätowierungen, Piercings und Körperhaarentfernung in der deutschen Bevölkerung untersucht wurde (Stirn/Brähler/Hinz 2006; Brähler/Hofmeister 2009). Die erste Studie belegte seinerzeit, dass 8,5 Prozent der Deutschen tätowiert und 6,8 Prozent gepierct waren (Stirn/Brähler/Hinz 2006, 447). Vergleiche mit ausländischen Untersuchungen ergaben dort ein ähnliches Bild. So haben in Australien 10 Prozent der Menschen mindestens ein Tattoo, 8 Prozent mindestens ein Piercing, in den USA soll der Anteil bei bis zu 13 Prozent (für beide Formen der Körpermodifikation) liegen, bei College-Studenten kamen Forscher gar auf 51 Prozent mit Piercings und 23 Prozent mit Tattoos (Studien nachgewiesen bei Stirn u. a. 2006, 446). In der neueren Studie aus dem Jahr 2009 zeigten sich gegenüber der ersten leichte Veränderungen. Tätowierungen nahmen insgesamt, besonders aber bei jungen Frauen zu, Piercings bei Männern nahmen ab.[1] Aus der ersten wie der Nachfolgeuntersuchung

---

1 Dabei ist selbstverständlich zu beachten, dass sich Piercings relativ unproblematisch entfernen lassen, während dies bei Tätowierungen nicht ohne erheblichen Aufwand

lässt sich schließen, dass Tattoos und Piercings in einzelnen gesellschaftlichen Gruppen (unterschiedlich vor allem nach Alter, Bildungsstand und sozialem Status, während die Geschlechter sich durchaus angleichen) relativ weit verbreitet sind und auch bleiben, ohne dabei allerdings wirklich ein auf die Gesamtgesellschaft übergreifendes Massenphänomen zu sein.

Dabei sind in einzelnen Altersgruppen einzelne Formen (z.B. das Bauchnabelpiercing bei jungen Mädchen) sehr stark verbreitet, fast ubiquitär, weil sie hier wichtiges Stilmittel sind, um zur (Alters-)Gruppe dazuzugehören.

Neben den statistischen Informationen steht im Fokus wissenschaftlichen Interesses immer wieder auch die Frage, warum Menschen sich tätowieren, piercen oder warum sie andere Körperveränderungen vornehmen lassen. Wohlrab u.a. unterscheiden in ihrer Metaanalyse die Kategorien: *1. Beauty, art and fashion, 2. Individuality, 3. Personal narratives, 4. Physical endurance, 5. Group affiliations and commitment, 6. Resistance, 7. Spirituality and cultural traditions, 8. Addiction, 9. Sexual motivations* und die Auffangkategorie *10. No specific reasons* (Wohlrab/Stahl/Kappeler 2007, 89f.) und stellen hierzu eine Vielzahl von (internationalen)[2] Studien vor. Diese Aufzählung fasst die wichtigsten Gründe für Body Modification zusammen, allerdings gibt es dazu noch weitere Erklärungsansätze. Hier ist vor allem auf Studien zu verweisen, in denen es darum geht, Zusammenhänge insbesondere zwischen dem Tragen von Tattoos und Piercings und abweichendem Verhalten (bezogen u.a. auf den Konsum von Cannabis und anderen illegalen Drogen, Vorstrafen, „Binge drinking" und wechselnde Sexualpartner – s. Koch u.a. 2010) oder auch einer allgemein erhöhten Risikobereitschaft nachzuweisen (vgl. Stirn/Brähler/Hinz 2006, 449).

Daneben enthalten andere Studien – aber auch Interviews, die der Verfasser selbst geführt hat – Hinweise darauf, dass ein Zusammenhang zwischen selbstverletzendem Verhalten und Body Modification besteht (Sarnecki 2001; Stirn 2003) und das eine mit dem anderen oftmals zusammenfällt. Dies ist ein Aspekt, der besonders in der Arbeit mit psychisch auffälligen Jugendlichen und Heranwachsenden bedeutsam sein kann.

---

möglich ist. Während die Zahl der gepiercten Menschen also leichten Schwankungen unterliegen kann, ist ein nachhaltiges Sinken der Zahl der Tätowierungen eher unwahrscheinlich. Die Zunahme indes zeigt, dass sich auch weiterhin Menschen neu tätowieren lassen, der Trend zum (ersten) Tattoo also bestehen bleibt.

2 Das Vorhandensein solch zahlreicher Studien aus den verschiedensten westlichen Ländern belegt im Übrigen sehr deutlich, dass Body Modification ein allgemein verbreitetes Phänomen in den entsprechenden Gesellschaften ist und dass es zumeist auffallend starke Ähnlichkeiten, z.B. bei Verbreitung, Form und Motivation gibt.

3. Zur Bedeutung von (Übergangs-)Ritualen in der modernen westlichen Gesellschaft

Das Tattoo, das den Menschen ein Leben lang zeichnet, hat die Eigenschaft, besonders vergänglich zu sein, nämlich mit dem Tod des Trägers zu vergehen. Selten bleiben Körper erhalten. Tätowierte Mumien aus Ägypten, Nordamerika, aber auch der in den Alpen gefundene und ca. 5.000 Jahre alte „Ötzi" sind beredte, wenn auch rare Beweise dafür, dass Tätowierungen schon seit Jahrtausenden in sehr verschiedenen menschlichen Gemeinschaften unabhängig voneinander praktiziert wurden. Bei solchen Funden kann über die Bedeutung der Tätowierungen für ihre Träger allerdings oftmals nur spekuliert werden. Hier ist insbesondere an rituelle Handlungen, aber auch an Statussymbole zu denken. Anders sieht es aber aus, wenn frühe Stammeskulturen von Forschern dokumentiert wurden, schriftliche Aufzeichnungen vorhanden sind – oder diese Gemeinschaften noch heute direkt beobachtet werden können. In zahlreichen Gegenden der Welt finden sich so noch heute Völker, die ihre Kultur – auch die der Tätowierung und des Körperschmucks – in traditioneller Form erhalten haben.

Schmuck und Körperveränderungen, hier insbesondere Tätowierungen und Narbenzeichnungen, sind dabei oftmals ein wichtiger Bestandteil von Initiationsritualen, die den Übergang vom Kindes- zum Erwachsenenalter markieren. Die Narben oder Tattoos dienen hier als sichtbare wie bleibende Zeichen dafür, dass ein neuer Lebensabschnitt erreicht wurde, stellen eine unauslöschliche Einschreibung in den Körper dar. Die Trennung von den Eltern und das Ende der Kindheit ist eine „einschneidende" Veränderung im Leben, und es kann nicht überraschen, dass diese von einer Handlung begleitet wird, die Schmerzen mit sich bringt. Dass Zeichen wie Tattoos dabei dauerhaft sind, unveränderlich, bezeugt zugleich auch die Unumkehrbarkeit des Wandels. Es gibt kein Zurück mehr in die Kindheit, sondern der Träger oder die Trägerin ist endgültig zum Mann bzw. zur Frau geworden.

Auch wenn modernen zivilisierten Gesellschaften solche archaischen Rituale fremd sind, so gibt es auch hier Übergänge zu neuen Lebensabschnitten, die für den Betroffenen bzw. für die Gemeinschaft eine besondere Bedeutung haben. Häufig sind diese Zeitpunkte gar dieselben wie in traditionellen (Stammes-)Kulturen. Wichtige Lebensereignisse – wenn man so will, „die großen Feste des Lebens" (Barz 1998) – sind hier wie dort die Geburt, das Erreichen des Erwachsenenalters, die Heirat, der Tod. Jeweils geht es dabei um einen Übergang in einen neuen Abschnitt des Lebens – der nicht nur die betreffende Person, sondern auch deren soziales Umfeld berührt. Dabei sind es teilweise gerade Rituale, die von anderen für die betreffende Person (also den Neugeborenen, oder den Verstorbenen) durchgeführt werden, um das Leben zu feiern oder seiner zu gedenken.

Wenn modernen Gesellschaften ein Mangel an Ritualen unterstellt wird, so ist dies allerdings falsch. Eher das Gegenteil ist der Fall: Es gibt eine Zunahme, eine Pluralität an Ritualen, zumal dadurch, dass alte miteinander vermischt sowie ganz neue Rituale geschaffen werden (vgl. Grimes 2002, 2 ff.). Das Problem in modernen Gesellschaften besteht allerdings darin, dass es den zahllosen Ritualen oftmals an Verbindlichkeit mangelt. Hinter vielen Ritualen steht heute keine von der Gesamtgesellschaft anerkannte Bedeutung mehr – was nicht zuletzt damit zu tun hat, dass es die eine, alles übergreifende Gemeinschaft in den meisten modernen Gesellschaften in dieser Form gar nicht mehr gibt (auch Lobstädt 2005, 182 f.). Einer der tragenden Stützpfeiler war in Europa lange Zeit die christliche Kirche, die (wie Religion überhaupt) eine Vielzahl streng reglementierter Rituale kennt.

Als der Verfasser vor 25 Jahren in einer ländlichen norddeutschen Kleinstadt konfirmiert wurde, betraf dies fast die gesamte Altersstufe. In der 7. und 8. Schulklasse begleitete der wöchentliche Konfirmandenunterricht – schulübergreifend – das Leben der Kinder und endete für alle gemeinsam, verteilt auf verschiedene Wochenenden, in der Konfirmation und damit einem gemeinsamen Höhepunkt. In multikulturellen, multireligiösen Gesellschaften – namentlich in großen Städten – sieht dies heute anders aus. Das Gemeinschaftsgefühl entfällt – und damit auch das Gefühl des Im-Mittelpunkt-Stehens beim Übergang in einen neuen Lebensabschnitt.[3]

Auch die zunehmende Zahl an Kirchenaustritten sorgt dafür, dass früher wichtige kirchliche Rituale an Bedeutung verloren haben, indem diejenigen, die noch daran teilnehmen, sie nicht mehr ernst nehmen (vgl. nur Dahlke 2009, 274), oder indem viele gar nicht mehr daran teilhaben. Weltliche Entsprechungen wie die Jugendweihe gibt es als allgemein verbindliche Institution (wie vormals in der ehemaligen DDR) nicht mehr. Dort, wo es sie weiterhin gibt, wie in Vereinen, bleibt ihre Wirkung auf einen kleinen Kreis begrenzt. Damit fehlt es allenthalben an Übergangsritualen für Jugendliche: Auf der weltlichen Seite gab es dies (im Westen) in dieser Form nicht, im Osten gibt es das nicht mehr, auf der kirchlichen Seite verliert es allgemein an Bedeutung. Wie diese Übergangsphase gestaltet, wodurch die alten Rituale ersetzt werden, wird nicht festgelegt. Gleichwohl bleibt es dabei, dass die Übergangsphase von der Kindheit ins Erwachsenenalter etwas Besonderes darstellt – und es bleibt bei dem Verlangen, dies irgendwie zu begehen oder zu dokumentieren.

An diese Stelle rückt die Selbstinitiation oder auch die Peer-group mit Mutproben oder Ähnlichem, allerdings im einen wie im anderen Fall letztlich ohne die gesellschaftliche, übergeordnete Bedeutung und Akzeptanz.

---

3 Hier sei angemerkt, dass auch dies auf den doppelten Sinn hinweist: Einerseits wird durch das gemeinsame Begehen des Übergangsrituals das Zusammengehörigkeitsgefühl der Gemeinschaft gestärkt, andererseits steht hierbei der Einzelne, das Individuum im Fokus des Interesses und wird auf seinen eigenen zukünftigen Platz in der Gruppe vorbereitet.

Die Gesellschaft zersplittert so in eine Vielzahl kleiner Gruppen. In der Konsumkultur bilden sich dabei neue Stämme heraus, die sich z. b. über Markennamen verbinden (s. Maffesoli 1996) – bzw. gar nicht *zusammen-finden*, sondern lose verbunden sind, oftmals ohne sich dabei auch nur kennen zu müssen. Das Gemeinschaftsgefühl beruht dabei allenfalls noch auf abstrakten Verbindungen, die un*verbind*lich bleiben. Zumal sind diese nicht über Generationen gewachsen und es gibt keine festen Regeln, die bestimmen, wer Teil des „Stammes" = der Gruppe ist. Hier tritt Beliebigkeit an die Stelle von Traditionen. Die modernen Jugendkulturen, oder, wenn man so will, die „modernen Stämme" sind oftmals nichts anderes als „artifical tribes" (Farin/Neubauer 2001). Rituale erfordern allerdings eine Tradition, die zwar irgendwann ihren Anfang hat, aber nicht von heute auf morgen gemacht werden kann, sondern die wachsen und in einen größeren gesellschaftlichen Gesamtkontext eingebunden sein muss.

In dieser Zersplitterung und Unverbindlichkeit ist es nun ausgerechnet immer wieder ein altes Ritual, das zum Tragen kommt, sei es als Selbstinitiation oder als Mutprobe innerhalb der Peer-group: das Tattoo. Dabei kann das (erste) Tattoo verbinden wie abtrennen. Verbinden kann es mit einer Gruppe, indem die Tätowierung in der Gemeinschaft erfolgt oder mit gemeinschaftlichen Symbolen. Trennen, indem eine bewusste Abgrenzung von den Erwachsenen stattfindet, vielleicht auch eine bewusste Provokation der Eltern, die für einen Bruch steht, der früher durch den ritualisierten Übergang markiert wurde. Zeichen auf dem Körper sind insofern Medium der Inklusion (in die Gruppe) wie der Exklusion (als Ausschluss aus der Gemeinschaft) (s. auch Bammann 2008).

4. Piercing und Tattoo zwischen Individualität und Massenphänomen

In vielen Jugendkulturen gehört Body Modification zum Lebensgefühl und ist Teil dessen, was Gemeinschaft stiftet, miteinander verbindet und die Gruppe erst zu einer solchen macht. Body Modification reiht sich dabei allerdings in eine Vielzahl von Komponenten ein, ergänzt z. b. durch gemeinsame Aktivitäten, Musikrichtungen, Kleidung und anderes mehr. Während es bei Erwachsenen durchaus so etwas wie eine Body-Modification-Bewegung gibt – Menschen, die sich z. b. über ihre Tattoos oder auch Aktionen definieren und verbunden fühlen –, kommt in der Jugendkultur zur Body Modification noch anderes hinzu. Doch schon der Anschluss an eine Gruppe ist letztlich eine individuelle Entscheidung. Die Wahl der Gruppe ist Ausdruck der eigenen Individualität, der eigenen Interessen. Auslöser hierfür mag eine bestimmte Musikrichtung sein (und Musikgeschmack ist bekanntlich Geschmacksache), eine politische oder auch religiöse Überzeugung – manchmal auch einfach der Wunsch, mit ganz bestimmten Menschen die Zeit zu verbringen (hier spielen dann durchaus auch Gruppenzwang und überindividuelle Verpflichtungen hinein). Gemeinsame Symbole festigen hierbei die Verbindung untereinander, wie sie zugleich nach außen hin – von den Anderen – abgrenzen. Ist die Entscheidung, einer Gruppe anzugehören, noch eine individuelle, so geht der Einzelne allerdings dann in der Gruppe auf.

Nur selten finden sich Gruppen, in denen die Verwendung von bestimmten Symbolen fest vorgeschrieben ist. Bestimmte Gangs, die Tattoos als Erkennungs- und Gruppenzeichen verwenden, sind hierfür Beispiele (vor allem in den USA, aber auch in lateinamerikanischen Ländern). In Deutschland ist dies seltener, wird allerdings namentlich im Zusammenhang mit Tattoos bei kriminellen Aussiedlersubkulturen erörtert. Hier finden sich Tattoos mit festgeschriebenen Bedeutungen, die nicht nur die Zugehörigkeit zur Gruppe, sondern auch den genauen Rang, eventuelle Straftaten und ähnliches dokumentieren (vgl. Dietlein 2002).

In ihrem autobiografisch geprägten Roman „Foxfire" (verfilmt u. a. mit Angelina Jolie; die entsprechende Szene kommt auch im Film vor), in dem es um eine Gang junger Mädchen geht, schildert Joyce Carol Oates (1995) die Entscheidung, sich gegenseitig ein Tattoo als Symbol ihrer Verbundenheit zu stechen. Auch hier schafft das (identische) Tattoo Gemeinschaft. Zugleich ist es bleibende Erinnerung an die Jugendzeit – und an die Freundinnen von einst, wenn die Gemeinschaft schon lange aufgehoben ist und man getrennte Wege geht. Faktisch dient es dabei auch als Übergangsritual. Die gemeinsamen Tattoos begleiten hier in einen neuen Lebensabschnitt (siehe ausführlich hierzu die Interpretation bei Beeler 2006, 109 ff.).

Solcherart verbindende Tattoos gibt es vorrangig auch in Männergemeinschaften, namentlich bei Soldaten, die sich dann nicht nur in der aktiven Dienstzeit, sondern noch darüber hinaus als Mitglieder einer speziellen Einheit erkennen, aber auch in männlichen Jugendgangs.

Oft wird die Entscheidung für ein Tattoo oder Piercing jedoch gerade nicht in der Gruppe, sondern von jedem alleine getroffen. Dann ist es aber auch die individuelle Entscheidung des zukünftigen Trägers, welches Motiv an welcher Stelle gestochen werden soll (vgl. Lobstädt 2005, 199 f.). Auch wann, wo und wie dies geschieht, bestimmt der Träger selbst.

Im Rahmen einer Reihe von Interviews, die der Verfasser vor einigen Jahren durchgeführt hat, schilderte eine junge Frau, wie sie zu ihrem damals ersten Tattoo gekommen war, einem Drachen auf ihrer Schulter. Sie hatte sich einen Termin in einem Tattoo-Studio geben lassen, ein Tribal-Motiv ausgesucht und auch schon vorbesprochen. Als der Termin kam, war für einige Tage ein Tätowierer aus Japan zu Gast, der sehr bekannt war und auf internationalen Tattoo-Conventions schon zahlreiche Preise erhalten hatte. Ohne höhere Kosten war dieser bereit, der jungen Frau das Tattoo zu stechen. Sie wollte sich diese Gelegenheit nicht entgehen lassen – es gab allerdings eine Einschränkung dabei. Der japanische Tätowierer machte schon seit Jahren nichts anderes als Drachenmotive, sodass sich die Kundin spontan bei der Motivwahl umentschied und statt des Tribals einen Drachen auswählte.

Üblich ist dies sicherlich nicht, es zeigt allerdings anschaulich, dass bisweilen einfache Erklärungen zu kurz greifen. Einem tätowierten Drachen wird (auch wenn dieser generell zu den beliebtesten Motiven zählt) eine besondere Symbolik zugesprochen, die auch eng mit kulturellen Kontexten verbunden ist. Hier zeigte sich allerdings gerade, dass es zumindest für diese junge Frau *keine* besondere Bedeutung gab, abgesehen vielleicht von derjenigen, sagen zu können, dass ein namhafter Künstler das Bild gestochen hatte.

Ozzie Osborne hat in einem Interview einmal dazu aufgerufen, dass Kinder ihre Eltern damit schockieren könnten, dass sie sich *nicht* mehr tätowieren lassen. Dies sagt nicht nur jemand, der selbst Vater ist, es sagt auch jemand, der seinerseits eine Reihe von Tattoos trägt und zu der Gruppe der „Vorbilder" zählt. Gerade für junge Menschen ist die Orientierung an Vorbildern für die persönliche Entwicklung besonders wichtig. Die ersten Vorbilder sind dabei positiv wie negativ die Eltern, später Lehrer, ältere Geschwister und andere Vertrauenspersonen aus dem persönlichen Nahbereich. Mit dem Älterwerden wechselt dies, neben der Peer-group werden vor allem Menschen zu Vorbildern, die aus den Medien bekannt sind, wie SchauspielerInnen, SportlerInnen, MusikerInnen. Bei bestimmten Musikrichtungen wird ein Image verlangt, zu dem gerade auch Piercings und Tattoos gehören: sei es „der harte Kerl" bei Männern oder aber „die modebewusste Stilikone" bei Frauen.

Von dem einen wie der anderen wird gegenwärtig geradezu erwartet, tätowiert zu sein, weil es für Stärke und Härte steht – oder aber dafür, modisch „in" zu sein und Trends zu setzen. Was Idole vorleben, ahmen Fans nach. Hier wird dann auch nicht nur das tätowiert-Sein nachgeahmt, sondern oftmals das ganz konkrete Tattoo eines bestimmten Stars als Vorlage für die eigene Tätowierung ausgesucht. Dies hat dann indes nichts mehr mit Individualisierung zu tun, sondern mit dem Bemühen, einem Vorbild zu folgen und sich echten oder vermeintlichen Trends anzupassen, um dazuzugehören und selbst „in" zu sein, vielleicht wie das Vorbild, diesem aber zumindest ähnlich zu sein. Das Bild auf der Haut schafft hier auch ein Nähegefühl und stellt eine sonst unerreichbare Beziehung her.

Tatsächlich greifen allerdings alle pauschalen Erklärungen zu kurz: Die Entscheidung für Body Modification kann eine individuelle sein, aber auch eine, die durch Vorbilder oder die Zugehörigkeit zu einer bestimmten Gruppe gefördert oder geradezu erzwungen wird. Oft wird argumentiert, dass in einer Zeit, in der Tattoos und Piercings allgegenwärtig geworden sind, diese nicht mehr dazu dienen könnten, den Träger zu individualisieren. Nun mag es zwar viele Menschen geben, die hierbei einem Modetrend folgen. Daneben gibt es aber auch zahllose andere, die diese Entscheidung *für sich* und nicht nur deshalb treffen, weil Tattoos etc. gerade modern sind. Hier mag nun die weite Verbreitung dazu führen, dass jemand sich leichter traut, seine individuelle Entscheidung auch in die Tat umzusetzen, weil Tattoos und Piercings heute in der Regel nicht mehr mit Ausgrenzung und Stigmatisierung verbunden sind.

5. Unübersichtliche Identitäten

In den seltensten Fällen bleibt es bei einem Tattoo oder einem Piercing. Oft kommt dann nach und nach eine ganze Sammlung zusammen, auch wenn die „heavily tattooed" (Oettermann 1992) früher wie heute die Ausnahme sind. In einem gewissen Sinn lässt sich davon sprechen, dass Body Modification eine Art Suchtfaktor hat, was Vail zu der Feststellung veranlasst: „Tattoos are like potato chips [...] you can't have just one." (Vail 1998)

Nimmt man die Tätowierungen als Beispiel, so fällt auf, dass diese oft wahllos, ja beliebig erscheinen. Verschiedene Stile stehen nebeneinander, auch verschiedene Qualitäten. Auffallend ist dies z.B. im Strafvollzug bei Haftinsassen, auf deren Körpern nicht selten professionell gestochene Tattoos neben solchen stehen, die der Träger selbst gestochen hat oder von Mitinsassen hat stechen lassen. In Jugendheimen – oder bei ehemaligen Heiminsassen – kann man dieses Phänomen ebenfalls beobachten, aber selbst der „normale" Tätowierte hat nicht selten einen Mix aus verschiedenen Stilen und Qualitäten auf seiner Haut, der alles andere als einheitlich und durchdacht erscheint. Die „Sammlung" der Bilder gleicht dann mehr einem chaotischen Patchwork – und es drängt sich die Frage auf, ob dies nicht symptomatisch für die moderne Gesellschaft und das Leben darin ist: eine fehlende Struktur und eine fehlende Orientierung im Leben des Trägers, widergespiegelt durch die Hautbilder der Tattoos.

Menschen verändern sich im Lauf des Lebens, ebenso ihre jeweiligen Lebenssituationen. Ist oder wird der Betreffende im Lauf der Zeit mit der Body Modification unzufrieden – oder ergeben sich andere Gründe, diese abzulegen –, so tauchen dadurch neue Herausforderungen auf.

Als Eingriff in die körperliche Integrität ist Body Modification zunächst einmal eine nachhaltige Veränderung und eine dauerhafte Einschreibung in den Körper, die den Träger ein Leben lang begleitet. Dabei ist allerdings je nach Art der Körperveränderung zu differenzieren. Bei Piercings ist der Trend als Modeerscheinung vergleichsweise folgenlos. Sie lassen sich herausnehmen und abgesehen von einem kleinen zuwachsenden Loch bleiben keine Spuren, wenn keine Komplikationen wie Vernarbungen eintreten und wenn das Loch nicht gedehnt ist.

Bei anderen Eingriffen sieht es anders aus. Auch wenn sich heute Tattoos durch Laserbehandlungen relativ spurlos wieder entfernen lassen, so bleiben sie zum einen oft auch weiterhin zu erahnen. Zum anderen ist das Entfernen deutlich kosten- und zeitintensiver als das Stechenlassen. Tattoos, die im Jugendalter entstanden sind, sorgen also nicht selten für Reue im Erwachsenenalter, unter Umständen auch ganz konkret für Probleme bei der Suche nach einem Ausbildungs- oder Arbeitsplatz.

Hier lauert ein weiteres Problem und ein Ablösungsprozess: Wer sich für den Einstieg in das Berufsleben entscheidet, entscheidet sich unter Umständen auch für den Ausstieg aus der früheren Szene und das Ablegen der damit verbunden Symbole. Letzteres ist dann, wenn diese in die Haut gestochen oder eingebrannt sind, allerdings nicht leicht, schnell und spurlos möglich. Der folgende Ablösungsprozess kann so durchaus nicht nur emotional, sondern auch physisch schmerzhaft sein (vgl. Lobstädt 2005, 202).

6. Schlussbemerkungen

Grundsätzlich ist es nicht so simpel mit Tattoos, Piercings und Body Modification. Sie entziehen sich einfachen Erklärungsansätzen, weil die Motivationen für Körperveränderungen so vielfältig sein können wie die Träger selbst. Hier hilft oftmals nur der direkte Zugang: das Nachfragen.

Auch in einer Zeit, in der Tattoos und Piercings alltäglich geworden sind, erfüllen sie immer noch individuelle Zwecke (Lobstädt 2005, 199 ff.). Selbst wer andere nachahmt, versucht letztlich, auf diesem Wege zu sich selbst zu finden. Gerade Tattoos, aber auch andere dauerhafte Veränderungen, wie Brandings und andere Narben(-zeichnungen), bilden eine Landkarte des Lebens, eine eingeschriebene Biografie auf dem Körper des Trägers. Damit sind sie allerdings auch Kennzeichen seiner Individualität, einer einzigartigen Lebensgeschichte.

Tattoos und Piercings als Massenphänomen sehen sich nun aber gerade durch ihre wachsende Verbreitung einer veränderten Kritik ausgesetzt. Waren sie früher Zeichen für Randgruppen, die ausgegrenzt wurden und sich deshalb tätowierten, oder die ausgegrenzt wurden, weil sie tätowiert waren, so ist heute ein ähnlicher Effekt zu beobachten, gerade weil Tattoos *kein* Randgruppenphänomen mehr sind. Nun wird nicht länger ernst genommen, wer dem Trend folgt, bzw. ist es schwieriger geworden, sich zu individualisieren und aus der Masse herauszu*stechen*. Nicht zuletzt deshalb geht der Trend bei der Body Modification zu immer neuen, auch extremeren Eingriffen in den Körper. Letztlich bleibt aber die Entscheidung, sich tätowieren, piercen oder den Körper auf andere Art verändern zu lassen, immer eine individuelle, selbst dann, wenn andere dies auch machen. Was, wann, wo und wie gemacht wird – bei Tattoos also z.B. Motivauswahl, Körperstelle, Größe –, ist individuell verschieden und schafft einen eigenständigen Charakter. Dass auch andere Menschen tätowiert sind – und es immer mehr werden –, ändert daran nichts. Im Gegenteil wird hierdurch die Stigmatisierung geringer, was die Entscheidung für die bewusste Veränderung des Körpers und einen selbstbewussten Umgang hiermit unter Umständen vereinfacht.

Gerade im Jugendalter ist Body Modification Protest und Anpassung zugleich. Es geht hierbei um Selbstfindung, Abgrenzung von der alten und die Suche nach einer neuen Zugehörigkeit – in einer Welt, in der dies immer schwieriger wird und Jugendliche oftmals bei ihrem Übergang in die Erwachsenenwelt alleine gelassen sind und sich eigene Wege erschließen müssen.

Literatur

Bammann, Kai (2006): Warum lassen Menschen sich heute tätowieren? Und warum werden es immer mehr? In: Bammann, Kai/Stöver, Heino (Hg.): Tätowierungen im Strafvollzug. Oldenburg: BIS, 13–37.

Bammann, Kai (2008): Der Körper als Zeichen und Symbol. Tattoo, Piercing und body modification als Medium von Exklusion und Inklusion in der modernen Gesellschaft. In: Klimke, Daniela (Hg.): Exklusion in der Marktgesellschaft. Wiesbaden: VS, 257–272.

Barz, Brigitte (1998): Die großen Feste des Lebens feiern: Taufe – Konfirmation – Hochzeit – Bestattung. Stuttgart: Urachhaus.

Beeler, Karin Elisabeth (2006): Tattoos, desire and violence. Masks of resistance in literature, film and television. Jeffersen: McFarland.

Brähler, Elmar/Hofmeister, Dirk (2009): Verbreitung von Tätowierungen, Piercings und Körperenthaarentfernung in Deutschland. Ergebnisse einer Repräsentativerhebung in Deutschland im Mai und Juni 2009. Pressemitteilung. Ms., Universität Leipzig, 13. Juli 2009.

Dahlke, Rüdiger (2009): Die Schicksalsgesetze. Spielregeln fürs Leben. München: Goldmann.

Dietlein, Maida G. (2002): Bilder des GULag im baden-württembergischen Jugendstrafvollzug von heute. In: Zeitschrift für Strafvollzug und Straffälligenhilfe, 51, 151–156.

Fakir Musafar (2006): Spirit & Flesh. Uhlstädt-Kirchhasel: Arun.

Farin, Klaus/Neubauer, Hendrik (Hg.) (2001): Artificial Tribes. Jugendliche Stammeskulturen in Deutschland. Berlin: Archiv der Jugendkulturen.

Favazza, Armando R. (1999): Bodies under siege. Self-mutilation and body modification, 2nd Ed. Baltimore: Johns Hopkins University Press.

Grimes, Ronald L. (2002): Deeply into the bones. Re-inventing rites of passage. Berkeley: University of California Press.

Juno, Andrea/Vale, Vivien (Hg.) (1989): Modern Primitives. San Francisco: RE/Search Publications.

Kasten, Erich (2006): Body modification. Psychologische und medizinische Aspekte von Piercing, Tattoo, Selbstverletzung und anderen Körperveränderungen. München: Reinhardt.

Koch, Jerome R./Roberts, Alden E./Armstrong, Myrna L./Owen, Donna C. (2010): Body art, deviance, and American college students: In: The social science Journal, 47, 151–161.

Lobstädt, Tobias (2005): Tätowierungen in der Nachmoderne: In: Breyvogel, Wilfried (Hg.): Eine Einführung in Jugendkulturen. Veganismus und Tattoos. Opladen: VS, 165–236.

Maffesoli, Michel (1996): The time of the tribes. The decline of individualism in mass society. London: Sage.

Oates, Joyce Carol (1995): Foxfire. Die Geschichte einer Mädchenbande. Stuttgart: DVA.

Oettermann, Stephan (1992): „Heavily tattooed". In: Kamper, Dietmar/Wulf, Christoph (Hg.): Die Wiederkehr des Körpers. Frankfurt a.M.: Suhrkamp, 335–349.

Oettermann, Stephan (1994): Zeichen auf der Haut. Die Geschichte der Tätowierung in Europa. 4. Aufl. Hamburg: EVA.

Sarnecki, Judith Holland (2001): Trauma and tattoo. In: Anthropology of consciousness. Journal of the American Association of Anthropology, 35–42.

Stirn, Aglaja (2003): Kunstvolles Tätowieren und Piercing als selbstfürsorgliche Handlung. In: Psychoanalyse. Texte zur Sozialforschung, 48–59.

Stirn, Aglaja/Brähler, Elmar/Hinz, Andreas (2006): Prävalenz, Soziodemografie, mentale Gesundheit und Geschlechtsunterschiede bei Piercing und Tattoo: In: Psychotherapie und psychologische Medizin, 445–449.

van Gennep, Arnold (2005): Übergangsriten. Les rites de passage, 3. Auflage. Frankfurt a.M./New York: Campus.

Vail, Angus D. (1999): „Tattoos are like potato chips … you can't have just one": the process of becoming and being a tattoo collector. In: Deviant Behavior, 20, 253–273.

Wohlrab, Silke/Stahl, Jutta/Kappeler, Peter M. (2007): Modifying the body: motivations for getting tattooed and pierced. In: Body Image, 4, 87–95.

Zbinden, Veroniqe (1998): Piercing. Archaische Riten und modernes Leben. Uhlstädt-Kirchhasel: Arun.

4. Entgrenzte Jugendkörper

Dagmar Hoffmann

Mediatisierte Körper

Die Dominanz der Bilder und ihre Bedeutung
für die Selbstakzeptanz des Körpers

1. Einführung: Körperliche Entwicklung und Identität

„Unsere Verbindung zur Welt ist zunächst eine körperliche", schreibt Verena Kast (2003, 25). Ohne den Körper lässt sich die Welt nicht erfahren. Körper sind primäre Kommunikatoren; selbst wenn kein Wort zwischen Menschen getauscht wird, nehmen sich Menschen mit ihren Körpern wahr. Sie erfahren sich leiblich. „Der Körper ist nicht nur der Ort des Befindens" (ebd.). Mit ihm und durch ihn drücken Menschen ihr Befinden aus, und andere Menschen können dieses Befinden mehr oder weniger wahrnehmen und deuten. In Interaktionssituationen achten Menschen auf die körperlichen Zeichen des Gegenübers und stehen im Kontakt mit ihrem eigenen Körper. In der Pubertät ist das soeben beschriebene Körpermanagement nicht immer gewährleistet, obwohl Pubertierende, bedingt durch die physiobiologische Reifung, stark auf ihren Körper fokussiert sind. Jugendliche sind viel damit beschäftigt, ihren Körper zu beobachten, diesen zu präsentieren und zugleich in Frage zu stellen. Etwa bis zum 17. Lebensjahr gilt es für Jugendliche, sich neben vielen anderen Entwicklungsaufgaben auch mit dem Ergebnis des körperlichen Reifeprozesses auseinanderzusetzen. Sie kommen nicht umhin, ihren Körper irgendwie „bewohnen" zu lernen, und dabei „scannen" sie diesen „kognitiv" immer wieder ganz neu (Fend 2001, 233). So werden etwa die erreichte Körpergröße und Körperform sowie die Proportionen als mehr oder weniger endgültige realisiert. Jugendliche versuchen, sich mit dem Ergebnis ihres Aussehens entweder einverstanden zu erklären oder sich damit zu arrangieren. Sie wissen aber auch um die Gestaltungsmöglichkeiten ihrer äußerlichen Erscheinung und dahingehend sind die Vorgaben der Medien(-akteure) von besonderem Interesse. Es ist anzunehmen, dass ein Abgleich zwischen den medial vermittelten Körperbildern und dem eigenen Körper stattfindet. Dieser Forschungsfrage soll im folgenden Beitrag nachgegangen werden. Anhand einer qualitativen Studie soll gezeigt werden, inwieweit Jugendliche sich im Hinblick auf die Selbstakzeptanz ihres Körpers mit medial präsentierten Bildern von Körpern auseinandersetzen.

„Der Körper scheint gerade heute der zentrale Ort zu sein, wo sich Identität ausdrückt und wo sich Menschen ihrer Identität vergewissern. Im Körper ist man nicht so orientierungslos [...]. Der Körper erscheint als etwas Verlässliches in einer Welt, in der es so viel Unverlässliches gibt." (Kast 2003, 27) Diese in Bezug auf alle Altersgruppen formulierten Thesen der Psychologin und Psychotherapeutin Verena Kast verweisen darauf, dass gesellschaftliche Entwicklungen die Fokussierung auf den Körper offenbar herausgefordert und induziert haben. Gleichwohl werden aber häufig die Medien für den Kult um den Körper verantwortlich gemacht, wobei man sich immer fragt, was mit Medien eigentlich gemeint ist. Medienproduzenten greifen gesellschaftliche Themen und soziale sowie kulturelle Phänomene lediglich auf und reagieren mit (vermeintlich) passenden Angeboten. Nicht immer treffen sie dabei zielsicher den Zeitgeist, den Geschmack und die Wertorientierung des Publikums. Der Kult um den Körper ist kein von Medien initiierter, sondern ein aus der Gesellschaft heraus entstandener, wobei Medien und Gesellschaft sich nicht gegenüber sondern in Wechselbeziehung zueinander stehen. Medien können als Teil der Kultur einer Gesellschaft betrachtet werden, der aber nicht singulär funktioniert und agiert, sondern der immer ein soziales Verweisungssystem braucht. Somit lässt sich an dieser Stelle bereits festhalten, dass das Wissen um den eigenen Körper und die eigene Körperlichkeit, d.h. die Einstellung zum eigenen Körper und das Empfinden des Körpers, immer geprägt ist von der Kultur, der Gesellschaft und nicht zuletzt der Epoche, in der bestimmte Körperpraktiken, Körpervorstellungen und Körperbewertungen auftreten (Gugutzer 2007, 4). Insofern ist man bei empirischen Untersuchungen immer mit der Schwierigkeit konfrontiert, einzelne Einflüsse auf die Auseinandersetzung mit dem Körperlichen nicht genau extrahieren zu können beziehungsweise die jeweiligen Einflüsse immer im Kontext von Kultur und Gesellschaft deuten zu müssen.

Der Körper eines Individuums steht immer im Austausch mit den an ihn gestellten gesellschaftlichen und kulturellen Erwartungen. Die Selbstwahrnehmung des Körpers bedingt sich durch die vom Individuum rezipierte Fremdwahrnehmung, d.h. durch das Feedback der äußeren, sozialen Umwelt. Diese soziale Umwelt können die Eltern, die Gleichaltrigen, können Verwandte oder auch Fremde sein, also Menschen, denen man begegnet und die auf einen irgendwie reagieren. In der Pubertät sind Jugendliche besonders empfänglich für (kritische) Blicke und Kommentare ihrer sozialen Umwelt, weil Jugendliche in dieser Zeit verletzlich und eben häufig ‚nicht in ihrem Körper sind'. Die Neurowissenschaftler versuchen in den letzten Jahren, diese emotionalen Prozesse auf ihre Ursachen hin zu erklären. Ihren Erkenntnissen zufolge können Jugendliche ihr Verhalten und vor allem ihre Emotionen nur sehr schwer kontrollieren, da der Körper mit starken hormonellen Veränderungen zu tun hat und die Umbauaktivitäten des Gehirns das heranreifende Individuum stark beanspruchen (Blakemore 2008; Fladung in diesem Band). Viele Einflüsse strömen auf die Heranwachsenden ein, aber sie selbst sind auch bemüht, sich verschiedenen Kontexten aktiv auszusetzen, um somit ihre Entwicklung voranzutreiben. Nicht immer haben diese Auseinandersetzungen zur Folge, dass die Entwicklung gefördert wird, sondern mitunter bleiben die Konfrontationen mit der „äußeren Realität" (Hurrelmann 2006) auch ohne mittelbare Konsequenzen oder aber beeinträchtigen diese vorübergehend oder – in seltenen Fällen – nachhaltig. Im Hinblick auf die Selbstakzeptanz des Körpers und die Ausbildung einer sogenannten Körperidentität bedeutet dies, dass Heranwachsende die Umwelten aufsuchen, in denen sie etwas über Körperlichkeiten erfahren und vor allem sich selbst körperlich erfahren können. Insofern sind Sportveranstaltungen, Tanzclubs und Musikkonzerte, aber auch das Kino wichtige Anlaufstellen, die Jugendlichen erlauben, sich körperlich zu erproben und nicht zuletzt zu spüren.

Die Auseinandersetzungen mit dem Körper sind kein rein kognitiver Akt, sondern sie erfolgen mit allen Sinnen. Der Körper wird gefühlt, gerochen, erlebt und betrachtet. Die Bewertung des eigenen Körpers steht in einem engen Zusammenhang mit der Geschlechtlichkeit und der sexuellen Orientierung. So demonstrieren die äußeren Zeichen nicht nur die körperliche Reife, sondern auch die Geschlechtsidentität sowie die sexuelle Identität. Jugendliche wollen physisch attraktiv sein und eine erotische Ausstrahlung haben, um von anderen als begehrenswert wahrgenommen werden zu können. Geschlechts- und Körperidentität macht sich an bestimmten Reizen und Attributen fest, die vor allem die auserwählten ‚Liebessubjekte‘[1] decodieren können (sollen). Die Geschmäcker sind in dieser Hinsicht verschieden. Was den einen antörnt, schreckt den anderen ab. Was einem gut gefällt, gefällt nicht unbedingt allen anderen. Das Erkennen des Schönen und Hässlichen, des Begehrenswerten und des Unangenehmen ist auch begleitet von der Frage, was moralisch ‚richtig‘ und vertretbar ist. Jugendliche fragen sich, inwieweit ihre Sehnsüchte und Leidenschaften mit den gesellschaftlichen Konventionen vereinbar sind. Sie treten zu sich in eine neue Beziehung und gleichzeitig zu den signifikanten und generalisierten Anderen (Mead 1934). Sie setzen sich mit den Anforderungen der sozialen Umwelten auseinander, die zumeist konkreter sind als diejenigen, welche die Gesellschaft allgemein an sie stellt, die sie aber dennoch gleichermaßen zu bewältigen haben. Insbesondere gilt es für Jugendliche, die an sie gestellten Rollenerwartungen zu begreifen, um sie im Rahmen der eigenen Möglichkeiten erfüllen zu können. So erzeugen Jugendliche etwa über die Auseinandersetzung mit vorhandenen Geschlechtsrollen eine eigene Geschlechtsrealität. Jugendliche bewegen sich dabei auf einem Kontinuum zwischen weiblich und männlich (Popp 2004); sie entwerfen und verwerfen ge-

---

1 Der Begriff des Liebes*subjekts* wird hier gewählt, weil er stärker als der Begriff des Liebes*objekts* den individuellen Anteil des Verliebten, seine Projektionen und sein emotionales Involviertsein assoziieren lässt.

schlechtliche Attribute und lernen vor allem durch das Ausprobieren von körperlichen Praktiken (wie zum Beispiel bei der Selbstinszenierung in musikalischen Kontexten), ihren Körper und ihre Geschlechtlichkeit besser kennen. Über verschiedenste Selbstinszenierungspraktiken prüfen sie, was wie bei ihrem Gegenüber ankommt und was für sie selbst stimmig ist. Informationen und Wissen über Körperlichkeit und Geschlechtlichkeit, über Schönheitsattribute und Sex Appeal, über Symboliken und Codes werden in der Gegenwartsgesellschaft nicht nur, aber auch über Medien bereitgestellt. Darstellungen von Körpern in populären Medien verweisen in ihren Ästhetiken darauf, was zeitgemäß und kulturell anerkannt ist. Und das interessiert Jugendliche. Allein die Quantität bestimmter medialer Körperpräsentationen lässt auf deren Wert und Bedeutung schließen.

2. Mediatisierte Körper

Im Jugendalter gilt es, die Funktionalität des Körpers zu erschließen. Der Körper wird als sinnlich erfahren, und Sinnliches kann körperlich erfahren werden. Zugleich ist der eigene Körper performativ und verhält sich zu den Körperperformationen der anderen Menschen, mit denen er auf sehr unterschiedliche Weise konfrontiert wird. Körper sind Bezugspunkte des Erlebens und Handelns. Menschen werden von Jugendlichen mit ihren Körpern einerseits im lebensweltlichen Alltag, d.h. in face-to-face-Situationen, andererseits über verschiedene Medienangebote wahrgenommen. Fernsehsendungen, Filme und nicht zuletzt Angebote im Internet präsentieren Medienakteure, d.h. Stars oder auch gewöhnliche Menschen und vor allem deren Geschichten, deren Erlebnisse, Wünsche und Einstellungen, deren Probleme und Nöte. Viele Sendeformate (wie etwa *GZSZ* oder all die Dating- und Castingshows sowie Boulevardmagazine) und auch viele Filme erlauben vielfältige Verhandlungen über jugendtypische Themen. Dabei ist die Selbstakzeptanz des Körpers ein Entwicklungsthema neben anderen, das in der Adoleszenz auf der Agenda steht. Gleichwohl können viele Entwicklungsthemen nicht ohne einen Zugang zum eigenen Körper bearbeitet werden.

Oftmals werden die Medien als Ursache für Unsicherheiten mit dem eigenen Körper benannt, weil sie eine Vielzahl an schönen, perfekten, ästhetisch ansprechenden und sexuell funktionierenden Körpern präsentieren. Immer wieder ist zu lesen und zu hören, die Dominanz schöner und schlanker Frauenkörper in den Medien führe dazu, dass Mädchen zunehmend an Anorexie oder Bulimie litten. Mädchen würden diese medialen Körperbilder als Normgrößen und Idealfiguren betrachten und ihnen nacheifern. Die Berliner Soziologen Ernst von Kardorff und Heike Ohlbrecht (2007) konnten jedoch in ihren Untersuchungen zeigen, dass Essstörungen im Jugendalter eine Reaktion auf individuelle Problemlagen *und* gesellschaftliche Anforderungen darstellen. Sie weisen darauf hin, die Bedeutung der Körpergestalten habe sich in Zeiten der reflexiven Moderne stark gewandelt und damit auch die Anforderungen an den eigenen Körper, der nicht nur gesund, funktional und schön sein soll. Der Körper steht für vieles mehr: So lässt sich anhand seiner Erscheinung, d.h. seiner äußeren Zeichen, immer auch auf die innere Verfasstheit schließen (ebd., 163). Körper werden mit soziokulturellen Zugehörigkeiten, Kompetenzen und Prestige assoziiert. Sie lassen erkennen, ob sich jemand um sich selbst bemüht, diszipliniert und zielstrebig oder nachlässig ist.

Der Körper ist in den vergangenen Jahrzehnten zum Symbol und zum Ausdrucksmedium geworden, in dem sich gesellschaftliche und kulturelle Bedingungen widerspiegeln. Dies liegt unter anderem an dem Wissen, das Menschen inzwischen über ihren Körper, ihre Fitness und Gesundheit haben. Es hängt des Weiteren mit einer veränderten Wertigkeit des Körperlichen und körperlicher Praktiken zusammen. Der Körper wird verstärkt als Ressource und individuelles Kapital betrachtet, das einem in der Gesellschaft zu Status und Macht verhelfen und die ein oder andere Tür öffnen kann. Der Körper ist das Kapital, das bei der Partnersuche bedeutsam wird (Otte 2007a, 2007b) oder auch die Karrierechancen im Beruf bestimmt. Sicherlich spielen zudem veränderte Geschlechterverhältnisse eine bedeutsame Rolle, die den Körper mehr und mehr zu einem sozialen und kulturellen Konstrukt werden lassen, in dem sich bestimmte Auffassungen, Konventionen und Rollenmuster temporär ablesen lassen oder auch dauerhaft manifestieren. Der Körper wird zum Medium der Her- und Darstellung sozialer Ordnung und kann dazu benutzt werden, die gesellschaftliche Ordnung ins Wanken zu bringen (Gugutzer 2004, 143). Dafür lassen sich in den populären Medien immer wieder Beispiele finden. Akteure nutzen ihren Körper, indem sie ihn gegen die Konventionen darstellen, d.h. Anwesende oder das Publikum mitunter provozieren. Dies gelingt durch ungewöhnliche Kleidung oder über Handlungen oder auf die Agenda gebrachte Themen, die für andere unerwartet erfolgen.[2] In der Soziologie wird der Körper deswegen immer sowohl als Produkt der Gesellschaft als auch als Produzent von Gesellschaft betrachtet (ebd., 141). Der Körper reagiert nicht nur auf gesellschaftliche Erwartungen und Bedingungen, sondern ist vielmehr selbst Me-

---

2 Erinnert sei etwa an Nina Hagens Auftritt im *ORF* in der Talk-Sendung *Club 2* vom 9. August 1979 zum Thema Jugendkultur, in der sie unaufgefordert verschiedene Stellungen zur weiblichen Masturbation demonstrierte. Ein aktuelles Beispiel für Konventionsbrüche, die das Hinterfragen von Rollenmustern zur Folge haben, sind etwa die Inszenierungen und Statements der Moderatorin und Schriftstellerin Charlotte Roche, die in der medialen Öffentlichkeit häufig intime Themen anspricht. Ihr 2008 erschienener Roman *Feuchtgebiete* sorgte für etliche Kontroversen, wobei es der Autorin nach eigenen Aussagen nur darum ging, Mädchen und Frauen der westlichen Welt die Entfremdung von ihren eigenen Körpern vorzuführen und auf überzogene Ästhetisierungen und Hygienemaßnahmen aufmerksam zu machen. Siehe Charlotte Roche im Interview mit Stephan Loichinger im *Tages-Anzeiger* (Schweiz) Online abrufbar unter http://sc.tagesanzeiger.ch/dyn/news/buecher/851646.html [Zugriff am 30.9.2010].

dium, das gesellschaftliche Strukturen und vor allem Interaktionsordnungen sowie Werte modifizieren kann.

Jugendliche leben mit ihrem Körper in einem gesellschaftlichen Ordnungszusammenhang, dessen Regeln und Handlungsspielräume sie sich erst erschließen müssen. Medien *präsentieren* dabei Möglichkeiten und Grenzen von Körperinszenierungen und Körperpraktiken. Sie knüpfen dabei an gesellschaftliche Wirklichkeiten an, *repräsentieren* diese aber nicht unbedingt. Gleichwohl darf angenommen werden, dass bei Jugendlichen der Eindruck entstehen kann, dass mediale Darstellungen von Körpern und Körperlichkeiten Auskunft darüber geben, was in der Gesellschaft auf Akzeptanz stößt. In den Medien wird über Körper, vor allem deren Attraktivität, sexyness und Fitness, berichtet. In diesem Kontext wird immer wieder nach der normativen Kraft medialer Bilder gefragt. Somit gilt es herauszufinden, inwieweit bestimmte medial inszenierte Körper auf der sozialkognitiven Ebene Schablonen und Schemata generieren, die in einer Phase der Entwicklung die eigene Körperlichkeit beeinflussen, in der man für Idealbilder offen und empfänglich zu sein scheint. Gerade im Jugendalter wird der eigene Körper dauernd evaluiert, wobei andere Körper zum eigenen in Beziehung gesetzt werden und umgekehrt. Inwieweit Jugendliche ihren Körper im Kontext von Körpern betrachten, die speziell ihrer Altersgruppe oder Entwicklungsstufe entsprechen, oder generell im Kontext von Körpern unterschiedlichen Alters oder nur erwachsener Körper, ist nicht genau zu sagen.

3. Audiovisuelle Darstellungen des Körpers in populären Medien

In Zeiten des Medienpluralismus ist es relativ schwierig, empirisch nachzuweisen, welches Medium – welches Medienformat, welcher Medienakteur und welche medialen Erfahrungen – welchen Einfluss auf das Körperselbstbild des Rezipienten ausübt. Jugendliche lesen Zeitschriften und Bücher, surfen im Internet, sehen fern. Sie betrachten öffentliche Werbung – z.B. an den Bushaltestellen und Plakatwänden, im Kino, im Fernsehen und in den Printmedien. Sie sehen eine Vielzahl von Filmen. Soll heißen: Jugendliche (und andere Menschen auch) sind umgeben von visuellen Darstellungen von Körpern, mit denen sie sich bewusst oder unbewusst, gezielt oder zufällig, kurz- oder langfristig auseinandersetzen. Viele Bilder sind nach einer gewissen Zeit nicht mehr abrufbar, andere bleiben gewollt oder ungewollt im Gedächtnis haften, wiederum andere werden zum Gesprächsthema. Die Verhandlungen über die Models aus der Castingshow *Germanys next Topmodel (ProSieben)* sind da ein naheliegendes und prominentes Beispiel neben vielen anderen. Jugendliche kommentieren das Aussehen von Sportlern (allen voran Fußballern), Musikern, Schauspielern, Moderatoren und Kandidaten in Casting-, Dating- und Spielshows sowie von Akteuren in

Boulevardmagazinen. Sie reden darüber nicht (nur) unbedingt auf den Schulhöfen, sondern verkünden ihre Ansichten etwa über die von ihnen genutzten Social Network Sites, im Chat und auf Fanportalen. Trotz Medienpluralismus und Crossmedialität kann das Fernsehen jedoch noch immer als primärer Informationsträger, als Leit- bzw. Dominanzmedium im Jugendalter betrachtet werden, denn es zeichnet sich – folgt man den letzten JIM-Studien (Medienpädagogischer Forschungsverbund Südwest – mpfs 2009) – noch kein signifikanter Rückgang hinsichtlich seiner quantitativen Nutzung ab. Die Online-Zuwendungszeiten nehmen zwar kontinuierlich zu, allerdings bleibt in der Altersgruppe der 14- bis 19-Jährigen und der 20- bis 29-Jährigen die TV-Sehdauer relativ konstant. Fernsehen hat immer noch eine große Reichweite und ist nach wie vor ein wichtiges und zuverlässiges Referenzmedium. Bestimmte Sendungen, Medienakteure und Ereignisse muss man im Jugendalter einfach kennen, sonst kann man im Austausch mit Gleichaltrigen keine Impulse setzen und nicht mitreden. Dies sind sicherlich gewichtige Gründe dafür, warum die Bindung an das Fernsehen besteht und offensichtlich vorerst beibehalten wird.

Der mit Abstand beliebteste Fernsehsender bei Jugendlichen im Alter von 12 bis 19 Jahren ist *ProSieben,* dessen Programm von 47 Prozent der 1.200 Befragten als Lieblingsprogramm genannt wird. Es bietet allgemein viel Unterhaltung und insbesondere Infotainment-Formate wie zum Beispiel die Wissensmagazin *Galileo,* das Boulevardmagazin *taff,* das fünfmal wöchentlich ausgestrahlt wird, und die Unterhaltungsshow *TV total.* Es beinhaltet die von Jugendlichen präferierten Serien *Two and a Half Men, Charmed – Zauberhafte Hexen* und *Die Simpsons.* Bei *ProSieben* werden die Castingshows *Popstars* und *Germanys next Topmodel* gezeigt. Zudem zeigt der Sender häufig actionreiche Spielfilme. Das zweitliebste Fernsehprogramm stellt *RTL* für die junge Zielgruppe bereit, das von 13 Prozent der Befragten als favorisiertes angegeben wird. Auf *RTL* läuft unter anderem seit nunmehr 18 Jahren die Daily Soap *Gute Zeiten, schlechte Zeiten (GZSZ)* sowie seit 2002 die Castingshows *Deutschland sucht den Superstar (DSDS)* und seit drei Jahren *Das Supertalent.* RTL ist zudem für seine Comedyshows bekannt sowie für die seit 1999 ausgestrahlte Quizsendung *Wer wird Millionär?* An dritter Stelle folgt *Sat.1,* das 6 Prozent als Lieblingsprogramm nennen (mpfs 2009, 28). Zwei Drittel aller Befragten der JIM-Studie geben an, dass ihnen am Fernsehen gut gefällt, dass sie etwas präsentiert bekommen und sie nicht selbst suchen müssen. Auch finden es 73 Prozent der befragten Jugendlichen angenehm, dass Filme und Sendungen im Fernsehen immer zu einer ganz bestimmten Uhrzeit kommen (mpfs 2009, 29). Jugendliche bevorzugen demzufolge eine habitualisierte Rezeption, sicherlich auch vor dem Hintergrund des Wissens, dass zeitgleich mit ihnen viele andere Gleichaltrige, darunter (vermutlich) ihre Freunde, dasselbe Programm schauen. Somit assoziieren sie ihre Peers und vergemeinschaften sich mehr oder minder virtuell. Obwohl die Rezeption von Fernsehsendungen und

Filmen als eigentlich solitäre Beschäftigung betrachtet wird, wird sie von den jungen Zuschauern nicht als solche empfunden. Es finden Medienaneignungen und gemeinsame Medienerfahrungen statt.

Im Folgenden soll anhand einer umfangreichen Studie, die in den Jahren 2004 bis 2007 an der Hochschule für Film und Fernsehen „Konrad Wolf" Potsdam-Babelsberg durchgeführt wurde, gezeigt werden, inwieweit sich Heranwachsende mit audiovisuellen Körperinszenierungen in populären Medienformaten auseinandersetzen und wie sie sich die Bilder aneignen. In diesem Beitrag können lediglich die fokussierten qualitativen Interviews mit Jugendlichen analysiert werden, wobei hier angemerkt sei, dass die Untersuchung als Triangulationsstudie angelegt gewesen ist und mittels der verschiedenen Datensorten weitere Fragestellungen bearbeitet werden können.[3] Der Fokus der folgenden Darstellung liegt auf den individuellen Verhandlungen von medialen Körperlichkeiten im Kontext der Selbstexploration und der körperlichen Selbstakzeptanz von Mädchen im Alter von 16 bis 18 Jahren. Für den vorliegenden Beitrag können aus Platzgründen nicht auch die Beiträge der 15 befragten Jungen ausgewertet werden.

4. Vorstellung der empirischen Untersuchung und des Datenmaterials

Ausgehend von mediensoziologischen und sozialpsychologischen Theorien wird in der Studie der Versuch unternommen, die Akzeptanz ausgewählter Angebote an Körperdarstellungen zu bestimmen und spezielle Aneignungsprozesse von Jugendlichen im mittleren bis späten Jugendalter zu erfassen. Es galt herauszufinden, welchen Nutzen Heranwachsende aus der Rezeption von medial inszenierten Körpern ziehen. Im Winter 2004/05 wurden dazu 30 themenfokussierte Interviews mit Jugendlichen im Alter von 16 bis 18 Jahren geführt. Da die Thematik persönlich und intim ist – es wurde insbesondere über „Nacktheit und Sexualität" diskutiert –, sind die Interviews als themenfokussierte Einzelinterviews durchgeführt worden. Filmsequenzen dienten als Gesprächsimpuls für das Interview. Das ausgewählte Material sollte sowohl Anknüpfungspunkte an das Rezeptionsverhalten als auch an die Lebenswelt der Jugendlichen bieten. Es sind entsprechend verschiedene Sequenzen sowohl aus populären als auch nicht-kommerziellen Filmen, aus Fernsehsendungen sowie Werbespots und ein Musikvideoclip ausgesucht worden. Damit wurden insgesamt unterschiedliche Genres abgedeckt. Zehn der 12 Sequenzen sind regulär im Programm des Deutschen Fernsehens zu finden gewesen. Es entstand ein circa 35-minütiges Potpourri, das in fünf Tracks zu je zwei bis drei Sequenzen geordnet wurde.

---

3 Hier kann exemplarisch auf Hoffmann (2010) und einen Handbuchartikel (Hoffmann, im Druck) verwiesen werden, in denen die Studie von der Methodik näher erläutert wird.

Tabelle 1: Stichprobe der Mädchen[4]

Teilnehmerinnen	Alter	Schule
Wenke	16	Gymnasium
Hilke	16	Gesamtschule
Flora	16	Gymnasium
Rebecca	16	Gymnasium
Sibylle	16	Gymnasium
Sonja	17	Gymnasium
Marie	17	Gymnasium
Solveig	17	Gymnasium
Marlene	17	Gymnasium
Elena	17	Gymnasium
Leonie	18	Gymnasium
Alina	18	Gymnasium
Sabrina	18	Gesamtschule
Jennifer	18	Gymnasium
Kathrin	18	Gymnasium

Da die Teilnahme an der Studie freiwillig war, ist der Anteil der besser ge-bildeten Schülerinnen deutlich höher als derjenige der eher weniger gebil-deten Jugendlichen. Von den 15 weiblichen Teilnehmern besuchten zum Befragungszeitpunkt 13 ein Gymnasium und zwei eine Gesamtschule. Es ist eine geschlechtshomogene Interviewsituation bevorzugt worden. Zum Befragungszeitpunkt ist die Interviewerin sieben bzw. maximal neun Jahre älter als die befragten Mädchen. Dass die Interviewerin damit ausreichend nah an der Alltags- und Lebenswelt der Jugendlichen gewesen ist, zeigte sich daran, dass nur wenige Befragte im Interview auf Distanz gegangen sind. Ziel des fokussierten Interviews sollte es sein, die Reaktionen der Be-fragten so tief wie möglich auszuloten und den persönlichen Lebenszu-sammenhang sowie die Bedeutung der Reaktionen der Befragten herauszu-arbeiten (Merton/Kendall 1946). Die zwölf Filmsequenzen sind von den Schülerinnen und der Interviewerin gemeinsam rezipiert worden. Nach je-dem Track fand ein Gespräch über das Gesehene statt. Die Interviews ha-ben maximal 120 Minuten gedauert, und ihr Inhalt liegt als transkribiertes Datenmaterial vor. Durch die standardisierte Anordnung der Filmsequenzen

---

4 Alle Namen wurden zur Anonymisierung der Teilnehmenden geändert.

sind die Interviews thematisch vorstrukturiert. Daher lässt sich bezogen auf die visualisierten Körper eine systematische Analyse vornehmen.

Eine Inhaltsanalyse von je 73 Programmstunden[5] von *ProSieben, RTL, VOX* und *SAT.1* hat ergeben, dass insbesondere bei *ProSieben* der Anteil an Bildern von nackten Körpern und sexuellen Handlungen besonders hoch ist. Im Vergleich zu den Programmen von *RTL, VOX* und *SAT.1* werden bei *ProSieben* besonders viel nackte Haut und sexuelle Aktivitäten in der Werbung und in den Boulevardmagazinen gezeigt (Hoffmann 2010, 13). Mit Nacktheit und Sexualität versucht man seit jeher, die Aufmerksamkeit der Zuschauenden zu erreichen. Gleichwohl muss das nicht das ausschlaggebende Moment für die Affinität der Jugendlichen zu diesem Programm sein. Die Analysen weisen darauf hin, dass *ProSieben* im sonstigen Programm im Untersuchungszeitraum kaum mehr nackte und erotisierte Körper darstellt als andere Sender. Da in den bei Jugendlichen populären Boulevardmagazinen entblößte Körper und sexuelle Handlungen in mindestens einem Beitrag thematisiert werden, soll für die folgende Analyse eine entsprechende Reportage ausgewählt werden. Anhand der Aussagen der Jugendlichen lässt sich erkennen, wie sie auf den Beitrag „Die Fotos Deines Lebens" aus dem Boulevardmagazin *taff (ProSieben)* reagiert haben, wie sie sich zu diesem intimen Foto-Shooting positionieren und ihre Einstellung auf ihr Körperselbstkonzept schließen lässt.

Der Ausschnitt aus dem Boulevardmagazin *taff* vom 30.09.2004 ist den Jugendlichen als sechster Mitschnitt gezeigt worden. Zuvor hatten sie sich schon zu einer Spielfilmsequenz, einem Musikvideo, einem Studentenfilm, einem anderen Beitrag aus einem Boulevardmagazin sowie zu einer Live-Brust-OP äußern sollen. Der Mitschnitt aus dem Boulevardmagazin *taff* dauerte knapp drei Minuten und zeigt die 23-jährige Katja bei ihrem ersten Fotoshooting in Dresdens Innenstadt, wo sie zuvor von einem Filmteam angesprochen worden ist. Man sieht, wie sie von einer Visagistin zunächst professionell geschminkt wird, was für die EDV-Dozentin eine ganz neue Erfahrung bedeutet, denn in ihrem Büroalltag trägt sie normalerweise nur Wimperntusche auf (erzählt der Sprecher). Die Kamera schwenkt im Verlauf des zusammenfassenden Berichts immer wieder zwischen der Visagistin und Katja hin und her und zeigt die beiden dabei stets in Detail- und Großaufnahmen. Aufgelockert wird das Ganze durch kurze atmosphärische Aufnahmen von Dresden. In kurzen Einstellungen werden die neugierigen Blicke der flanierenden Passanten eingefangen. Als Katja das Resultat ihrer Verwandlung im Spiegel anschauen darf, reagiert sie erstaunt. Sie scheint generell eher wenig selbstbewusst zu sein, wobei das *taff*-Team durch das Ändern ihrer äußerlichen Erscheinung bemüht ist, ihr mehr Ausstrahlung zu geben und ihr zu mehr Selbstbewusstsein zu verhelfen. Mit einem Push-effekt wird etwa Katjas Brustkörbchengröße 70A erweitert, indem sie in

---

5 Erhoben wurde eine künstliche Woche im Herbst 2004 (s. Hoffmann 2010, 12 f.).

einen Push-BH und eine Korsage gekleidet wird. Katja merkt dabei an, dass sie prinzipiell doch gern ein wenig mehr Oberweite hätte und eben keine Modelmaße besitzt. Fertig geschminkt und angezogen soll sie sich im Rokoko-Stil lasziv vor der Kamera bewegen, was ihr zunächst etwas schwerfällt. Die Kamera fängt ihren halbnackten Körper ein und zoomt ihre langen nackten Beine und ihren Po heran. Hier wird mit Farbverfremdungen gearbeitet. Außerdem werden zusätzlich mehrere von ihr geschossene Fotos eingeblendet, um dem Rezipienten das Resultat zu verdeutlichen. Die Kamera des *ProSieben*-Teams erhascht immer wieder einige kurze Aufnahmen von Katjas Busen. Katja muss sich dann noch mal umziehen: Sie wird in einen Hauch von Stoff gehüllt, wobei sie ihre Brüste mit ihren überkreuzten Händen zu verdecken versucht. Im Objektiv des Fotoapparats spiegelt sich ihr Abbild. Sie blickt verführerisch in die Kamera. Schnelle Schwenks dominieren die Kamerahandlung. Der Zuschauer bekommt einen Überblick über die Situation. Das Team, nur aus Frauen bestehend, macht am Ende einen gelösten Eindruck, damit sich Katja einigermaßen wohlfühlen kann – entblößt und beäugt von der Dresdner Öffentlichkeit, da sie unter anderem auf einem Fensterbrett posiert.

Tabelle 2: Analyse des Ausschnitts aus dem Boulevardmagazin *taff* vom 30.9.2004

Analyse des Beitrags nach ausgewählten Kategorien

Kontext / Ausstattung	Fotoshooting in Dresden. Schminken in der Fußgängerzone, bekannte Sehenswürdigkeiten wie z. B. Frauenkirche als Kulisse.
Akteure	Katja, 23 Jahre alt, ist Hauptakteur. Außerdem sind eine Visagistin und eine Fotografin zu sehen. Off-Sprecher.
Bildkomposition	Katja ist stets im Mittelpunkt, Körperdetails, Katja in und vor historischen Gebäuden und durch Kleidung im historischen Kontext. ,Bild im Bild‘: Fotos des Shootings überlagern Bilder von Dresden.
Farbgestaltung	Verwendung von Filtern, Effekten, Verfremdungen. Die Bilder von Katja werden nachbearbeitet und protegiert. Aus der ,natürlichen‘ Katja wird eine doppelt inszenierte Katja (erst fotografiert, dann die Bilder mit technischen Mitteln verfremdet).
Kamera / Licht, Schatten	Handkamera, Tageslicht, schiefe Einstellungen, slow motion, Kamera geht immer wieder von Katjas ganzem Körper auf Körperdetails. Zwischendurch Schwenk über Passanten. Standbilder, wenn die Aufnahmen des Shootings gezeigt werden. Starke hell-dunkel-Kontraste bei den Aufnahmen.
Ton / Musik	Sprecher beschreibt die Situation, Katjas Kommentar aus dem Off dazu; Musik ist treibend und temporeich.

Schnitt / Tempo	Schnelle Schnitte. Die Aufnahmen des Shootings werden wie bei einer Modeschau fast blitzartig hintereinander geschnitten.
Topikreihen	Dresdner Sehenswürdigkeiten. Katjas Brüste (werden immer wieder verbal erwähnt und gezeigt).
Symboliken	Katja wird zum Schluss mit großen weißen Federn geschmückt.
Erotisierende Elemente	Der sich verwandelnde Körper wird in slow motion inszeniert, immer wieder close-ups auf Lippen, Brüste, Augen.

5. Mediale Körperbilder und ihre Konsequenzen für die Selbstexploration und Selbstakzeptanz

Die Auswertungen der themenfokussierten Einzelinterviews machen deutlich, dass die befragten Jugendlichen genaue Beobachter sind, die das Gesehene sehr differenziert bewerten. Sie haben insgesamt wenig Scheu, sich über mediale Inszenierungen von Körpern zu äußern, können schnell artikulieren, was sie mögen und was für sie schambehaftet oder mitunter sexistisch ist. Allgemein zeigt sich, dass die Auseinandersetzung mit Körperinszenierungen in Film und Fernsehen für die Heranwachsenden ein alltägliches Handeln darstellt, wobei der Grad der Involviertheit in die medialen Darbietungen je nach Anmutung des Dargestellten und je nach dem eigenen Entwicklungsstand und den Interessen variiert. In der qualitativen Befragung haben die interviewten Mädchen mehrheitlich während der Rezeption geprüft, was das Gesehene mit ihnen in emotionaler und kognitiver Hinsicht macht. Einige – nicht alle – haben im Interview ihre eigenen Erlebniswelten und ihre Wünsche mit dem Gezeigten in Beziehung gesetzt. Im Folgenden soll anhand der Antworten auf die Reportage des Fotoshootings mit Katja fallspezifisch analysiert werden, wie die Bilder auf Jugendliche wirken, wie sie diese wahrnehmen und aneignen, das heißt in ihren Lebenskontext integrieren.

„Die Fotos Deines Lebens" sind bei *taff* im Untersuchungszeitraum fester Bestandteil des Programms gewesen. Von den 15 befragten Mädchen kennen sieben diese Rubrik bei *taff* und sehen sich diesen Sendeteil regelmäßig und zumeist gerne an. Die Mädchen beschreiben im Interview den Ablauf des Shootings und versuchen, sich in die Protagonistin hineinzuversetzen. Von den befragten Mädchen äußerten sich 13 sehr positiv über das Resultat des Shootings. Den meisten gefielen die Fotos ausgesprochen gut, sie wurden als „erotisch", „nicht übertrieben" und „schön" bezeichnet. Marlene begründet ihr Gefallen damit, dass die Fotos nicht offensichtlich erotisch, sondern eher subtil inszeniert seien und auch so ihrer Ansicht nach von den Zuschauern rezipiert werden. Hier ein Auszug aus dem Interview:

Marlene, 17 Jahre:
„Ähm [...]. Ich fand, es hat doch irgendwo erotisch, sag ich mal, gewirkt, aber es war halt so, dass es halt nicht so [...] sexistisch gewirkt
hat, sondern dass es halt irgendwo so einen Schein, sag ich jetzt mal, hatte, und dass es doch nicht so offensichtlich alles war."

Fast alle befragten Mädchen zeigen Empathie und überlegen sich, inwieweit
auch sie sich für ein solches Shooting zur Verfügung stellen würden. Nur drei
der 15 Mädchen könnten sich jedoch vorstellen, an einem derartigen Shooting
teilzunehmen. Aufnahmen vom eigenen, auch nackten Körper lehnen nur wenige prinzipiell ab, doch sie sollten eben nicht öffentlich sein. Die eigene Körperlichkeit ist etwas Intimes und Privates. So äußert sich Elena:

Elena, 17 Jahre:
„Die Fotos fand ich sehr schön und auch öfter machen die sehr schöne
Fotos. Aber ich für mich würde das nicht machen. Wenn, dann eher im
Privaten vielleicht, aber nicht so in der Öffentlichkeit."

Sibylle, 16 Jahre alt, hatte von einer Freundin schon einmal Fotos für ihren
Freund schießen lassen. Sie betont im Interview, dass nur ihr vertraute Menschen intime Fotos von ihr machen dürften. Auch die Freundin von Solveig,
17 Jahre, hatte ihr für den Freund einen solchen Dienst erwiesen. Anlass dafür war ihr einjähriges Beziehungsjubiläum. Solveig würde gerne mal „von
jemand Professionellem halt" von sich „eher so Schwarz-Weiß-Bilder" machen lassen wollen. Schwarz-Weiß-Bilder findet sie „irgendwo erotischer".
Andere Mädchen überlegen und wägen ab, was es für sie bedeuten würde,
ihren Körper gestalten und ablichten zu lassen. Sie versuchen, sowohl die Reaktionen der äußeren Umwelt als auch ihre Empfindungen in der Situation in
etwa einzuschätzen. Für die 17-jährige Sonja wäre es einerseits eine interessante Erfahrung, aber andererseits scheut sie die Blicke der anderen Leute.
Sonja kennt das Format und findet es interessant, wie die Frauen während des
Prozederes immer mehr ihre Hemmungen verlieren.

Sonja, 17 Jahre:
„Ich denke mal, das würde einem persönlich dann auch so gehen. Aber
ich weiß nicht, ob man dann erstmal diesen ersten Schritt macht, sich da
überwindet und sich in diese Situation zu begeben."

„Aber ich speziell würde das nicht machen, weil erstens bin ich dafür ein
bisschen zu schüchtern und ja [...] die Leute, die da die Blicke auf mich
richten, da würde ich mich nicht wohlfühlen."

Für eine Teilnehmerin (Sabrina, 18 Jahre) hat die Öffentlichkeit auch ihren
Reiz, wobei sie sich eine Teilnahme dennoch gut überlegen würde:

Sabrina, 18 Jahre:
„Ich weiß nicht, ob ich es mich trauen würde, weil es ja direkt auf der
Straße ist, obwohl, ich glaube, das ist gerade das Reizvolle, so das Schö-

ne mit der Kulisse im Hintergrund vorm Dom oder so und die ganzen Leute. Ist bestimmt eigentlich ein ganz gutes Gefühl, wenn sie alle so gucken. Du bist dann so Model und im Mittelpunkt [...] ah, ich weiß nicht, ob ich es machen würde, ob ich das Selbstbewusstsein dazu hätte. Vielleicht. Ich würde überlegen."

Die 17-jährige Alina sagt, dass es ihr leichter fallen würde und eine Teilnahme wahrscheinlicher wäre, wenn ihre beste Freundin dabei wäre. Hilke und auch Leonie können sich nur vorstellen, solche Fotos für ihren Freund und nicht ein anonymes Publikum zu machen. Den meisten befragten Mädchen gefällt, dass in dem Beitrag gezeigt wird, wie das Aussehen einer gewöhnlichen jungen Frau optimiert wird (Jennifer spricht von „ganz durchschnittlichen Frauen" bzw. der „Alltagsfrau"). Es gibt ihnen das Gefühl, dass im Prinzip jede Frau mit dem ‚richtigen' Styling wie ein Model wirken kann. Viele der Interviewteilnehmerinnen achten besonders auf das Befinden von Katja in diesem Prozess der Verwandlung, und inwieweit ihre Schamgefühle nicht verletzt werden.

Sibylle, 16 Jahre:
„Hm. Na ja [...]. Also diese Veränderung, die sie da durchgemacht hat. Dass man da ein bisschen mit zuguckt oder so. Vielleicht bezieht man das auch auf sich selbst, dass man sich vielleicht vorstellt, wie man selbst aussehen würde, ob man selbst das machen würde oder anders machen würde. Ähm[...]. Ja, war halt schön, dass es ihr gefallen hat und ihr das Spaß gemacht hat."

Jennifer, 18 Jahre:
[...] also es wird ja eigentlich versucht, aus der Alltagsfrau, sag ich mal, was rauszuholen, also es wird ja versucht, so zu zeigen, jede Frau kann irgendwie schön sein, auch wenn die vielleicht ganz normal aussieht und so. Das finde ich eigentlich nicht verkehrt."

Alina, 17 Jahre:
„[...] Also, ich denke, dass es hier mehr so ist, dass ein Mensch was aus sich machen kann, weil die Person auch gesagt hat, dass sie persönlich immer eher schüchtern und auch sehr wenig geschminkt ist und gedacht hat, dass sie nicht schön genug dafür ist und sie einfach nur damit aufräumen und zeigen [will, Einf. d.A.], o.k., man kann was aus sich machen, wenn man das möchte, und einen Menschen einfach sexy darstellen und dass jeder Mensch sexy sein kann."

Alina betont, dass solche Geschichten wie die von Katja, insbesondere für zurückhaltende und schüchterne Menschen (sie zählt sich dazu) ermutigend und hilfreich sein können. Man kann lernen, wie man mehr aus seinem Typ machen kann und dass dies jedem Menschen gelingen kann. Die im Beitrag thematisierte Brustgröße von Katja wird in den Interviews nur von Jennifer und Solveig angesprochen, wobei kleine Brüste für alle befragten Mädchen kein Stigma sind. Solveig findet kleine Brüste „schön", denn „das wirkt eher so niedlich". Die 16-jährige Flora stört es sogar (sie spricht es mehrfach im Interview an), dass Katjas Brüste in einen BH mit Push-Up-Effekt gekleidet werden und damit ihre Natürlichkeit verloren ginge. Flora und auch die 16-jährige Elena beschreiben Katja als eine Frau, die „eben [...] nicht perfekte Maße" (Flora)[6] hat, allerdings räumt keine Befragte ein, dass man perfekte Maße haben sollte. Den meisten der befragten Mädchen ist es vor allem wichtig, dass Frauen, die an einem Foto-Shooting teilnehmen, nicht ihre Selbstbestimmung und Selbstkontrolle verlieren dürfen und zu nichts gezwungen werden. Die meisten Befragten wissen um ihre persönlichen Grenzen. Beispielhaft ein Auszug aus dem Interview mit Flora.

Flora, 16 Jahre:
„Wahrscheinlich hätte ich mich schon darauf eingelassen, einfach mal so, um im Mittelpunkt zu stehen. Alle kümmern sich um dich, du wirst geschminkt, du wirst hübsch gemacht, du wirst in Position gesetzt. Die sagen alle, wie du am besten aussiehst, aber andererseits wäre ich auch nicht zu weit gegangen. Ich meine, so ne Fotos find ich schön und sehen auch erotisch aus [...].

[...] und das ist so ne schöne Erotik. Noch ein bisschen versteckt, also unter Klamotten noch. Aber ich wäre nicht zu weit gegangen, also ich hätte nicht meinen BH oder so was ausgezogen. Auf jeden Fall hätte ich immer was angehabt, so ein Zweiteiler oder so."

Die befragten Mädchen sind in ihrer Entwicklung mehrheitlich weit fortgeschritten. Sie scheinen dennoch empfänglich für Reportagen zu sein, in denen Frauenkörper verändert und gestylt werden. Wie man mit dem Körper und dem Aussehen experimentieren kann, scheint für sie von besonderem Interesse zu sein. Ein gutes Aussehen führt ihrer Ansicht nach auch zu mehr Selbstbewusstsein, wenngleich es sich bei Katjas Geschichte um eine besondere Situation und einen speziellen Kontext handelt. Gleichwohl gibt es eine innere Ablehnung gegenüber einem gesellschaftlichen Diktat, schön sein und bestimmten Körpernormen entsprechen zu müssen. So äußert sich

Kathrin, 18 Jahre:
„[...] man kann es schon sicherlich beobachten, dass Leute, die schön sind, auch oft genug Erfolg haben, gerade weil sie vielleicht mehr Selbstbewusstsein haben und weil es ihnen leichter fällt, auf andere Menschen zuzugehen, weil sie vielleicht ein anderes Selbstbewusstsein haben, aber generell hoffe ich, dass es nicht so ist."

Deutlich wurde in der Untersuchung, dass der inszenierte Körper nach Ansicht aller Befragten nicht nur schön sein, sondern auch einen erotischen Akzent haben sollte, wobei eine zu große Freizügigkeit oder offensichtliche

---

6 Auch die 18-jährige Kathrin sagt, dass Katja „keine Modelmaße hat", aber an sich eine sympathische und schöne Frau sei.

Sexualisierung der Körper im Sinne von visualisierten Anzüglichkeiten in den Medien von den Mädchen eher abgelehnt wird.[7] Frauen dürfen Sex-Appeal haben, sollen darauf aber nicht reduziert werden. Das Outfit und das Make-Up dürfen „sexy" sein, aber „nicht schlampig" und „nicht nuttenhaft" (Alina) wirken. Nicht zuletzt ist den Mädchen stets die Kontextualisierung und Rahmung der Körper wichtig. Zwar ist Dresdens historische Innenstadt den meisten Befragten für einen Auftritt zu öffentlich, aber sie stellt eine künstlerische Kulisse dar, die wiederum den Körper von Katja und ihr Aussehen angemessen aufwertet und eine ausreichende Beachtung gewährleistet.

6. Diskussion: Kultivierung und/oder nur Selbstexploration?

In den Interviews sind in Bezug auf die Rezeption des Beitrags „Die Fotos Deines Lebens" keine kultivierenden Effekte unmittelbar evident geworden, d. h. es haben sich keine Hinweise darauf finden lassen, dass mediale Körperbilder und Körperpraktiken Leitbildfunktionen übernehmen. Eher dienen sie den Jugendlichen zur Orientierung und Wissensaneignung. Sie geben den Mädchen aber Anlass, für sich auszuhandeln, was für andere Frauen und für sie selbst im Bereich des Möglichen liegt, inwieweit sie bestimmten Körperinszenierungen zustimmen und in welchen Kontexten sie ihren Körper wie darstellen würden. Sie erfreuen sich an Katjas Entfaltungsprozess, weil er vermutlich mit ihren Empfindungen, Ängsten und Bedürfnissen – in Teilen zumindest – korrespondiert. Allerdings thematisieren sie nicht ihre eigenen Körperproportionen. Der Umgang mit dem Körper hat für die Heranwachsenden etwas Spielerisches, d. h. der Körper darf in bestimmten Kontexten durch Make-Up, Kleidung, Accessoires geschmückt und durch Effekte ins ‚rechte Licht gerückt' werden. Während einige Mädchen es als angenehm empfinden würden, mit ihrem Körper im Mittelpunkt stehen und Aufmerksamkeit auf sich ziehen zu können, war das anderen wiederum nicht recht. Sie wollen sich nur vertrauten Personen mit ihrer Körperlichkeit offenbaren. Wichtiger Bezugspunkt waren dabei vor allem die signifikanten Anderen wie gute Freundinnen oder der Partner. Allen Antworten gemein ist jedoch das Bedürfnis nach Bestätigung und Wertschätzung, das alle Mädchen haben und das im Zuge der Selbstexploration normal ist. Die Reaktionen der Anderen forcieren den Prozess, sich kennen und akzeptieren zu lernen. Dieses Bedürfnis hat kaum etwas mit dem Streben nach Anerkennung und der Ökonomie der Aufmerksamkeit in der viel diskutierten Casting- und Inszenierungsgesellschaft zu tun, sondern ist in der Entwicklungsphase durchaus üblich und alltäglich. Die Auseinandersetzung und temporäre Identifikation mit Medienakteuren wie Katja kann gar der Bewältigung von Entwicklungsaufgaben und

---

7 Jungen positionieren sich hier je nach Entwicklungsstand anders und stehen tendenziell der Verbreitung und Rezeption solcher Darstellungen offener gegenüber als Mädchen (Hoffmann 2009).

der Vergewisserung der eigenen Körperlichkeit dienen, d. h. der Einschätzung der Anmutung des eigenen Körpers. Das In-Beziehung-Setzen der Jugendlichen zu den Medienakteuren verweist auf die eigenen Potenziale und Begrenztheiten des Umgangs mit ihrem Körper.

Literatur

Blakemore, Sarah-Jayne (2008): Development of the social brain during adolescence. In: Quarterly Journal of Experimental Psychology, 61, H. 1, 40–49.

Fend, Helmut (2001): Entwicklungspsychologie des Jugendalters. Ein Lehrbuch für pädagogische und psychologische Berufe. 2. Auflage. Opladen: Leske + Budrich.

Gugutzer, Robert (2004): Soziologie des Körpers. Bielefeld: transcript.

Gugutzer, Robert (2007): Körperkult und Schönheitswahn – Wider den Zeitgeist. In: APUZ – Aus Politik und Zeitgeschichte, 57. Jg., H. 18, 3–6.

Hoffmann, Dagmar (2009): Schärfen oder trüben mediale Bilder von Körpern und Sexualität den Blick auf das Sexuelle? In: FORUM Sexualaufklärung und Familienplanung, Nr. 1, Schwerpunkt Medien. Köln: BZgA, 10–14.

Hoffmann, Dagmar (2010): Sexualität in Film und Fernsehen. Verunsicherung oder Vergewisserung? In: merz, 54, H. 3, 10–17.

Hoffmann, Dagmar (im Druck): Fokussierte Interviews. In: Petersen, Thomas/ Schwender, Clemens (Hg.): Die Entschlüsselung der Bilder. Methoden zur Erforschung visueller Kommunikation. Köln: Herbert von Halem.

Hurrelmann, Klaus (2006): Einführung in die Sozialisationstheorie. 9. Aufl., Weinheim/Basel: Beltz.

Kardorff, Ernst von/Ohlbrecht, Heike (2007): Essstörungen im Jugendalter – eine Reaktionsform auf gesellschaftlichen Wandel. In: Diskurs Kindheits- und Jugendforschung, 2, H. 2, 155–168.

Kast, Verena (2003): Trotz allem ICH. Gefühle des Selbstwerts und die Erfahrung von Identität. Freiburg i.Br.: Herder.

Mead, George Herbert (1934): Mind, Self and Society. From the Standpoint of a Social Behaviorist. Chicago: University of Chicago Press.

Medienpädagogischer Forschungsverbund Südwest (2009): JIM-Studie 2009. Jugend, Information, (Multi-)Media. Basisstudie zum Medienumgang 12- bis 19-Jähriger in Deutschland. Stuttgart: mpfs.

Merton, Robert K./Kendall, Patricia L. (1946): The focused Interview. In: The American Journal of Sociology, 51, 541–557.

Otte, Gunnar (2007a): Körperkapital und Partnersuche in Clubs und Diskotheken. Eine ungleichheitstheoretische Perspektive. In: Diskurs Kindheits- und Jugendforschung, 2, H. 2, 169–186.

Otte, Gunnar (2007b): Jugendkulturen zwischen Klassenästhetik und freier Geschmackswahl – das Beispiel der Leipziger Clubszene. In: Göttlich, Udo/ Müller, Renate/Rhein, Stefanie/Calmbach, Marc (Hg.): Arbeit, Politik und Religion in Jugendkulturen. Engagement und Vergnügen. Weinheim und München: Juventa, 161–177.

Popp, Ulrike (2004): Geschlechtersozialisation als Realitätsverarbeitung und Realitätserzeugung. In: Hoffmann, Dagmar/Merkens, Hans (Hg.): Jugendsoziologische Sozialisationstheorie. Impulse für die Jugendforschung. Weinheim und München: Juventa, 129–142.

Yvonne Niekrenz

Rausch als körperbezogene Praxis

Leibliche Grenzerfahrungen im Jugendalter

Im Jugendalter verändert sich der Körper massiv und offensichtlich. Er wächst, gewinnt an Gewicht, verändert seine Form und seinen Geruch. Er drängt sich auf, scheint plötzlich ein Eigenleben zu führen und nur schwer kontrollierbar zu sein. Wenn Johann W. Goethe in seinem West-östlichen Divan die Jugend als „Trunkenheit ohne Wein" beschreibt, dann sind damit einerseits neue und berauschende Empfindungen und Lüste gemeint, die ohne den Genuss von alkoholischen Getränken auskommen. Andererseits ist auch eine gewisse Unbeherrschtheit des jugendlichen Körpers angesprochen, womit nicht zuletzt auf die Unkontrollierbarkeit einer gesamten Altersgruppe hingewiesen wird. Jugend ist ein Ausnahmezustand, eine berauschende Phase im Leben eines Menschen, die ebenso schöpferisches wie zerstörerisches Potenzial birgt. Jugendliche sind Motor für Kreativität und Innovation, sind ästhetisches Ideal und kraftstrotzende Energiequelle. Gleichzeitig kann Jugend (aus der Perspektive der Erwachsenen) als Problem gelten, das für ungelöste gesellschaftliche Konfliktfelder steht. Ambivalent also zeigt sich die Sicht auf die Lebensphase Jugend. Gleiches kann für den Rausch als außergewöhnlichen Bewusstseinszustand formuliert werden: Ambivalenz drückt sich hier etwa aus, wenn der Rausch einerseits einen enormen ökonomischen und politischen Marktwert besitzt, sehnsüchtig erstrebt wird und über die Zeit eine kulturelle Konstante darstellt. Andererseits wird er aber (im Zusammenhang mit kriminellen Handlungen) strafrechtlich erfasst, erfährt in Präventionsbestrebungen eine Dämonisierung und unterliegt vielfältigen Kontrollbemühungen. Insbesondere der Themenkonnex „Jugendliche und Alkohol" hat in der medialen Berichterstattung nach wie vor Konjunktur. Anlässlich großer Volksfeste (z.B. Karneval, Oktoberfest, Weihnachtsmärkte) wird unter dem Etikett „Jugend im Vollrausch" periodisch wiederkehrend von Vertretern einer Generation berichtet, die sich um den Verstand feiern, die saufen „bis der Arzt kommt" (Welt 2008) oder den „Teenie-Trendsport Komasaufen" (Süddeutsche 2011) betreiben. Die Trunkenheit der Jugend – so scheint es – ist mitunter doch auf „Weingenuss" zurückzuführen.

Es hat eine jahrhundertelange Tradition, Jugendliche wegen ihres scheinbar ungehemmten Alkoholkonsums wachsam zu beobachten und zuweilen energisch zur Räson zu rufen. In dieser Tradition stehen wohl auch die massenmedial vorgetragenen Appelle, die zugleich in ihrem moralisierenden Ton die Abwertung einer ganzen Altersgruppe forcieren. Mit der Interpretation eines moralisch verwerflichen Handelns der „saufenden Jugend", von dem sich die integre Mehrheit abgrenzen möchte, wird zugleich ein Bedrohungsszenario entworfen, das eine empirische Überprüfung herausfordert. Eine Repräsentativbefragung zum „Alkoholkonsum Jugendlicher und junger Erwachsener in Deutschland 2010" (BZgA 2011) zeigt beispielsweise, dass der regelmäßige, also wöchentliche Alkoholkonsum langfristig zurückgeht. Im Jahr 2010 ist der Anteil der 12- bis 17-jährigen Jugendlichen, die regelmäßig Alkohol trinken, so niedrig wie noch in keiner Untersuchung seit Beginn des Beobachtungszeitraums 1979 (vgl. BZgA 2011, 7). Das durchschnittliche Alter beim ersten Alkoholrausch hat sich im Zeitraum von 2004 bis 2010 für beide Geschlechter um durchschnittlich knapp fünf Monate nach hinten verschoben. Von den 7.000 befragten Jugendlichen und jungen Erwachsenen im Alter von 12 bis 25 Jahren haben diejenigen, die schon einmal Alkohol getrunken haben, dies im Durchschnitt mit 14,5 Jahren zum ersten Mal getan. Der erste Alkohol*rausch* findet etwa eineinhalb Jahre später mit 15,9 Jahren statt (vgl. ebd., 13 f.) – im Jahr 2004 lag das durchschnittliche Alter beim ersten Alkoholrausch noch bei 15,5 Jahren.[1] Neben dem regelmäßigen Alkoholkonsum ist auch der Konsum riskanter Mengen sowie die 30-Tage-Prävalenz des Alkoholkonsums sowie des Binge-Trinkens, also des exzessiven Trinkens von fünf oder mehr alkoholischen Getränken hintereinander, zurückgegangen (vgl. ebd., 37). Insgesamt also entbehrt ein Bedrohungsszenario von einer Jugend, die sich um den Verstand säuft, der empirischen Grundlage.

Dieser Beitrag grenzt sich vom massenmedialen Diskurs ab und geht dem Rausch unter folgender Fragestellung nach: *Wie lässt sich Rausch als körperbezogene Praxis phänomenologisch fassen und welche Funktion kommt dem Rausch in der Lebensphase Jugend zu?* Nach einer Definition des Rauschbegriffs wird die leiblich-affektive Erfahrung im Rausch analysiert, um dem Phänomen der „Entgrenzung" von Körpern im Rausch nachzugehen. Sowohl individuell als auch kollektiv ist die Rauscherfahrung von Bedeutung für Entwicklungs- und Integrationsprozesse, wie der Artikel in seiner zweiten Hälfte zeigen wird.

1. Definition und Auslöser von Rausch

Das Bedürfnis nach Rausch ist so alt wie die Menschheit selbst. In allen Kulturen und zu allen Zeiten waren und sind Rauschzustände bekannt, sodass Rausch als kulturelle Konstante zu deuten ist. Begrifflich fällt Rausch

---

1 Damit liegt das Alter beim ersten Alkoholkonsum und beim ersten Alkoholrausch deutlich unterhalb der gesetzlichen Grenze des Abgabe- und Verzehrverbots von Alkohol, das im § 9 des Jugendschutzgesetzes (JuSchG) geregelt ist.

in die Kategorie der ‚veränderten‘ oder ‚außergewöhnlichen‘ Bewusstseinszustände, die mit veränderten Raum-Zeit-Bezügen und Körperwahrnehmungen einhergehen. Die sinnliche Wahrnehmung verändert sich ebenso
wie das soziale Handeln hinsichtlich Emotionskontrolle und der Orientierung an Konventionen. Häufig lassen rational-analytische Fähigkeiten zugunsten intuitiver Denkmuster nach. Während zahlreiche Definitionen den
Rausch als ‚abnormal‘ pathologisieren, möchte ich ihn hier wertneutral und
phänomenologisch als *eine unter mehreren möglichen Wirklichkeitskonstruktionen* begreifen. Rausch unterscheidet sich terminologisch auch vom
Krankheitsbild der Sucht, denn das „Abhängigkeitssyndrom" (DIMDI
2009) schließt eine Rückkehr in die Nüchternheit aus. Rausch und Nüchternheit jedoch sind Gegensätze, die an den Rhythmus des Lebens der Menschen anknüpfen (vgl. Kamper 2002, 179). Rausch ist ein Ausnahmezustand jenseits des Alltäglichen und Normalen. In der Sucht aber kann sich
der Zustand des Normalen, Spannungsfreien nur mithilfe der Substanz einstellen.

Verschiedene Wege können den Menschen zu einem (immer situativ bleibenden) Rauschzustand führen. Die mannigfaltigen Auslöser lassen sich
systematisch in zwei Gruppen einteilen:[2] pharmakologische und psychologische Techniken (vgl. Bodmer/Dittrich/Lamparter 1994, 45; Cousto 1998).
Zu den wichtigsten pharmakologischen Auslösern gehören Halluzinogene
wie z. B. LSD, die auch entheogene Substanzen genannt werden (vgl. Cousto 1998), weil sie mit ihren z. B. visuellen Phänomenen ein göttliches Gefühl im Menschen erzeugen (entheogen aus grch. ‚en‘ – ‚innen‘; ‚theós‘ –
‚Gott‘; ‚gen‘ – ‚hervorbringen‘). Als entactogene Substanzen (lat. tactus
‚Berührung‘, ‚Gefühl‘) werden solche Stoffe bezeichnet, die das innere Gefühl steigern (z. B. MDMA). Als dissoziative Substanzen werden Stoffe
klassifiziert, die das Assoziationsvermögen ausschalten (z. B. Narkosemittel
Ketamin).

Die psychologischen Techniken lassen sich nach der Art der Reizeinwir-
kung in drei Gruppen einteilen. Zu den *imperturbatischen* Techniken gehören jene, die Umweltreize verringern (z. B. sensorische Deprivation im Samadhi-Tank,[3] Zen-Meditation, autogenes Training). Auf der anderen Seite
gibt es die *extrastimulanten* Techniken, bei denen die Umweltstimulation
deutlich erhöht wird. Besonders wirksam können akustische (Trommeln
oder Bass) und visuelle (Licht- und Lasereffekte) Signale rauschhafte Be-
wusstseinstransformationen auslösen. Mit dem gleichförmigen Trommeln

---

2 Vgl. für die Darstellung der beiden Gruppen von Auslösern ausführlich Niekrenz
   2011, Kap. 3.1.2.
3 Der Samadhi-Tank wurde von dem durch seine Delfin-Forschung bekannt gewor-
   denen Neurophysiologen John C. Lilly entwickelt. Seine Selbstversuche in diesem in
   körperwarmem Salzwasser schwebenden Isolationstank steigert er nach mehreren Jahren mit LSD-Versuchen. Seine Erfahrungen mit den Rauschzuständen schildert er in
   seinem Buch „Im Zentrum des Zyklons" (Lilly 1976).

beim Voodoo-Kult sowie den Bässen und Lichtshows bei Techno-Partys können insbesondere ausdauernde Tänzerinnen und Tänzer tiefe Rauschzustände erreichen. Eine dritte Gruppe sind die *manipulativen* Techniken, die durch bewussten Verzicht auf Grundbedürfnisse auf den Körper und seine biochemischen Prozesse einwirken und häufig in Kombination mit anderen Techniken angewendet werden. Dazu zählen Nahrungsentzug (Fasten), Schlafentzug und Hyperventilation (vgl. Bodmer/Dittrich/Lamparter 1994, 46).

2. Phänomenologie des Körpers im Rausch

Der menschliche Körper erlangt durch seine biologische Konstitution Bedeutung für das Rauscherleben. Die Wirkungen im zentralen Nervensystem des Menschen und die neurobiologisch bestimmbaren Auswirkungen auf dessen Wahrnehmung und Wohlbefinden sind an dieser Stelle jedoch nicht näher ausführbar. Vielmehr sollen die leiblich-affektiven Erfahrungen in Zuständen von Rausch und Ekstase näher betrachtet werden. Im Rausch erlebt das Individuum seinen Leib auf eine nicht-alltägliche Weise verändert. Der Rausch ist eine Art der Körpermanipulation, die nicht der Perfektionierung der äußeren Erscheinung oder physischen Fähigkeiten dient (vgl. Schroer 2006, 288). Vielmehr werden Steuerungsbestrebungen aufgegeben: Der Mensch versucht im Rausch gerade nicht, den Körper zu beherrschen, sondern ergibt sich den sich emanzipierenden körperlichen Vorgängen. Sein Leib kommt dem Individuum nah, dieses erlebt sich als Leib, wird ganz und gar Leib.

Das Körperverhältnis des Menschen ist Helmuth Plessner zufolge ein zweifaches und durch die Dualität von Leibsein und Körperhaben bestimmt. Für den Menschen gilt das „Gesetz der Exzentrizität" (Plessner 1975, 298), d. h. er ist in der Lage, in Distanz zu sich selbst zu treten und seinen Körper zu kontrollieren. Im Rausch jedoch gelingt der Ausgleich zwischen Leibsein und Körperhaben nicht mehr. Der Akteur ist seinem Leib im „Hier-Jetzt Sein" (ebd.) ausgeliefert, verliert sein Verhältnis zum Körper und – umgangssprachlich – die Körperbeherrschung. In Plessners „Lachen und Weinen" ist der situative Verlust der Intentionalität konzeptuell für diese beiden Regungen beschrieben. Ich will diese Überlegung auf den Rausch übertragen, auch wenn Plessner diese Form der Unbeherrschtheit als eine „Zerstörung" der Einheit zwischen der Person und dem körperlichen Geschehen begreift. Im Lachen und Weinen geht, ebenso wie im Rausch, die Herrschaft über den Körper plötzlich verloren (vgl. Plessner 1970, 31). Der Mensch wird von seiner physischen Existenz geschüttelt, sie überwältigt ihn und macht mit ihm, was sie will. Dieser Verlust der Beherrschung bringt die Leib-Seele-Einheit durcheinander und stört die exzentrische Positionalität des Menschen. In dieser Situation tritt die beständige Spannung zwischen Leibsein und Körperhaben hervor, denn der Körper „emanzipiert" sich von der Person (vgl. Plessner 1970, 43) und antwortet auf die Situation. Insofern ist der Rausch auch eine leiblich-körperliche Grenzerfahrung, denn der Leib erweist sich im Rausch mitunter als widerständig, als nicht vollends beherrschbar. Die Einheit zwischen Leib und Person löst sich auf (vgl. Gugutzer 2002, 215), die gewohnten Wahrnehmungs- und Handlungsweisen werden abgelöst durch alternative Sichtweisen auf den eigenen Körper und die Außenwelt. Die Innenwelt – die Welt im Leib (vgl. Plessner 1975, 295) – lässt sich mit Hermann Schmitz räumlich strukturiert begreifen als ein Spannungsverhältnis zwischen den beiden Polen Enge und Weite. Seine Innenwelt erspürt der Mensch als leibliche Regungen in dem Spannungsverhältnis von Enge und Weite, das den Rhythmus des Leibes ausmacht. Im Rausch kann dieser Rhythmus auffällig pulsieren. Die Enge als ein Grundzug des absoluten Ortes des körperlichen Leibes im Ganzen ist das, was diesen absoluten Ort dazu befähigt, den Leib zusammenzuhalten (vgl. Schmitz 2005, 73). Im Fall von Angst, Schmerz oder gespannter Aufmerksamkeit zieht sich alles zusammen, der Leib wird eng. Die Weite als Gegenspielerin der Enge können wir erleben als ein Sich-Weiten der Brust bei einem schönen Gedanken, als Entrückung aufgrund emotionaler Momente oder autogenen Trainings, als Versinken in einen Tagtraum. „Leiblich spüren wir uns stets eng oder weit in wechselnden Graden und Mischungsverhältnissen" (Schmitz 1985, 82). Im Rausch wird das rhythmische Zusammenspiel von Enge (als Spannung) und Weite (als Schwellung „im Sinne des Partizipiums ‚geschwellt'" [ebd.]) verstärkt und tritt in einen innerleiblichen Dialog. Spannung und Schwellung spielen einander den Ball zu und treiben so einander in die Höhe bis hin zu ekstatischen Zuständen, wozu Schmitz weiter ausführt: „[D]ie Dramatisierbarkeit von Angst und Wollust zu bombastischen Effekten (‚thrill' der Angst) und Höhepunkten beruht darauf, ebenso die Konvertierbarkeit von Angst und Schmerz in Wollust" (1985, 85; Herv. i.O.).

Neben dem rhythmischen Konkurrenzverhältnis zwischen Spannung und Schwellung ist für das Spüren im Rauschzustand noch das Kategorienpaar protopathisch und epikritisch von Bedeutung, das vom Grundgegensatz Weite und Enge unabhängig ist. Die protopathische Tendenz richtet sich auf das Dumpfe, Diffuse, Ausstrahlende, während das Epikritische die schärfende, spitze Punkte und Umrisse setzende Tendenz bezeichnet, z.B. der Gegensatz zwischen dumpfem und stechendem Schmerz. „Protopathisch ist z.B. die sanfte, schmelzende, zärtliche Wollust, die das Streicheln und Kosen der Haut zu wecken vermag, epikritisch dagegen das wollüstige Prickeln und feine Stechen, das den Rücken hinunterläuft oder -rieselt" (Schmitz 1985, 84). Das gesteigerte Empfinden im Rausch spielt auf der gesamten Klaviatur eigenleiblicher Erfahrungen, was sich auch mithilfe psychiatrischer Studien fundieren lässt.

In psychiatrischen Untersuchungen wurden sogenannte Modellpsychosen (substanzinduzierte Psychosen) erzeugt, die Aufschluss darüber geben sollten, wie echte Psychosen ablaufen und behandelt werden können. Dafür wurden nach dem Einwirken von psychoaktiven Substanzen die Veränderungen in der (Körper-)Wahrnehmung, der Stimmung und dem Ich-Erleben durch Erlebnisbeschreibungen, Tonfilmanalysen und Leistungstests genau erfasst (vgl. Heimann 1994, 17). Bei der Analyse der Wirkung von Psilocybin auf den Ausdruck und das Verhalten der Testpersonen wurden im Rahmen einer Testreihe drei Phasen im Ablauf des Rauscherlebens ermittelt. Die *erste* ist von einer „Wendung nach innen" (ebd., 18) geprägt. Die Versuchsperson wendet sich dem Gesprächspartner nicht mehr zu, sondern lehnt sich zurück und spricht mit einer geringeren Lautstärke. In der Erlebnisanalyse zeigt sich, dass die Testpersonen sich dann ganz den Veränderungen des Leibes zuwenden. „Die Weise, wie der Leib unmittelbar gegeben ist, wird als merkwürdig verändert, fremdartig oder oft sogar als beängstigend geschildert" (ebd., 19). In der *zweiten* Phase wird die Person von der näheren Umgebung wieder stärker in Anspruch genommen und schildert die wahrgenommenen Veränderungen der Umwelt. Illusionen und Halluzinationen dominieren hier. Sie sind vor allem optischer Natur und beziehen sich auf die nahe Umgebung der Person. In der *dritten* Phase scheinen die Versuchspersonen in sich versunken zu sein. Mimik und Gebärden nehmen massiv ab, der Körper sinkt in sich zusammen und die Redebereitschaft lässt stark nach. Depersonalisationsphänomene überwiegen in dieser Phase. Die Person selbst und ihre Beziehung zu der Situation sind verändert, was sich vor allem auf das Raum- und Zeiterleben auswirkt. Die Ich-Grenzen werden als fließend beschrieben, und die Grenzen zwischen Person und Situation beginnen, sich aufzulösen. Konzentrationstests zeigen aber, dass in dieser Phase die stärkste Konzentrationsleistung messbar ist (vgl. ebd.).

Die beschriebenen Erfahrungen deuten anfänglich auf eine verstärkte Auseinandersetzung mit der veränderten eigenleiblichen Erfahrung. Hier kann Weitung ebenso wie Engung gespürt werden – Engung als beängstigendes Gefühl und die privative Weitung als etwas von der Enge des Leibes Ablösendes, Erlösendes und Entrückendes. Die sich anschließende stärkere Zuwendung zur Außenwelt mitsamt den damit einhergehenden Illusionen und Halluzinationen verstärkt gewissermaßen auch die sich anschließende Phase des Versunkenseins in sich selbst; eine Phase, die mit dem Auflösen von Raum-, Zeit- und Körpergrenzen einhergeht und von Angst, Schmerz und Schuldbewusstsein entbindet. Auf welche Weise sie auch erzeugt worden sind, haben Rauschzustände einen gemeinsamen, archetypischen Kern, wie der Psychologe Adolf Dittrich in Experimenten geprüft hat (vgl. Bodmer/ Dittrich/Lamparter 1994, 46; vgl. Dittrich 1982). Die Eindrücke der Probanden während pharmakologisch und psychologisch ausgelöster Rauschzustände wurden in seinen Untersuchungen retrospektiv erfasst, d.h. die außergewöhnliche Erfahrung von Leib und Außenwelt wurde mit der rationalen Sprache des Alltags beschrieben. Die Auswertung der Ergebnisse bestätigt die Annahme von drei Kerndimensionen außergewöhnlicher Bewusstseinszustände – Ozeanische Selbstentgrenzung, Angstvolle Ichauflösung und Visionäre Umstrukturierung (vgl. Bodmer/Dittrich/Lamparter 1994, 47). Diese Dimensionen sind auch in den Ergebnissen der oben beschriebenen Studien implizit angesprochen.

- Die *Ozeanische Selbstentgrenzung* benennt Erfahrungen wie das Eins-sein mit sich und der Welt und die Befreiung von raum-zeitlichen Beschränkungen. Bei starker Ausprägung können hier auch mystische Erfahrungen gemacht werden.
- Die *Angstvolle Ichauflösung* beschreibt eine Erfahrung, die umgangssprachlich auch als ‚horror trip‘ oder ‚bad trip‘ bezeichnet wird. In deren Mittelpunkt steht die Angst, die sich v.a. auf den Verlust zentraler Fähigkeiten wie Selbstkontrolle und Urteilsfähigkeit bezieht.
- Die *Visionäre Umstrukturierung* fasst Veränderungen der visuell-kognitiven Funktionen zusammen. Diese Dimension beschreibt Visionen und halluzinatorische Phänomene.

Die drei Dimensionen können parallel oder abwechselnd auftreten. Glück und Angst, Himmel und Hölle können zugleich oder nacheinander erfahren werden. In Dittrichs Darstellung bekommt der Körper – ebenso wie bei Schmitz – eine räumliche Struktur. Selbstentgrenzung und Ichauflösung deuten auf eine stark veränderte Wahrnehmung der körperlichen Grenzen und der leiblichen Einheit hin. Mit der Ozeanischen Selbstentgrenzung stimmt Schmitz' Beschreibung eines ozeanischen Gefühls uferloser Weitung des Leibes überein, die hier überwiegt (vgl. Schmitz 2005, 130). Die privative Weitung besitzt aber eine affektive Ambivalenz, denn der Zustand der Leibesweitung und Entrückung kann sowohl als angenehm als auch als Qual empfunden werden. Das in psychiatrischen Studien geschilderte gleichzeitige bzw. abwechselnde Auftreten von Ozeanischer Selbstentgrenzung und Angstvoller Ichauflösung entspricht dieser von Schmitz beschriebenen Ambivalenz und dem Rhythmus von Weite und Enge. In der Ichauflösung nach Dittrich geht in gewisser Weise auch Schmitz' protopathische Tendenz auf, wenn das eigenleibliche Spüren den Körper dumpf, diffus, eher puddingartig und nicht scharf umschrieben erscheinen lässt.

3. Funktionen des Rausches in der Jugendphase

Betrachtet man den Körper als subjektiv relevantes Mittel zur Identitätsarbeit, so kommt dem Rausch als körperbezogener Praxis eine Funktion zur Vermittlung zwischen Leib und Person zu. Im Rausch wird das Leib-Körper-Verhältnis ausgelotet, werden leiblich-körperliche Grenzerfahrungen gemacht. Diese Erfahrungen sind von Relevanz für die Erfassung der eigenen körperlichen Konstitution – also einerseits um zu erfahren, wer oder wie man selbst ist bzw. sein kann, andererseits um zu erfahren, wie sich der eigene Körper manipulieren lässt, wie sich veränderte Zugänge zur eigenen Leiblichkeit erschließen lassen. Mit diesen Erfahrungen experimentieren gerade auch Jugendliche auf der Suche nach einem Verhältnis zu ihrem sich massiv verändernden, pubertierenden Körper. Sie erleben ihren Körper als rauschfähig und liefern ihren Leib dem Rausch aus. Der Leib emanzipiert sich zugleich und gewinnt im Kampf um Kontrolle. Die leibliche Erfahrung drängt sich auf, und der Körper macht sich bewusst – etwa mit der Erfahrung von Weite und der Empfindung von Körperlosigkeit, wie sie Schmitz beschrieben hat, oder auch mit der Erfahrung von Enge und der Begrenzung des Leibes, die sich sowohl räumlich als auch zeitlich zeigt. Der Rausch nämlich führt einerseits die körperlich-räumliche Ausdehnung, das Grenzverhältnis zwischen Innen- und Außenwelt und das Hiersein des Selbst im Leib vor Augen. Zugleich erinnert er an das Wissen um die Beschränkung des eigenen Seins, denn die Leiberfahrung im Hier und Jetzt macht die Endlichkeit des Leibseins bewusst. Der Rausch ist ebenso endlich wie das Leben selbst, weshalb die Ekstase häufig auch ‚der kleine Tod‘ genannt wird (vgl. Böllinger 2002, 65). Der Akteur begegnet in der Rauschekstase dem tragischen „Sein zum Tode" (Heidegger 1986, 252 ff.) sowie der Gewissheit, dass jedes Sein auf der Erde zeitlich begrenzt ist und dadurch den Zwang zur Gestaltung des Daseins erhält. Nicht umsonst thematisieren beispielsweise Trinksprüche auf die eine oder andere Weise als *memento mori* die schnell verstreichende Jugend und den Ablauf der Lebenszeit („So jung kommen wir nicht wieder zusammen"). Durch die Vereinigung im Jetzt und den Genuss der Lebenszeit versuchen die Teilnehmenden, diese tragische Einsicht zu kompensieren. Dabei wird Zeit im Rausch angesichts der Bewusstheit über ihre Knappheit demonstrativ verschwendet. Die in einem rein marktökonomischen Sinne unproduktive Nutzung der Ressource Zeit gilt auch als typisch für das Jugendalter. In der Jugend wird Zeit mitunter „verschwendet", nicht ertragreich genutzt – mit „Chillen" oder „Rumhängen". Insofern ist die unproduktive Verausgabung von Zeit typisch für den Rausch und ebenso für die Lebensphase Jugend.

Neben der individuellen Bedeutung für die Identitätsarbeit kommt dem Rausch im Jugendalter in gewisser Weise auch eine Initiationsfunktion zu, denn die erste Rauscherfahrung von Heranwachsenden kann einem Übergangsritus von der Kindheit zum Erwachsensein gleichkommen (vgl. van Gennep 2005). Der erste Rausch ist gewissermaßen eine Wegmarke auf dem Weg in das Erwachsenenleben, denn der Jugendliche demonstriert in der Selbstinitiation die Ablösung von der elterlichen Fürsorge und der Kontrolle über sein physisches und psychisches Wohlbefinden und gleichzeitig seine Eigenständigkeit und Autonomie (vgl. Ganguin/Niekrenz 2010, 12). Er entzieht sich damit auch der Aufsicht und Überwachung durch Erwachsene und dekonstruiert deren Machtposition, während gleichzeitig die Peergroup an Bedeutung gewinnt. Rauschrituale sind also auch *Trennungs*riten, mit denen sich Erwachsenenverhalten erproben lässt und in denen Identitätstransformation inszeniert wird.

In durch legalisierte Substanzen erzeugten Rauscherfahrungen lernen Jugendliche den Umgang mit Rauschmitteln: „Jugendliche müssen sich – gedanklich und handelnd – mit dem Konsum der legalen Drogen beschäftigen und auseinandersetzen können, weil sie sonst in einer von Drogen geprägten Lebensumwelt sozial inkompetent bleiben würden" (Hurrelmann 1997, 211). Der kompetente Umgang mit dem Rausch stellt eine entscheidende Entwicklungsaufgabe für Jugendliche dar, gerade weil Rausch in unserem Kulturkreis ein ambivalentes Phänomen ist. Rausch wird einerseits erwünscht und ersehnt, andererseits dämonisiert und verboten. Wo also positioniert sich der einzelne Akteur in diesem Spannungsfeld von „Happy Hour" und „Keine Macht den Drogen"? Im Umgang mit dem Rausch spannt sich ein ambivalentes Handlungsfeld auf, das dionysische Zyklen ebenso wie Abstinenzgebote kennt. Mit dieser Ambivalenz von Rauschstreben und Rauschfeindlichkeit müssen Jugendliche umzugehen lernen. Sie müssen sich mit den gesellschaftlichen Konventionen im Themenbereich von Rausch auseinandersetzen, müssen diese reflektieren und ihren eigenen Standpunkt entwickeln (vgl. Settertobulte 2010, 75). Insbesondere Alkohol und der damit verbundene Rausch ist ein fester Teil unserer Alltagskultur. Alkoholische Getränke und deren Konsum gehören zu vielen sozialen Gelegenheiten dazu. Der Sektempfang, die Silvesterfeier, das festliche Dinner – ohne alkoholische Getränke sind diese Anlässe nicht denkbar. Alkohol ist ein verbreitetes Kulturgut, dessen Gebrauch mitunter genaue Kenntnisse und kulturelles Kapital voraussetzt, was beispielsweise beim „Weingenuss" besonders deutlich hervortritt.

Rauschhandeln aber ist stets auch mit Risiken behaftet, vor allem, wenn dieser durch psychoaktive Substanzen herbeigeführt wird. Neben dem gesundheitlichen Risiko (Schädigung des Körpers, Unfallgefahr) können auch finanzielle Risiken (Beschaffungskosten) sowie ein rechtliches Risiko (Verstoß gegen Betäubungsmittelgesetz, erhöhte Neigung zu Straffälligkeit) eingegangen werden (vgl. Raithel 2004, 29). Kompetenz im Umgang mit Rausch zu erlangen, bedeutet auch, Risikokompetenz zu erwerben. Ein verantwortungsbewusster und mäßiger Konsum gilt zwar als optimales Entwicklungsziel, aber ein Rausch als Abweichung von der Nüchternheit, als ein Übersteigern des „Normalzustandes" gehört zum Kompetenzerwerb dazu. Die dabei eingegangenen Risiken sind Teil eines unsicherheitsbezogenen Verhaltens, das zwangsläufig zum Leben gehört: Der Umgang mit Risiken ist ein Teil der Lebenskompetenz. Insofern sind Rauschexzesse objektiv betrachtet zwar Risikoverhalten, für Jugendliche selbst jedoch mögen diese als Suchbewegungen bei der Aneignung von Lebenskompetenzen gedeutet werden können (vgl. Settertobulte 2010, 75).

Während der Erwerb von Rausch- und Risikokompetenz einerseits eine wichtige Entwicklungsaufgabe für das Jugendalter darstellt, hilft der Alkoholkonsum häufig auch bei der Bewältigung von weiteren Aufgaben im Übergang vom Kindsein zum Erwachsenenleben. Der Aufbau von „reifen"

Beziehungen zu Gleichaltrigen beiderlei Geschlechts und die Pflege eines sozialen Netzwerkes mit Gleichaltrigen als Sozialpartnern ist eine zentrale Aufgabe, die zugleich das Finden einer eigenständigen Lebensgestaltung und eines eigenen Stils als weitere Entwicklungsanforderungen unterstützt (vgl. Havighurst 1972). Der demonstrative Alkoholkonsum wird zumeist gemeinsam in der Gleichaltrigengruppe praktiziert. Die Gruppe ist der Ort für die Entwicklungserfahrungen und deren Reflexion. Alkoholkonsum erleichtert oft den Zugang zu Gleichaltrigen und zu Peergruppen. Die Erleichterung sozialer Kontakte zeigt sich auch empirisch als positive Wirkerwartung im Zusammenhang mit Alkoholkonsum. Mehr als die Hälfte der 12- bis 25-jährigen Befragten der bereits eingangs erwähnten Studie der Bundeszentrale für gesundheitliche Aufklärung „erwarten ziemlich wahrscheinlich oder ganz sicher, dass sie lockerer werden, alles lustiger finden, in eine ausgelassene Stimmung kommen, leichter auf andere zugehen können oder nicht mehr so schüchtern sind, wenn sie Alkohol trinken" (BZgA 2011, 31). Die Erleichterung der Kontaktaufnahme und die Steigerung der Stimmung rühren von der für Rauschzustände häufig beschriebenen wachsenden Entspanntheit und Sorglosigkeit her. Die Gemeinschaft spielt für den Rausch eine entscheidende Rolle. Zwar gibt es den einsamen Rausch ohne Frage ebenso, dieser ist aber ein modernes Phänomen und entspringt dem Bedürfnis, sich von seinem Umfeld zu reinigen und zu erholen (vgl. Kupfer 2006, 11 f.). Der kollektive Rausch hingegen hat die Integration in die Gruppe zum Ziel. Das kollektive Rauscherleben betont die Gemeinschaft – nicht zuletzt durch seine intensive rituelle Rahmung. Dies zeigt sich etwa im Zuprosten, welches das gemeinsame Trinken zumeist einleitet. Es handelt sich beim Zuprosten um eine (von der ikonischen Geste zu unterscheidende) symbolische Geste, denn es bedarf über die Mimesis der Geste hinaus kulturspezifischen Wissens und gestischen Vorverständnisses (vgl. Gebauer/ Wulf 1998, 90). Das Zuprosten hat einen kollektiven Charakter und ist als Ausdruck des Beginnens zu verstehen, der den Funktionsgesetzen des menschlichen Austauschs folgt. Als ordnende Form der Interaktion konstituiert es die „Zechgruppe", indem es eine integrierende und zugleich ausgrenzende Funktion hat: Die einbezogenen Mitglieder werden inkludiert, die von der Geste nicht erfassten sind ausgeschlossen. Eine entscheidende Funktion kann das Zuprosten auch als Geste der Kontaktaufnahme entfalten, denn es verpflichtet das Gegenüber zu einer Reaktion. In Kombination mit dem Anstoßen der Gläser ist das Zuprosten auch als eine (erste) mittelbar körperliche Kontaktaufnahme mit dem Gegenüber zu deuten.

Trinkrituale dienen der Orientierung und belegen die Gültigkeit von Regeln sowie die Bedeutung der Gemeinschaft in einer anderen Wirklichkeit. „Die Hauptfunktion der Rituale besteht im Zelebrieren des Vorrangs, den das Ganze vor den Teilen hat" (Douglas 1998, 198). Die Gruppenmitglieder erleben sich selbst in der außeralltäglichen Erfahrung des Rausches auf eine andere Weise; aber auch die Gruppe erlangt eine veränderte Deutung. „Gemeinsame Betrunkenheit hat einen geradezu sakralen Charakter, ist ein rauschhaftes Erlebnis von Gemeinschaft" (Legnaro 1982, 157). Das gemeinsame Erlebnis als außeralltägliche Situation und psychophysische Konstruktion (vgl. Schulze 2005, 14) stärkt die verbindenden Kräfte der Gemeinschaft – zumindest für die Dauer des Rausches. Alkoholkonsum war und ist symbolisches und rituelles Handeln. Er markiert sozialen Status und Rang, Zeitintervalle, bedeutsame Ereignisse sowie Gruppenzugehörigkeit. Rituale sind dabei maßgeblich für die Herstellung, Stärkung oder Erneuerung sozialer Beziehungen verantwortlich. „Sie stellen eine Verbindung zwischen lebendigen kulturellen Traditionen und den sozialen Subjekten her und setzen sie in Szene" (Gebauer/Wulf 1998, 139). Durch Trinkrituale sollen das menschliche Triebverhalten und das Verlangen nach Ausbruch berechen- und steuerbar gemacht und Aggressionen sublimiert werden. Trinkrituale verstehe ich darüber hinaus auch als kulturelle Aufführungen, die symbolische Inhalte in bestimmten Formen und Verhaltensweisen organisieren und in denen sich rauschhafte Vergemeinschaftungen selbst inszenieren (vgl. Niekrenz 2011). Sowohl das Ritual als auch das Gemeinschaftsleben an sich sind stets ambivalent – sie umfassen immer Konflikt und Integration, Begierde und Feindseligkeit (vgl. Gebauer/Wulf 1998, 139; vgl. Maffesoli 1986, 140). Trinkrituale sind gewissermaßen ein Aufruf, gegen den eigenen Körper zu handeln, ein Aufruf zur Initiation, die eine Integration ermöglicht. Es geht darum, den eigenen Körper für eine begrenzte Zeit auf das Maß des Kollektivs zu erweitern. „Den eigenen über den kollektiven Körper zu vergessen, ist auch eine Art, den endlosen Kreis von Erzeugung und Zerstörung zu wiederholen." (Maffesoli 1986, 140)

Den kollektiven Rausch zeichnen ein Auflösen des individuellen Leibes und ein Aufgehen in einem kollektiven Leib aus. Schmitz bezeichnet dies als Einleibung, die er als „Eingehen des spürbaren eigenen Leibes in übergreifende Ad hoc-Leiber oder -Quasileiber" (Schmitz 1985, 86f.) versteht. Wenn der innerleibliche Dialog nach außen verlagert wird, dann überschreitet das leibliche Befinden den eigenen Leib. „Sehr scharf zeichnet sich Einleibung in der Partyatmosphäre ab; Partys sind heute beliebte, aufgeregtamüsante gesellige Festveranstaltungen mit tänzerischen und erotischen Akzenten" (Schmitz 1985, 87). Wenn hier Hemmschwellen überschritten werden und die Party in Gang kommt, lösen sich ausnahmsweise zwischenmenschliche Distanzen auf und werden „durch permanenten leichten Schwindel ersetzt" (ebd.). In der Einleibung überschreitet das leibliche Befinden den eigenen Leib. Es bilden sich übergreifende Ad-hoc-Leiber, die in ausgelassenen, geselligen, gemeinsamen Atmosphären typischerweise und wechselseitig vorkommen. Die Anderen sind am eigenen Leib spürbar und hinterlassen Eindrücke von mehr oder weniger starker Intensität und Dauer. Die somatische Erfahrung in der rauschhaften Vergemeinschaftung kommt ohne Sprache aus und ist dennoch eine kulturell überformte Art des ‚Berührtwerdens' (vgl. Alkemeyer 2006, 278). Die Kopräsenz anderer Akteure kann besonders in gemeinsamen, fokussierten und synchronen Bewegungen zu einem sinnbildlichen Verschmelzen mit den Anderen führen – etwa im gemeinsamen Tanz. In dieser wechselseitigen Bezogenheit der Körper aufeinander werden Sozialität und Interaktionsordnungen durch Bewegung hergestellt (vgl. Meuser 2006).

Rauschregeln setzen einen rituellen Rahmen, der bei legalen Substanzen auch die Funktion hat, den Konsum als sozial akzeptiert und kulturell erwünscht zu gestalten. Sie müssen ebenso gelernt werden wie der Gebrauch von psychoaktiven Substanzen und die Rauschkonstruktion. Howard Becker zeigt in seiner in den 1950er-Jahren durchgeführten Studie am Beispiel des Marihuana-Rauchens, wie der Gebrauch dieser Substanz weitergegeben und gelernt, aber auch, wie der Rausch intersubjektiv vermittelt wird (vgl. Becker 2000). Der Rausch ist sozial konstruiert und nicht allein biochemisch zu erklären. Die erlebte Wirklichkeit wird durch die Weitergabe der Erfahrungen anderer Rauscherlebnisse vorstrukturiert und miterzeugt. Damit ist die individuelle Rauscherfahrung immer mit kollektiven Komponenten versehen und kommt niemals allein durch die Physiologie des Körpers zustande. Eine sozialkonstruktivistische Auffassung impliziert auch, dass die „andere" Wirklichkeit veränderlich, offen, fluide und als soziokulturelles Skript dynamisch ist. Sie ist Ergebnis eines kollektiven Prozesses, an dem Jugendliche schrittweise teilzuhaben lernen.

4. Integrationsprozesse, Ambivalenzbewältigung und Herstellen sozialer Ordnung

Rauscherfahrungen haben – wie im vorangegangenen Abschnitt deutlich wurde – in der Jugendphase für das Erleben von Grenzerfahrungen und das Ausloten des Leib-Körper-Verhältnisses eine ebenso wichtige Funktion wie für das Erinnern an die zeitliche Begrenzung des Lebens. Als Ritus der Selbstinitiation und Symbol für das Gewinnen von Autonomie ist der erste Rausch von Bedeutung, mit dem das Lernen des Umgangs mit Rausch und die Entwicklung eines eigenen Standpunkts einsetzen. Rauschkompetenz ist Risikokompetenz, und somit ist hier eine entscheidende Entwicklungsaufgabe angesprochen. Insbesondere für den Umgang mit Alkohol als legalisierter Substanz sind Rauschregeln zu erlernen, die oftmals in Ritualen verankert sind. Über rituelle Rahmungen werden Ordnungen erzeugt und die Integration in die soziale Gruppe forciert. Rausch hat somit auch eine sozialintegrative Kraft. Er ist als Mittel zur Kontakterleichterung ein wichtiges Element für die Herstellung sozialer Beziehungen. Integrativ wirkt im Themenfeld von Rausch noch ein weiterer Aspekt: Ambivalenzbewältigung.

Ambivalenz wird definiert als „die gleichzeitige Gegebenheit zweier gegensätzlich bewerteter Erlebnisorientierungen oder Handlungsorientierungen auf der individuellen oder der institutionellen Ebene" (Junge 2000, 233). Sie existiert beispielsweise zwischen Rauschstreben und Rauschfeindlichkeit. Während Rausch einerseits als gefährlich und gesundheitsschädlich bekannt ist, ist er andererseits ein fester Bestandteil des Alltags. Die Normen und Grenzen des Akzeptierten sind nicht eindeutig und stark situationsabhängig. Zu lernen, mit diesem Spannungsfeld umzugehen, ist daher eine entscheidende Entwicklungsaufgabe des Individuums. Die Bewältigung von Ambivalenz im Zusammenhang mit Rausch geschieht z. B. im Zusammenhang mit Arrangements, die *kollektives* Rauscherleben ermöglichen. Sie zielen auf die Lösung des Ambivalenzproblems, indem sie das Spannungsfeld mit aufnehmen. Fußballveranstaltungen, Oktoberfest oder Straßenkarneval realisieren durch ritualisierte Rahmung eine privatisierte Ambivalenzbewältigung, inkludieren Ambivalenz und erschließen den Teilnehmenden dadurch neue Möglichkeitsräume (vgl. ebd., 243). Gegensätze und Spannungen werden auf diese Weise bearbeitet und erzeugen zugleich soziale Ordnung. Rausch wird – räumlich, zeitlich und rituell gerahmt – zugelassen, um auf diese Weise zu symbolisieren, dass er als Ausnahmezustand akzeptiert ist. Ist der Rausch vorüber, hat die Welt wieder ihre gewohnte Ordnung. Der kollektive Rausch in gemeinsamen Festen und rauschhaften Vergemeinschaftungen inszeniert gewissermaßen das Chaos und ist eine spielerische Gefährdung der rationalen Ordnung. Hier können Jugendliche auch im Rahmen von Körperlichkeit experimentieren und entdecken, ohne folgenreich die Routinen und Regelmäßigkeiten des Alltags zu irritieren. Nach dem Rausch nämlich, dem ja auch eine Entlastungsfunktion zukommt, erscheinen die Regeln und Rationalitäten des Alltags häufig umso notwendiger und werden auf diese Weise als plausibel bestätigt.

Literatur

Becker, Howard S. (2000): Becoming a Marihuana User. In: Levinson, Bradley A. U./Borman, Kathryn M./Eisenhart, Margaret (Hg.): Schooling the Symbolic Animal. Social and Cultural Dimensions of Education. New York: Rowman & Littlefield, 66–74.

Bodmer, Ines/Dittrich, Adolf/Lamparter, Daniel (1994): Außergewöhnliche Bewusstseinszustände – ihre gemeinsame Struktur und Messung. In: Dittrich, Adolf/Hofmann, Albert/Leuner, Hanscarl (Hg.): Welten des Bewusstseins. Band 3. Experimentelle Psychologie, Neurobiologie und Chemie. Berlin: WVB, 45–58.

Böllinger, Lorenz (2002): Lust und Last – Zur sozialen Kontrolle von Ekstase. In: Uhlig, Stephan/Thiele, Monika (Hg.): Rausch – Sucht – Lust. Kulturwissenschaftliche Studien an den Grenzen von Kunst und Wissenschaft. Gießen: Psychosozial, 53–71.

BZgA (2011): Der Alkoholkonsum Jugendlicher und junger Erwachsener in Deutschland 2010. Kurzbericht zu den Ergebnissen einer aktuellen Repräsentativbefragung und Trends. Köln: Bundeszentrale für gesundheitliche Aufklärung.

Cousto, Hans (1998): Drogeninduzierte und andere außergewöhnliche Bewusstseinszustände. Ein Bericht über Sucht und Sehnsucht, Transzendenz, Ich-

Erfahrungen und außergewöhnliche Bewusstseinszustände. Solothurn: Eve & Rave (Online Veröffentlichung).

DIMDI (2009) (Deutsches Institut für Medizinische Dokumentation und Information): ICD-10-GM Version 2009, Kapitel V F 10-F 19. http://www.dimdi.de/static/de/klassi/diagno-sen/icd10/htmlgm2009/block-f10-f19.htm. Zugriff: 25.03.2011.

Dittrich, Adolf (1982): Gemeinsamkeiten von Halluzinogenen und psychologischen Verfahren zur Auslösung von veränderten Wachbewusstseinszuständen. In: Völger, Gisela/von Welck, Karin (Hg.): Rausch und Realität. Drogen im Kulturvergleich. Band 1. Reinbek: Rowohlt, 85–92.

Douglas, Mary (1998): Ritual, Tabu und Körpersymbolik. Sozialanthropologische Studien in Industriegesellschaft und Stammeskultur. Frankfurt a.M.: Fischer. Zuerst 1974.

Ganguin, Sonja/Niekrenz, Yvonne (2010): Jugend und Rausch. Rauschhaftes Erleben in jugendlichen Erfahrungswelten. In: Niekrenz, Yvonne/Ganguin, Sonja (Hg.): Jugend und Rausch. Interdisziplinäre Zugänge zu jugendlichen Erfahrungswelten. Weinheim und München: Juventa, 7–19.

Gebauer, Gunter/Wulf, Christoph (1998): Spiel – Ritual – Geste. Mimetisches Handeln in der sozialen Welt. Reinbek: Rowohlt.

Gugutzer, Robert (2002): Leib, Körper und Identität. Eine phänomenologisch-soziologische Untersuchung zur personalen Identität. Wiesbaden: Westdeutscher Verlag.

Havighurst, Robert James (1972): Developmental tasks and education. New York: Mc Kay.

Heidegger, Martin (1986): Sein und Zeit. 16. Auflage. Tübingen: Max Niemeyer. Zuerst 1927.

Heimann, Hans (1994): Verlaufsstruktur der Modellpsychose: Was lehrt uns die systematische Erfassung verschiedener Beobachtungsebenen. In: Dittrich, Adolf/Hofmann, Albert/Leuner, Hanscarl (Hg.): Welten des Bewusstseins. Band 3. Experimentelle Psychologie, Neurobiologie und Chemie. Berlin: WVB, 17–24.

Hurrelmann, Klaus (1997): Lebensphase Jugend. Eine Einführung in die sozialwissenschaftliche Jugendforschung. Unter Mitarbeit von Bernd Rosewitz und Hartmut Wolf. 5. Auflage. Weinheim und München: Juventa. Zuerst 1985.

Junge, Matthias (2000): Ambivalente Gesellschaftlichkeit. Die Modernisierung der Vergesellschaftung und die Ordnungen der Ambivalenzbewältigung. Opladen: Leske + Budrich.

Kamper, Dietmar (2002): Rauschfähigkeit – Die Balance des Glücks. In: Uhlig, Stephan/Thiele, Monika (Hg.): Rausch – Sucht – Lust. Kulturwissenschaftliche Studien an den Grenzen von Kunst und Wissenschaft. Gießen: Psychosozial, 177–182.

Legnaro, Aldo (1982): Ansätze zu einer Soziologie des Rausches – zur Sozialgeschichte von Rausch und Ekstase in Europa. In: Völger, Gisela/Welck, Karin von (Hg.): Rausch und Realität. Drogen im Kulturvergleich. Band 1. Reinbek: Rowohlt, 93–114.

Lilly, John C. (1976): Im Zentrum des Zyklons. Eine Reise in die inneren Räume. Frankfurt a.M.: Fischer.

Maffesoli, Michel (1986): Der Schatten des Dionysos. Zu einer Soziologie des Orgiasmus. Frankfurt a.M.: Syndikat.

Meuser, Michael (2006): Körper-Handeln. Überlegungen zu einer praxeologischen Soziologie des Körpers. In: Gugutzer, Robert (Hg.): body turn. Perspektiven der Soziologie des Körpers und des Sports. Bielefeld: transcript, 95–116.

Niekrenz, Yvonne (2011): Rauschhafte Vergemeinschaftungen. Eine Studie zum rheinischen Straßenkarneval. Wiesbaden: VS.

Plessner, Helmuth (1970): Philosophische Anthropologie. Lachen und Weinen. Das Lächeln. Anthropologie der Sinne. Frankfurt a.M.: Fischer.

Plessner, Helmuth (1975): Die Stufen des Organischen und der Mensch. Einleitung in die philosophische Anthropologie. 3. Auflage. Berlin/New York: Walter de Gruyter. Zuerst 1927.

Raithel, Jürgen (2004): Jugendliches Risikoverhalten. Eine Einführung. Wiesbaden: VS.

Schmitz, Hermann (1985): Phänomenologie der Leiblichkeit. In: Petzold, Hilarion (Hg.): Leiblichkeit. Philosophische, gesellschaftliche und therapeutische Perspektiven. Paderborn: Junfermann, 71–106.

Schmitz, Hermann (2005): System der Philosophie. Zweiter Band. Erster Teil. Der Leib. Studienausgabe. Bonn: Bouvier. Zuerst 1965.

Schroer, Markus (2006): Räume, Orte, Grenzen. Auf dem Weg zu einer Soziologie des Raums. Frankfurt a.M.: Suhrkamp.

Schulze, Gerhard (2005): Die Erlebnisgesellschaft. Kultursoziologie der Gegenwart. Frankfurt a.M.: Campus. Zuerst 1992.

Settertobulte, Wolfgang (2010): Über die Bedeutung von Alkohol und Rausch in der Lebensphase Jugend. In: Niekrenz, Yvonne/Ganguin, Sonja (Hg.): Jugend und Rausch. Interdisziplinäre Zugänge zu jugendlichen Erfahrungswelten. Weinhheim und München: Juventa, 73–83.

Süddeutsche (2011): Jugendliche und Alkohol. Teenie-Trendsport Komasaufen. 04.02.2011. http://www.sueddeutsche.de/leben/studie-zum-alkoholkonsum-jugend licher-teenie-trendsport-komasaufen-1.1055566. Zugriff: 13.03.2011.

van Gennep, Arnold (2005): Übergangsriten. Les rites de passage. 3. Auflage. Frankfurt a.M./New York: Campus. Zuerst 1909.

Welt (2008): Jugendliche und Alkohol. Ein Fünftel säuft, bis der Arzt kommt. 14.11.2008. http://www.welt.de/politik/article2724078/Ein-Fuenftel-saeuft-bis-der-Arzt-kommt.html. Zugriff: 14.03. 2011.

Barbara Stauber

Androgynität und Gender-Switching in Jugendkulturen?

Doing gender differently – Geschlechtervariationen in jugendkulturellen Körperinszenierungen[1]

1. Einleitung und zwei Vorüberlegungen

Bereits in der Einleitung zu diesem Band wird deutlich, dass das Thema „Körper" in der Jugendforschung lange Zeit – und daran hat sich bis heute nicht viel geändert – keine stabile Größe gewesen ist (Hübner-Funk 2003). Dies ist erstaunlich, denn wie keinem anderen Lebensalter wird Jugend Körperlichkeit zugeschrieben. Jugend konstituiert sich geradezu über Körperlichkeit. So positionieren sich Jugendliche vielfach über den Körper und werden aus der Erwachsenenperspektive auch vielfach über körperbezogene Themen, Anlässe und Diskurse wahrgenommen. Doch genau dort, wo Jugendliche von außen über körperbezogenes Verhalten – genauer gesagt zumeist über Risikoverhalten – thematisiert werden (Raithel 2001), wird deutlich, dass in diesen Thematisierungen und Dramatisierungen körperbezogener Strategien der Körper gerade *nicht* als subjektiv relevantes Mittel des sich Ausdrückens, Abgrenzens, Stilisierens, kurz: der jugendlichen Identitätsarbeit erkannt und anerkannt wird. Vielmehr dominiert ein problemzentrierter Blick auf Jugend („Youth as a Problem", France 2000; Kelly 2001), mit welchem insbesondere die somatischen Strategien Jugendlicher (Helfferich 1994) als tendenziell problematisch wahrgenommen werden. Umso wichtiger sind Arbeiten, in denen diese Strategien – auch in ihren riskanten Spielarten – unter der Perspektive eines subjektiv sinnvollen Verhaltens (vgl. Litau 2009), der Herausbildung sozialer Rituale (Sting 2008) und des Erwerbs von Risikokompetenz (Franzkowiak 1996) interpretiert werden (vgl. auch die Beiträge in Niekrenz/Ganguin 2010).

In diesem Beitrag will ich zunächst beleuchten, dass und wie das Thema „Körper" in der Genderforschung und in der Jugendkulturforschung präsent ist, um anhand von neueren Fragestellungen in der Jugendkulturforschung aufzuzeigen, inwiefern und wie hier Gender und Geschlechtervariationen

1 Ich danke Christine Riegel und Marion Schulze für ihre kritische Durchsicht des Manuskripts und viele wichtige Kommentare und Anregungen.

analysiert werden (können). Das will ich vor allem am Beispiel der noch wenig untersuchten Emo-Szene reflektieren. Dies mündet in einige methodologische Überlegungen sowie in die Forderung einer kategorialen Zurückhaltung in Bezug auf „Androgynität" oder „Gender-Switching".[2]

2. Der Körper in der Gender- und Jugendkulturforschung

Für die *Geschlechterforschung* sind körperbezogene Praktiken ein relevantes Terrain, nicht zuletzt deshalb, weil sich auf diesem Terrain gendertheoretische Gefechte um die Frage „Naturhaftigkeit versus Sozialität" von Körper und Geschlecht abspielen.

Einen ethnografischen Beitrag hat Erving Goffman schon 1977 in „The arrangement between the sexes" geleistet. Er hat herausgearbeitet, wie die Prozesse des Doing Gender durch eine Vielzahl institutioneller Arrangements abgesichert werden, die von relativ vagen Handlungserwartungen (im Hinblick auf ‚Mann-/Frau-Sein') bis hin zu konkreten Interaktionsskripten (z.B. Alltagsritualen und Höflichkeitsregeln) die soziale Kategorie ‚Geschlecht' gerade auch auf der Körperebene im Alltag präsent halten. So wird ein Hintergrundwissen zur Geschlechterdifferenz stets aktualisiert und reproduziert – durch unsere Praktiken, aber auch durch vielfältige institutionelle Arrangements, die einen Interpretationsrahmen für Zweigeschlechtlichkeit liefern.

Aus ethnomethodologischer Perspektive, im Anschluss an Goffman, vor allem aber an die frühen Arbeiten zu Transsexualität (die Agnes-Studie Harold Garfinkels), haben Candace West und Don Zimmerman in ihrem berühmten Artikel zur sozialen Herstellung von Geschlecht 1987 die Unterscheidung zwischen ‚sex' und ‚gender' hinter sich gelassen: Sie haben deutlich gemacht, dass auf allen drei von ihnen unterschiedenen Ebenen Geschlecht eine soziale Konstruktion ist: auf den Ebenen

- Geburtsklassifikation (Sex),
- soziale Zuordnung/Zuschreibung des Geschlechts (Sex-Category) und
- intersubjektive Validierung der Geschlechtskategorie in Interaktionsprozessen (Gender).

Zwar kommt den alltäglichen Herstellungsprozessen auf der zweiten und dritten Ebene – der sozialen Zuordnung/Zuschreibung des Geschlechts und der intersubjektiven Validierung von Geschlecht – besondere Bedeutung zu, weil es die alltäglichen Mikro-Prozesse und Rituale sind, in denen wir Geschlecht sozial darstellen und umgekehrt die Geschlechterinszenierungen

---

2 Diese beiden Begriffe waren vonseiten der HerausgeberInnen vorgeschlagen. Sie erwiesen sich als produktive Folie für eine kritische Auseinandersetzung mit den ihnen inhärenten Unterstellungen.

von anderen interpretieren. Doch ist nach West und Zimmerman (1987) schon die Geschlechterzuweisung bei der Geburt eine soziale Vereinbarung, was durch die Erkenntnisse der Intersexualitätsforschung bestätigt wird. Die hier gewonnene Erkenntnis ist also: Menschen *haben* ihr Geschlecht nicht von Natur aus oder durch Erziehung und Sozialisation und verhalten sich entsprechend geschlechtstypisch, sondern werden von Anfang an geschlechterbezogen positioniert und orientieren sich am Wissen über diese Positionierung als ‚Mann' oder als ‚Frau'. Auch bei Hirschauer (1989, 103; 2008) ist Männlichkeit und Weiblichkeit eine interaktive und interpretative Leistung, die sowohl die Leistung des Darstellens wie auch die Leistung der Zuschreibung (Geschlechtsattribution) umfasst. Geschlecht als soziale Konstruktion ist damit kein Merkmal von Personen, sondern von sozialen Situationen (vgl. Gildemeister 2004), auch wenn sich dies mit unserer Alltagslogik und häufig auch unseren wissenschaftlichen Logiken bricht.

Das alles waren schon relativ radikale Entwürfe einer De-Ontologisierung von Geschlecht. Doch erst das Weiterdenken der Performativitätsthese bei Judith Butler zu einer „Hervorbringung des Körpers im Tun" (Butler 1991) ließ – so Gugutzer (2004) in seiner aufschlussreichen Zusammenschau – die Wellen der gendertheoretischen Auseinandersetzung hochschlagen. In der Tat stellt dieser Ansatz eine Zuspitzung dar: Nach Butler ist es unmöglich, den natürlichen Körper vom gesellschaftlichen Körperdiskurs zu trennen. Ersterer wird durch letzteren in seiner dominanten Form als bipolar (und damit auf Zweigeschlechtlichkeit begrenzt) hervorgebracht, mit einer entsprechenden heteronormativen Struktur des Begehrens.[3]

Die Geschlechterforschung hat immer wieder darauf verwiesen, wie schwer die Prozesse einer performativen Etablierung von Geschlecht zu erkennen sind, weil wir aufgrund der Alltäglichkeit unserer Erfahrungen dafür blind geworden sind.[4] Dies begründet die theoriestrategische Bedeutung der Studien zu transsexuellen Menschen (vgl. Hirschauer 1989), die im Laufe ihres Wandels erlernen (müssen), *wie* Geschlecht – gerade auf der körperlichen Ebene – in Interaktionen hergestellt und wahrgenommen wird.[5] Aber auch die Arten und Weisen, wie in jugendkulturellen Zusammenhängen Geschlecht(erkörper) auf spielerische Weise immer wieder er- und überarbei-

---

3 Gleichzeitig ist es als ihr Verdienst anzusehen, die Dimension des Begehrens kategorial von sex und gender entkoppelt zu haben.

4 Katharina Liebsch (o.J.) stellt sich hier die Frage, wie Körper als geschlechtliche Bedeutungsträger zur Darstellung kommen und unterscheidet hierbei zwischen Körper als Darstellungsmittel von Geschlecht, Körper als Akteur der Inszenierung von Geschlecht und dem geschlechtlichen Körper als Darstellungsobjekt und Ausstellungsstück.

5 Allerdings haben diese Studien nach Hirschauer auch den Nachteil, dass Geschlecht für transsexuelle Menschen quasi Dauerthema ist, was zu einer systematischen Verzerrung der Relevanz der Geschlechterthematik führt.

tet werden, haben hier eine theoriestrategische Bedeutung, die noch nicht wirklich ausgelotet ist.

Die *Jugendkulturforschung* hat eindeutig von den Entwicklungen der Genderforschung profitiert. In den 1970-er Jahren warfen Angela McRobbie und Jenny Garber ihren (männlichen) Kollegen am Centre for Cultural Studies (CCCS) (zu Recht) vor, sie würden jugendkulturelle Szenen als gender-neutrale Veranstaltungen betrachten. Mädchen tauchten hier gar nicht auf. Mit kritischen Gegenfragen wie: Fehlen die Mädchen wirklich in den Subkulturen? Wo sind Mädchen sichtbar – und welches sind ihre Rollen? Haben die Mädchen alternative Formen, ihr kulturelles Leben zu organisieren? (McRobbie/Garber 1976) haben McRobbie und Garber zwar Geschlecht als eine wichtige Dimension jugendkultureller Vergemeinschaftung und individueller Identitätsfindungsprozesse in den Blick gerückt, doch war ihre Perspektive noch stark differenzorientiert: Was machen Mädchen *anders*? Was ist ihre (*spezifische*, oder wenigstens alternative) Art, sich in Jugendkulturen zu äußern/zu bewegen/darzustellen?

Ein anderer Schritt waren die Klassifizierungsversuche jugendkultureller Szenen als „male-minded" – oder entsprechend als „girl-kompatibel" oder „female-minded" – (Großegger 1999) mit relativ ungebrochenen Geschlechterzuschreibungen. Wesentlicher Kritikpunkt an diesen Klassifizierungsversuchen ist, dass sie dazu tendieren, Geschlecht zu „reifizieren", also mit Berger und Luckmann „[…] die Produkte menschlicher Aktivität so zu verstehen, als wären sie etwas anderes als menschliche Produkte – wie etwa Gegebenheiten der Natur, Auswirkungen kosmischer Gesetze oder Manifestationen eines göttlichen Willens" (Berger/Luckmann 1966, 82).

Damit gehen zwei bekannte Probleme einher: *erstens* Gender mit Frausein gleichzusetzen und *zweitens* Frausein als das Spezielle gegenüber der männlichen Normalität zu konstruieren. Dazuhin kommt ein drittes Problem, denn das Reifizieren von Geschlecht fängt schon dort an, wo bestimmte Verhaltens- und Ausdrucksformen als ‚männlich' oder ‚weiblich' kategorisiert werden.

Erst mit der Jahrtausendwende gibt es einen Perspektivenwechsel von der Frage, inwiefern Mädchen und junge Frauen in Jugendkulturen vorkommen bzw. von der Forschung wahrgenommen und untersucht werden und wie entsprechend jugendkulturelle Zusammenhänge zu klassifizieren sind, zu der Frage, *wie* Jugendliche in Jugendkulturen „Geschlecht" herstellen. Variationen auf diese Frage lauten:

- Wie bearbeiten Jugendliche und junge Erwachsene in ihren jugendkulturellen Selbstinszenierungen Geschlecht?
- Inwiefern reproduzieren und bestätigen jugendkulturelle Selbstinszenierungen Heteronormativität?
- Inwiefern werden sie von letzterer begrenzt?

- Inwiefern wird mit Männlichkeiten und Weiblichkeiten gespielt, inwiefern wird also Geschlecht als Ressource für Inszenierungsmöglichkeiten genutzt?
- Inwiefern entstehen hierdurch Freiräume, Freiheiten und Neubewertungen, inwieweit wird Heteronormativität überarbeitet bzw. situativ außer Kraft gesetzt?
- Inwiefern spielen diese Aspekte ineinander?

Schwer ist es, diese Fragen als radikal offene zu stellen, da sie bereits wieder in den Reifizierungsschleifen gefangen sind. Geschlecht ist jenseits von Kategorisierungen offener im Hinblick auf eine Vielfalt von Geschlechterpositionierungen zu denken und zu formulieren, um Zweigeschlechtlichkeit nicht unreflektiert in der Forschung zu reproduzieren. Das ist auch das Problem aktueller Arbeiten, die den Versuch unternehmen, Herstellungsprozesse von Geschlecht genauer zu untersuchen.

3. Neuere Perspektiven auf die Körperlichkeit in Jugendkulturen und ihre Gender-Relevanz

Im folgenden kursorischen Durchgang durch aktuelle Studien zu Doing Gender in verschiedenen jugendkulturellen Szenen (vgl. Rohmann 2007) muss die Auswahl exemplarisch bleiben und sich auf den deutschsprachigen Raum beschränken.

Hier sind die Arbeiten von Dunja Brill zur Gothic Szene zu nennen (Brill 2006, 2007), die zumindest Teilen dieser Szene eine „Fantasie der Geschlechtslosigkeit" mit Blick auf den unter den phantasievollen Inszenierungen eher versteckten Heteronormativismus attestiert. Geschlecht dient hier als Ressource für eine breite Palette an Gender-Inszenierungen – für die Frauen eher in einer Zuspitzung von barocken Weiblichkeitsbildern, für die Männer eher in androgynen Ausdrucksformen, die jedoch, so Brill, die Ebene der (heteronormativen) sexuellen Orientierungen kaum tangieren.

In Bezug auf die Techno-Szene ist meine eigene Arbeit zu nennen (Stauber 2004, 2007, 2011), die danach fragt, wie sich junge Frauen und Männer einer Goa-Trance-Szene im ländlichen Raum zu Geschlechterthemen positionieren. Sie stellt dabei auf der Inszenierungsebene einen tendenziell egalitären Geschlechterdiskurs fest, der sich aber zum Beispiel an den realen Arbeitsteilungen bricht. Der jugendkulturelle Zusammenhang ist, so wird hier deutlich, kein *anderer* Geschlechter-Raum, sondern (auch) hier finden Prozesse von Doing Gender statt. Allerdings gibt es im Unterschied zu anderen gesellschaftlichen Orten sowohl Anlässe als auch Bereitschaften zu einer reflexiven Auseinandersetzung dessen, was da alles Unterschiedliches passiert – in den sozialen Umgangsformen, in der Organisation und Durchführung von Partys, vor allem aber auch in den neuen Körperinszenierungen und leiblichen Erfahrungen des nächtelangen Tanzens auf den Raves. Auch wenn ihr Fokus nicht auf Gender liegt, so hat doch Gabriele Klein diesbezüglich einen zentralen Beitrag zu Körperlichkeit und leiblichem Erleben in der Techno-Szene geleistet (Klein 1999).

In Bezug auf HipHop ist der Band von Schischmanjan und Wünsch (2007) relevant, der in einigen Beiträgen intersektionelle Positionierungen von jungen Frauen im HipHop im Hinblick auf Gender und Race bzw. auf feministische wie diversity-Diskurse thematisiert[6] (vgl. auch die Beiträge zu HipHop in Rohmann 2007). Auch hier ist wiederum die Arbeit von Gabriele Klein und Malte Friedrich (2003) in ihrer Forschungsaufmerksamkeit auf Körperlichkeit und leibliche Erfahrung zu nennen.

In Bezug auf die Heavy Metal-Szene hat Katrin Seuffert (2010) in ihrer Diplomarbeit mit einem kreativen Methodenmix aus Einzelinterviews, Gruppendiskussion und unter Einbeziehung der ikonografisch-ikonologischen Analyse von Promotion-Fotos lokaler Heavy-Metal-Bands Repräsentationen von Weiblichkeit und Männlichkeit untersucht. Dieser Zugang erweist sich als geeignet, um die geschlechterbezogenen Selbstinszenierungen der Bandmitglieder, die sich im Blick auf die maskuline Dominanz dieser jugendkulturellen Szene nicht nur erwartungskonform, sondern durchaus auch eigenwillig zeigen, ins Verhältnis zu setzen zu den jeweiligen subjektiven Bedeutungsgebungen.

In Bezug auf Hardcore ist das ethnografisch angelegte Dissertationsprojekt von Marion Schulze zu Mädchen und jungen Frauen bzw. Gender in dieser ebenfalls männlich dominierten jugendkulturellen Szene zu nennen (Schulze 2007, 2008). Sie geht methodologisch durch einen sehr bewussten Umgang mit den Gefahren einer Reifikation von Gender nicht von einem Gender-Switching von Frauen im Hardcore aus, sondern schafft Raum für eine Vielzahl von Geschlechterherstellungen. So ist eine – empirisch in ihren Interviews untermauerte – Erkenntnis, dass vieles, was traditionell männlich attribuiert wird, zur Vorstellung der Befragten von Mädchensein gehört, sie somit nicht von ungefähr in dieser Szene Anknüpfungspunkte für ihre Formen von Weiblichkeit gefunden haben und diese hier auch weiterentwickeln.

Marco Höhn (2007) untersucht Visual Kei im Hinblick auf das Geschlechter-Spiel der zumeist männlichen Bands, das sich durch demonstrativen Bruch mit Männlichkeitsattributen und einen offensiven Zugriff auf weibliche Style-Komponenten (Frisuren, Schminke, Kleidung) und Körpermodifikationen auszeichnet (vgl. hierzu auch Ferreira 2009).

Einen bislang noch wenig untersuchten, aber höchst spannenden Gegenstand in dieser Reihe bildet die Emo-Szene mit ihren auffälligen Inszenierungen von Männlichkeit (zur Frage, ob dies ‚androgyne' Inszenierungen

---

6 „Don't treat me like a man, don't treat me like a woman, I know what I am, I'm a dancer, and that's what I'm living" (Moanne81 in: Kopietz 2007, 133).

sind, gleich mehr). So wenig wissenschaftliche Publikationen hierzu vorliegen, so aufschlussreich ist die Dokumentation der genderpolitischen Auseinandersetzung um Emo (Büsser/Engelmann/Rüdiger 2009; Feldl 2010). Aus diesen Aktualitätsgründen verweile ich hier – und nehme dabei die Einschränkung in Kauf, im Kontext von Emo vor allem die Herstellungsformen von Männlichkeiten und weniger die von Weiblichkeiten in den Blick zu nehmen.

4. Zur Relevanz von Emo unter der Genderperspektive

Hier kann nur kurz die Geschichte einer Jugendkultur umrissen werden, die als „emotional hardcore" und damit als eine weitere Spielart des post Punk begann,[7] die sich aber – vor allem dank des Internets und einer globalisierten Jugend-Mode-Szene – inzwischen zu einer Style-Community entwickelt hat, die sich nicht (mehr) primär über bestimmte Musikrichtungen als über den Zusammenhalt von (informellen) Gruppen (im Netz oder beispielsweise auf dem Bahnhofsvorplatz) identifiziert (vgl. Büsser/Engelmann/Rüdiger 2009; Feldl 2010). Früh gewann der Style – vor allem Haarschnitte, Haarfarbe, geschminkte Augen, Nagellack, Piercings, Kleidung, Farben, Aufdrucke, Symbole und ihre Kombinationen – die größte Bedeutung für das Zugehörigkeitsgefühl zu Emo, und entsprechend nahm auch die Relevanz von Portalen zu, auf denen gezeigt wird, wie die Verwandlung zum Emo styling-technisch „geht".[8] Früh schon wurde die Szene auch mit bestimmten Zuschreibungen versehen: Weinerlichkeit, selbstverletzendes Verhalten („Ritzen") oder sogar Suizidalität. Die öffentliche Diskussion und die Aufregung um Emo drehen sich vor allem um diese weiblich attribuierten, aber vor allem von Männern vollzogenen Inszenierungen von Emotionalität (Traurigkeit, Sentimentalität), gepaart mit einer „unmännlichen" Erscheinung. Somit hat nach Büsser, Engelmann und Rüdiger (2009) das offensichtlichste Charakteristikum von Emo – nämlich der Bruch insbesondere mit den dominanten männlichen Körperbildern und den damit verbundenen normativen Geschlechterrollen – eine Lawine des kollektiven Hasses losgetreten, mit der die gesellschaftliche Homophobie überdeutlich wurde: Beispiele für die solchermaßen herausgeforderte Männlichkeit (bzw. Heteronormativität) finden sich in Russland, wo medial und gesellschaftlich die „suizidalen, essgestörten und bisexuellen Emos" verteufelt wurden, wo es „Jugendschutz"-Maßnahmen, weitreichende Zensurpläne, aber auch Gegenproteste gab (vgl. Kasakow 2009); in Mexiko, wo es organisierte Über-

---

7 Einen Vorschlag zur Entstehungsgeschichte präsentiert Feldl (2010, 5): „I propose it was a marriage between hardcore and indie rock with grunge as the father of the bride, paying for the wedding" (Origin of emo, http://www.angelfire.com/emo/origin/).

8 Siehe die Selbstinszenierungen der Szene im Internet: www.emostar.de, www.emotreff.net, und die Filme von „Amy": „was wollen emos?" „das wollen emos!", z.B. http://www.youtube.com/watch?v=tfs_MTlyZhI. Zugriff: 10.08.2010.

griffe anderer jugendkultureller Szenen auf Emos gab, Emos gleichgesetzt wurden mit faulen bürgerlichen Kids, und sich somit Homophobie und Klassenauseinandersetzungen überkreuzten (vgl. Akrap 2009); in Chile, wo selbst Andeutungen von Bisexualität als ungeheure Provokation aufgenommen werden (Büsser 2009), aber auch in Deutschland, wo über einige Jahre in größeren Städten (Berlin, Köln etc.) zum *Emo-Klatschen* aufgerufen wurde. Die harmlosere Form einer gleichwohl ungebrochenen Abwertung kommt in der Menge an Witzen zu Emos zum Ausdruck (www. emowitze.de). Wenn wir also fragen: Wie bearbeiten junge Frauen und Männer die ihnen gesellschaftlich zugedachten Genderrollen in ihren jugendkulturellen Selbstinszenierungen? Wie stellen sie Geschlecht her? Dann fokussiert sich diese Frage im Fall von Emos auf die Herstellung von Männlichkeit – als Interaktion zwischen Jugendlichen, die, um es mit Butler auszudrücken, die Heteronormativität provozieren, und einem Publikum, das überdeutlich die Wiederherstellung der heteronormativen Matrix (vgl. Butler 1991) einfordert, und dabei äußerst offen seine Homophobie zeigt.

Doch überall dort, wo Bi- und Homosexualität, Transgender und unkonventionelle Geschlechtervariationen besonders geächtet werden, wird Emo latent auch geschlechterpolitisch. So entstehen zwangsläufig Reflexionsanlässe: „Ich bin zwar nicht schwul, aber ich habe nichts gegen Homosexualität. Warum sollte ich? Außerdem finde ich, dass Frauen nicht als Eigentum bezeichnet werden sollten. Ich denke jetzt mehr über solche Dinge nach" (Interview mit einem ägyptischen Emo-Boy in Büsser/Engelmann/Rüdiger 2009, 137). Deutlich wird, dass Jugendliche einerseits in dominante Gender-Diskurse hineingerufen werden (Hall 2000) – unabhängig davon, ob sie intendiert haben, diese zu provozieren –, dass hierbei andererseits aber auch ein Zugewinn an Reflexivität stattfinden kann, ein Bildungs- und Entwicklungsschritt, der eine erhöhte Genderkompetenz mit sich bringen kann. Dies mag angesichts dessen, dass die heutige Emo-Szene überwiegend aus sehr jungen Jugendlichen besteht, deren Durchschnittsalter ca. 14 Jahre beträgt, und dass Themen wie Pubertät, erste Liebe, erstes Verlassen-Werden an vorderster Stelle stehen (Feldl 2010), von besonderer Bedeutung sein. Denn Jugendliche können somit in ihren Suchprozessen im Kontext von Sexualität Geschlecht nicht nur als Variationsraum im Hinblick auf Stilisierungen und Inszenierungen, sondern auch im Hinblick auf sexuelle Orientierungen ausloten.

Dies bringt neue Bewertungen mit sich: „Androgyne Jungs küssen gerne andere androgyne Jungs, und die Mädchen finden es toll. Selbst bezeichnen sie sich als ,offener' in der Wahl des Geschlechtes ihres Partners" (Feldl 2010, 7).

5. Androgynität und Gender-Switching?

Ein kurzer Ausflug zum Thema Androgynität scheint hier angebracht. Androgynität ist im Kontext der Popkultur ein Dauermotiv: Zu erinnern ist hier an die Kunstfigur des Ziggy Stardust eines David Bowie, an Inszenierungen von Schwulsein wie von Freddy Mercury, aber auch an mit „eindeutig heterosexuellen" Botschaften verknüpfte Inszenierungen von Mick Jagger, Prince, Michael Jackson, Marilyn Manson. Die Palette, die bis hin zu den Boy Group-Inszenierungen (aktuell: Tokio Hotel mit Bill Kaulitz) zeigt: Inszenierungen zwischen den Geschlechtern (insbesondere: der Männer, aber auch einiger Frauen, wie etwa Grace Jones oder Annie Lennox) erweisen sich als vermarktungsfähige Projektionsfolie für das Begehren, egal, ob männlich oder weiblich, egal, ob hetero-, homo-, bisexuell. Diese Repräsentationen dokumentieren, dass Begehren längst nicht so festgelegt ist, wie es der dominante Diskurs der Heteronormativität behauptet, und darüber hinaus, dass sich sehr unterschiedliches Begehren auf Androgynität richten kann.

Doch das Thema Androgynität wird noch komplexer, wenn jugendkulturelle Inszenierungen gendertheoretisch in den Blick genommen werden. Folgende Überlegungen sind hierbei zu berücksichtigen: Sind die in diesen jugendkulturellen Inszenierungen dargestellten Gendervariationen Variationen auf der Ebene sozialer Praktiken? Oder sind sie Variationen auf der Ebene individueller Handlungen? Mit dieser Unterscheidung weist Stefan Hirschauer (2004) darauf hin, dass es soziale Praktiken gibt, die sich im Alltag und in – auch selbstkreierten – Routinen vollziehen, und individuelle Handlungen, die mehr oder weniger bewusst von den AkteurInnen vollzogen werden: „Nach einer Handlung fragt man am besten die Akteure, eben weil ihre Sinnstiftung im Zentrum steht, Praktiken haben eine andere Empirizität: Sie sind in ihrer Situiertheit vollständig öffentlich und beobachtbar" (Hirschauer 2004, 73).

So kann jenseits der Ebene der sozialen Praktiken nicht von außen entschieden werden, in welcher Hinsicht und auf welcher Ebene es Jugendlichen darum geht, den Raum zwischen den Geschlechtern auszuloten, oder um das Vereinen von männlichen und weiblichen Attributen oder eher um das schlichte Ausprobieren neuer/anderer Formen von Männlichkeit, Weiblichkeit, Geschlecht. Die Frage, was Jugendliche intendieren, wenn sie Gender-Inszenierungen variieren, ist mithin empirisch offen, genauso wie die Frage, auf welchen Ebenen sie diese Variationen vornehmen: Ist dies ausschließlich die Ebene der Erscheinung? Ist diese verbunden mit tiefergehenden Einstellungen oder einer veränderten Praxis? Gibt es Diskrepanzen zwischen diesen Ebenen, und wenn ja, (für wen) sind diese überhaupt relevant? Gerade in Studien zu Jugendkulturen kann leicht ein Duktus entstehen, die untersuchten AkteurInnen zu „überführen", etwa dahingehend, dass ihr Spiel mit den Geschlechterattribuierungen ja nur ein Spiel sei, sie letztlich jedoch straight der Heteronormativität Folge leisteten.

Weiterhin sind – mit Robert Gugutzer (2004) und Paula-Irene Villa (2007) – die Dimensionen Körper und Leib zu unterscheiden. Ersterer ist Gegenstand der Beobachtung, letzterer ist die sozialphilosophische Bezeichnung für den Bereich des inneren Erlebens:

„Der Leib ist dabei das individuelle, radikal subjektive Fühlen, das sich anderen Menschen als solches nicht mitteilen kann. Denn Affekte und Emotionen kann nur eine/e jede/r für sich selbst empfinden, deren intersubjektive Mitteilung erfolgt aber mittels der Sprache und damit nicht mehr im leiblichen Modus. In diesem Sinne ist der Leib radikal subjektiv." (Villa 2007, 19)

Gleichzeitig sind diese Empfindungen nicht unabhängig von gesellschaftlichen Bewertungen und historischen Konjunkturen. *In beiden Dimensionen* geht es um Gender als Vollzugswirklichkeit, in beiden, der von außen beobachtbaren wie der innerlich erfahrbaren, findet Doing Gender statt: „Das Präfix ‚doing' stand für eine Heuristik, mit der sich kompakte soziale Tatsachen temporalisieren und als praktische Vollzugswirklichkeiten dekomponieren lassen" (Hirschauer 2004, 73). Auch diese Heuristik markiert die Notwendigkeit einer prinzipiell offenen Forschungseinstellung für *doing gender differently* – ohne Vorab-Entscheidungen zu treffen über Androgynität, Gender-Switching oder gar Undoing Gender.

Gleichzeitig ist zu betonen – und dies macht die Analyse zu einer solch komplexen Angelegenheit –, dass Jugendliche sich mit ihren Gender-Artikulationen quasi automatisch dominanten Gender-Diskursen stellen müssen (Hall 2000) oder – im Rückgriff auf Goffman und die weiterführenden Überlegungen von Gugutzer (2004, 98 f.) hierzu – dass sie sich mit den Praktiken, aber auch mit den Handlungen immer auf einer sozialen Bühne befinden, diese Bühne der Selbstinszenierungen ja oft auch suchen (Stauber 2004) und dabei immer interpretiert werden, ob sie wollen oder nicht. In diesen Interpretationen kann es zu Verwechslungen kommen – etwa der Art, dass soziale Praktiken als individuelle Handlungen interpretiert und mit einer Intentionalität aufgeladen werden, die sie für die Betreffenden nicht haben, oder umgekehrt: dass der Sinn, mit dem AkteurInnen subjektiv oder kollektiv Handlungen aufladen, in deren Interpretation als soziale Praktiken nicht wahrgenommen werden.

Dies zeigt die Ambivalenz von Gender: Im Variationsraum Geschlecht können alle möglichen Variationen durchgespielt werden, hier kann Geschlecht auch zu einer Ressource werden. Gleichzeitig aber stellt er einen Rahmen dar, der nicht grundsätzlich verlassen werden kann – es sei denn, es gelänge, die gesellschaftliche Aufforderung, sich zu den heteronormativen bipolaren Kategorien zu positionieren, zu ignorieren oder zu verweigern.

Gleichzeitig jedoch ist dieser Rahmen, in dem die gesellschaftliche Hervorbringung und Bestätigung dieser Normativität der bipolaren Zweigeschlechtlichkeit vollzogen wird, nichts Absolutes und vor allem nichts Festes. Er ist nur von relativer Stabilität.[9] Dies entspricht Positionen von AutorInnen, die ein situatives Vergessen und Neutralisieren der Geschlechterdifferenz für möglich halten. Auch hier bietet Erving Goffmans Metapher der *gender displays* (Goffman 1977) einen ergebnisoffenen Ausgangspunkt für empirische Fragestellungen. Dieser wird vielleicht der Komplexität der realen Vielfalt, die sich als Kontinuum abbilden lässt – als ein Kontinuum an sexuellen Orientierungen, genauso wie als Kontinuum an Inszenierungen –, eher gerecht.

Auch wenn dieser Beitrag mit Androgynität überschrieben ist, so geht es also eigentlich zuerst einmal nur um Untersuchungen zu den Variationen auf das Thema Geschlecht. Ist ein geschminkter junger Mann „weiblicher" und mithin „androgyn"? Oder spielt er mit einer Variation des Männlich-Seins, rutscht aber innerhalb der dominanten bi-polaren Lesarten automatisch in die Kategorien „weiblich" oder „androgyn"? Was weiblich und was männlich ist, und was mithin auch Androgynität ausmacht, sind Zuschreibungen von außen, die gleichzeitig bestimmte Verhaltens- und Ausdrucksformen einem Geschlecht zuschreiben. Und die darüber hinaus nicht deckungsgleich sein müssen mit den Intentionen und Selbstbildern der jugendlichen AkteurInnen selbst. Dasselbe betrifft das Gender-Switching: Nicht allen Jugendlichen, die in ihren jugendkulturellen Ausdrucksformen Genderbilder variieren, konterkarieren, persiflieren, geht es dabei um Gender-Switching, auch wenn dies aus der Außenperspektive so aussehen mag. Dies zeigt meines Erachtens das Beispiel Emo sehr gut.

6. Ausblick: zur Notwendigkeit einer kategorial offenen Forschung

Bevor über Androgynität und Gender-Switching räsoniert wird, ist also Zurückhaltung angebracht und erst einmal nur zu fragen: Inwiefern und vor allem *wie* findet hier Gender in Bezug auf den Körper statt – dies ist die Ebene der sozialen Praktiken. Auf der individuellen Handlungsebene ist dann zu fragen, inwiefern Genderismen und Variationen auf das Thema Geschlecht zum einen den Konstitutionslogiken von Gruppen, also der Abgrenzung, dem Erzeugen von Zugehörigkeit dienen, zum anderen der indi-

---

9 Damit möchte ich die Unvermeidbarkeit einer stetigen Geschlechtskonstruktion in jeglicher Interaktion differenzieren. In der Tat wurde das Modell der heteronormativen Matrix von Butler mit einer provozierenden Absolutheit vorgetragen, und auch West und Zimmerman kennen in ihrem ersten Aufsatz kein ‚Jenseits' dieser Geschlechtskonstruktion: „Doing Gender is unavoidable" (ebd., 137). Dies wurde von den AutorInnen später selbst relativiert (vgl. Fenstermaker/West 1995; vgl. auch Hirschauer 2001). Doing Gender kann in dieser Relativierung des Konzepts – und eigentlich seiner Erweiterung – situativ hinter das ‚Tun' anderer Zugehörigkeiten zurücktreten (beispielsweise hinter Doing Race bzw. Ethnicity). Hierauf hat der Intersektionalitäts-Diskurs aufmerksam gemacht (Riegel 2010).

viduellen Identitätsarbeit in riskanten Zeiten (Keupp u. a. 1999). So oder so ähnlich könnten Fragestellungen für eine empirische Erforschung der Gender-Dynamiken in Jugendkulturen lauten, die die AkteurInnen und ihre Sinngebungen und Erfahrungen in den Blick nehmen. Offen bleibt damit immer noch die Frage, inwiefern sie hierbei auch auf das eingehen (können), was Gugutzer das Leibliche nennt: auf Empfindungen, auf Erlebnisse in und mit dem Körper.

Was also ist jeweils aus der Außenperspektive, was aus der Binnenperspektive des Subjekts relevant? Wie kann vor allem letzteres empirisch zugänglich gemacht werden? Welche Zugänge eröffnen Beobachtungen, welche eröffnen Interviews und Selbstaussagen? Die methodologische Herausforderung besteht darin, die Problematiken des Benennens in einem Kontext, der den binären Codes der Sprache ebenso unterliegt wie den Denkzwängen entlang einer heteronormativen Matrix, immer wieder selbstreflexiv einzuholen. Interviews sind einerseits wichtig für die Sinn-Rekonstruktion (der Handlungen),[10] genauso wichtig sind jedoch andererseits die Darstellungsformen selbst (der Praktiken), die mit visuellen Methoden, mit ethnografischen Methoden (Schulze 2008), mit Gruppendiskussionen für kollektive Bedeutungszuweisungen etc. zu untersuchen wären. Als Auswertungsstrategie ist die dokumentarische Methode hierfür sicher sehr geeignet, denn vieles am hier interessierenden „Sinn" dokumentiert sich, anstatt explizit formuliert zu werden. Grundsätzlich bleibt aber die Erforschung eines leiblichen Erlebens ein Problem: Michael Meuser diskutiert hier mit Bezug auf Loïc Wacquants Boxerstudie den Weg der beobachtenden Teilnahme (Meuser 2006, 1099). Stefan Hirschauer formuliert als Herausforderung: „will man das Leiberleben – über Introspektion hinaus – empirisch zugänglich machen, muss man danach fragen, wie es durch Sprechpraktiken oder Darstellungspraktiken nicht ‚gespiegelt', sondern *konstituiert* wird" (Hirschauer 1994, 675).

Auch für methodologische Antworten auf diese noch ungelösten Probleme (vgl. Villa 2007) bleiben jugendkulturelle Zusammenhänge ein wichtiges Forschungsfeld, auch wenn oder gerade wenn sie Geschlecht nicht zum Hauptthema machen. Sie schaffen Raum für mehrdeutige Körper-Inszenierungen, deren subjektive Bedeutungen allerdings erst erschlossen werden müssen. Sie geben offensichtlich Gelegenheiten für ein Heraustreten aus festgelegten Rollenformaten. Das kann spielerisch sein oder mit tieferem und reflexiv durchdrungenen Inhalten verbunden; das kann vorübergehend sein oder sich stabil biografisch verankern. Gleichzeitig sind Jugend-

---

10 Marion Schulze hat in ihrer Untersuchung die interessante Feststellung gemacht, dass das jugendkulturelle Credo der Authentizität die subjektiven und kollektiven Lern- und Entwicklungsprozesse eher zum Verschwinden bringt und Aneignungsweisen (auch von Geschlecht) nur über eine erhebliche Forschungsaufmerksamkeit und methodisch nur über einen Mix aus Beobachtungen und Befragungen zu rekonstruieren sind.

kulturen gerade im Hinblick auf Gender keine Gegen-welt: Es gibt gerade unter der Genderperspektive kein „drinnen" und „draußen". Hier wie an anderen gesellschaftlichen Orten – darauf hat Marion Schulze hingewiesen, und das hat auch meine Untersuchung gezeigt – wird immer wieder Geschlecht in unterschiedlichen Rollenverständnissen virulent. Genau aus diesem Grund sind die hier gemachten Erfahrungen aber auch Bildungserfahrungen und somit anschlussfähig an andere Lebens- und Bildungsbereiche.

Egal, wie junge Frauen und Männer dabei zu „genderpolitischen Projekten", also: zu den unterschiedlichen feministischen oder queeren/diversitätspolitischen Strömungen stehen – sie setzen sich sehr wohl mit Fragen der Geschlechterinszenierung, des Modulierens und Variierens von Geschlecht auseinander –, und oft müssen sie es auch, wie wir am Beispiel der Emos gesehen haben. Oft werden sie als Folge ihrer Inszenierungen in Diskurse hineingerufen. Dann müssen sie sich positionieren, und im Zuge dessen müssen sie reflektieren, müssen sie Kohärenzen schaffen zwischen vermeintlich Widersprüchlichem oder Disparatem. Hier geht es um nichts Geringeres als um biografische Aneignungsprozesse, um biografische Arbeit, um gender-bezogene Bildungsarbeit.

Literatur

Akrap, Doris (2009): „Elemente des Klassenkampfes". Im Gespräch mit Daniel Hernandez über Emo in Mexiko. In: Büsser, Martin/Engelmann, Jonas/Rüdiger, Ingo (Hg.) (2009): emo. Portrait einer Szene. Mainz: Ventil: 132–133.

Brill, Dunja (2006): Subversion or stereotype? The Gothic subculture as a case study of gendered identities and representations. Gießen: Ulme-Mini-Verlag.

Brill, Dunja (2007): Fetisch-Lolitas oder junge Hexen? Mädchen und Frauen in der Gothic-Szene. In: Gabriele Rohmann (Hg.): Krasse Töchter. Mädchen in Jugendkulturen. Berlin: Archiv der Jugendkulturen, 55–70.

Berger, Peter/Luckmann, Thomas (1966): The Social Construction of Reality. New York: Doubleday.

Büsser, Martin (2009): Die Emo-Bewegung in Chile. Im Gespräch mit Alejandra Ruiz. In: Büsser, Martin/Engelmann, Jonas/Rüdiger, Ingo (Hg.): emo. Portrait einer Szene. Mainz: Ventil: 134–135.

Büsser, Martin/Engelmann, Jonas/Rüdiger, Ingo (Hg.) (2009): emo. Portrait einer Szene. Mainz: Ventil.

Butler, Judith (1991): Das Unbehagen der Geschlechter. Frankfurt a.M.: Suhrkamp.

Feldl, Doro (2010): EMO – UND NUN? http://www.jugendkulturen.de/alter-shop/sub_r/journal/journal15/Journal15_Emos.pdf. Zugriff: 10.08.2010.

Fenstermaker, Sarah B./West, Candace (1995): Doing Difference. In: Gender & Society, 1/9, 8–37.

Ferreira, Vitor Sérgio (2009): Youth scenes, body marks and bio-sociabilities. In: Young, 17, Nr. 3, 285–306.

France, Allen (2000): Towards a sociological understanding of Youth and their Risk-taking. In: Journal of Youth Studies, 3, H. 3, 317–331.

Franzkowiak, Peter (1996): Risikokompetenz – eine neue Leitorientierung für die primäre Suchtprävention? In: Neue Praxis, 26, H. 5, 409–425.

Gildemeister, Regine (2004): Doing Gender – Soziale Praktiken der Geschlechterunterscheidung. In: Becker, Ruth/Kortendiek, Beate (Hg.): Handbuch Frauen- und Geschlechterforschung 2004. Wiesbaden: VS, 132–140.

Goffman, Erving (1977): The Arrangement between the Sexes. Theory and Society 4, 301-331.Goffman, Erving (1994): Interaktion und Geschlecht. Frankfurt a.M./New York: Campus. Zuerst 1982.

Großegger, Beate (1999): Weibliche Szene-Minder im Panorama der Jugendkultur. In: Journal der Jugendkulturen, 1, H. 1, Nov. 1999.

Gugutzer, Robert (2004): Soziologie des Körpers. Bielefeld: transcript.

Hall, Stuart (2000): Postmoderne und Artikulation. Ein Interview mit Stuart Hall. Zusammengestellt von Lawrence Großberg. In: Hall, Stuart: Cultural Studies. Ein politisches Theorieprojekt. Ausgewählte Schriften 3. Hamburg: Argument, 52–77.

Helfferich, Cornelia (1994): Jugend, Körper und Geschlecht. Opladen: Leske + Budrich.

Hirschauer, Stefan (1989) Die interaktive Konstruktion von Geschlechtszugehörigkeit. In: Zeitschrift für Soziologie, 18, H. 2, 100–118.

Hirschauer, Stefan (1994): Die soziale Fortpflanzung der Zweigeschlechtlichkeit. In: Kölner Zeitschrift für Soziologie und Sozialpsychologie, 46, 668–692.

Hirschauer, Stefan (2001): Das Vergessen des Geschlechts. Zur Praxeologie einer Kategorie sozialer Ordnung. In: Heintz, Bettina (Hg.): Geschlechtersoziologie. Kölner Zeitschrift für Soziologie und Sozialpsychologie, Sonderheft 41/2001. Wiesbaden: Westdeutscher Verlag, 208-235.

Hirschauer, Stefan (2004): Praktiken und ihre Körper: Über materielle Partizipanden des Tuns. In: Hörning, Karl H./Reuter, Julia (Hg.): Doing Culture. Neue Positionen zum Verhältnis von Kultur und sozialer Praxis. Bielefeld: transcript, 73–91.

Hirschauer, Stefan (2008): Die interaktive Konstruktion von Geschlechtszugehörigkeit. In: Zeitschrift für Soziologie, 18, 100–118.

Höhn, Marco (2007): Visual Kei. Ansätze zur Ethnographie einer radikal-ästhetischen Jugendszene. In: Rohmann, Gabriele (Hg.) Krasse Töchter – Mädchen in Jugendkulturen. Berlin: Archiv der Jugendkulturen, 45–54.

Hübner-Funk, Sibylle (2003): Wie entkörpert ist die Jugend der Jugendsoziologie? Argumente für die somatische Wende unserer Diszplin. In: Mansel, Jürgen/ Griese, Hartmut/Scherr, Albert (Hg.): Theoriedefizite der Jugendforschung. Standortbestimmung und Perspektiven, Weinheim und München: Juventa, 64–74.

Kasakow, Ewgeniy (2009): Subkultur? Verbieten! Zur Geschichte einer russischen Sommerloch-Debatte. In: Büsser, Martin/Engelmann, Jonas/Rüdiger, Ingo (Hg.): emo. Portrait einer Szene. Mainz: Ventil, 122–131.

Kelly, Peter (2001): Youth at Risk: processes of individualisation and responsibilisation in the risk society. In: Discourse: Studies in the Cultural Politics of Education [serial online], 22, H. 1, 23–33.

Keupp, Heiner/Ahbe, Thomas/Gmür, W./Höfer, Renate/Mitzscherlich, B./Kraus, W./ Straus, Florian (1999): Identitätskonstruktionen: das Patchwork der Identitäten in der Spätmoderne. Reinbek: Rowohlt.

Klein, Gabriele (1999): Electronic Vibration – Pop Kultur Theorie. Berlin: Roger + Bernhard.

Klein, Gabriele/Friedrich, Malte (2003): Is this real? Die Kultur des HipHop, Frankfurt a.M.: Suhrkamp.

Kopietz, Hannah (2007): Dirty Mamas Crew. Der Stellenwert von Breakdance im HipHop. In: Schischmanjan, Anjela/Wünsch, Michaela (Hg.): Female hiphop – Realness, roots und rap models. Mainz: Ventil, 126–133.

Liebsch, Katharina (o.J.): Screening Gender. Herstellung, Darstellung und Ausstellung des geschlechtlichen Körpers http://www.katharina-liebsch.de/themen_b2.htm. Zugriff: 10.08.2010.

Litau, John (2009): Risikoidentitäten – Identitätskonstruktionen Jugendlicher in Risikoverhaltensweisen am Beispiel des Rauschtrinkens. unv. Diplomarbeit Universität Tübingen.

McRobbie, Angela/Garber, Jenny (1976): Girls and Subcultures. In: Hall, Stuart/Jefferson, Tony (Hg.): Resistance Through Rituals, London: Routledge, 177–188.

Meuser, Michael (2006): Körper-Handeln. Überlegungen zu einer praxeologischen Soziologie des Körpers. In: Gugutzer, Robert (Hg.): body turn. Perspektiven der Soziologie des Körpers und des Sports. Bielefeld: transcript, 95–116.

Niekrenz, Yvonne/Ganguin, Sonja (Hg.) (2010): Jugend und Rausch. Interdisziplinäre Zugänge zu jugendlichen Erfahrungswelten. Weinheim/München: Juventa.

Raithel, Jürgen (Hg.) (2001): Risikoverhaltensweisen Jugendlicher. Formen, Erklärungen und Prävention. Opladen: Leske + Budrich.

Rohmann, Gabriele (Hg.) (2007): Krasse Töchter. Mädchen in Jugendkulturen. Berlin: Archiv der Jugendkulturen.

Schischmanjan, Anjela/Wünsch, Michaela (Hg.) (2007): Female hiphop – Realness, roots und rap models. Mainz: Ventil.

Schulze, Marion (2007): Mädchen im Hardcore: Not Just Boys' Fun? In: Gabriele Rohmann (Hg.): Krasse Töchter. Mädchen in Jugendkulturen. Berlin: Archiv der Jugendkulturen, 91–105.

Schulze, Marion (2008): Self made, self raised? Überlegungen zur geschlechtsspezifischen Sozialisation in Jugendsubkulturen. Das Beispiel Hardcore. In: Freiburger Frauen Studien 22: Kindheit, Jugend und Sozialisation. Freiburg, 195–208.

Seuffert, Katrin (2010): Twisted Sister oder Iron Maiden? Doing Gender bei Musikerinnen in Heavy Metal-Bands. unv. Diplomarbeit Universität Tübingen.

Stauber, Barbara (2004): Junge Frauen und Männer in Jugendkulturen – Selbstinszenierungen und Handlungspotentiale. Opladen: Leske + Budrich.

Stauber, Barbara (2007): Selbstinszenierungen junger Szene-Aktivistinnen – Gender-Konstruktionen in Jugendkulturen. In: Rohmann, Gabriele (Hg.): Krasse Töchter – Mädchen in Jugendkulturen. Berlin: Archiv der Jugendkulturen, 32–43.

Stauber, Barbara (2011): Jugendkulturelle Selbstinszenierungen und (geschlechter-) biographische Relevanzen. In: Ecarius, Jutta (Hg.): Jugend: Peers, jugendliche Problematiken, Schulen und soziale Ungleichheit. Aktuelle Debatten der Jugendforschung. Wiesbaden: VS (i.E.).

Sting, Stefan (2008) Jugendliche Rauschrituale als Beitrag zur Peergroup-Bildung. In: Bogner, Romana/Stipsits, Reinhold (Hg.): Jugend im Fokus. Pädagogische Beiträge zur Vergewisserung einer Generation. Wien: Löcker, 139–147.

Villa, Paula-Irene (2007): Der Körper als kulturelle Inszenierung und als Statussymbol. In: Aus Politik und Zeitgeschichte, H. 18, 18–26.

West, Candace/Zimmerman, Don H. (1987): Doing Gender. In: Gender & Society, 2/1, 125–151.

5. Begrenzte Jugendkörper

Anke Abraham

Geschlecht als Falle?

Körperpraxen von Mädchen und Jungen im Kontext
begrenzender Geschlechternormen

„Manchmal kann eine normative Konzeption von Gender die Personalität auflösen, indem sie die Fähigkeit untergräbt, sich in einem lebenswerten Leben zu behaupten. Dann wieder kann die Erfahrung, dass eine normative Beschränkung aufgelöst wird, eine frühere Vorstellung davon, wer man ist, auflösen, nur um eine relativ neue zu eröffnen, deren Ziel es ist, das Leben lebenswerter zu machen." (Butler 2009, 9)

1. Geschlechternormen

In ihrer jüngst erschienenen Aufsatzsammlung „Die Macht der Geschlechternormen" (Butler 2009) thematisiert Judith Butler die destruktiven Wirkungen, die restriktive Geschlechternormen und deren zwingende Durchsetzung für die Entwicklung der Person und für das Führen eines lebenswerten Lebens haben können. Die Norm, sich eindeutig einem der beiden (sozial konstruierten) Geschlechter – Frau oder Mann – zugehörig fühlen zu sollen, die Norm, einen zu diesem Geschlecht passenden Körper haben zu sollen (und ihn z.B. bei Nicht-Vorliegen operativ und gewaltsam im Sinne der Norm vereindeutigen lassen zu müssen), die Norm, zum vorliegenden Körper ein ‚passendes' geschlechtliches Ich-Gefühl entwickeln zu sollen und die Norm, ein zu Körper und Geschlecht ‚passendes' heterosexuelles Begehren entfalten zu sollen, kann für Menschen, die diesen Normen *nicht* entsprechen können oder wollen (wie etwa Menschen mit transsexuellem, intersexuellem oder homosexuellem Hintergrund), zum Einfallstor ausgesetzten Leidens werden, das bis zum Verlust von Lebenssinn und dem Gefühl der Auslöschung des Ichs führen kann.

In und mit diesen Beiträgen intensiviert Butler ihre bereits in den 1990er-Jahren vorgelegten theoretischen und politischen Argumentationen, die die Frauen- und Geschlechterforschung nach der revolutionären Einführung und Etablierung konstruktivistischen Denkens abermals revolutionierten, weil sie gewichtige Entkoppelungen zwischen Geschlechterkategorien, Körpern und Sexualität vornahmen und auf die Vielfalt möglicher Spielarten von Geschlecht, Geschlechterkörpern und Begehrensformen innerhalb und jenseits der Norm heterosexueller Zweigeschlechtlichkeit aufmerksam machten und machen. Im Kern lautet die Argumentation Butlers: Geschlecht ist eine kulturelle Konstruktion, die vorfindbaren Körpern übergestülpt wird. Die Geschlechtlichkeit im Sinne des Mannseins oder Frauseins bzw. des Männlichen und des Weiblichen liegt also nicht in den Körpern selbst, sondern Körper werden durch die Art, wie auf sie geblickt wird und welche Teile an ihnen in welcher Weise geschlechtlich aufgeladen werden, zu männlichen und weiblichen Körpern gemacht. Dieser kulturelle Erzeugungszusammenhang, bei dem die Biologie zum Aufhänger einer sozialen Ordnung gemacht wird (vgl. auch Laqueur 1996), bleibt uns im Alltag jedoch verborgen, und wir nehmen an, dass die mit ‚Mann' und ‚Frau' assoziierten Körper und Körperteile (primär: Penis, Hoden und Vagina, Brüste) und ihre reproduktiven Funktionen die unumgehbare natürliche Ursache und Grundlage der Geschlechterordnung sind. Vor dem Hintergrund der naturwissenschaftlichen Erkenntnis, dass nichts so uneindeutig und schwer bestimmbar ist wie die Biologie der Geschlechter, wird die Argumentation Butlers besonders plausibel: Die vielfältige Natur wird in ein normatives und einer binären Logik folgendes Korsett gezwängt, das nur noch ganz spezifische Formen des Lebens als „lebenswert" oder auch „intelligibel" anerkennt, anderen Formen jedoch die Anerkennung verweigert (vgl. Butler 2009, bes. 11 ff. und 71 ff.).

Geschlechternormen müssen vor diesem Hintergrund als eine spezifische *Begrenzung* von Daseinsmöglichkeiten aufgefasst werden, weil sie uns ‚als' Mädchen oder ‚als' Frau, ‚als' Junge oder ‚als' Mann ansprechen und uns zu der Entfaltung einer *bestimmten* Seinsweise und einer *bestimmten* Auslegung des Ichs nötigen, andere Möglichkeiten aber ausschließen oder sozial nicht lebbar machen. Der Zwang oder die Nahelegung, der binären und heterosexuellen Ordnung zu folgen, kann jedoch sehr unterschiedlich *erlebt* werden: als eine ‚natürliche' Sache, mit der wir im Einklang stehen, weil sie uns selbstverständlich und sinnvoll erscheint und wir uns darin so einrichten können, dass wir eine Lebenszufriedenheit entwickeln; als eine Belästigung, mit der wir hadern, die uns mitunter oder permanent das Gefühl von Unfreiheit gibt, an deren Einengungen wir uns reiben und deren Grenzen wir punktuell oder phasenweise durchbrechen möchten; oder aber auch als eine gänzlich unmenschliche Zumutung, der wir nur durch radikale Schritte entkommen oder an der wir sogar zerbrechen können. Das Spektrum möglicher Erfahrungs- und Reaktionsweisen enthält also Einverständnis und Einklang mit der Norm ebenso wie Rebellion gegen die Norm.

Damit wird deutlich, dass *Begrenzungen* nicht per se negativ – im Sinne von einschränkend oder behindernd – wirken müssen, sondern durchaus auch produktive Potenziale enthalten können. Im Falle des Einverständnisses mit der Norm (oder mit bestimmten Geschlechternormen) kann sich ein Gefühl von Sicherheit, Halt und Wohlgefühl einstellen, weil das eigene Erleben, Aussehen und Handeln mit gängigen Vorstellungen von einem dem eigenen Geschlecht angemessenen Gefühls- und Artikulationsrepertoire übereinstimmt und weil sich die Person *in* ihrer Geschlechtlichkeit bzw. über die *Darstellung* ihrer Geschlechtlichkeit sozial angenommen und anerkannt fühlt. Im Falle der Rebellion gegen die Norm kann, aus einem mehr oder weniger starken Leidensdruck heraus, Veränderung erwachsen: Die Begrenzung kann verflüssigt, verschoben, überschritten, ausgesetzt oder aufgelöst werden und so können neue Lebensmöglichkeiten eröffnet werden. Die Begrenzung hat hier eine produktive Funktion, weil sie als Impulsgeber für Veränderung hin zu einem subjektiv lebenswerten Leben wirkt.

Nun ist auf dem Feld der *inhaltlichen* Ausgestaltung von Geschlechternormen (vor allem in westlichen Gesellschaften und in bildungsnahen Schichten) ja einiges in Bewegung geraten. Tradierte Normen, die das Fühl- und Handlungsspektrum der Geschlechter in je spezifischer Weise konstituiert und zum Teil beschnitten haben, wurden gelockert – und das nicht erst seit gestern: Frauen haben sich und den nachfolgenden Mädchen- und Frauengenerationen auf einem langen und mühsamen Weg Erfahrungs- und Entfaltungsräume erkämpft, die ihnen bisher verschlossen waren, und sie spielen immer offener und selbstbewusster mit Verhaltensweisen und Attitüden, die bisher Jungen und Männern vorbehalten waren. Männer beginnen (wenn auch zögerlich) mit der Aufarbeitung der eigenen Geschichte, der Anerkennung und Artikulation von Bedürfnissen und Bedürftigkeiten, die im traditionellen Männerbild keinen angemessenen Platz hatten. Die Verbindung gleichgeschlechtlich Liebender wird sozial stärker toleriert, schrittweise rechtlich gleichgestellt und auf diese Weise normalisiert – um einige zentrale Beispiele für die vielgestaltigen Entgrenzungen und Liberalisierungen überkommener Geschlechternormen zu nennen.

Diese Entgrenzungstendenzen werden jedoch konterkariert durch eine zähe Hartnäckigkeit der *Geschlechterordnung*, die in westlichen Kulturen weder in ihren Grundannahmen (etwa der, dass es zwei und nur zwei Geschlechter gibt) noch in ihrem hierarchisierenden Denken (etwa dem, dass das Vermögen von Männern dem Vermögen von Frauen überlegen ist und daher auch höher entlohnt werden muss) noch in ihren inkorporierten Tiefengrammatiken (etwa den Fühl- und Verhaltenstendenzen von Frauen und Männern, wenn es um Fragen der Macht oder um Fragen der Beziehung geht) wirklich ernsthaft erschüttert wurde. So sind die binäre Kodierung von Geschlecht und die mit dieser Kodierung eng verzahnten strukturellen und hierarchischen Momente – allen voran die geschlechterbezogene Arbeitsteilung, die Assoziation von Frauen mit reproduktiven Aufgaben, die zunehmende Entkoppelung von Ökonomie/Technik/Fortschritt und sozialer Fürsorge – keineswegs außer Kraft gesetzt worden. Im Gegenteil: Vielmehr scheint es so, dass der Kampf der Geschlechter um egalitäre Partizipation an zentralen gesellschaftlichen Aufgaben und das Ringen um ein demokratisches und einvernehmliches Arrangement in der Koordination von Beruf und Familie als Problem gesamtgesellschaftlich entsorgt wurde (etwa durch eine Gleichheitsrhetorik und durch die Etablierung eines ‚Gender-Mainstreaming') und letztlich im Privaten und als Privates oder in dazu abgestellten Institutionen zu bearbeiten bleiben. Verdeckt wird damit, dass die der binären Geschlechterordnung innewohnende hierarchische Strukturierung und das an ‚männlichen' Werten orientierte Handeln keinesfalls aufgehoben, sondern wirkmächtiger sind als zuvor, weil sie der Geschlechterproblematik enthoben sind, sich durch Sachlichkeit und Notwendigkeit tarnen, sich als einzig mögliche Form sinnvollen Handelns ausgeben und in von Männern dominierten Machtzirkeln der Wirtschaft, der Technik und der Politik ungehindert (und nicht selten mit verheerenden Konsequenzen für das Gemeinwohl) ausgelebt werden können. Lothar Böhnisch hat in diesem Zusammenhang gefordert, dass der lebensweltlichen Perspektive auf die Sozialisation und Entwicklung von Jugendlichen („Sozialisation I") dringend auch eine systemische Perspektive („Sozialisation II") beigestellt werden müsse, die die globalen Entwicklungen auf der ökonomisch-technologischen Ebene (etwa im Sinne eines „digitalen Kapitalismus") in den Blick nimmt, von der insbesondere Männer und männliche Jugendliche in einer neuen, plötzlichen und verunsichernden Weise „parasozial" getroffen werden (vgl. Böhnisch 2006) – ich komme abschließend darauf zurück.

2. Die Bedeutung des Körpers und der Leiblichkeit im Prozess des ‚Geschlechtwerdens'

Erklärungen für die Hartnäckigkeit, mit der sich die tradierte Geschlechterordnung hält, liegen zum einen auf der Ebene einseitig (und zuungunsten von Frauen) verteilter Chancen zur Durchsetzung von Interessen im öffentlichen Raum, zum anderen auf der Ebene der körperlichen bzw. leiblichen Verankerung von kulturell entworfenen und transportierten Geschlechternormen. Im Prozess der im Kern leiblich fundierten Vermittlung und Aneignung von Geschlecht sind beständig mehrere Ebenen ineinander verwoben: Auf der Ebene der *Sprache* werden Normen in expliziter, zumeist jedoch in impliziter Weise (etwa über Verbote oder über die Anerkennung von Eigenschaften und Handlungsweisen) verbal vermittelt. Auf der Ebene des *Handelns* werden Normen interaktiv zur Darstellung gebracht und ausgelebt, und auf der Ebene des *Leiblichen* kommen Normen als Botschaften an, die sinnlich und emotional gefühlt werden und die sich als Spuren in den Körper einschreiben. Frühe und sich in beständig gleicher Weise wiederholende verbale, sinnliche und affektiv aufgeladene Botschaften werden von den so angesprochenen Personen als Wahrnehmungs- und Interpretationsmuster von Welt und von der eigenen Person im Körper gespeichert – und zwar nicht nur oder vordringlich im Gehirn, sondern primär und fundierend in allen erregbaren und empfindungsfähigen Zonen des Körpers (siehe hierzu grundlegend Damasio 1997). Diese Einschreibungen in den Körper lassen sich durchaus auch an physiologischen Parametern (Hormonausschüttung, Muskeltonus, neuronale Aktivität etc.) ablesen, weil jedes aktive Tun und jedes passive Widerfahrnis den Körper in eine andere somatische Verfassung versetzt. In diesem Sinne ist der Körper gewichtiger Träger auch des geschlechtsbezogenen Selbstverständnisses, weil und insofern er als der Körper eines Mädchens bzw. als der Körper eines Jungen angesprochen wird. Mütter und Väter (später auch Partner und Partnerinnen sowie im Verlauf des eigenen Lebens das gesamte subjektiv bedeutsame Umfeld) gehen jeweils in spezifischer und differenter Weise mit dem Körper eines Mädchens bzw. eines Jungen um, und diese Umgangsweisen tragen dazu bei, dass das Kind, das als Mädchen oder als Junge angerufen und aufgerufen wird, sich in einer spezifischen Weise erlebt, spezifische leibliche Fühllandschaften in sich aufbaut und ein spezifisches Bild von sich entwirft (vgl. auch Rendtorff 2006). Die geschlechtsbezogene Identität, die wir entwickeln, verdankt sich aus dieser Sicht den normativ abgestützten traditionellen geschlechterbezogenen Botschaften, die wir in der Begegnung mit anderen und durch andere auf einer überwiegend implizit und im Verborgenen bleibenden leiblichen Ebene vermittelt bekommen. Aufgrund dieser leiblichen Vermittlung und Inkorporierung sind die geschlechtsbezogenen Fühl-, Denk- und Handlungsroutinen so zählebig.

Der Körper ist aber nicht nur Träger von kulturell erzeugten und sozial vermittelten Einschreibungen, sondern er kann und muss auch als eine eigenständige Entität gedacht werden. Er agiert eigenmächtig, er tut etwas, das außerhalb unserer Kontrolle liegt, er beschämt uns, weil das, was er von sich gibt oder zeigt, kulturell als ungehörig gilt, oder er verschafft sich sein Recht auf Ruhe und Erholung auch gegen unseren Willen (etwa in der Erschöpfung, die über uns kommt, oder in der Krankheit, die uns plötzlich ereilt). Diese Eigenmächtigkeit des Körpers ist gerade auch in der Pubertät nicht zu übersehen, wenn die Phase der sogenannten geschlechtlichen Reifung beginnt: Hier verändert der Körper rapide und radikal seine Formen, er entwickelt die Morphologie eines Erwachsenen und prägt ‚weibliche‘ und ‚männliche‘ Geschlechtsmerkmale aus, er fängt an zu bluten oder verliert unkontrolliert Samenflüssigkeit und er spielt Achterbahn mit den Stimmungen und der Stimme. Diese körperlichen Ereignisse unterliegen einer kulturellen Aufmerksamkeit und werden kulturell in spezifischer Weise gedeutet – in jedem Fall aber als eine Aufforderung gesehen und von vielen Jugendlichen auch so wahrgenommen, sich erneut und anders und erstmals bewusst auch im Hinblick auf Themen des Begehrens mit der eigenen (und der fremden) geschlechtlichen Identität auseinanderzusetzen. Dass und wie ‚Mädchen‘ nun zur ‚Frau‘ werden oder ‚Jungen‘ zum ‚Mann‘ werden, liegt allerdings nicht in den Körpern selbst, sondern in dem kulturellen Verständnis, mit dem diese Körpersensationen wahrgenommen, aufgegriffen und begleitet werden. Ich halte diesen Hinweis für wichtig, weil er deutlich macht, dass hier nicht ‚der Körper‘ oder ‚die Biologie‘ diktiert oder festlegt, dass und wie die Geschlechtlichkeit ab der Pubertät, in der Jugendphase und im weiteren Leben zu leben ist oder wie mit dem (geschlechtlich aufgeladenen) Körper umzugehen ist, sondern dass es *kulturelle* und *indivi-duelle* Entscheidungen sind, die hier anstehen – Entscheidungen, die sowohl das Schicksal der Geschlechtlichkeit als auch das Schicksal des Körpers betreffen.

3. Geschlechternormen und Körperpraxen in der Jugendphase

In der Kindheits- und Jugendforschung sowie allgemein in Theorien zur Sozialisation, Entwicklung und Bildung des Menschen hat sich die Vorstellung vom aktiv handelnden und „produktiv realitätsverarbeitenden" Subjekt (Hurrelmann 1983) durchgesetzt, das sich in einem je gegebenen sozialen und kulturellen Rahmen mit Handlungsproblemen und Aufgaben konfrontiert sieht, die es in aktiver Auseinandersetzung mit der Umwelt, im Abgleich zu (im sozialen Raum erworbenen) individuellen Bedürfnissen und Ansprüchen und auf der Grundlage bisheriger biografischer Erfahrungen und Erlebnisspuren bearbeitet. Dabei wird dem letztgenannten Aspekt nicht immer hinreichend Beachtung geschenkt, sondern mitunter allzu voluntaristisch davon ausgegangen, dass Wille und Plan allein genügen würden, um Entwicklung zu initiieren oder Entwicklungspfade zu verstehen. Damit wird die Wirkmächtigkeit unterschätzt, die leiblich verankerte biografische Erfahrungen besitzen (gesehen wird diese Wirkmächtigkeit etwa im Rahmen der leibphänomenologisch orientierten Gewaltforschung; vgl. exemplarisch Sutterlüty 2004; Jessel 2010).

Im Hinblick auf die Auseinandersetzung mit dem sozial zugewiesenen Geschlecht und der Entwicklung eines subjektiv tragfähigen geschlechtlichen Selbstverständnisses – diesseits und jenseits etablierter Geschlechternormen – ist es wichtig, die biografischen Vorspurungen, die weibliche und männliche Jugendliche beim Eintritt in die Pubertät und in die Jugendphase bereits mitbringen, in Rechnung zu stellen. Zugleich gilt die Jugendphase in unserer Kultur als ein Schutz- und Experimentierraum, in dem die Jugendlichen Gelegenheit erhalten und sich auch aktiv Gelegenheiten suchen, mit sozialen Anforderungen und Erwartungen *erprobend* und *erfinderisch* umzugehen. Auf dem Feld der Auseinandersetzung mit der Geschlechtlichkeit, die ein zentrales und drängendes Thema juveniler Entwicklung ist, nutzen Mädchen und Jungen besonders intensiv und kreativ das erlaubte Spiel mit Rollen. Hierzu gehören vor allem auch das provokante Überschreiten normativer Geschlechtergrenzen, das Mischen von und Wechseln zwischen geschlechterbezogenen Attitüden, die phasenweise Identifikation mit dem anderen Geschlecht oder die Überbetonung bestimmter Merkmale des eigenen Geschlechts. So legen es zumindest zahlreiche Jugendstudien nahe, die auf dem Feld der Inszenierung des Körpers durch Kleidung, Mode und Körpergestaltung unternommen wurden (z.B. Gaugele/Reiss 2003; Scheiper 2008), die Grenzüberschreitungen auf dem Feld des sportiven Engagements (z.B. Sobiech 1994; Schön 1999; Kleindienst-Cachay/Kunzendorf 2003) oder der tänzerischen und musischen Performance (z.B. Fritzsche 2003) analysiert haben oder die die Bedeutung von geschlechtshomogenen und -heterogenen Cliquen für die Entwicklung geschlechtlicher Identität und für Erkundungen im Feld homosexuellen und heterosexuellen Begehrens herausgearbeitet haben (z.B. Bütow 2006; Fritzsche/Tervooren 2006).

Vor diesem Hintergrund lässt sich nun fragen, wie Jugendliche, die ‚als‘ Mädchen und ‚als‘ Junge aufgewachsen sind, in ihren körperbezogenen Praxen von kulturell etablierten Geschlechternormen eingeholt werden und wie sie auf diese Geschlechternormen antworten: Zu welchen Anpassungen oder welchen Ausbrüchen kommt es, welche Einverständnisse und Hinnahmen werden kultiviert, welche rebellischen Spielformen und Varianten werden entwickelt? Wie tragfähig im Sinne von subjektiv befriedigend, lebbar und zukunftsfähig sind die entwickelten Formen des Körperumgangs, der geschlechtlichen Identifikationen und Zurückweisungen und der daraus resultierenden Selbstbilder? Wie genau hängen Körperumgangsweisen und Körperinszenierungen mit sozial vermittelten und subjektiv ausgebildeten Geschlechtervorstellungen zusammen? Dabei muss sorgfältig in Rechnung gestellt werden, vor welchem kulturellen, gesamtgesellschaftlichen und mikrosozialen Szenario sich die spezifischen Umgangsweisen mit dem Körper und mit Geschlechternormen abspielen, und es sollte analysiert werden, mit welchen Gewinnen, aber auch mit welchen Kosten und Unterdrückungsleistungen die je gewählten Körperpraxen verbunden sind.

Diese komplexen Fragen bedürfen umfangreicher qualitativer empirischer Forschungen, die sowohl auf der biografischen wie auch auf der interaktiven Ebene ansetzen und die die Produktion von und den Umgang mit körper- und geschlechterbezogenen Diskursen analysieren (wobei Diskurse im Sinne Michel Foucaults stets als komplexe, in der Praxis situierte und durch Praxis hervorgebrachte wirkmächtige Konfigurationen gesehen werden müssen, die das Denken, Fühlen und Handeln sowie den Körper formieren). Eine zentrale Forschungslücke besteht in diesem Kontext in meinen Augen darin, dass das *Erleben* und die *Selbstdeutungen* weiblicher und männlicher Jugendlicher, sowohl was die Frage des Körpers als auch was die Frage der Geschlechtlichkeit angeht, bisher nicht befriedigend eingeholt worden sind. Außerdem hinkt die Jugendforschung fast chronisch aktuellen Entwicklungen hinterher. Dies mag zum einen der Dynamik und der relativen Kürze der Jugendphase geschuldet sein, die entwicklungspsychologisch gesehen den gesellschaftlichen Auftrag und die individuelle Chance zur „Entstehung des Neuen" (King 2002) beinhaltet und der damit stets auch etwas Flüchtiges und Vorläufiges anhaftet. Zum anderen ist es aber auch mit gesamtgesellschaftlichen und globalen Beschleunigungstendenzen verknüpft, die Jugendliche in immer rascher werdendem Tempo zur Bildungs-Eile, zur Kreativität, zum Erleben des ‚Besonderen‘ und zur Erfindung neuer Konfigurationen im Umgang mit Technik und im sozialen Miteinander antreiben bzw. anregen.

Im Rahmen dieses Beitrags können die oben angedeuteten umfangreichen Forschungsfragen selbstverständlich nicht abgebildet oder gar beantwortet werden. Was aber geleistet werden kann und soll, ist die *Konkretisierung* einiger Fragen und Zusammenhänge, die mir im Kontext von Körperpraxen und Geschlechternormen im Jugendalter besonders typisch und besonders konfliktreich zu sein scheinen. In diesem Sinne soll exemplarisch anhand des Feldes sportiver Praxen untersucht werden, welche Begrenzungen und welche Grenzüberschreitungen vor dem Hintergrund tradierter Geschlechtervorstellungen und geschlechterstereotyper Handlungs- und Erlebensweisen hier für Mädchen und Jungen möglich sind bzw. realisiert werden, und welche Konsequenzen dies für den Aufbau einer geschlechtlichen Identität und für die Persönlichkeitsentwicklung insgesamt haben kann. Dem Umgang mit dem Körper und den individuell wie kollektiv bedeutsamen Implikationen und Effekten dieses Körperumgangs soll dabei besondere Beachtung geschenkt werden.

4. Begrenzungen und Grenzüberschreitungen im Feld sportiven Handelns

In Anbetracht der Zurücksetzungen und Ausschließungen, die Mädchen und Frauen im Rahmen von Leibesübungen, Turnen und Sport über Jahrhunderte erfahren haben und die mit generellen Tendenzen der Fernhaltung des weiblichen Geschlechts aus dem öffentlichen Leben und aus kulturell bedeutsamen und einflussreichen Männerdomänen korrespondierten, kann die (zunächst zögerliche) Zulassung und nunmehr rasant gestiegene Partizipation von Mädchen und Frauen im Sport als eine enorme Erfolgsgeschichte angesehen werden. Sogar Kernsportarten, die bisher nur Männern vorbehalten waren – wie das Boxen, das Fußballspiel oder das Extremklettern –, sind inzwischen von Mädchen und Frauen ‚erobert' worden (wie es oft so kriegerisch heißt). Für die Identitätsentwicklung von Mädchen kann diese ‚Eroberung' als Zugewinn angesehen werden, weil sie im Sport und in abenteuerlichen Exkursionen wertvolle Gegenerfahrungen machen können und überzeugende Gegenbeweise zum kulturell weit verbreiteten defizitären Weiblichkeitsbild antreten können (so z.B. auch Rose 2000; Kleindienst-Cachay/Kunzendorf 2003; Kugelmann/Weigelt-Schlesinger 2009). Sich und anderen beweisen zu können, dass Mädchen und Frauen keineswegs schwach, verweichlicht, auf Schonung angewiesen oder für sportives Engagement ungeeignet sind, sondern dass sie vielmehr über eine enorme Leistungsfähigkeit, über Mut, Ausdauer, Durchsetzungsfähigkeit, Spielwitz und Bewegungstechnik verfügen – wenn man sie denn lässt –, war so auch ein wichtiges Motiv zahlreicher Pionierinnen im Sport, die für Mädchen und Frauen zu Beginn des 20. Jahrhunderts im Laufen, Klettern, Fliegen, Rudern und Schwimmen eine Bresche geschlagen haben (vgl. Pfister 1983). Dieses Motiv spielt auch heute noch für viele Mädchen und Frauen eine wichtige Rolle, denn so selbstverständlich und sozial akzeptiert ist es längst noch nicht, dass Mädchen Fußball spielen oder boxen – und von einer gleichwertigen Anerkennung ist gerade dieser, in besonderer Weise mit Männlichkeit assoziierte Sport für Mädchen und Frauen weit entfernt (vgl. Sobiech 2009). Zentral für die weiblichen Aktiven – dies geht aus biografischen Berichten und entsprechenden Studien hervor – sind jedoch die Lust am Spüren der eigenen Kraft in der körperlichen Auseinandersetzung, das Erleben der eigenen Kompetenz und der Genuss an der eigenen Leistungsfähigkeit, die vielfache mentale, physische und psychische Grenzüberschreitungen ermöglichen und ein Gefühl von Macht (über den eigenen Körper, über Situationen, über ‚niedere‘ Bedürfnisse, über andere) freisetzen können (vgl. etwa auch Bös 2001; Dorn 2006, 155–174). Mädchen (und Frauen) haben hier die Chance, ihr Identitätsspektrum zu erweitern und multiple Identitäten aufzubauen – etwa die, sowohl im klassischen Sinne weiblich, beziehungsorientiert und attraktiv, als auch im männlichen Sinne erfolgsorientiert, autonom, zäh und physisch stark sein zu können.

Neben diesen positiven Erfahrungen, die im sportiven Engagement liegen können und die das Handlungsspektrum, das Selbsterleben und das Selbstwertgefühl von Mädchen bereichern können, beinhaltet der Sport aber auch Seiten, die das Engagement zu einer höchst zweischneidigen Sache machen können. Am Beispiel der *Sexualisierung des Körpers* und des *gewaltförmigen Handelns dem Körper gegenüber* sollen diese Ambivalenzen verdeutlicht werden.

In vielen Sportbereichen wird der Körper von Mädchen und Frauen (zumeist von Männern für Männer) attraktiv gemacht und *sexualisiert* – etwa durch Kleidungsvorschriften (knappe Höschen, nackte Beine, tiefer Ausschnitt, enge Trikots) oder durch die aufreizende Art, in der der Körper medial präsentiert wird (vgl. Hartmann-Tews/Rulofs 2003). Im Zuge des immens gewachsenen Selbstbewusstseins von Mädchen und Frauen hat sich allerdings das Gefühl verflüchtigt, hier Spielball und Objekt einer von Männern gewollten und gelenkten Inszenierung zu sein. Sportlerinnen greifen die Erwartungen, die an sie gestellt werden, oftmals aktiv auf und inszenieren sich selbstbewusst, etwa auch über Aktfotos, als attraktiv und auch sexuell anziehend. Ähnlich wie beim Schönheitshandeln ist jedoch auch hier äußerst schwer auszumachen, ob diese Darstellungen tatsächlich dem eigenen Wunsch folgen, die Akteurinnen dabei ganz auf ihre eigenen Bedürfnisse hören und das „alles nur für sich tun" (siehe dazu Degele 2004) oder ob hier nicht vielmehr der von Foucault beschriebene Mechanismus greift, dass sozial tradierte Diskurse – in diesem Fall der Diskurs, als Frau auf Schönheit und sexuelle Attraktivität verpflichtet zu sein – solcherart verinnerlicht werden, dass sie das persönliche Handeln antreiben, als antreibendes Moment aber unerkannt bleiben. Auf der anderen Seite hat Foucault mit seinen Konzepten der „Sorge um sich", der „Gouvernementalität" und der „Selbsttechniken" eine theoretische Schneise geöffnet, die es erlaubt, einem sozialen Determinismus zu entgehen und die Arbeit des Subjekts an sich selbst als eine kreative Leistung und Neuschöpfung zu denken, die allerdings mit Elementen der Fremdbestimmung und des gesellschaftlichen Zwangs verzahnt bleibt und in einem zweiseitigen Bedingungsverhältnis steht (vgl. Lemke 2008, bes. S. 35 ff.). Vor diesem Hintergrund wäre für die Körperpraxen von Mädchen – nicht nur in sportiven Kontexten – zu fragen und empirisch einzuholen, wie das Verhältnis von Selbstbestimmung und Fremdbestimmung im Einzelfall beschaffen ist, welche Bilder und Handlungsorientierungen für Mädchen bedeutsam werden, wer sie vermittelt, wie sie aufgegriffen werden, mit welchen Gefühlen sie verbunden sind und welche individuellen Kompositionen jeweils daraus entstehen. Wie etwa wirkt die Aufforderung, ein knapperes Höschen anziehen zu sollen? Welche Vorstellungen leiten Mädchen, wenn sie sich für einen Wettkampf herrichten? Mit welchen Gefühlen ist die Präsentation des eigenen Körpers verbunden?

Eine zweite Ambivalenz ergibt sich – nicht nur für Mädchen, sondern für alle, die am leistungs- und wettbewerbsorientierten Sport aktiv teilnehmen – im Hinblick auf die leistungsbezogene Arbeit am Körper. So ist vielfach untersucht und kritisiert worden, dass der Leistungssport zu einer Instrumentalisierung und Vernutzung des Körpers und zu einem *gewaltförmigen* und Schmerz tolerierenden bzw. ertragenden Handeln dem Körper gegenüber zwingt. Die physiologischen Grenzen des Körpers werden durch Trainingsmaßnahmen und künstliche Mittel (Doping) immer weiter ausgedehnt, oft aber auch gänzlich missachtet und über ein erträgliches oder verantwortbares Maß hinaus beansprucht (etwa beim Auftrainieren von Muskelmasse, bei Diäten und dem ‚Abkochen‘ von Gewicht durch Flüssigkeitsentzug, bei der Einnahme von leistungssteigernden Mitteln). Der Körper ist aber nicht ‚grenzenlos‘ strapazierbar, und so häufen sich Verletzungen, das Immunsystem wird geschwächt, die Menstruation bleibt aus oder tritt gar nicht erst ein, Essstörungen können sich entwickeln und den Athletinnen und Athleten droht der Kollaps – mitunter sogar mit Todesfolge.

Für Mädchen und für Jungen ergeben sich in diesem Kontext und vor dem Hintergrund tradierter Geschlechterbilder etwas unterschiedliche Akzentuierungen, die ich zunächst kurz skizzieren und dann kritisieren möchte: Es gehört zum tradierten Jungen- und Männerbild, dass das Aushalten von Schmerz, die Abhärtung, die Entwicklung von Körperkraft und die Bereitschaft zum vollen Einsatz des Körpers im Kampf aufgesucht und zur Darstellung gebracht werden muss, um als ‚richtiger‘ Junge oder Mann in homosozialen Gemeinschaften und in Abhebung vom anderen Geschlecht anerkannt zu werden. Männlichkeit wird in diesem Bild stark darüber konstituiert, ob einer Macht hat und ausüben kann und ob einer im Wettkampf obsiegt (vgl. exemplarisch Winter 2010). Ein starker, durchsetzungs- und leistungsfähiger Körper sichert hier Platzvorteile und ist somit wichtiger Garant anerkannter Männlichkeit – mit der Konsequenz, dass alle Jungen, die diesem Bild nicht entsprechen können, entweder auf anderen Gebieten Überlegenheit demonstrieren müssen oder sozial ausgeschlossen werden. So berichtet der 13-jährige Sohn einer Bekannten: „In unserer Klasse haben die guten Fußballspieler das Sagen. Wer nicht Fußballspielen kann, wird gemobbt."

Gewaltförmiges, also schädigendes und die Grenzen des Gegenübers missachtendes Handeln ist somit als notwendiges Risiko mit unumgehbaren ‚Kollateralschäden' fest in das tradierte Männlichkeitsbild integriert und wird in zahlreichen „Strukturübungen" (Bourdieu) zur Sicherung hegemonialer Männlichkeit angeeignet und zur Aufführung gebracht (vgl. Meuser 2006). Hier zeigt sich, dass der Sport in einer janusköpfigen Weise die Identitätsmöglichkeiten von Jungen sowohl stärken als auch empfindlich schwächen und begrenzen kann. Er stärkt sie, indem er Handlungs- und Erlebensoptionen bereitstellt, die Jungen in einer tradierten Weise Sicherheit versprechen, da Männlichkeitsbild und sportive Erwartungen optimal zur Deckung kommen: Virtuosität, Könnerschaft, Disziplin, Härte gegen sich selbst und Durchsetzungsfähigkeit können in sportiven Praxen angeeignet und gezeigt werden und erfahren soziale Anerkennung. Dies kann sich positiv auf das Selbstwertgefühl des Jugendlichen auswirken, und in der Tat ist das sportive Engagement für viele männliche Jugendliche ein sehr wichtiges Feld, um sozialen Anschluss, Anerkennung und Sinn zu gewinnen (vgl. auch Neuber 2006). Allerdings – und dies ist die prekäre Kehrseite der Medaille – wird die dazu nötige Gewalt gegen den Körper und gegen andere dabei nicht nur sozial toleriert, sondern sogar gefordert – etwa wenn der Vater oder Trainer am Spielfeldrand ruft: „Nun geh' doch mal richtig ran!" Hier werden männliche Jugendliche systematisch daran gehindert, ein *anderes* Verhältnis zu ihrem Körper und zu ihrer Umwelt zu kultivieren, ein Verhältnis, das auf Einfühlungsvermögen sowie der Achtung der Grenzen und der Verletzlichkeit des Körpers – des eigenen und des gegnerischen – gründet. Tradierte Männlichkeitsbilder sind aus diesem entwicklungspsychologischen Blickwinkel als eine fatale Begrenzung und Sackgasse anzusehen, weil bzw. insofern sie wichtige Bereiche des Menschseins nicht kultivieren. Sie erlauben es zum Beispiel Jungen nicht oder weitaus weniger als Mädchen nachzugeben, Ängste einzugestehen, Bedürfnisse zu artikulieren, in den eigenen Körper hineinzuhören und einen empathischen und achtsamen Umgang mit Dingen zu pflegen. Wie hartnäckig ein eindimensionales Männlichkeitsbild wirkt und wie hart die Urteile junger Männer ausfallen, wenn es um Leiden geht, wurde kürzlich in einem Seminar deutlich: Als die Ängste und Nöte des an Depressionen erkrankten Fußballers Sebastian Deissler vorgestellt wurden, der (in meinen Augen) an einem System gescheitert ist, das unempfänglich ist für die Bedürfnisse, Rhythmen und Befindlichkeiten der Akteure, kommentierten männliche Sportstudenten: „Der war eben zu schwach für das System". Damit dokumentierten sie sowohl ihr Einverständnis mit dem System und bestätigten gleichzeitig die

Männlichkeitsnorm, die da sagt: ‚Sei stark, zieh' durch – oder geh' aus dem Feld und schweige'.

Mädchen und Frauen, die im Leistungssport oder im wettkampforientierten Sport aktiv sind, sind den Anforderungen des gewaltförmigen Handelns gegenüber dem Körper ebenfalls ausgesetzt. Unter dem Druck des Sich-beweisen-Müssens und mit der stark verinnerlichten Neigung zur Anpassung und zur Perfektion können Mädchen hier schnell in Verhaltensweisen hineingleiten, die sich über Formen des Hungerns, der Askese und der suchtartigen Ausweitung des Trainingspensums massiv gegen den eigenen Körper richten. Die Karrieren von Mädchen in kompositorischen Sportarten und in Ausdauersportarten zeigen dies eindrücklich (vgl. etwa Rose 1991; Helfferich 1994; Bös 2001). In diesem Zuge findet häufig ein massiver Unterdrückungsvorgang bezüglich des geschlechtlichen Körpers statt: Zum sportiven Körper passen die ‚traditionellen' weiblichen Körpervorgänge und Körperformen nicht. Viele Sportlerinnen erleben die Menstruation als ausgesprochen lästig, wollen sie „weg" haben, manipulieren sie medikamentös und sind froh, wenn die Tage ganz ausbleiben (vgl. Sobiech 1994, 2009). Auch die mit Weiblichkeit assoziierten Körperformen werden hartnäckig bekämpft, abtrainiert oder abgehungert, um als agile Amazone und gemäß dem allgegenwärtigen Schlankheitsideal bestehen zu können. Mit dieser Unterdrückung reproduktiver Vorgänge (Ernährung, Wachstum, Generativität) wirkt das sportive Engagement beschneidend, weil es existenzielle Daseinsqualitäten schwächt oder gefährdet. Der Körper erhält kein Recht, sich in seiner eigenen Logik zu entfalten und etwa Rundungen zu bilden, anzuschwellen oder zu bluten. Stattdessen wird er unter Aufwendung von Arbeit und medizinisch-technischen Hilfen von solchen ‚archaischen' Insignien ‚gereinigt', die auf die Geschlechtlichkeit als Frau hinweisen – ähnlich wie zu einem makellosen Körper heute die Geruchlosigkeit und Haarlosigkeit an intimen Stellen gehört. Dieser letztgenannte Aspekt – die Unkenntlichmachung des Geschlechts und die Erzeugung eines ‚geschlechtslosen' leistungsfähigen Körpers – liegt ganz auf der Linie jener Tendenzen, die Lothar Böhnisch in dem oben erwähnten Beitrag beschreibt. In meinen abschließenden Überlegungen knüpfe ich hieran an.

5. Körperpraxen im „digitalen Kapitalismus"

Die Frage, wie Mädchen und Jungen mit ihrem Körper umgehen, lässt sich nur angemessen analysieren, wenn man die sozialen Bedingungen in Rechnung stellt, unter denen sie bestimmte Körperpraxen hervorbringen. Im Sinne der hier entfalteten Diskussion und in Anlehnung an einschlägige Kritiken an neokapitalistischen Formationen, wie sie Böhnisch aufgreift, lässt sich Folgendes sagen: Die Durchsetzung eines globalen, ausschließlich an Gewinnmaximierung orientierten Kapitalismus, der unterstützt wird durch eine von sozialen Verwendungszusammenhängen abstrahierende digitale Technik, ist nur über massive *Abspaltungen* und *Ausblendungen* möglich. Auf gesellschaftlicher Ebene abgespalten und ausgeblendet werden muss der gesamte auf Reproduktion und Beziehungsarbeit angelegte Bereich, weil er ‚unprofitabel‘ ist. Auf persönlicher Ebene abgespalten werden müssen Bedürfnisse und Bedürftigkeiten, die die Arbeitsfähigkeit (vermeintlich) schwächen würden – wie etwa das Zulassen von Ängsten, das Innehalten, das Zu-sich-Kommen, die Muße, die Einfühlung in sich und andere, das Hören auf den Körper und die Respektierung seiner Grenzen. An Leistung und Profit orientierte Gesellschaften wünschen, auch und gerade aus dem Körper ‚das Letzte‘ herauszuholen, ebenso wie sie im Dienste der Steigerung der Arbeitsleistung ein „Selbstmanagement" der Gefühle fordern (vgl. Neckel 2005).

Für Jungen ist diese Entwicklung fatal, weil sie genau die Dynamiken der *Externalisierung* verstärkt, denen Jungen aus tiefenpsychologischer Sicht ohnehin stärker und einseitiger ausgesetzt sind als Mädchen, und denen sie aufgrund eines entsprechend konzipierten Männerbildes, das auf Leistung und Erfolg im öffentlichen Raum angelegt ist, weniger entkommen können. Aber auch für Mädchen entstehen Probleme: Entweder sind sie bei einer starken Orientierung an Leistung und Wettbewerb zu ähnlichen körperlichen und psychischen Unterdrückungsleistungen gezwungen wie die Jungen oder sie verbleiben in den Nischen, die gesellschaftlich marginalisiert wurden und werden (was durchaus produktive, aber auch höchst prekäre Konsequenzen haben kann).

Eine zentrale Frage der Zukunft wird vor diesem Hintergrund sein, ob und wie es Mädchen und Jungen in den folgenden Jahren und Jahrzehnten gelingen wird, neue befriedigende Balancen zwischen einem erfüllenden ‚Machen‘ und einem ebenso erfüllenden und nötigen ‚Innehalten‘ zu finden. In Anlehnung an Böhnisch bin ich der Meinung, dass die Frage der „Emanzipation" beider Geschlechter ganz wesentlich davon abhängen wird, wie zukünftige Generationen mit den „verdeckten Bezügen ökonomischer Zurichtung und Verfügbarkeit" (Böhnisch 2006, 276) umgehen werden und welchen ‚vernutzenden‘, welchen ‚empathischen‘ oder welchen verblüffend anderen Umgang mit dem Körper sie dabei kultivieren werden, ohne sich technisch und ökonomisch determinieren zu lassen. Vieles wird davon abhängen, wie es uns gelingt, männliche Heranwachsende so zu unterstützen, dass sie einen Überlegenheitsgestus, grenzverletzendes gewaltförmiges Handeln und die Abwertung des vermeintlich Schwächeren nicht mehr nötig haben. Dies wird jedoch nur dann überzeugend greifen können, wenn solche Qualitäten, die gesamtgesellschaftlich abgespalten und als ‚weiblich‘ abgewertet wurden, kulturell re-integriert und anerkannt werden, sodass sie für alle im Sinne eines „lebenswerten Lebens" (Butler) zum Tragen kommen können.

Literatur

Böhnisch, Lothar (2006): Zum Wandel von Männlichkeit und männlicher Sozialisation im „digitalen Kapitalismus". In: Bilden, Helga/Dausien, Bettina (Hg.): Sozialisation und Geschlecht. Opladen: Barbara Budrich, 275–288.

Bös, Annette (2001): Erfahrungsbericht zum Thema: Grenzen für Mädchen und Frauen im Sport? Erfahrungen und Überschreitungen. In: Anders, Georg/ Braun-Laufer, Elisabeth (Red.): Grenzen für Mädchen und Frauen im Sport? Köln: Sport & Buch Strauß, 37–41.

Butler, Judith (2009): Die Macht der Geschlechternormen. Frankfurt a.M.: Suhrkamp.

Bütow, Birgit (2006): Mädchen in Cliquen. Sozialräumliche Konstruktionsprozesse von Geschlecht in der weiblichen Adoleszenz. Weinheim und München: Juventa.

Damasio, Antonio R. (1997): Descartes' Irrtum. Fühlen, Denken und das menschliche Gehirn. München: dtv.

Degele, Nina (2004): Bodification and Beautification: Zur Verkörperung von Schönheitshandeln. In: Sport und Gesellschaft, 1, H. 1, 244–268.

Dorn, Thea (2006): Die neue F-Klasse. München: Piper. [Darin: Ines Papert: Jahrgang 1974. Weltmeisterin im Eisklettern, 155–174].

Fritzsche, Bettina (2003): Performative Annäherungen an Identität in der Fan-Kultur. In: Hengst, Heinz/Kelle, Helga (Hg.): Kinder – Körper – Identitäten. Weinheim und München: Juventa, 205–224.

Fritzsche, Bettina/Tervooren, Anja (2006): Begehrensdynamiken in der Sozialisation. Perspektiven des Performativen. In: Bilden, Helga/Dausien, Bettina (Hg.): Sozialisation und Geschlecht. Opladen: Barbara Budrich, 139–162.

Gaugele, Elke/Reiss, Kristina (Hg.) (2003): Jugend, Mode, Geschlecht. Die Inszenierung des Körpers in der Konsumkultur. Frankfurt a.M./New York: Campus.

Hartmann-Tews, Ilse/Rulofs, Bettina (2003): Sport in den Medien – ein Feld semiotischer Markierung von Geschlecht? In: Hartmann-Tews, Ilse/Gieß-Stüber, Petra/ Klein, Marie-Luise/Kleindienst-Cachay, Christa/Petry, Karen (Hg.): Soziale Konstruktion von Geschlecht im Sport. Opladen: Leske + Budrich, 29–68.

Helfferich, Cornelia (1994): Jugend, Körper und Geschlecht. Die Suche nach sexueller Identität. Opladen: Leske + Budrich.

Hurrelmann, Klaus (1983): Das Modell des produktiv realitätsverarbeitenden Subjekts in der Sozialisationsforschung. In: Zeitschrift für Sozialisationsforschung und Erziehungssoziologie, 3, H. 3, 291–310.

Jessel, Holger (2010): Leib – Körper – Gewalt. Zur Relevanz leib- und körpertheoretischer Überlegungen für die Gewaltprävention. In: Abraham, Anke/ Müller, Beatrice (Hg.): Körperhandeln und Körpererleben. Multidisziplinäre Perspektiven auf ein brisantes Feld. Bielefeld: transcript, 317–332.

King, Vera (2002): Die Entstehung des Neuen in der Adoleszenz. Individuation, Generativität und Geschlecht in modernisierten Gesellschaften. Opladen: Leske + Budrich.

Kleindienst-Cachay, Christa/Kunzendorf, Annette (2003): ‚Männlicher' Sport – ‚weibliche' Identität? Hochleistungssportlerinnen in männlich dominierten Sportarten. In: Hartmann-Tews, Ilse/Gieß-Stüber, Petra/Klein, Marie-Luise/Kleindienst-Cachay, Christa/Petry, Karen (Hg.): Soziale Konstruktion von Geschlecht im Sport. Opladen: Leske + Budrich, 109–150.

Kugelmann, Claudia/Weigelt-Schlesinger, Yvonne (2009): Fußballsozialisation – eine Chance für Mädchen. In: Penkwitt, Meike (Hg.): Geschlechter – Bewegungen – Sport. Freiburger GeschlechterStudien 23, 65–78.

Laqueur, Thomas (1996): Auf den Leib geschrieben. Die Inszenierung der Geschlechter von der Antike bis Freud. München: dtv.

Lemke, Thomas (2008): Gouvernementalität und Biopolitik. Wiesbaden: VS.

Meuser, Michael (2006): Riskante Praktiken. Zur Aneignung von Männlichkeit in den ernsten Spielen des Wettbewerbs. In: Bilden, Helga/Dausien, Bettina (Hg.): Sozialisation und Geschlecht. Opladen: Barbara Budrich, 163–178.

Neckel, Sighard (2005): Emotion by design. Das Selbstmanagement der Gefühle als kulturelles Programm. In: Berliner Journal für Soziologie, 15, H. 3, 419–430.

Neuber, Nils (2006): Männliche Identitätsentwicklung im Sport. In: Hartmann-Tews, Ilse/Rulofs, Bettina (Hg.): Handbuch Sport und Geschlecht. Schorndorf: Hofmann, 125–138.

Pfister, Gertrud (1983): Körperkultur und Weiblichkeit. Ein historischer Beitrag zur Entwicklung des modernen Sports in Deutschland bis zur Zeit der Weimarer Republik. In: Klein, Michael (Hg.): Sport und Geschlecht. Reinbek: Rowohlt, 35–59.

Rendtorff, Barbara (2006): Zur Bedeutung von Geschlecht im Sozialisationsprozess. Reale, imaginäre und symbolisch-politische Dimensionen des Körpers. In: Bilden, Helga/Dausien, Bettina (Hg.): Sozialisation und Geschlecht. Opladen: Barbara Budrich, 89–102.

Rose, Lotte (1991): Das Drama des begabten Mädchens. Lebensgeschichten junger Kunstturnerinnen. Weinheim und München: Juventa.

Rose, Lotte (2000): „Mädchen in Bewegung". Das Modellprojekt zur bewegungs- und körperorientierten Mädchenarbeit. Butzbach-Griedel: Afra.

Scheiper, Petra (2008): Textile Metamorphosen als Ausdruck gesellschaftlichen Wandels. Das Bekleidungsverhalten junger Männer und Frauen als Phänomen der Grenzverschiebung von Sex- und Gender-Identitäten. Wiesbaden: VS.

Schön, Elke (1999): „… da nehm' ich meine Rollschuh' und fahr' hin …" Mädchen als Expertinnen ihrer sozialräumlichen Lebenswelt. Bielefeld: Kleine.

Sobiech, Gabriele (1994): Grenzüberschreitungen. Körperstrategien von Frauen in modernen Gesellschaften. Opladen: Westdeutscher Verlag.

Sobiech, Gabriele (2009): Spielen Frauen ein anderes Spiel? – Zur Dynamik von Körper, Geschlecht und Raum durch gegenkulturelles Handeln von Fußballspielerinnen. In: Penkwitt, Meike (Hg.): Geschlechter – Bewegungen – Sport. Freiburger GeschlechterStudien 23, 79–98.

Sutterlüty, Ferdinand (2004): Was ist eine „Gewaltkarriere"? In: Zeitschrift für Soziologie, 33, 266–284.

Winter, Reinhard (2010): Gewalt gelernt und Aggression nicht kultiviert! Wie Jungen durch falsche Erziehung und Medien die Gewalt beigebracht wird. In: Hofmeister, Jasmin/Kröhnert, Arthur (Red.): Was steckt hinter der Jugendgewalt? Bundesarbeitsgemeinschaft der Kinderschutz-Zentren e.V., Köln: Kinderschutzzentren, 17–32.

Ulrike Marz

Der jugendliche Körper im Kontext rassifizierender Praxen

Der vorliegende Beitrag geht der Frage nach, wie sich – unter dem Einfluss rassifizierender Zuschreibungen[1] als universell wirkender sozialer Erfahrung – im Jugendalter Wahrnehmungen von Körper darstellen können. Oder anders gesprochen: Es soll der Zusammenhang gezeigt werden zwischen rassifizierenden Praxen, die zur Alltagsüberzeugung moderner Gesellschaften gehören, und der Verschränkung dieser Praxen mit der spezifischen Situation des jugendlichen und heranwachsenden Menschen.

Im *ersten Teil* des Aufsatzes werden zunächst gesellschaftliche Rahmenbedingungen beleuchtet, die Einfluss auf die psychische Konstitution des Einzelnen haben können. Dieser Einfluss wird als ein ganz allgemeiner bestimmt, der, durch die soziale und ökonomische Struktur vermittelt, auf alle Menschen gleichermaßen wirkt.

Der *zweite Teil* dieses Beitrags wendet sich dem jugendlichen Körper im Kontext rassifizierender Praxen zu. Dieses Kapitel betont zunächst die gesellschaftliche Seite, indem zuerst der allgemeine Vollzug rassifizierenden Denkens beschrieben wird: die Reproduktion des Rassismus als Ideologie auf sozialer Ebene. Anschließend soll der Blick auf den Körper als Träger von Rassifizierungsprozessen gerichtet werden. Zum Abschluss werden subjektive Dispositionen skizziert, die die Übernahme dieser Ideologie begünstigen.

---

1 Als rassifizierende Zuschreibungen und Praxen werden hier all jene Vorstellungen, Ideen, Prozesse und Handlungen verstanden, die Menschen aufgrund äußerlicher Merkmale in verschiedene Gruppen („Rassen") einteilen und diese Einteilung als Repräsentation des „Natürlichen" begreifen. An diese so vorgestellten Gruppen werden zudem bestimmte Verhaltenserwartungen gerichtet bzw. sie werden mit bestimmten Eigenschaften oder psychischen Dispositionen belegt. Eine explizit ausformulierte, evaluative Komponente, d. h., die wertende Beurteilung einer dieser Komponenten, ist für den Vorgang der Rassifizierung nicht zwingend. Die Bewertung ist bereits im System der Kategorisierung angelegt. Vielmehr werden durch die Naturalisierung gesellschaftlicher Verhältnisse Ungleichbehandlungen, Diskriminierungen und Unterdrückungsverhältnisse gerechtfertigt, da die Gesellschaftsordnung als „rassisch" oder ethnisch strukturiert wahrgenommen wird. Rassifizierende Praxen sind als soziale Struktur verstehbar, und als konkrete Ideologie schreiben sie sich in das Denken der Menschen ein.

1. Widersprüche, Ambivalenzen und das Streben nach Eindeutigkeit

Es gibt sehr unterschiedliche Vorstellungen darüber, welche Entwicklungsaufgaben als bedeutsam für das Jugendalter zu beschreiben sind. Die Selbstentdeckung des Jugendlichen und das „sich bewusst ins Verhältnis zur Welt setzen" (Fend 2005, 414) werden bei den meisten Theorien des Jugendalters als die entscheidenden Prozesse thematisiert (siehe beispielsweise Bühler 1991; Ziehe 1975). In Erik H. Eriksons[2] entwicklungspsychologischer Deutung wird die Jugendphase als Kampf um die Erlangung der Identität expliziert. Diese Identitätssuche betrifft vor allem die Geschlechtsidentität und das Bilden einer klaren Berufs- und Zukunftsperspektive.[3] Auch weltanschauliche Fragen wie Vorstellungen über die „ethnische" Zugehörigkeit[4] der eigenen Person und von Anderen oder deutlicher formuliert: die Ablehnung oder Übernahme rassifizierender Vorstellungen können bedeutsamer Teil des Identitätskonzepts werden. Die Identitätsarbeit kann in eine äußerst rigide Besetzung der eigenen Identität münden, wenn sie sich an Vorurteile und Stereotypisierungen heftet (s. dazu auch S. 266 ff.).

Erikson unterscheidet zwischen einer persönlichen Identität (Tatsache des Existierens) und einer Ich-Identität:

> „Ich-Identität in ihrem subjektiven Aspekt ist also das Bewußtwerden der Tatsache, daß die synthetisierenden Methoden des Ichs über eine Selbstgleichheit und Kontinuität verfügen, *einen Stil der eigenen Individualität*, und daß dieser Stil mit der Gleichheit und Kontinuität der *eigenen Bedeutung für signifikante andere* in der unmittelbaren Gemeinschaft übereinstimmt." (Erikson 1998, 47, Herv. i.O.)

Die Ausbildung der Ich-Identität entwickelt sich mit Blick auf die Anderen und steht mit ihnen in einem wechselvollen Verhältnis. Der jugendliche Mensch braucht das Gefühl, dass seine Pläne und seine Art, sich in der Welt zu verhalten, mit den Vorstellungen einer Gruppenidentität kompa-

---

2 Erik H. Erikson (1998) bringt mit seinem streitbaren Ansatz die dringlichste Aufgabe in der Jugendphase auf den Punkt: die Identitätsbildung. Eriksons Arbeiten, die die Identitätsbildung in der Jugendphase zentrieren, sind zudem anschlussfähig zu Arbeiten in der Rassismusforschung, die identitäre Zuschreibungsprozesse als einen wichtigen Grund für rassistisches Verhalten identifiziert. Daher nimmt dieser Beitrag umfassend Bezug auf diese Studien.

3 Augusto Blasi ergänzt weitere Aspekte der Identitätsarbeit, die „a network of dialectical relations" bilden: Beziehungen, Partnerschaft, religiöse und politische Einstellungen sowie die Hinwendung zu kulturellen Traditionen und gesellschaftlichen Erwartungen (vgl. Blasi 1988, 226 f.).

4 Der Beginn eines Bewusstseins über die „ethnische" Zugehörigkeit entwickelt sich nach Clark und Clark ab dem 3. Lebensjahr (vgl. Clark/Clark 1951).

tibel sind.[5] Die Erlangung der Identität im Jugendalter erfordert nach Eriksons Verständnis folglich, dass sich der Jugendliche mit einer relevanten Gruppe in Einklang weiß, nach ihren Vorstellungen und Werten handelt, die Strukturprinzipien der Gesellschaft annimmt sowie die Harmonie zwischen sich und der Gesellschaft bestmöglich realisiert.

Gleichzeitig sind moderne Gesellschaften in sich keineswegs harmonisch angelegt, sondern von verschiedenen, ihr immanenten Widersprüchen bestimmt. Eva Stein fasst vier Widersprüche zusammen, die sich innerhalb der fortgeschrittenen westlichen Gesellschaften in allen gesellschaftlichen Bereichen zeigen: Gleichheit und Ungleichheit, Gesellschaft und Natur, Identität und Nichtidentität und Fortschritt und Regression (vgl. Stein 2002, 18). Ausgehend davon lassen sich diese vier Widerspruchspaare wie folgt näher bestimmen:

Das gleichzeitige Vorhandensein von *Gleichheit und Ungleichheit* der Menschen wird in der Differenz zwischen dem Postulat der Gleichheit aller Menschen und ihrer faktischen Ungleichheit hinsichtlich ihrer Startbedingungen und Möglichkeiten beschrieben. Gleichzeitig kann diese Ungleichheit in der Differenz von Subjekt, als abstraktem Träger von Rechten und Pflichten, und Individuum, als empirischem Menschen mit konkreten Erfahrungen, gefasst werden. Auch *Gesellschaft und Natur* stehen sich scheinbar unversöhnlich gegenüber. Die Gesellschaft (die von den Menschen gestaltete Ordnung) wird dichotom der Natur gegenübergestellt mit dem Ergebnis gleichzeitiger Naturbeherrschung und (Natur-)Entfremdung des Menschen. In der Differenz von Natur und Gesellschaft symbolisiert sich beispielsweise die Entgegensetzung von Schwarzsein (Natur) und *Weiß*sein (Kultur/Zivilisation). *Identität und Nichtidentität* bilden das dritte Widerspruchspaar moderner Gesellschaften. In ihm präsentiert sich der Drang zur Verallgemeinerung, zur Begriffsbildung. Zur Begriffsbildung gehört das Identifizierende, das Kategorisierende: Identität als das Einzuordnende, Subsumierbare, das gegen das Nicht-Identische, das Besondere gestellt wird, das in der kategorialen Begriffsbildung nicht aufgeht. Zuletzt ist das synchrone Auftreten von *Fortschritt und Regression* (auf dem Gebiet der Technik z.B. die Kernspaltung und ihre Anwendungsmöglichkeiten in der Energiegewinnung und als Massenvernichtungswaffe) zu benennen.

In diesen ambivalenten Verhältnissen wachsen Menschen in modernen Gesellschaften heran und versuchen, diesen Widersprüchen mit klaren, konkreten Bestimmungen zu begegnen. Dieses Bemühen um klare Logiken, die meist binär strukturiert sind, äußert sich in dem Bedürfnis, auch Menschen, die als fremd, abweichend oder schlicht anders wahrgenommen werden, eine Bestimmung zu zuweisen. Diese Zuweisung erfolgt durch die Zuordnung zu

---

5 Die Ausführungen zur Adoleszenz beziehen sich vorrangig auf die Phase, die beispielsweise von Peter Blos als „die mittlere, (die eigentliche) Adoleszenz" bezeichnet und zwischen dem 15. und 17. Lebensjahr datiert wird (vgl. Blos 1978, 104 ff.).

einer konstruierten Gruppe („Rasse", „Ethnie"), der, wie weiter unten noch gezeigt wird, bestimmte Merkmale physischer, psychischer und sozialer Qualität zugeschrieben werden. Durch diese Zuweisung soll Ordnung hergestellt werden – ein Ordnungsbestreben, das Bauman in der „Dialektik der Ordnung" (1992) als grundlegend zur Vermeidung gesellschaftlicher Ambivalenz beschrieben hat. Die Übernahme von akzeptierten Vorstellungen über das Wesen von Gesellschaft, über Menschen und deren Sein vollzieht sich im familiären und kulturellen Rahmen, in dem Jugendliche leben. Eriksons Ausführungen legen nahe, dass die Verwirklichung der Ich-Identität auf die Affirmation des Bestehenden ausgerichtet ist. Aus der Verbindung zwischen gesellschaftlichen Vorbildern, Handlungsorientierungen und psychischen Kräften kann das jugendliche Bewusstsein so tendenziell auch für die Übernahme rassifizierender Praxen empfänglich werden. Diese Praxen zu übernehmen, scheint angemessen, da in den meisten Gesellschaften rassifizierende Zuschreibungen als Teil der Weltanschauung vollzogen werden und diese sich als Wiedergabe natürlicher Objektivitäten verstehen (vgl. dazu weiter S. 261 ff.). Mehr noch: Derlei Zuschreibungen, selbst wenn sie sich im Sprachgebrauch nicht mehr auf „Rasse" beziehen, sondern auf „Ethnizität" oder „Kultur" (vgl. Essed 1991; Taguieff 1997; Balibar 1998), wirken als natürliche Gewissheiten, sodass sie im Prozess der Erlangung einer weltanschaulichen Position, die der Jugendliche bestrebt ist einzunehmen, als nicht verhandelbar erscheinen. Es sind, mit den Worten von Eske Wollrad, „gesellschaftlich etablierte Terrains der Wissensproduktion" (2004, 186), die die Vorstellung vom Sein des Gesellschaftlichen prägen. Die Studien des Duisburger Instituts für Sprach- und Sozialforschung dokumentieren mit der Methode einer kritischen Diskursanalyse, dass die Vorstellungen „rassischer" Differenzen im Alltagsdiskurs weit verbreitet sind und sich gleichsam im kulturalistischen Rassismus wiederfinden. Trotz eines verbreiteten Tabus, von „Rassen" zur Klassifizierung von Menschen zu sprechen, halten sich rassifizierende Zuschreibungen hartnäckig:

> „[…] alle von uns Interviewten [sind] mehr oder minder rassistisch verstrickt, egal, ob alt oder jung, männlich oder weiblich, egal welche Partei sie wählen und welche Berufe sie ausüben. Damit ist gleichzeitig gesagt, daß Rassismus zentral zur Denkweise unserer Gesellschaft gehört." (Jäger 1997, 141)

Bei der Produktion dieses Wissens spiele die Verschlungenheit diverser sogenannter gesellschaftlicher Diskursebenen (Medien, Politik, akademische Ebene, Erziehung, Alltag) eine bedeutende Rolle (vgl. ebd., 146). Diese bezögen sich wechselseitig aufeinander und prägten so die Wirklichkeitswahrnehmung des Einzelnen. Die Diskurse, so Jäger, spiegeln die Wirklichkeit nicht einfach wieder, sondern „führen einerseits eine Art Eigenleben" über die Köpfe der Menschen hinweg, andererseits bestimmen sie vermittels tätiger Menschen, die in diese Diskurse verwickelt sind, die Wirklichkeit mit (vgl. ebd., 137).

Welcher psychische Gewinn von dieser Praxis zu erwarten ist, liegt auf der Hand. Die Zuschreibung entbindet von der Anstrengung, jedes einzelne Individuum mit all seinen Facetten wahrnehmen zu müssen und erlaubt eine stereotype Wahrnehmung, in der das Individuum nur noch als Repräsentant von Merkmalszuweisungen angerufen wird. Die Ideologie des Rassismus, der rassifizierenden Zuschreibungen rührt nach Philomena Essed von „Zuordnungen zu biologisierenden Kategorien und den daraus gefolgerten sozialen Zuschreibungen her" (vgl. 1991, 12). Es ist davon auszugehen, dass sich diese gesellschaftlichen Widerspruchsstrukturen in das Denken, Fühlen und Handeln der Heranwachsenden einschreiben und dass sich eher nur in Einzelfällen aus der Hemmung von Einzelinteressen kritische Widerständigkeit gegen die widerspruchsvolle Wirklichkeit entwickelt. Vielmehr werden in der Regel Deutungen, Bedeutungen, Motivationen, Interpretationen, Verhaltensweisen und Einstellungen im Sinne vorhandener gesellschaftsrelevanter Realitätsdeutungen übernommen.

2. Der jugendliche Körper im Kontext rassifizierender Praxen

Das Subjekt kreiert rassistische Positionen nicht neu, sondern greift auf ein bestehendes Angebot von Denk- und Wissensbeständen zurück. Nicht erst Jugendliche sind für rassifizierende Aussagen sensibel, schon Kinder registrieren subtile Macht- und Inferioritätsbotschaften, die beispielsweise durch Spielzeug,[6] Schulbücher,[7] Kinder- und Jugendliteratur,[8] Filme,[9] Massenmedien,[10] durch Alltagskommunikation[11] und strukturelle/institutionelle Diskriminierungen[12] vermittelt werden. In all diesen gesellschaftlichen Teilbereichen lässt sich nachweisen, dass das Denken von der Vorstellung durchzogen ist, dass Menschen in „rassischen" Gruppen quantifizierbar seien. Der Inhalt dieser rassistischen Wissensbestände ist eng mit der (deutschen) Kolonialgeschichte und dem Nationalsozialismus verstrickt, auf die hier nur punktuell eingegangen werden kann.[13]

---

6 Vgl. dazu die Untersuchungen von Asher und Allen (1969) sowie Williams und Morland (1976).
7 Vgl. dazu beispielsweise die Untersuchungen von Poenicke (2001) und Franz (1993).
8 Vgl. dazu die Untersuchungen von Attikope (2003).
9 Vgl. dazu die Arbeiten von Hall (1989a) und van Dijk (1998).
10 Vgl. dazu die Untersuchungen von Jäger/Link (1993).
11 Vgl. dazu beispielsweise die Untersuchungen von Jäger/Jäger (2000).
12 Vgl. dazu die Untersuchungen von Osterkamp (1997).
13 Die Entstehung der Rassentheorien ist Resultat der kolonialen Aktivitäten europäischer Länder, des Aufkommens der Naturwissenschaften und damit einhergehend des Ordnungsstrebens der Moderne. Die Einteilung von Menschen in „Rassen" war im 19./20. Jahrhundert ebenso selbstverständlich wie eine Typologie der Arten von Pflanzen und Tieren. In der bürgerlichen Gesellschaft wurde der Glaube an religiöse

2.1 Rassifizierung als soziale Praxis
einer weißen Mehrheitsgesellschaft

In diesem Abschnitt gilt es zu untersuchen, wie ästhetische Normierung durch *Weiß-Sein* als Norm zugrunde gelegt und kommuniziert wird (vgl. Eggers 2006, 389). Gerade die im deutschsprachigen Raum noch sehr jungen Forschungen zur Whiteness können durch die Abkehr von „dem Anderen" und den Fokus auf *Weiß*-Sein herangezogen werden, um die unbewusste Prägung zur Präferenz der *weißen* Hautfarbe zu zeigen. In einer *weißen* Mehrheitsgesellschaft haben sich bestimmte Schönheitsideale auch in Bezug auf die Hautfarbe, Nasen- oder Lippenform entwickelt. Schwarze werden eher dann als schön wahrgenommen, wenn sie dem Ideal des *Weiß*-Seins durch „Verblassung" näher zu kommen scheinen. In der Wahrnehmung von Schwarzsein finden sich noch immer Spuren des kolonialen Blicks. Die Haremsfrau, so Anette Dietrich, wurde in kolonialen Reiseberichten, Erzählungen und Künsten als freizügig, lasziv und passiv beschrieben und der orientalische Mann als sexuell besonders freizügig und polygam (vgl. Dietrich 2006, 36). Auch heute noch wird die Schwarze Haut als exotisch verklärt und mit den Attributen wild und triebenthemmt assoziiert, weil diese Vorstellungen, so Kerstin Gerning, historisch weitergereicht und zum „Archiv des kulturellen Gedächtnisses" (Gerning 2001, 291) wurden. *Weiß* gilt hingegen als rein und unschuldig[14] (Walgenbach 1998), als zu erstrebenswertes Ideal auch im Hinblick auf einen imaginierten Endzustand menschlicher Entwicklung, an dessen krönendem Ende „der *Weiße*" steht. Damit korrespondiert die mitleidige Vorstellung, Schwarze könnten nichts für ihr Schwarzsein und seien daher zu bedauern (vgl. Eggers 2006, 389).

Offensichtlich gibt es evidente Farbnuancierungen zwischen den Hautfarben. Diese Fixierung auf Hautfarbe ist nicht allein, wie immer wieder behauptet wird, der Großflächigkeit von Haut geschuldet, sondern weil sie zum Bedeutungsträger (Miles 1999) für evaluative Bewertungen geworden ist, die spezifischen Logiken und Funktionen folgen:

1. Rassismus dient der Sicherung von Hierarchien, Macht und Privilegien (vgl. Miles 1999, 57 f., 1992, 200; Memmi 1987, 97).
2. Rassismus wertet auf und stärkt die Kohäsion der Eigengruppe bei gleichzeitiger Abwertung der Fremdgruppe (vgl. Tajfel 1982, 52–63; Memmi 1987, 98).

Mächte durch den Glauben an die Universalität der Wissenschaft und die Rationalität abgelöst. Von Beginn an, darauf verweisen Adorno und Horkheimer, waren wissenschaftlich-technischer Fortschritt und Aufklärung begleitet von negativen Effekten, einer Dialektik der Aufklärung (vgl. Adorno/Horkheimer 1979).

14 Zum Image der achtbaren *weißen* Frau und *weiß* als Ausdruck der Unschuld, symbolisiert beispielsweise im Brautkleid, hat Katharina Walgenbach gearbeitet (vgl. Walgenbach 1998, 41 f.).

3. Rassismus produziert Identitäten und sichert Identifikationen ab (vgl. Hall 1989b, 919).
4. Rassismus liefert Welterklärungen, produziert Kausalitäten und legitimiert nachträglich koloniale Ausbeutung (vgl. Tajfel 1982, 52–63; Miles 1999, 107, 1992, 201).
5. Rassismus erzeugt ein falsches Bewusstsein von der Natürlichkeit gesellschaftlicher Verhältnisse (vgl. Miles 1992, 205; Hall 1989b, 914).

Haut als Bedeutungsträger resultiert daher, wie Robert Miles sagt, aus einem Prozess der „Bedeutungskonstitution" (vgl. Miles 1989, 354).

„Aus einer möglichen Menge von Objekten, Merkmalen und Prozessen werden nur bestimmte ausgewählt, die eine besondere, zusätzliche Bedeutung bekommen […]. Bedeutungskonstitution ist daher ein zentrales Element im Prozeß der *Repräsentation*, das heißt in jenem Prozeß, in dem ein Bild der sozialen Welt und der sozialen Prozesse geschaffen wird, ein Bewußtsein darüber, wie die Dinge ‚wirklich sind'." (Ebd.) (Herv. i.O.)

Statt folglich nach Ohrengröße, Fingerlänge etc. zu unterteilen, wird nach den Kriterien unterschieden, die geeignet im Sinne der oben genannten Funktionalisierungen sind. Die Vorstellung, Menschen ließen sich in „Rassen" einteilen, ist eine menschliche *Konstruktion*. Darauf soll der Begriff der Rassifizierung, verstanden als bewusste Konstruktion von „Rasse", verweisen (zur Definition von Rassifizierung siehe Fußnote 1, S. 256). Diese Konstruktion zeigt den Kern rassistischen Denkens an: die Annahme einer Natürlichkeit des Vorkommens von „Rassen". Über die konkrete Einteilung und Bewertung der angenommenen „Rassen" könne sich noch gestritten werden, aber nicht über das Faktum der natürlichen Existenz von „Rassen". Diese Vorstellung von Großgruppen, denen Menschen angehören, die mit gewissen Kompetenzen ausgestattet seien, über eine bestimmte Mentalität sowie über bestimmte intellektuelle, musische, technische Fähigkeiten usw. verfügten, gehört zu den verbreiteten Wissensbeständen unserer Gesellschaft. Der Verweis auf die Quasi-Natürlichkeit ist die *Biologisierung* gesellschaftlicher Verhältnisse, da mit der Behauptung der Existenz von „Rassen", denen immer auch bestimmte Eigenschaften und Kompetenzen zugeschrieben werden, sich Macht- und Herrschaftsstrukturen[15] legitimieren und erklären lassen. Wie sehr solche Biologisierungen im Alltag präsent sind, belegen die Vorstellungen von „dem Rhythmus im Blut" (Afrikaner, Lateinamerikaner), der „Intelligenz der Juden und Jüdinnen", der „Emotionalität der Frau", dem „Brasilianer als Fußballkünstler" oder dem Postulat eines universell geltenden Leistungsprinzips, das auf der Vorstellung gleicher Startbedingungen und Entwicklungsmöglichkeiten aller in einer *weißen* Mehrheitsgesellschaft gründet.

---

15 Wohnverhältnisse, Privilegien, Arbeitsplätze, Partnerschaften, Zugang zu Bildung etc.

Mit Holzkamp könnte man diese Haltung aus der Trennung von Wahrnehmung und Erkenntnis herleiten. Wahrnehmen könne in der bürgerlichen Gesellschaft nur misslingen und zu falschen Vorstellungen führen. Dieses lediglich *orientierende Erkennen* sei „in der Pseudokonkretheit unbegriffener alltäglicher Lebensumstände befangen" (vgl. Holzkamp 2006, 360). Diese Erkenntnisweise sei die der bürgerlichen Gesellschaft innewohnende und könne damit auch die den modernen Gesellschaften immanenten Widersprüche (vgl. dazu auch S. 257 ff.) nicht erfassen. Holzkamp beschreibt eine weitere, wenn auch seltener vorzufindende Form der Erkenntnis in der bürgerlichen Gesellschaft: das *begreifende Erkennen*. Diese andere Weise des Erkennens sei dadurch charakterisiert, dass dem Menschen unter bestimmten Bedingungen doch die Möglichkeit gegeben sei

> *„[...] Momente der bürgerlichen Gesellschaftsstruktur angemessen zu begreifen und dabei die Geprägtheit des eigenen Erkennens durch diese Strukturmomente reflektierend mitzuerfassen."* (Holzkamp 2006, 361, Herv. i.O.)

Welche Bedingungen sind dies nun, die die Möglichkeit zur Reflexion über die gesellschaftlichen Verhältnisse bereitstellen und zugleich auch die Möglichkeit bieten, die eigene Geformtheit innerhalb dieser Verhältnisse zu erkennen? Holzkamp intendiert in eine ganz praktische Richtung. Ihm geht es um konkrete Beiträge zur Veränderung „utilitaristisch" orientierter Praxen hin zu bewussten, kritischen Erfahrungen, die sich sowohl in Erziehung, Ausbildung, Beratung und Information (vgl. Holzkamp 2006, 362) wiederfinden können als auch Reflexionshilfen über die Verfasstheit der Gesellschaft bereitstellen. Schule hat dabei längst das Monopol zur Informationsverbreitung eingebüßt und steht hier neben verschiedenen Massenmedien: Internet, Fernsehen, Rundfunk, Zeitschriften.[16] Holzkamp weist auch dem wissenschaftlichen Denken,[17] insbesondere einer kritischen Wissenschaft, die Fähigkeit zu, der Wirklichkeitsausschnitte und -aspekte der bürgerlichen Gesellschaft gewahr zu werden (vgl. ebd., 366). Ohne hier Holzkamps Überlegungen weiter ausführen zu wollen, bleibt festzuhalten, dass die orientierende Erkenntnis (die unreflektierte Wahrnehmung) dem begreifenden Erkennen als etwas kognitiv Vorgelagertes bestimmt werden muss. Die bürgerlich-ideologischen Bedeutungsangebote sind der Ermöglichungsgrund des schnellen, unreflektierten Erkennens, dem so leicht zu erliegen

---

16 Zum Mediennutzungsverhalten Jugendlicher Wippermann/Calmbach 2008.

17 Holzkamp greift die Vorstellung einer bürgerlichen Wissenschaft auf, die zunächst nicht weniger als das Alltagserkennen von den gesellschaftlichen Regularien determiniert sei. Der bürgerlichen Wissenschaft sei eine kritische (marxistisch orientierte) Wissenschaft entgegenzusetzen. Bezogen auf seine Profession sei dies gegenüber der bürgerlichen Denk- und Wahrnehmungspsychologie eine kritische Psychologie. Letztere habe die Aufgabe, ein Verstehen der Bedingungen *begreifenden* „*Alltagserkennens"* und damit die „Einsicht in die objektiven Scheinhaftigkeiten, Widersprüchlichkeiten, Verkehrtheiten" zu ermöglichen (vgl. Holzkamp 2006, 362 f.).

ist, und dem nicht unmittelbar die Reflexion folgen muss. Holzkamp betont jedoch den Zusammenhang zwischen Sein und Bewusstsein auf gnoseologischer Ebene, wenn er schreibt, dass „die Erkenntnis der gesellschaftlichen Realität und die Erkenntnis des eigenen Selbst in gewisser Weise zwei Seiten des gleichen Erkenntnisprozesses" seien und „wirkliche Gesellschaftserkenntnis immer auch Selbsterkenntnis impliziert und umgekehrt" (vgl. ebd., 370).

Wie sehr diese Selbsterkenntnis blockiert sein kann, wird in den nächsten beiden Abschnitten zu zeigen sein.

2.2 Sichtbare Körper – unsichtbarer Inhalt

Es scheint naheliegend, in einer komplexen und in sich widerspruchsvollen gesellschaftlichen Realität zur Herstellung von Klarheit und Eindeutigkeit, den Fokus auf das Augenscheinliche zu legen: den Körper. Körper sind geschichtlich und sozial bestimmte Assoziationsträger. Der physische Körper mit kräftigerer oder schmalerer Erscheinung, Vagina oder Penis, dunkler oder heller Hautfarbe, den diversen Augenfarben und -formen, der Haarstruktur und -farbe sagt für sich genommen nichts aus. Auch Mimik und Gestik erhalten nur durch kulturelle Bestimmungen ihre Bedeutung. Wir wissen, dass die Bewertungen des Körpers durch vielerlei Aspekte bestimmt sind. Zentral ist das gesellschaftlich vorherrschende, variable Schönheitsideal, von dem nicht allzu sehr abzuweichen nicht nur jugendliches Bedürfnis ist. Aber auch die Assoziation bestimmter Körper mit gesellschaftlich verpönten, als inferior wahrgenommenen Tätigkeiten oder Eigenschaften assoziiert Sympathie oder Antipathie, erzeugt Nachahmung oder Distanzierung. Im Jugendalter bekommt die Körperwahrnehmung eine neue Dimension. *„Bin ich attraktiv?"* wird zur Existenzialfrage, die Frage *„Wie sehen mich andere?"* wird zum steten Begleiter.[18] Erikson formuliert dieses (jugendliche) Sinnieren über den Körper so:

> „Sie sind manchmal krankhaft, oft merkwürdig, präokkupiert von der Frage, was sie in den Augen anderer zu sein scheinen, im Vergleich zu dem, was sie zu sein fühlen, und von der Frage, wie sich bisher kultivierte Rollen und Erkenntnisse mit den Idealvorstellungen des Tages in Beziehung setzen lassen." (Erikson 1998, 131)

Nicht nur das, was sie in den Augen der Anderen tun, beschäftigt die Jugendlichen, sondern auch, was Andere von ihrem Körper halten. Die sexuelle Reifung, das Körperwachstum und die offensichtlichen Veränderungen

---

18 Auf Unterschiede, die bei der Übernahme spezifischer Geschlechterrollen entstehen, kann hier nicht eingegangen werden. Allgemein lässt sich jedoch sagen, dass für die weiblich sozialisierten Jugendlichen Attraktivität einen höheren Stellenwert einnimmt, der maßgeblich durch die medial propagierten Schönheitsideale beeinflusst wird (vgl. Fend 1994, 127). Vgl. auch die Beiträge von King und Stauber in diesem Band.

des Körpers während der Pubertät erzwingen geradezu eine Auseinandersetzung mit dem Körper. Schon Jugendliche erfahren, dass als schön beschriebene Menschen erfolgreicher, beliebter und (in partnerschaftlicher Perspektive) besser vermittelbar zu sein scheinen. Gerade in warenförmig organisierten Gesellschaften ist auch die Partnerwahl stark an der interpersonalen Anziehung und Attraktivität orientiert.[19] Beispielhaft wird bei Helmut Fend (1994) beschrieben, dass das Selbstkonzept des Aussehens auch auf die Wahrnehmung der Beliebtheit (soziale Integration) und die generalisierte Selbst-Akzeptanz ausstrahlt (vgl. Fend 1994, 130, 132). Jugendliche, die mit ihrem Aussehen unzufrieden sind, haben es schwerer, sich insgesamt zu akzeptieren. Wenn nun diese Ergebnisse auf die Annahmen bezogen werden sollen, dass in einer *weißen* Mehrheitsgesellschaft der *weiße* Körper als erstrebenswert, als Ideal, vielleicht auch nur als normal gilt, dann lassen sich sowohl die Schwierigkeiten derer erahnen, ihren Körper zu akzeptieren, die allgemein als nicht-*weiß* eingestuft werden, als auch die ästhetische Abwertung derer, die sich selbst als *weiß* betrachten und nicht-*weiße* Körper beurteilen.

Der als fremd wahrgenommene Körper eines anderen Menschen (zumeist aufgrund der Hautfarbe) erzeugt selten Faszination oder Desinteresse: Vielmehr bietet er sich in der Regel zum Vergleich, zur Abgrenzung, zur Evaluierung an. Schnell bestimmt sich über den Anderen das, was als Eigenes identifiziert werden kann. Körper sind Fakten, die über ihre sprachlichen Repräsentationen hinausreichen. Körper lediglich als diskursive Konstrukte zu fassen, wäre in der Erklärungskraft von rassifizierenden Zuschreibungen zu begrenzt. Sie sind Evidenzien; konstruiert sind die Bezeichnungen für sie, die Zuschreibungen, Assoziationen, Generalisierungen, also das, was in die Körperwahrnehmung hineingelegt wird. Die Psychoanalyse weiß seit Freud, dass im Abwehrmechanismus der Projektion[20] all die unliebsamen Anteile, Gefühle und Regungen des Selbst auf die Anderen übertragen werden, so sie sich als Adressaten dieser Übertragungen eignen. Die Distanzierung vom als fremd erlebten Körper als kulturelle Identitätsfindung zu beschönigen und damit ein quasi essenzialistisches Bedürfnis von Gruppen nach Abgrenzung zu legitimieren, verschleiert die Brutalität, die mit diesen Systematisierungen verbunden sein kann. Die Abwertung des Anderen mag hinsichtlich ihrer Quantität gängig erschei-

---

19 Den Zusammenhang zwischen der Bedeutung physischer Attraktivität und der Einstellung zu sich selbst beleuchten beispielsweise Hassebrauck und Niketta (1993). Zum Zusammenhang warenförmig organisierter Gesellschaften und der Entwicklung von Gefühlen siehe beispielsweise: Illouz (2008) und Marz (2008).

20 Projektion: „Im eigentlichen psychoanalytischen Sinne Operation, durch die das Subjekt Qualitäten, Gefühle, Wünsche, sogar ‚Objekte‘, die es verkennt oder in sich ablehnt, aus sich ausschließt und in dem Anderen, Person oder Sache, lokalisiert. Es handelt sich hier um eine Abwehr sehr archaischen Ursprungs, die man besonders bei der Paranoia am Werk findet, aber auch in ‚normalen‘ Denkformen wie dem Aberglauben" (Laplanche/Pontalis 1973, 400).

nen, ist jedoch nicht als notwendiges Verhalten zu charakterisieren. Der schwarze Körper wird in einer *weißen* Mehrheitsgesellschaft als abweichend wahrgenommen und zieht deshalb die Aufmerksamkeit auf sich. Er hat nicht die Chance, unauffällig zu sein, sich neutral zu verhalten oder sich zurückzuziehen. In Fends Untersuchungen über die Selbstzuschreibungen von Jugendlichen der 7. und 9. Klassenstufe in Realschulen und Gymnasien (vgl. Fend 1994, 116–120) ist die Unmöglichkeit, innerhalb einer *weißen* Mehrheitsgesellschaft eine andere als die *weiße* Hautfarbe zu ignorieren, unfreiwillig dokumentiert. Nur ein Schüler, mit offenbar nicht-*weißer* Hautfarbe, thematisiert diese: „Ich bin 1m80, schlank, wiege 80 kg und bin braun. Mein Charakter ist sehr charmant, manchmal auch schüchtern. Geboren wurde ich als Mischling." (Ebd., 118)

2.3 Der psychische „Gewinn" rassifizierenden Denkens

Der Übertritt von der Kindheit zur Jugend sollte bestmöglich auch davon begleitet sein, sich zur Welt in ein aktives, bewusstes Verhältnis zu setzen. Mit Holzkamp wurden die Verknüpfung von gesellschaftlicher Wahrnehmung und Erkenntnis sowie die Möglichkeiten subjektiver Kenntnisse über das Selbst skizziert (siehe 2.1, S. 261 ff.). Ähnlich intendiert betont auch Fend den Aspekt der Bildung. Sie biete die Chance, „sich intensiv mit den überlieferten symbolischen Welten auseinanderzusetzen" (Fend 2005, 384). Der nur ausgesetzte Zwang zur Arbeit privilegiert die gymnasialen Jugendlichen, da sie die Möglichkeit haben, sich ein paar Jahre länger ein Weltverständnis anzueignen, während Hauptschüler schon viel früher in die Pflicht zur Existenzsicherung (als Lehrlinge oder unausgebildete Arbeitskräfte) genommen werden, wodurch die geistige Weltaneignung erschwert wird (vgl. ebd., 384). Bessere Bildung vermag rassifizierende Zuschreibungen nicht zu verhindern, stelle aber einen Möglichkeitsraum von Erkenntnis bereit. Ungewollte Arbeitslosigkeit und ein schlechtes Wohnumfeld wurden lange als mögliche Auslöser von rassistischen Einstellungen und Gewaltexzessen angeführt. Dass sie für rassistische Einstellungen jedoch nicht ursächlich sein können, haben Jugendforscher wie Heitmeyer (1987, 1992) und Willems, Würtz, Eckert u.a. (1993) in ihren Täterstudien schon vor mehr als 20 Jahren belegt. Dennoch werden derartige schichtenabhängige Erklärungsmodelle immer wieder bemüht. Rassistische Haltungen können vielmehr den Teil eines Syndroms repräsentieren, in dem auch nationalistische, antisemitische, chauvinistische und sexistische Einstellungen integrierbar sind (vgl. Adorno 1973). Aus der Theorie des autoritären Charakters, die hier angesprochen wird, sollen einige Aspekte dargestellt werden, die die psychische Funktionalität rassifizierender Einstellungen erklären können.

Als typisch für die spätkapitalistische Gesellschaft gilt der Kritischen Theorie der autoritäre Charakter. Charakteristisch für die Ausprägung einer autoritären Persönlichkeit ist der Umstand, dass das Subjekt in der modernen

Gesellschaft zwar frei von persönlichen Abhängigkeitsverhältnissen, dafür aber undurchschaubaren Vergesellschaftungsmechanismen ausgeliefert ist. Unter dem Eindruck des Nationalsozialismus in Deutschland und des europäischen Faschismus wurde die Theorie von der autoritären Persönlichkeit in den 1940er-Jahren maßgeblich von Theodor W. Adorno entwickelt. Die Theorie geht davon aus, dass die soziale und ökonomische Umwelt den Charakter eines Menschen formt. Dabei wird Charakterstruktur verstanden als eine „Agentur, die soziologische Einflüsse auf die Ideologie vermittelt" (vgl. Adorno 1973, 8). Neun Variablen[21] wurden erarbeitet, die ein Individuum anfällig für antidemokratische Einstellungen machen. Vier sollen nachfolgend in den Zusammenhang mit rassistischen Praxen gestellt werden: (1) Konventionalismus, (2) Aberglauben und Stereotypie, (3) Machtdenken und „Kraftmeierei" sowie (4) Projektivität (vgl. Adorno 1973, 45).

Konventionalismus beschreibt das Beharren des Individuums auf den Normen der Kollektivmacht; er geht über die bloße Anerkennung herkömmlicher Werte hinaus (ebd., 48). Die Übernahme der Konventionen und Werte der Gesellschaft, die von den Jugendlichen im Laufe der Identitätsfindung erwartet wird, kann im Konventionalismus noch überaffirmiert werden und die starke Ablehnung weniger assimiliert erscheinender Minderheitenangehöriger verstärken. Besonders Aberglauben und *Stereotypie* bilden die Folien für das Denken in starren Kategorien. „Stereotypie ist eine Form von Beschränktheit besonders in psychologischen und sozialen Fragen", schreibt Adorno, und Resultat der zu vereinfachenden Erklärungen neigenden modernen Gesellschaft. *Aberglauben* – die Tendenz die eigene Verantwortung äußeren Kräften zuzuschreiben – kann als Indiz gedeutet werden, dass das Ich aufgegeben hat, sein Schicksal selbst bestimmen zu wollen (ebd., 55f.). So können gesellschaftlich verbreitete Stereotype über die Eigen- oder Fremdgruppe als quasi-natürliche Gegebenheiten akzeptiert werden. Auch in der Beschreibung des Machtkomplexes (Machtdenken *und* „Kraftmeierei") lassen sich Rassifizierungsprozesse verstehen: Diese unterstellen eine Neigung, Macht- und Hierarchiestrukturen zu bejahen, nicht unbedingt hoch in ihnen rangieren zu müssen, weil Machtfülle auch beängstigend sein kann. Macht und Hierarchien werden befürwortet, der Autoritäre will Teil der Hierarchien sein und hofft, beispielsweise durch einen bloßen Händedruck mit einer Autoritätsfigur, der Macht irgendwie inne zu werden. Der Machtkomplex wird auch von Adorno im Zusammenhang mit Aspekten des Ethnozentrismus gesehen. Individuen, die menschliche Beziehung in Kategorien begreifen, neigen dazu, die Bestimmungen von Eigen- und Fremdgruppe hierarchisierend (höher-/minderwertig) vorzunehmen (ebd., 57f.). Der Mechanismus der *Projektion* wurde bereits angespro-

---

21 Die Variablen Konventionalismus, autoritäre Unterwürfigkeit, autoritäre Aggression, Anti-Intrazeption, Aberglauben und Stereotypie, Machtdenken und „Kraftmeierei", Destruktivität und Zynismus, Projektivität, Sexualität (vgl. Adorno 1973, 45) sind in ihrer jeweiligen Dominanz abhängig von anderen Persönlichkeitsmerkmalen.

chen (s. S. 264 ff.). Er umfasst das Bestreben, bestimmte eigene Impulse fremd zu halten, indem sie einem Äußeren untergeschoben werden. Wenn jemand von „wilden erotischen Exzessen, Komplotts und Verschwörungen" spricht, dann sagt das mehr über seine Bedürfnisse und Vorhaben aus als über die Außenwelt, der diese Impulse auferlegt werden (ebd., 59 f.). Die persistente Behauptung rassistischer Argumentationen, dass v. a. Schwarze Männer über eine animalische Sexualität verfügen würden, und die phallische Fixierung *weißer* Männer auf das Schwarze Geschlechtsteil, lassen nach Ottomeyer und Hall Rückschlüsse auf das sexuelle Begehren *weißer*, rassistischer Männer und Frauen zu (vgl. Ottomeyer 1997, 125 f.; Hall 1989 b, 921). Gerade die Jugendlichen, die an der „Perfektheit und Vollständigkeit des eigenen Körpers" (Ottomeyer 1997, 128) zweifeln, finden in bewertenden rassifizierenden Zuschreibungen einen Katalysator für das Gefühl eigener Unzulänglichkeit. Die Stigmatisierung und Verletzung derer, die als „rassisch minderwertig" bezeichnet werden, scheint so, die narzisstischen Defizitgefühle punktuell zu überschreiben.

Mit Fend lassen sich zu den klassischen Variablen weitere Defizite autoritär orientierter Jugendlicher ergänzen: „geringe Analysekompetenzen, eine schwach ausgeprägte Empathie, eine hohe Identifikationsbereitschaft mit Autoritären und [die] Erfahrung von Sinnlosigkeit eigenen Engagements" (vgl. Fend 1991, 204). Neben psychischen Dispositionen werden diese Haltungen von Prozessen des sozialen Lernens und kultureller Einflüsse begleitet. Laut den Ergebnissen der Sinus-Typologien[22] sind es vor allem die als „traditionell" klassifizierten Jugendlichen, die die von den Eltern vorgelebte Welt übernehmen. Sie streben nach einer angepassten Einbettung in die Gesellschaft (vgl. Wippermann/Calmbach 2008, 24) und vertreten den Glauben an das Funktionieren der Gesellschaft als Organismus sowie dass darin Mann und Frau ihren natürlichen Platz haben und dort seine/ihre „Pflicht für das Ganze" zu leisten hätten (ebd., 117). Hier zeichnet sich deutlich ein Bestreben ab, gesellschaftliche Verhältnisse naturalisierend zu bestimmen und zu verstehen. Leitmilieu ist dabei das *Traditionelle Milieu*, das vor allem von der „Sicherheit und Ordnung liebenden" Kriegs- und Nachkriegsgeneration gebildet wird. In diesem Milieu ist der Glaube an die alte „kleinbürgerliche Welt" ausgeprägt oder es wird die „traditionelle Arbeiterkultur" beschworen (vgl. Haas 2007, 65). Auch die mit „bürgerlich" bezeichneten Jugendlichen könnten im Kontext dieses Aufsatzes problematisiert werden, da die „Beachtung von sozialen Normen und Konventionen, Anpassungsbereitschaft und Sicherheitsstreben", sowie die „Tendenz zur

---

22 Sinus Sociovision hat seit Mitte der 1970er-Jahre ein Milieumodell (Sinus-Milieus) zur Gruppierung von Menschen erstellt, die sich nach sozialer Lage (Schichtachse) und Grundorientierung (Wertachse) in ihrer Lebensauffassung und Lebensweise ähneln (vgl. Wippermann/Calmbach 2008, 9 f.). Sieben Milieus wurden dabei in Bezug auf Jugend herausgestellt, in denen die lebensweltlichen Sinus-Milieus den „heuristischen Rahmen" vorgaben (ebd., 8).

Abgrenzung nach unten" und gegenüber den sozialen Rändern sehr ausgeprägt sind (vgl. Wippermann/Calmbach 2008, 166). Sie haben bereits viele Aspekte des Milieus der *Bürgerlichen Mitte* übernommen, das sich als der leistungs- und anpassungsbereite bürgerliche Mainstream beschreiben lässt. Typisch ist die generelle Bejahung der gesellschaftlichen Ordnung, das „Streben nach beruflicher und sozialer Etablierung, nach gesicherten und harmonischen Verhältnissen" (ebd., 65). In diesem Zusammenhang könnte eine Bejahung der gesellschaftlichen Ordnung eben auch eine Bejahung der rassifizierenden Ordnung bedeuten.

3. Schlussbemerkung

Die Ausführungen verdeutlichen, dass konkrete Alltagserfahrungen in enger Verbindung mit der gesellschaftlichen Vermittlung von Rassifizierungspraxen stehen und rassifizierende Zuschreibungen sich als Teil sozialer Wissensbestände erschließen. In ihnen ist sowohl das Bedürfnis nach Ordnung und Klassifizierung bewahrt, wie auch das Bestreben, gesellschaftliche Verhältnisse und Ungleichheiten zu legitimieren. Auch der adoleszente Körper ist allgegenwärtig mit rassifizierenden Zuschreibungen konfrontiert. Auf ihn können folglich gesellschaftlich verbreitete Vorstellungen von einer natürlichen Existenz von „Rassen" ungehemmt einwirken, wie die damit verbundenen Zuschreibungen hinsichtlich des Verhaltens, der Eigenschaften und psychischer Qualitäten der Objektivierten. Wie stark das jugendliche Bedürfnis nach Erlangung einer Identität, die mit verbreiteten Körperbildern zusammentrifft, und die gesellschaftlichen, rassifizierenden Identitätsangebote dabei zusammenfallen, konnte hier nur angedeutet werden.

Wenn nun abschließend Holzkamps Theorem des orientierenden Erkennens erneut aufgegriffen wird, müsste dem rassistisch verstrickten Subjekt die Fähigkeit zur Selbsterkenntnis in Ermangelung des Verstehens der objektiven Welt fehlen. Das heißt, es könne nicht darüber befinden, dass es selbst rassistisch denkt. Die Gesellschaft kennt kein objektives Erkenntnisinteresse, sie ist auf das abstrakte Funktionieren des Einzelnen ausgerichtet. Zugleich werden im gesamtgesellschaftlichen Kontext bestimmte Motivationen und Funktionalisierungen mit fortgesetzten rassifizierenden Zuschreibungen verbunden (s. auch S. 261). Die Biologisierung gesellschaftlicher Verhältnisse und die Konstruktion von „Rassen" sind Resultat sozialisatorischer Verbreitung rassifizierender Wissensbestände und korrespondieren mit psychischen Dispositionen, die von Adorno u. a. im autoritären Charakter mit anderen Ideologien zu einem Persönlichkeitssyndrom verschmelzen. Selbst- und Fremdzuschreibungen sind nie genuine Eigenleistungen des Subjekts, sondern Resultat einer rassifizierenden und verdinglichenden Realitätsdeutung.

Die Charakterisierung von Menschen in modernen kapitalistischen Gesellschaften und damit auch die Erfahrungswelt Jugendlicher lässt sich nicht auf einen Aspekt reduzieren. So ist der hier eingenommene Fokus auf Rassifizierungspraxen nur ein Ausschnitt der Generierung von Körperwahrnehmungen und diskursiven Körperkonstrukten beim jugendlichen Menschen. Vielmehr sind es auch die Erwartungen an die Ausübung einer klaren Geschlechtsidentität, eine ihr entsprechende Rollenübernahme sowie milieuspezifische Alltagspraxen, die die Identitätsentwicklung Jugendlicher in weitem Maße vorstrukturieren und bestimmen.

Literatur

Adorno, Theodor W. (1973): Studien zum autoritären Charakter. Frankfurt a.M.: Suhrkamp.

Adorno, Theodor W./Horkheimer, Max (1979): Dialektik der Aufklärung. In: Adorno, Theodor W.: Gesammelte Schriften. Band 3. Frankfurt a.M.: Suhrkamp. Zuerst 1947.

Asher, Steven R./Allen, Vernon L. (1969): Racial Preference and Social Comparison Processes. In: Journal of Social Issues, 25, 157–166.

Attikope, Kodjo (2003): Von der Stereotypisierung zur Wahrnehmung des „Anderen": Zum Bild der Schwarzafrikaner in neueren deutschsprachigen Kinder- und Jugendbüchern (1980-1999). Frankfurt a.M.: Peter Lang.

Balibar, Etienne (1998): Gibt es einen „Neo-Rassismus"? In: Balibar, Etienne/Wallerstein, Immanuel: Rasse, Klasse, Nation. Ambivalente Identitäten. Hamburg: Argument, 247–261.

Bauman, Zygmunt (1992): Dialektik der Ordnung. Die Moderne und der Holocaust. Hamburg: Europäische Verlagsanstalt.

Blasi, Augusto (1988): Identity and Development of the Self. In: Lapsley, Daniel K./Power, F. Clark (Hg.): Self, Ego and Identity. Integrative Approaches. New York u.a.: Springer, 226–242.

Blos, Peter (1978): Adoleszenz: Eine psychoanalytische Interpretation. Stuttgart: Klett-Cotta.

Bühler, Charlotte (1991): Das Seelenleben der Jugendlichen. Versuch einer Analyse und Theorie der psychischen Pubertät. Stuttgart: G. Fischer. Zuerst 1922.

Clark, Kenneth B./Clark, Mamie P. (1947): Racial Identification and Preference in Negro Children. In: Newcomb, Theodore M./Hartley, Eugene L. (Hg.): Readings in Social Psychology. New York: Henry Holt, 169–178.

Eggers, Maureen Maisha (2006): Die Auswirkung rassifizierter (post-)kolonialer Figurationen auf die sozialen Identitäten von weißen und schwarzen Kindern in Deutschland. In: Bechhaus-Gerst/Gieseke, Sunna (Hrsg.): Koloniale und postkoloniale Konstruktionen von Afrika und Menschen afrikanischer Herkunft in der deutschen Alltagskultur. Frankfurt a.M. u.a.: Peter Lang, 383–395.

Erikson, Erik H. (1998): Jugend und Krise. Die Psychodynamik im sozialen Wandel. Stuttgart: Klett-Kotta. Zuerst 1970.

Essed, Philomena (1991): Die Niederländer als Alltagsproblem – Einige Anmerkungen zum Charakter des Weißen Rassismus. In: Essed, Philomena/Mullard, Chris (Hg.): Antirassistische Erziehung: Grundlagen und Überlegungen für eine antirassistische Erziehungstheorie. Felsberg: Migro, 11–45.

Fend, Helmut (1991): Identitätsentwicklung in der Adoleszenz. Lebensentwürfe, Selbstfindung und Weltaneignung in beruflichen, familiären und politisch-weltanschaulichen Bereichen. Entwicklungspsychologie der Adoleszenz in der Moderne, Bd. 2. Berlin: Huber.

Fend, Helmut (1994): Die Entdeckung des Selbst und die Verarbeitung der Pubertät. Entwicklungspsychologie der Adoleszenz in der Moderne, Bd. 3. Berlin: Huber.

Fend, Helmut (2005): Entwicklungspsychologie des Jugendalters. 3. Auflage. Wiesbaden: VS.

Franz, Detlev (1993): Biologismus von oben. Das Menschenbild in Biologiebüchern. Duisburg: DISS Edition.

Gerning, Kerstin (2001): Zur Inszenierung eines historischen Typenkanons. Narrative und ikonographische Muster ethnographischer Darstellungen. In: Gerning, Kerstin (Hg.): Fremde Körper. Zur Konstruktion des Anderen in europäischen Diskursen. Berlin: Dahlem University Press, 272–296.

Haas, Alexander (2007): Medienmenüs: Der Zusammenhang zwischen Mediennutzung, SINUS-Milieus und Soziodemographie. München: Fischer.

Hall, Stuart (1989a): Die Konstruktion von Rasse in den Medien: In: Ders. Ideologie, Kultur, Rassismus. Hamburg: Argument.

Hall, Stuart (1989b): Rassismus als ideologischer Diskurs. In: Das Argument, 31, 913–922.

Hassebrauck, Manfred/Niketta, Reiner (1993) (Hg.): Physische Attraktivität. Göttingen: Hogrefe.

Heitmeyer, Wilhelm (1987): Rechtsextremistische Orientierungen bei Jugendlichen. Empirische Ergebnisse und Erklärungsmuster einer Untersuchung zur politischen Sozialisation. Weinheim und München: Juventa.

Heitmeyer, Wilhelm/Buhse, Heike/Liebe-Freund, Joachim/Ritz, Helmut/Siller, Gertrud/Vossen, Johannes (1992): Die Bielefelder Rechtsextremismus-Studie. Weinheim und München: Juventa.

Holzkamp, Klaus (2006): Sinnliche Erkenntnis. Historischer Ursprung und gesellschaftliche Funktion der Wahrnehmung. Schriften Band 4. Herausgegeben von Frigga Haug, Wolfgang Maiers und Ute Osterkamp. Hamburg/Berlin: Argument. Zuerst 1976.

Illouz, Eva (2008): Gefühle in Zeiten des Kapitalismus. Frankfurter Adorno Vorlesungen 2004. Institut für Sozialforschung an der Johann-Wolfgang-Goethe-Universität. Frankfurt a.M.: Suhrkamp.

Jäger, Siegfried (1997): Zur Konstituierung rassistisch verstrickter Subjekte. In: Mecheril, Paul/Teo, Thomas (Hg.): Psychologie und Rassismus. Reinbek: Rowohlt, 132–153.

Jäger, Siegfried/Jäger, Margarete (2000): Rassistische Alltagsdiskurse. In: Räthzel, Nora (Hg.): Theorien über Rassismus. Hamburg: Argument, 278-292.

Jäger, Siegfried/Link, Jürgen (Hg.) (1993): Die vierte Gewalt. Rassismus und die Medien. Duisburg: DISS Edition.

Laplanche, Jean/Pontalis, Jean-Bertrand (1973): Das Vokabular der Psychoanalyse. Frankfurt a.M.: Suhrkamp.

Marz, Ulrike (2008): Auch Automaten haben Gefühle. Kritische Theorie über Liebe und Pseudoliebe in der kapitalistischen Gesellschaft. In: Niekrenz, Yvonne/Villányi, Dirk (Hg.): LiebesErklärungen. Intimbeziehungen aus soziologischer Perspektive. Wiesbaden: VS, 81–94.

Memmi, Albert (1987): Rassismus. Frankfurt a.M.: Syndikat.

Miles, Robert (1989): Bedeutungskonstitution und der Begriff des Rassismus. In: Das Argument, 31, 353–368.

Miles, Robert (1992): Die Idee der „Rasse" und Theorien über Rassismus: Überlegungen zur britischen Diskussion. In: Bielefeld, Uli (Hg.): Das Eigene und das Fremde. Hamburg: Junius, 189–219.

Miles, Robert (1999): Rassismus. Eine Einführung in die Geschichte und Theorie eines Begriffes. Hamburg/Berlin: Argument.

Osterkamp, Ute (1997): Institutioneller Rassismus. Problematik und Perspektiven. In: Mecheril, Paul/Teo, Thomas (Hg.): Psychologie und Rassismus. Reinbek: Rowohlt, 95–111.

Ottomeyer, Klaus (1997): Psychoanalytische Erklärungsansätze zum Rassismus. Möglichkeiten und Grenzen. In: Mecheril, Paul/Teo, Thomas (Hg.): Psychologie und Rassismus. Reinbek: Rowohlt, 111–132.

Poenicke, Anke (2001): Zur Ausländerfeindlichkeit erzogen? Afrika in deutschen Medien und Schulbüchern. Konrad Adenauer Stiftung (http://www. kas.de/wf/doc/kas_177-544-1-30.pdf?040415180721).

Stein, Eva (2002): Subjektive Vernunft und Antisemitismus bei Horkheimer und Adorno. Oldenburg: BIS.

Taguieff, Pierre-André (1997): Die ideologischen Metamorphosen des Rassismus und die Krise des Antirassismus. In: Bielefeld, Uli (Hg.): Das Eigene und das Fremde. Hamburg: Junius, 221–269.

Tajfel, Henri (1982): Gruppenkonflikt und Vorurteil: Entstehung und Funktion sozialer Stereotype. Bern u. a.: Huber.

van Dijk, Teun A. (1998): Presse und Elitenrassismus. In: Burgmer, Christoph (Hg.): Rassismus in der Diskussion. Gespräch mit Teun A. van Dijk. Berlin: Elefanten Press, 127–147.

Walgenbach, Katharina (1998): Whiteness und Weiblichkeit. Zur Konstruktion des „Weißseins". In: Alaska. Zeitschrift für Internationalismus. H. 222, 39–42.

Willems, Herbert/Würtz, Stefanie/Eckert, Roland/Steinmetz, Linda/Hill, Paul B. (1993): Fremdenfeindliche Gewalt: Einstellungen, Täter, Konflikteskalation. Opladen: Leske + Budrich.

Williams, John E./Morland, Kenneth J. (1976): Race, Color and the Young Child. Chapel Hill: University of North Carolina Press.

Wippermann, Carsten/Calmbach, Marc (2008): Sinus-Milieustudie U27 – „Wie ticken Jugendliche?". Herausgegeben vom Bund der deutschen katholischen Jugend und Misereor. Köln: Haus Altenberg.

Wollrad, Eske (2004): Körperkartographien: Konstruktionen von Rasse, Weißsein und Geschlecht. In: Rohr, Elisabeth (Hg.): Körper und Identität: Gesellschaft auf den Leib geschrieben. Königstein/Ts.: Helmer, 184–198.

Ziehe, Thomas (1975): Pubertät und Narzißmus. Sind Jugendliche entpolitisiert? Köln: Europäische Verlagsanstalt.

Matthias D. Witte

Körperpraktiken Jugendlicher im „sozialen Brennpunkt"

„Der Körper als Kapital" – diese Phrase findet längst nicht nur der an dem französischen Soziologen Pierre Bourdieu interessierte Leser, sondern sie ist eine Binsenweisheit, die in Männer- wie Frauenmagazinen zur Schlagzeile reicht und ebenso in den vielen Castingshows im Fernsehen inszeniert wird. Attraktives Aussehen, besonderes sportliches Geschick, eine glockenhelle Stimme oder auch handwerkliches Talent lassen sich in bare Münze verwandeln. Was dem Rezipienten populärkultureller Kommunikation in den Ohren klingelt, beschreibt auch Bourdieu: Körperliches Kapital lässt sich einsetzen, um materielle oder auch immaterielle Gewinne wie Anerkennung und Ansehen zu erzielen. Zudem fragt Bourdieu, wie der Körper als Kapital wahrgenommen wird und die Menschen lernen, ihn als solches einzusetzen. Die sozialen Umstände, in denen sich Akteure bewegen, hinterlassen ihm zufolge ihre Spuren im Körper. Soziale Ordnung wird verinnerlicht, sie wird somatisiert und klassenlagenspezifisch in Habitus und Hexis sichtbar. Hexis – das griechische Äquivalent zum lateinischen Wort Habitus – verwendet Bourdieu zur Beschreibung äußerlich wahrnehmbarer Praxen, etwa erworbene Körperhaltungen und Bewegungsweisen, während Habitus die innere Tiefenstruktur sozialer Dispositionen bezeichnet. Hexis ist die somatische Seite des Habitus (vgl. Bourdieu 1993). Die Sozialstruktur der Akteure organisiert sich entlang ungleicher Zugänge zu zentralen Ressourcen – z.B. Bildung und Geld – in verschiedene objektiv feststellbare Klassen. In unterschiedlichen sozialen Feldern aufgewachsen, kondensieren die Erfahrungen der Individuen in ihren Körpern zu unterschiedlichen Wahrnehmungs-, Denk- und Handlungsschemata. Diese umfassen auch Aspekte wie ästhetisches Empfinden, Geschmack, Norm- und Wertorientierungen. Wie mag sich demnach das Aufwachsen in sogenannten sozialen Brennpunkten somatisch auswirken? Nicht erst seit den Rebellionen frustrierter und wütender Jugendlicher in den Vorstädten Frankreichs sind ‚soziale Brennpunkte' als Orte, an denen sich Problembelastungen räumlich konzentrieren, auch in Deutschland im Gespräch von Stadtplanung, Sozialarbeit und Förderpolitik.

Soziale Brennpunkte – im Städtebauförderprogramm als „Stadtteile mit besonderem Entwicklungsbedarf" bezeichnet – sind Wohngebiete, „in denen Faktoren, die die Lebensbedingungen ihrer Bewohner und insbesondere die Entwicklungschancen beziehungsweise Sozialisationsbedingungen von

Kindern und Jugendlichen negativ bestimmen, gehäuft auftreten" (Deutscher Städtetag 1979, zit. nach Hohm 2003, 38). Diese bereits 1979 beschlossene Definition des Deutschen Städtetages spielt bis heute eine bedeutende Rolle zur Beschreibung bestimmter Formen lokaler Exklusionsbereiche (vgl. Hohm 2003, 39).[1] Die Etikettierung als ‚sozialer Brennpunkt' ist auch als Ergebnis eines normativen Prozesses zu sehen, der stigmatisierende Wirkung auf die Bewohner dieser Wohngebiete und eine problemverschärfende Dynamik haben kann (vgl. van Santen 2010, 51). Die Wohnanschrift als „schlechte Adresse" stigmatisiert, und soziale Brennpunkte sind nicht länger nur benachteiligt, sondern wirken auch benachteiligend. Die Thematisierung des Lebens der Bewohner marginalisierter städtischer Quartiere im populären Diskurs führt oft zu einseitigen und problematischen Bildern. Zumeist kommen in der medialen und auch wissenschaftlichen Auseinandersetzung die Bewohner selbst nicht zu Wort, sondern es wird *über sie* gesprochen. Für diesen Beitrag werde ich dem entgegen eine Sicht *von innen* als Ausgangspunkt nehmen, indem Erzählungen von Jugendlichen, ihre Sichtweise auf das Wohnumfeld und das Leben dort in den Mittelpunkt gerückt werden. Folgt man den Überlegungen Bourdieus, dann muss sich das Aufwachsen in diesen Wohngebieten auch in einem lebenslagenspezifischen Habitus ausdrücken. Im Hinblick auf den Zusammenhang zwischen jugendlichem Körper und dem Leben in einem sozial benachteiligten Stadtteil interessieren mich die Fragen: Welche Ressourcen stehen den Jugendlichen im Hinblick auf Selbstausdruck zur Verfügung und wie nutzen sie diese? Welche Körperpraktiken prägen sie im sogenannten ‚Brennpunkt' aus?

Der vorliegende Beitrag nähert sich den Körperpraktiken Jugendlicher in benachteiligten Wohnquartieren, indem zunächst der mediale Diskurs über diese Quartiere und deren Bewohner skizziert wird. Dies erscheint sinnvoll, weil die zur Marginalisierung und zur Verringerung von Teilhabechancen führende Stigmatisierung von den Jugendlichen im vorliegenden Interviewmaterial selbst thematisiert und von den Gesprächspartnern auf ihre je eigene Weise bearbeitet wird. Auf der Grundlage von Interviews mit Jugendlichen aus als sozialen Brennpunkten bezeichneten Wohngegenden werden im Folgenden fünf Formen der Körperbearbeitung und Körperpräsentation beschrieben, die sich im empirischen Material gezeigt haben. Abschließend wird zusammenfassend dargestellt, wie die befragten Jugendlichen auch mittels Körperpraktiken mit Marginalisierung umgehen und Strategien der Selbstbehauptung und Selbstpräsentation entwickeln. Diese Strategien sind vielfältig und markieren die Jugendlichen als Akteure, die individuell und heterogen auf ähnliche Lebenslagen reagieren und Stigmatisierungen begegnen.

---

1 Andere AutorInnen sprechen von ‚problembeladenen Quartieren', ‚Quartieren der sozialen Exklusion', ‚benachteiligten Quartieren' oder ‚Problemquartieren' (vgl. z.B. Häußermann 2008; Ottersbach 2009).

1. Stigmatisierung benachteiligter Wohnquartiere – der mediale Diskurs

Polarisierung bzw. Segregation zwischen Sozialräumen kann dazu führen, dass sich in einzelnen Gebieten Problemlagen aufschichten. Die zusätzliche Stigmatisierung des Wohngebietes als „sozialer Brennpunkt", „Ghetto" oder „Parallelgesellschaft" hat dann eine Marginalisierung des Quartiers zur Folge. Der ‚soziale Brennpunkt' wird zur „territoriale[n] Manifestation der ‚neuen Unterschicht'" (Kessl/Reutlinger 2007, 97ff.), denn dort sei – so der mediale Diskurs – die Unterschicht zu finden. Die Bewohner werden als „neue Proleten" (Gabor Steingart), als „Sozialhilfeadel" (Rolf-Peter Löhr), als Abgehängte und sozial Entbehrliche konstruiert. „Wer hier lebt, hat verloren" titelt der Stern in Heft 46/2002. Die Menschen der „neuen Unterschicht" werden als kriminell und gewalttätig, dreckig, gefährlich, asozial, übergewichtig, ungebildet und verwahrlost beschrieben. Sie zeigten einen immensen Fernsehkonsum, ungesunde Ernährung, gesundheitsschädliche Laster wie Rauchen und Trinken, einen übermäßigen Drang nach Schlaf und keinerlei Aufstiegsambitionen (zur Rekonstruktion des medialen Diskurses zur Unterschicht vgl. ausführlich Chassé 2010). Herausgehoben wird häufig das besonders hohe Krankheitsrisiko der Unterschicht, und sogleich hat man eine Erklärung zur Hand: „Der schlechte Gesundheitszustand der Unterschicht ist keine Folge des Geldmangels, sondern des Mangels an Disziplin. Disziplinlosigkeit ist eines der Merkmale der neuen Unterschichtskultur" (Stern 52/2004, 158). In diesen und ähnlichen Konstruktionen wird Ungleichheit auf die Lebensweise und Mentalitäten der betroffenen Menschen zurückgeführt und kulturalistisch begründet. Der Lebensstil der Menschen sei nicht nur schuld an deren Krankheiten, sondern auch an ihrer Abgehängtheit.

Diese Phänomene der Etikettierung erheben in der Summe die räumliche Dimension zu einem eigenständigen Faktor der Benachteiligung und befördern die Dynamik der Marginalisierung. Für Jugendliche ist die Benachteiligung und Exklusion in marginalisierten Stadtteilen oft besonders prekär. Ihre Ausgrenzung bezieht sich in *ökonomischer* Hinsicht auf den erschwerten oder verwehrten Zutritt zum Ausbildungs- und Arbeitsmarkt; in *institutioneller* Hinsicht bauen sich zwischen den jugendlichen Bewohnern und den politischen Institutionen unüberwindliche Schranken auf; in *kultureller* Hinsicht kann Stigmatisierung zum Verlust des Selbstwertgefühls führen, und in *sozialer* Hinsicht kann das Leben in einem isolierten Milieu die Verbindung zu den Etablierten in der Gesellschaft kappen bzw. die Entstehung solcher Kontakte unterbinden (vgl. Häußermann 2008, 336).

Die Stigmatisierung einzelner Wohngebiete und der dort Lebenden kann nicht nur die oben skizzierten gravierenden Folgen haben; die negative Berichterstattung hat auch eine Funktion: die Abgrenzung der Mittelschicht nach unten. Gerade in Zeiten, in denen die Grenze zwischen sicheren und unsicheren Positionen im sozialen Feld nicht mehr verlässlich zu ziehen ist, scheint die Abgrenzung gegenüber „denen da unten" umso notwendiger zu werden. Die integre Mittelschicht benötigt Markierungen der Distinktion von den „Abgehängten" und die Selbstverständigung und Selbstvergewisserung der Mehrheit.

2. Jugendliche im ‚sozialen Brennpunkt' – eine empirische Studie

„Jugendliche im sozialen Brennpunkt" war der Titel eines Lehr-Forschungsprojekts, in dessen Rahmen Studierende der Philipps-Universität Marburg von 2009 bis 2010 in drei benachteiligten Marburger Stadtteilen insgesamt 12 problemzentrierte Interviews (Witzel 1982) mit dort lebenden Jugendlichen im Alter von 14 bis 21 Jahren führten, die wir rekonstruktiv hermeneutisch ausgewertet haben (Soeffner 2004). Auf einige Ergebnisse dieser empirischen Studie werde ich im Folgenden zurückgreifen.

Die in Marburg als „Brennpunkte" markierten Stadtteile sind weniger abgetrennte Viertel, sondern bezeichnen zum Teil einzelne Wohnblöcke, die als marginalisiert gelten. Die benachteiligten Gebiete Waldtal, Richtsberg und Stadtwald sind gekennzeichnet durch einen hohen Anteil ausländischer Bevölkerung und einkommensschwacher Gruppen, durch eine überdurchschnittlich hohe Anzahl an Personen, die öffentliche Unterstützung („Hartz IV", Grundsicherung, Sozialhilfe) beziehen, und durch eine hohe Anzahl Marburger Obdachloser. Viele Menschen arbeiten in geringfügigen Beschäftigungsverhältnissen und im Saisongeschäft. Die Benachteiligung der Gebiete offenbart sich häufig auch in einer unterdurchschnittlichen infrastrukturellen Ausstattung und schlechter Wohnungsqualität. In den Stadtteilen Waldtal, Stadtwald und Richtsberg wohnt über die Hälfte aller Marburger „Hartz IV"-Empfänger, obgleich in den drei Gebieten nur cirka 15 Prozent aller Marburgerinnen und Marburger leben. Dieser Aspekt trägt dazu bei, dass sich ein spezifisches negatives Image im öffentlichen Bewusstsein festsetzen konnte. Eine kritische oder negative Außenansicht bestimmt weitgehend die öffentliche Meinung über Marburgs „Brennpunkte".

3. Körperpraktiken Jugendlicher aus benachteiligten Wohnvierteln

Die Interviewstudie zeigt in ihren Ergebnissen fünf verschiedene Körperpraktiken, von denen die befragten Jugendlichen als wesentliche Arten des Handelns mit und über den Körper berichten. Körperpraktiken beschreiben den Gebrauch des Körpers und das Handeln mit dem Körper als Medium oder als Instrument, die sich hier in fünf körperbezogenen Selbstdeutungen verdichten: im sportiven, im knallharten, im handwerklich geschickten, im geschmückten und im musikalischen Körper.

3.1 Der sportive Körper – Training und Wetteifer

Das Selbstdeutungsmuster „der sportive Körper" bezieht sich auf den Sport als Möglichkeit, Stärke und sportliche Leistung zu zeigen, sich durchzusetzen und miteinander in gelungener Interaktion körperlichen Wettkampf zu organisieren. Sport ist hier ein wesentliches Element der Freizeitgestaltung. Wladimir, 14 Jahre alt, geht einer Vielzahl von Mannschaftssportarten nach: „Wir spielen immer Fußball zusammen, oder Basketball oder Tischtennis oder wir fangen uns gegenseitig". Für Teamsportarten sind Zwischenleiblichkeit und körperliches Aufeinander-Eingehen charakteristisch. Zudem geht es nicht nur um das Beherrschen einer Sportart, sondern auch um die Berücksichtigung von Spielregeln und Absprachen.

Das unermüdliche Trainieren, das Einüben von Bewegungsmodi, körperliche Durchsetzungskraft sowie die Steigerung von Geschicklichkeit und Leistungsfähigkeit sind langfristig verfolgte Ziele. Ausdauer und Ehrgeiz spielen eine wichtige Rolle. Ahmed, 15 Jahre alt, beschreibt, wie das zeitintensive Training seinen Wochenplan dominiert und strukturiert: „Mein Haupthobby ist Fußball, mindestens fünf mal die Woche, ich trainiere auch selbstständig, vom Verein her drei mal die Woche, persönlich zwei mal und am Wochenende dann Spiel". Ahmeds Training ohne Trainer zeigt auch eine emanzipative und autonome Haltung sowie die Fähigkeit, die Arbeit am und mit dem Körper selbstständig zu organisieren. Das Ziel ist, im Wetteifer mit den Anderen der Beste zu sein. Das heißt, es geht zum einen um die Aneignung von Körperkapital, zum anderen um die Gelegenheit, bereits erworbenes Kapitel einzusetzen und die eigene Positionierung im sozialen Feld zu demonstrieren. Ahmed stellt seine Position in der Fußballmannschaft heraus: „Ich kann alles spielen, Hauptposition, die ich spiele, ist Spielmacher". Ihm kommt die Rolle des Spielmachers zu, wie er nachdrücklich deutlich macht: „Ich bin der Spielmacher, die 10". Die Rückennummer „10" bestätigt ihn als wichtigstes Mannschaftsmitglied, und er trägt sie gleichsam als Auszeichnung und Anerkennung seiner körperlichen und spielerischen Fähigkeiten. Auch Wladimir hebt sich im Interview nicht nur als erfolgreich heraus, sondern er beschreibt sich auch als leistungsfähigsten Spieler der Mannschaft: „Ich bin der beste Spieler, ich hatte letztens die meisten Tore und hab' einen kleinen Pokal bekommen". Die sichtbare Auszeichnung seines Erfolgs durch einen Pokal erkennt ihn als hart trainierenden Fußballer, als Leistungsträger der Mannschaft und als Torschützenkönig des Turniers an.

Um sportliches Wetteifern geht es auch der 14-jährigen Lisa: „Ich tanze total gerne. Kann ich richtig gut. Ich geh' jede Woche in die Mädchengruppe. Dort machen wir immer Wettkämpfe. Ich tanze aber sonst auch ganz viel mit meinen Freundinnen". Das Tanzen ist die leibliche Auseinandersetzung mit anspruchsvollen Bewegungsaufgaben und koordinativen Herausforderungen. Für Lisas Selbstbewusstsein ist die hier glückende Selbsterprobung und die Gewissheit über das eigene körperliche Können eine wichtige Erfahrung. Das empirische Material zeigt, dass Sport Kräfte und Stärken einerseits diszipliniert und in regelgerechte Bahnen lenkt und sie andererseits zu entfalten vermag. Die Auseinandersetzung mit dem eigenen Körper im Sport strahlt auch auf die Lebensweise einiger Jugendlicher aus. Besonders deutlich zeigt sich eine strikte Vermeidung von gesundheitsschädigenden Verhaltensweisen bei Ahmed und seiner Peer-group. Auf die Frage, ob er rauche, antwortet er rigoros: „Niemals, niemals, auch nicht trinken, keine Drogen, gar nichts [...]. Ich habe keinen Freund der raucht, keinen einzigen, der raucht oder trinkt". Diese asketische Haltung wird als Verhaltensnorm sehr rigide verfolgt, was sich im Umgang mit Verstößen gegen das Zigaretten- und Alkoholverbot zeigt: „Das ist so bei uns, wenn jemand raucht, wird der tierisch beleidigt, kriegt auch 'ne Ohrfeige". Hier inszeniert sich Ahmed nicht nur als jemand, dem Gesundheit, Sport und Fitness wichtig sind, sondern auch als eingebunden in eine Gemeinschaft, die Werte und Normen schätzt und schützt.

Körperliche Fitness ist ein wichtiges Ideal, das mittels disziplinierter Haltung und sportlichen Ehrgeizes als erreichbar postuliert wird. Es geht hier um die Herstellung eines spezifischen Körperimages, das Stärke, Gesundheit und Autonomie symbolisiert. Sport dient dabei nicht nur der Kultivierung asketischer Strenge, sondern auch der Inszenierung von Attraktivität. „Natürlich ist mein Ziel, einen guten Körper zu haben, Schwimmbadfigur und so. Sixpack, muskulöse Brüste und dicke Arme", sagt der 16-jährige Sergej. Um diese Idealfigur zu erreichen, trainieren die Jugendlichen sehr hart – oft mit wenigen und einfachen Mitteln; so wie Ahmed: „Vier mal Abends die Woche mache ich Liegestütze". Mediale (sportliche) Vorbilder gibt es zuhauf. So nennt etwa Wladimir den portugiesischen Fußballspieler Christiano Ronaldo, dem er nacheifert. Es geht hier sowohl um die Beherrschung von Körperschemata und um Bewegungsgeschick als auch um die Anähnelung an die körperliche Anziehungs- und Verführungskraft des Athletenkörpers Ronaldos.

3.2 Der knallharte Körper – Gewalt, Schlägereien und Aggressivität

Neben der zulässigen Kanalisierung von Gewalt und Aggression in Wettkampfspielen zeigt sich im Interviewmaterial auch ein Topos von egozentrischen körperlichen Durchsetzungstendenzen in gewalttätigen, nichtsportlichen Auseinandersetzungen. Das Selbstdeutungsmuster des „knallharten Körpers" thematisiert den Körper als ein Instrument zur Demonstration von Kraft, Macht, Stärke und Härte. Dem 17-jährigen Peter geht es um eine Demonstration von Stärkeverhältnissen, gerade dann, wenn man neu in ein „randständiges" Gebiet zieht: „Wenn man in irgendwelchen Trockenbaugebieten wohnt, muss man sich erstmal als Unbekannter einen Namen machen. Das heißt, man muss zeigen, was man kann". Das Können bezieht er auf Fähigkeiten der Einschüchterung: „Es gibt viele Leute, die Angst vor mir haben. Es gibt sehr viele sogar". Der Jugendliche sieht sich als jemand, dessen Körper in Gewaltsituationen nicht mehr rational zu steuern ist. Er erkennt sich selbst nicht mehr: „Wenn es zu 'ner Schlägerei kommt, dann werd ich Psycho genannt. Weil ich nicht mehr weiß, wer ich bin". Er ist für sich selbst nicht mehr kontrollierbar – wie eine Maschine, die sich nicht stoppen lässt: „Ich kann nicht aufhören. Ich kann einfach nicht aufhören. Das ist wirklich wie so'n Zug, der nicht mehr stoppt. Wenn ich einmal da drinne bin, komm' ich nicht mehr so schnell raus". Die Erzählung konstruiert Peters Körper als überlegen, abgehärtet, stark, als unverwundbare Maschine. Es wird eine Form von Stärke ausagiert, die mit der Unfähigkeit zusammenhängt, die eigenen Affekte kontrollieren zu können. „Dann schaltet mein Kopf aus und dann lass' ich nur meinen Körper arbeiten". Peter, der seinen Körper vorwiegend und einseitig als Instrument von Kraftausübung oder Stärkebeweisen erlebt und nur wenig sensibel ist für eigene Körperempfindungen sowie für den Anderen, neigt dazu, sich in seinem sozialen Kontext mit Gewalt durchzusetzen und seine Interessen und Bedürfnisse aggressiv einzufordern. Die Abhärtung von Peters Körper resultiert aus eigenen frühkindlichen Gewalterfahrungen, wie er anführt: „Ich wurde von meiner Pflegemutter immer geschlagen. So, und das ist für mich halt die Abhärtung gewesen". In der Kindheit gehörten körperliche Misshandlungen zum Alltag und führen zu einem Anstieg aggressiven Verhaltens bei Peter. Das, was die Pflegemutter ihrem Sohn als handlungsleitende ‚Ressource' mitgibt, bezieht sich auf ein Leben als abgehärteter Schläger. Gewalt wird veralltäglicht und zum Bestandteil des Habitus.

Die Allgegenwart von Gewalt erfährt auch die 17-jährige Katrin schon sehr früh. Deren Eltern schärfen ihr ein, dass der Schutz und die Verteidigung des eigenen Körpers vor Schlägen eine wichtige Verhaltensstrategie ist: „Die Eltern ham' schon immer gesagt ‚wehrt euch'. Von zu Hause aus, hab' ich schon gelernt, ich soll mich mich net verhauen lassen." Katrin kommt ebenfalls aus schwierigen familiären Verhältnissen, in denen die Großeltern anstelle der Eltern Stabilität bieten. „Hab' mein ganzes Leben bei meiner Oma und bei meinem Opa gewohnt. Meine Mutter war fünf Jahre im Knast, ist jetzt wieder rausgekommen. Jetzt ist mein Vater im Moment im Knast." Katrin erlebt sich als stigmatisiert – einerseits aufgrund ihrer familiären Situation, andererseits aufgrund ihres Wohnorts: „Da hab' ich gesagt, ich komme aus'm Waldtal. Und da ham' die gesagt ‚Ja, äh, ich weiß net' und so. Die ham' irgendwie voll die behinderten Vorurteile gegen uns." Gleichzeitig bezeichnet Katrin sich selbst als „asozial". „Es liegt einfach in den Genen. Wenn einer zu Dir kommt, der genauso asozial ist wie du, das ist klar, dass man sich blöd anguckt oder dass so'n Spruch kommt. Dann kommt es zum Streit. Und dann holt die aus und gibt dir eine. Und dann schlägt man sich." Sie biologisiert das abweichende Verhalten und begründet es mit den („asozialen") Genen, die unausweichlich („das ist klar") das

Verhalten bestimmen. Darüber hinaus thematisiert Katrin, „dass man sich blöd' anguckt oder dass so'n Spruch kommt", was als Missachtung von Würde oder Ehre interpretiert wird. Ein falscher Blick oder ein falsches Wort genügt oft, um eine Gewaltdynamik zu initiieren. Jemanden „anmachen" oder selbst „angemacht" zu werden, gehört zu den Grundmustern, mit denen in den Interviews immer wieder die Entstehung gewaltförmiger Konfliktsituationen im Brennpunkt beschrieben wird. „Angemacht" zu werden, sei ein Akt der Herausforderung, egal, ob als verdeckte Form des anmachenden Blicks, des falschen Wortes, des versehentlichen Schubses oder als unmissverständliche Form des provozierenden Schlages. Dieses degradierende Anmachen müsse mit Aggression beantwortet werden. Wer seine „knallharte" Schale bewahren wolle, müsse dem Angriff offensiv und aggressiv begegnen. Wer nicht Täter ist, der ist Opfer. Zugleich spricht die Jugendliche davon, dass man einander als „asozial" erkennt („einer [...], der genauso asozial ist wie du"), dass sich also gesellschaftliche Marginalisierung in den Körper eingeschrieben hat. „Die im Körper habitualisierten Schemata lassen bestimmte Körper und ihre Praktiken eher als ‚auffällig', d.h. als der Norm nicht entsprechend erscheinen als andere" (Schmincke 2009, 243). Die Jugendlichen internalisieren damit gesellschaftliche Ordnungen, aber auch Schemata der Wahrnehmung, Bewertung und Klassifizierung.

Das „Abziehen" ist eine weitere Form der Einschüchterung im Brennpunkt und wird vom 16-jährigen Marcel praktiziert. In seiner Erzählung erscheint das Gewalthandeln als Erlebnis und als Machtintention. „Es gibt halt so'n gewissen Kick, rumziehen und irgendwelche Leute abziehen. Macht voll Spaß irgendwie, weißt du." Von der Gewalterfahrung geht ein Reiz aus („Kick"), der aus dem Mut resultiert, sich in eine riskante Situation zu begeben und darin die Spannung und Körperkontrolle zu erleben. In diesem Zustand fällt der Jugendliche in das reine Leibsein (Plessner) und erlebt sich als eins mit seinem Leib – eine Erfahrung, die beglückend bis ekstatisch sein kann. Marcel beschreibt seine Herkunft aus dem Ghetto als deutlich habituell erkennbar: „Hochhäuser, da komm' ich her. So ghettohaft. Da weiß man gleich, ah, das ist hier so'n Ghettofreak." Dabei deutet er diese Markierung nicht als Stigma, sondern wertet sie auf, indem er den Mythos des „knallharten" Gangsters aus dem Ghetto aufbaut. Die Veralltäglichung körperlicher Gewalt glorifiziert er, weil sie ein Machtgefühl hervorruft, das Marginalisierungserfahrungen entgegenzustehen scheint. Marcel inszeniert sich als der Gangster, vor dem man sich besser in Acht nehmen sollte. In seiner Fantasie begleitet ihn ein aggressiv wirkender Hund, der sein Image stützt und ihn vor „Anmachen" schützt: „Ich hab' auch kein Bock so, irgendwie 'rumzulaufen und dann, dass mich jeder anpissen kann, weißt du. Das werden die dann sehen, oh Kacke halt, der hat auch noch so'n krassen Hund, ey, lieber nicht. Pitbull, Dobermann und Rottweiler irgendwie, weiß nicht; sehen krass gut aus." Bei Marcel fügt sich Gewalt und Aggression in ein ästhetisches Konzept, das Teil seiner Selbstinszenierung ist. Der Hund gehört zu dieser Ästhetik und unterstützt eine Darstellung des eigenen Selbst als unverwundbar – auch wenn er als Begleiter nur in Marcels Wunschdenken existiert.

3.3 Der handwerklich geschickte Körper – Handwerken, Schrauben und Hausmeistern

Eine Gruppe von Jugendlichen, die mit der Kontrolle von Aggressionen weniger Schwierigkeiten hat, erzählt vom „handwerklich geschickten Körper". Hier sind typischerweise männliche Jugendliche zu finden, die gewaltsam ausgetragene körperliche Auseinandersetzungen vermeiden und wenig Interesse daran haben, körperliche Stärke und kämpferische Leistungen zu beweisen. Stattdessen interessieren sie sich für typische Handwerksberufe, zeigen ein außerordentliches handwerkliches Geschick und akkumulieren Körperkapital in Form von handwerklichen Kompetenzen. Der 18-jährige Christian verbringt seine Freizeit mit dem „Schrauben": „Ich schraub' viel an mein Roller, wenn ich nicht grad' arbeiten bin." Er hebt sein besonderes Geschick hervor und konstruiert das Schrauben als einen wesentlichen Teil seines Selbstkonzepts: „Schrauben. Ja, ich mag das. Ich kann ziemlich gut mit Motoren umgehen", und weiter, „ich kann alles zerlegen". Christian hat keine zwischenmenschlichen Probleme und erkennt keine Konfliktlinien in seinem Wohngebiet: „Hier ist es eigentlich recht angenehm, man hat keine Probleme." Er beschreibt sich als freundlichen, zuvorkommenden jungen Mann, der zufrieden ist mit seiner Lebenssituation: „Ich hab' gar keine Probleme. Ich bin freundlich zu allen. Ich grüß' mich mit allen, ich hab' hier keine Feinde oder so nen Zeug. Kann mich nicht beschweren." Er ist eher der Typ, der friedliche Kontakte und kommunikative Geselligkeit sucht. In seiner Erzählung wird auch die Strukturiertheit seines Tagesrhythmus deutlich – sein Tag ist geregelt. In der handwerklichen Tätigkeit findet Christian seine Form der Selbstverwirklichung, seine Bestätigung und Wirksamkeitserfahrung. Diese einem traditionellen Männlichkeitskonzept entsprechende Könnerschaft macht weitere Männlichkeitsstilisierungen überflüssig. Er legt auf jugendtypisches Styling keinen Wert: „Für mich sind Klamotten Gebrauchsgegenstände, wenn die anfangen, Risse zu bekommen oder kaputt zu gehen, dann schmeiß' ich sie halt fort und kauf' mir was Neues. Ich kleide mich nicht nach irgendwelchen Modetrends, sondern nach dem, wie bequem die Sachen sind." Sein Habitus entspricht dem des Handwerkers und zeigt sich auch in seiner Kleidung, die bequem sein und ihren Zweck erfüllen muss. Er ist ein „Handwerkertyp", was er auch sichtbar macht: „Wenn ich am Roller schraube zum Beispiel, dann hab' ich natürlich 'nen Blaumann an, und das ist ja egal, wie der aussieht." Der Arbeitsoverall vereinfacht seine Kleidungsfrage, denn er steht fraglos für den geschickten Bastler, der durch handwerkliche Ergebnisse glänzt, nicht mit seinem Styling.

Der 17-jährige Paul ist ebenfalls vom Handwerken fasziniert. Er erwirbt sehr gezielt Kompetenzen, um diese als Ressource zum Einsatz zu bringen: „Deswegen bin ich auch beim Automechaniker. Da kann ich was lernen. Und da kann ich auch was nebenbei machen, weißt du? Ja, hat 'n Freund mal 'n Auto kaputt, reparier' ich das mal schnell [...]. Ich will was machen, wo ich anderen Leuten helfen kann." Paul ist mit seinem Interesse an Kraftfahrzeugen auf ein ganz bestimmtes Handwerk fokussiert, das er hilfsbereit zum Einsatz bringen und so in soziales Kapital transformieren kann. Er möchte helfen und die Dinge wieder „zum Laufen" bringen, die kaputt sind. Paul setzt dem Leben in einem eher destruktiven Umfeld etwas Konstruktives entgegen, indem er aktiv ist, etwas verändert. Immer wieder findet der Jugendliche auch mit Hausmeisterdiensten eine Beschäftigung und hilft bei Umzügen. Für seine Hilfsdienste erhält er „'nen bisschen hier und da, 'nen bisschen Trinkgeld". Der Nebenverdienst ist allerdings nicht der alleinige Grund für seine Hausmeistertätigkeiten. Paul geht es neben dem Tausch von Körperkapital in ökonomisches Kapital auch um symbolisches Kapital, nämlich darum, einen guten Eindruck in der Nachbarschaft zu hinterlassen: „Halt dass die Leute halt 'nen guten Eindruck von mir haben."

Sehr verbreitet ist in den „randständigen" Gebieten der Schrotthandel, der sich auch im Straßenbild zeigt. Allerorten stehen Pritschenwagen und kleine LKW, mit denen Schrott gesammelt und zu Geld gemacht wird. Viele männliche Jugendliche helfen beim Sammeln von Waschmaschinen, Kühlschränken, Fahrrädern, Autoteilen und Metallschrott mit, laden die sperrigen, schweren Gegenstände auf und verdienen sich etwas Geld nebenher. Die körperlich schwere Arbeit symbolisiert dabei zugleich Stärke, Männlichkeit, physische Präsenz und eine gewisse Unerschrockenheit gegenüber einer harten Alltagswelt, zu der die Arbeit mit Metallschrott gehört (vgl. dazu bereits Koch 1990, 11). Die Jugendlichen, die vom „handwerklich geschickten Körper" erzählen, wenden das Leben in einer weniger „heilen Welt" mit vielen Baustellen positiv, indem sie diese als Betätigungsfeld verstehen, in dem man Körperpraktiken einüben und auf diese Weise Kapital akkumulieren kann, das wiederum tauschbar ist.

3.4 Der geschmückte Körper – Tattoos und Piercings

„Körperschmuck ist für mich voll wichtig. Ohrringe, Piercings, Ringe, dicke Uhr, ich muss richtig gut aussehen", skizziert der 16-jährige Sergej seine Vorstellungen von einem attraktiven Körper. Gut sichtbarer und auffälliger Schmuck sollen ihn aus der Menge herausheben und seinem äußeren Erscheinungsbild eine individuelle Note geben: „Ich hab' meinen eigenen Style, ich versuch', mich auch ein bisschen abzutrennen. Ich will nicht aussehen wie alle". Piercings und Tattoos sind dabei ein wichtiges Element des Körper-Designs. Der Körper soll symbolträchtig ausgestaltet werden und an individuell erfahrene Konflikt- und Krisenbewältigungen erinnern, z.B. mit „Tattoos, die vom Leben was zeigen, die zeigen, was man so durchgemacht hat". Schmerzhafte Ereignisse werden symbolisch festgehalten, indem sie in die Haut gestochen und damit scheinbar überwunden werden. Eine enge Beziehung zu seinen Eltern hat der Jugendliche nicht: „Ich bin immer alleine. Ich brauch' meine Eltern nicht [...]. Meine Mutter kocht nur für mich und mein Vater gibt mir ein bisschen Geld und das war's." Er konstruiert sich als jemanden, der das Leben alleine meistern muss, für den die Eltern keine Zeit aufbringen und dem sie keine Zuneigung zeigen. Sein Leben findet „draußen" mit seiner Peer-group statt, wo er Anerkennung findet. Seine Beziehung zur Wohngegend beschreibt er daher als positiv: „Es ist gar nicht so schlimm, wie alle denken, hier im Waldtal [...]. Das Leben ist hier ganz okay." Das Elternhaus jedoch vermag ihm keine Geborgenheit zu vermitteln: „Mein Vater ist nur am Wodka trinken [...]. Meine Mutter beschäftigt sich nur mit meiner kleinen Schwester, ich bin so auf mich alleine gestellt." Diese Situation erlebt Sergej als Härte des Lebens, der er zu entgehen versucht, indem er den elterlichen Kontakt meidet („Ich bin fast nie zu Hause."). Ihm geht es mit seiner Art der Körpergestaltung darum, für das harte Leben gerüstet zu sein. Der Körperschmuck ist seine Rüstung, die Stärke und Präsenz signalisiert. Er will nicht übersehen werden (wie zu Hause), sondern einen sicheren Platz in einer unübersichtlichen und komplexen Welt finden. Für alle sichtbar plant er, einen dem Körper eingeschriebenen Schutzpanzer in Form eines Tattoos anfertigen zu lassen: „Ich will mir auf den ganzen Rücken 'nen Löwen machen. Das steht sozusagen für Mut, den man haben muss, um das Leben hier durchzustehen." Der Löwe soll Sergej als Selbstausdruck und Zeichen der Selbstvergewisserung dienen und damit identitätsstabilisierend, vielleicht auch identitätsstiftend sein.

Einen ganz eigenen, kreativ-handwerklichen Bezug zum Tätowieren hat der 21-jährige Karl. Seine Erzählung zeigt, wie der Körper zunächst das Ziel autoaggressiven Handelns ist und in der Folgezeit zu einem Projekt künstlerischen Selbstausdrucks wird. Karl trägt mehr als 20 Tattoos, die er sich alle selbst gestochen hat. Wie es dazu gekommen ist, erzählt er in einer längeren Passage:

> „Ich hatte 'nen Rollerunfall, bin in der Stadt gestürzt [...], und während ich gerutscht bin, hab' ich mir halt 'n Fuß gebrochen [...]. Nun dann hab' ich halt 'n Gipsfuß bekommen und hatte an die 200 Spritzen, ich glaube, das Zeug ist für Thrombose [...]. Ja, äh und mir war irgendwann schweinelangweilig und ich surf' so im Internet und hab' dann halt gesehen, da hat sich irgendjemand selber tätowiert mit Nadel und Tinte, und das sah auch noch gut aus. Und dann hab' ich mir einfach so 'ne Thrombosespritze geschnappt,   hab das Thrombosemedikament ausgespritzt und die Druckertinte reingezogen und einfach mal los getackert. (lacht). Am Bein hab' ich angefangen [...]. Und dann hab' ich einfach so lange rumprobiert, bis es gehalten hat [...]. Und das hat mir irgendwann so Spaß gemacht, dann irgendwann hatt' ich mein erstes Tattoo fertig."

Diese dauerhafte Gestaltung des eigenen Körpers wird in der krankheitsbedingten Phase der Passivität als Erfolg, als Zeichen wirksamer Aktivität empfunden. Der Unfall wird in Karls Erzählung als Wendepunkt markiert, denn in der Folgezeit kommen mehr und mehr Freunde, die sich ebenfalls von ihm tätowieren lassen wollen. Karl hat sein Können stetig erweitert und professionalisiert, indem er sich eine Maschine gekauft hat: „Das geht viel schneller. Die Maschine schneidet zwar, die sticht nicht, die schneidet. Weil die Bewegung so schnell ist, als würd' man praktisch mit der Stichsäge reinschneiden." Den Unterschied demonstriert der Jugendliche an seinem „Übungsarm", wie er ihn bezeichnet: „Ich hab' hier mein Übungsarm. Also, ich hab' angefangen (zieht den Pullover hoch und zeigt seinen Arm) das ist noch mit Nadel und man erkennt den Unterschied zur Maschine sofort." Die Markierung eines für einen Tätowierer so wichtigen Körperteils als „Übungsarm" deutet eine Entfremdung vom eigenen Körper an und hebt doch gleichzeitig eine „Leibinsel" (Schmitz) als besonders bedeutsam für die Künstlerbiografie heraus. Die Bearbeitung des eigenen Körpers mit Stichen und Schnitten wird von Karl normalisiert. Der erzeugte Schmerz als Antwort auf die Stiche kann als eine Form der Kontaktaufnahme, der Kommunikation mit dem eigenen Leib gedeutet werden. Hier wird aktiv ein Körperverhältnis hergestellt und gleichzeitig eine dauerhafte Spur im Körper hinterlassen.

Mit der Zeit hat sich Karl einen Namen in seinem Viertel erarbeitet und eine große Zahl an Jugendlichen tätowiert: „Hab' dann erstmal 'n Haufen Leute so tätowiert, so an die 20 Leute haben sich dann gefunden. Das ging langsam richtig gut und ich hatte das richtig drauf […]. (lacht) Und dann, keine Ahnung, bisher so 220 Leute tätowiert." Die Geschichte des Jugendlichen erzählt, wie dieser durch Zufall ein Interesse und ein Talent entdeckt und zu einem Kunsthandwerk ausgebaut hat. Dieses Körperkapital tauscht er gegen symbolisches Kapital der Anerkennung und auch gegen ökonomisches wie soziales Kapital. Den Schmerz, den er beim Tätowieren empfindet, deutet er als positiv, weil er Freude am Ergebnis hat. Obwohl er den Schmerz plant und kontrolliert, beschreibt er sich als „Psycho": „Ich würd' sagen, bei mir ist das schon so 'n bisschen Psycho, mir macht das schon richtig Spaß. Das ist der einzige Schmerz, den ich gerne in Kauf nehme, weil er auch was bewirkt." Karl ist sich des Außergewöhnlichen seines Handelns bewusst und inszeniert sich als kreativer Geist (oder abweichender „Psycho") dem die Tintezeichnungen auf der Haut (oder Schöpfungen) Freude machen. Ihm geht es um kontrollierte Gestaltung seines Körpers, den er als künstlerisch zu bearbeitende Fläche begreift, die dem Selbstausdruck dient und sich als besonders individuell abhebt.

3.5 Der musikalische Körper – HipHop als Projekt

Eine Gruppe der interviewten Jugendlichen produziert im Rahmen eines Angebots der Jugendsozialarbeit eigene HipHop-Songs. Diese Stilrichtung scheint mit ihren Sprach-, Musik- und Tanztechniken das harte Leben der

Straße, des „Ghettos" einzufangen und entspricht damit auch dem Wunsch nach jugendlichem Selbstausdruck. Das Ghetto ist „wichtigste Bildfigur des HipHop" (Klein/Friedrich 2003, 22), denn hier ist er entstanden: im ärmsten Stadtteil der anonymen Metropole New York, der Bronx. Inmitten einer trostlosen urbanen Kulisse demonstriert der HipHopper Stärke, die ihn befähigt, im Ghetto zu überleben und vielleicht den Weg hinaus zu schaffen (vgl. ebd.). Das raue Leben im Viertel als lebensweltliche Erfahrung dient den HipHoppern als Bezugsrahmen für Authentizität und Respekt. Das HipHop-Projekt, das in die empirische Untersuchung eingegangen ist, heißt „Waldtal's Söhne und Töchter". Der selbst produzierte Song „Bei uns daheim" soll exemplarisch unter dem Aspekt von Jugend, Körper und Marginalisierung betrachtet werden (Song und Video verfügbar unter http://www.youtube.com/watch?v=8MCg7twkuSA), denn er thematisiert den Umgang mit Stigmatisierungen des Wohngebiets und der dort Lebenden. Den durch die Jugendlichen vorgetragenen Gesang verstehe ich dabei als deren repräsentierte Erfahrung. Der Leib glaubt in der Situation der Präsentation des Songs das, was er spielt. Der Liedtext ist daher als Sprechakt, Singen ist als Sagen aufzufassen und geht als Erzählung aus der Lebenswirklichkeit der Jugendlichen in das empirische Material ein.

Die Jugendlichen erscheinen in ihrem HipHop-Song als Beobachter einer sozialen Realität, die das Erlebte und den oft widrigen Alltag in ihrer Musik verarbeiten. Gleich in der ersten Strophe lautet der Text „Die Leute fragen mich […], wo kommst Du denn eigentlich her? Doch dies zu gestehen fällt mir oft sehr schwer, weil ich manchmal nicht weiß, wer und was ich bin." Das Stigma, das den Jugendlichen anhaftet, ist ihnen bewusst, und den Umgang damit erleben sie als schwierig, denn es ist auch mit Identitätsproblemen verbunden: Sie sind manchmal nicht die, die sie gerne wären. Vorurteile, denen die Jugendlichen begegnen, werden konkret formuliert: „Du bist der Meinung, ich bin asozial […] lebst in deiner heilen Welt und nennst uns Pack, du Sack." Die Etikettierungen „asozial" und „Pack" müssen als Abwertung der Identität der Jugendlichen verarbeitet werden. Sie schaffen und vergewissern sich ihrer eigenen Identitätskonstruktion, indem sie Distinktion und Abgrenzung von Anderen bewusst thematisieren. Sie artikulieren Differenz (vgl. dazu auch Groß 2010, 41), indem sie auf eigene Vorzüge verweisen, die sie Anderen absprechen: „Ich habe nicht viel, ich habe nur Stil und davon kriegst du nichts ab." Trotz ihrer ökonomisch schwierigen Lage beweisen sie Stil und vor allem ein unerschütterliches Eigenbewusstsein und Ehrgefühl: „Ich habe zu viel Stolz in meinem Herzen." Die Jugendlichen widersprechen den Stigmatisierungen, indem sie ihre Erfahrungen in den Mittelpunkt einer Brennpunktzentrierten Identitätsbildung rücken. Sie stellen einen Bezug zwischen ihrer Identität und ihrer Lebenswelt, dem Brennpunkt, her und verteidigen ihre Welt ebenso wie sich selbst. Die Wohngegend erscheint als der einzige wahre Ort der Zugehörigkeit, als ein Ort der Heimat, der den rappenden Jugendlichen geteilte Erfah-

rungen („Jeden Tag die gleiche Scheiße") und ein geteiltes Muster der Iden-
titätskonstruktion bietet. Die inszenierte Selbstoffenbarung („sei froh, denn
Du musst meine Last nicht tragen") verstärkt das Gefühl von Authentizität:
Das echte, harte Leben im sozialen Brennpunkt macht den HipHopper zum
Underdog, der sich durch seine Musik zu befreien versucht. Die Differenz-
konstruktionen gegenüber Menschen aus der „heilen Welt" beschwört die
Gemeinschaft der marginalisierten Jugendlichen. Die Abgrenzung nach außen fördert die Integration nach innen: „Wir brauchen vor nix und nieman-
dem Angst zu haben, einer für alle, alle für einen, bei uns daheim ist keiner
allein." In diese Gemeinschaft sind Mädchen und Frauen selbstverständlich
eingeschlossen. Eine Differenz zwischen den Geschlechtern und eine Abwertung von Frauen wird von „Waldtal's Söhnen und Töchtern" nicht vorgenommen. Damit unterscheiden sie sich von gängigen Darstellungen im
HipHop, in denen Frauen häufig als allzeit bereite sexuelle Objekte vorkommen, die unterwürfig und stumm ihre Körper präsentieren. In diesem
HipHop-Projekt geht es nicht um die Allmachtfantasien junger Männer
nach der Kontrolle des weiblichen Körpers, sondern um Vergemeinschaftung aufgrund einer gleichen Lebenslage und Erfahrungswelt. Das Stigma
schweißt die Gruppe zusammen, die ihre stigmatisierte Heimat als vertrauten Raum erlebt, den es zu schützen und zu verteidigen gilt. Das abgelehnte
Viertel wird zu einem Territorium, das für Fremde geschlossen wird: „Ver-
pisst euch von hier, das ist unser Revier."

Der Song artikuliert insgesamt ein positives Verhältnis der Jugendlichen zu
ihrem Viertel: „Mein zu Hause ist da, wo ich mich am wohlsten fühle".
HipHop ist kreative Verarbeitung von Alltagserfahrungen, eine Form des
körperlichen Selbstausdrucks und verbunden mit bestimmten Körperpraktiken, die die habituellen Dispositionen inszenieren. Dazu gehören Körperhaltungen, Bewegungsabläufe, Kleidungs- und Sprachcodes, die tausend-
fach medial vorgeführt sind und von den Jugendlichen nachgeahmt werden.
Die Imitationen schreiben sich in den Körper ein, werden habitualisiert. Die
Stigmatisierung („asozial") wird ebenso geglaubt und habitualisiert wie die
eigene Aufwertung („Stil" und „Stolz") und die Abgrenzungslinie zu den
Anderen. Das Leben im Waldtal ist für diese Jugendlichen jedoch nicht nur
Bildkulisse wie in den zahlreichen Musikvideos, sondern Lebenswirklich-
keit, mit der sie sich arrangieren müssen.

4. Jugendkörper zwischen Stigma und Selbstbehauptung

Die vorangegangenen Darstellungen einzelner Formen des Körperhandelns
von Jugendlichen zeigen, dass die Bewohner benachteiligter Wohnviertel
die Stigmatisierung, Marginalisierung und zum Teil auch Skandalisierung
ihres Umfeldes sehr wohl wahrnehmen. Sie sind dabei auch mit einer Stigmatisierung ihrer selbst konfrontiert. Die Interviews werden daher von
ihnen auch als eine Möglichkeit gedeutet und genutzt, gegen diesen Diskurs

anzugehen, ein Gegenbild zu entwerfen und ihre je eigene Sichtweise auf sich selbst und ihr Umfeld darzustellen. In der für sie bedeutsamen Interviewsituation erleben sie sich als ernstgenommene Gesprächspartner und beschreiben das Viertel, in dem sie leben, als gar nicht so problematisch, wie der öffentliche Diskurs vorgibt.

Die Jugendlichen beschreiben sich als aktive Gestalter ihrer Freizeit, die sich eines breiten Beschäftigungsspektrums bedienen: Sport treiben, Heimwerken und Schrauben, Körper schmücken und gestalten, HipHop, aber auch die Suche nach konflikthaften, gewaltförmigen Auseinandersetzungen („Abziehen") weden benannt. Insbesondere beim Sport und Handwerken zeigt sich, wie sehr die Jugendlichen bestrebt sind, ihr Können zu entwickeln und Bestleistungen zu zeigen. Auch Karl, der Tätowierer, reiht sich in die Gruppe der Jugendlichen ein, die mit einem entdeckten Talent eine Strategie verfolgen, der Marginalisierung etwas entgegenzusetzen und sich als herausragend zu inszenieren. Sie sind nicht handlungsunfähig, sondern konstruieren sich als aktiv und eingebunden in ihr Lebensumfeld. Daher wenden sie sich auch nicht von ihrem „Brennpunkt" ab und zeigen nicht den Wunsch, ihm zu entkommen. Mit Bourdieu lassen sich an einigen Stellen der Erzählungen der Jugendlichen Hinweise auf den Notwendigkeitsgeschmack finden und die Tendenz des „Sich-in-das-Notwendige-fügens" und des Resignierens vor dem Unausweichlichen (vgl. Bourdieu 1991, 585). Einige von ihnen prägen z.B. eine pragmatische und funktionale Ästhetik aus, wenn es etwa um die Wahl der Kleidung geht („Blaumann"). Auch das Interesse am Heimwerken ordnet Bourdieu der unteren Klasse zu (vgl. ebd., 606 ff.). Andererseits arbeiten die Jugendlichen hart an der Disziplinierung ihres Körpers, an einem attraktiven Äußeren und höflichen Umgangsformen, was klassentheoretisch eher als untypisch bewertet werden müsste. Das Sich-gehen-lassen und die Nachlässigkeit konstituiere dagegen Bourdieu zufolge eher das „Natürliche" der unteren Klasse, die nicht an Haltung und Benehmen arbeitet (vgl. ebd., 329). Die Interviews mit den Jugendlichen hingegen lassen sehr wohl den Schluss zu, dass intensive Investitionen in den Körper vorgenommen werden, nur scheinen diese wiederum die soziale Lage zu reproduzieren und auf eine Verfestigung von Randständigkeit hinauszulaufen, weil sie als „abweichend" oder „asozial" etikettiert sind.

Der lebenslagenspezifisch ausgeprägte Habitus betrifft u.a. ästhetische Empfindungen und geschmacklichen Selbstausdruck – Geschmack ist „Körper gewordene Klasse" (Gugutzer 2004, 71). Wenn sich Marcel etwa mit einem großen Hund als Accessoire ausstatten will, dann dient dies auch seiner Selbstinszenierung als gefährlich. Als gefährlich wahrgenommene Körper- und Inszenierungspraktiken sowie eine gewaltförmige Außenorientierung bewirken aber, bezogen auf die Mehrheitsgesellschaft, soziale Ausgrenzung und Marginalisierung, denn sie sind mehrheitlich kein akzeptiertes Medium der Machtdemonstration. Die erfahrene Marginalisierung wird hier in gewaltförmigem Handeln fortgeschrieben und führt zu fortgesetzten Marginalisierungserfahrungen. Zugleich sind ästhetische Selbstinszenierungen mittels bestimmter Schmuckstücke („dicke Uhr") und Körpermodifikationen wie Tattoos und Piercings mitunter unterschichtskonnotiert. Die 16. Shell Jugendstudie weist aus, dass Piercings in der Unterschicht am weitesten verbreitet sind: „Jeder fünfte Jugendliche aus der Unterschicht (21 %) verfügt über diese Art des Körperschmucks" (2010, 89). Ebenso sind Tattoos in der Unterschicht (16 %) und der unteren Mittelschicht (17 %) eine häufiger zu findende Art der Körpergestaltung als in den weiteren sozialen Schichten (vgl. ebd., 90). Die Jugendlichen reproduzieren somit ihre soziale Lage auch mittels Körperpraktiken als randständig bzw. als unterschichtskonform.

Insgesamt zeigt sich in den Erzählungen der Jugendlichen auf verschiedene Weise die Abweichung vom als „normal" Bestimmten. So werden etwa das Elternhaus und die familiäre Herkunft als (besonders) schwierig beschrieben; Vernachlässigungs- und Gewalterfahrungen werden normalisiert; ein exzessives Sporttraining oder Schrauben an Motoren wird berichtet; ein Jugendlicher tätowiert sich selbst und als Autodidakt auch gleich die Jugendlichen des Viertels; schon früh verdienen sich die Jugendlichen etwas Geld dazu. Die Jugendlichen entwickeln auf vielfältige Weise Praktiken, die bestimmten ‚bürgerlichen' Normen und Moralvorstellungen nur begrenzt oder gar nicht entsprechen. Ihr Körper- und Selbsterleben wird geprägt durch die individuelle Erfahrung von Zeit und Raum. Als ein soziales Protokoll schreiben sich ihre Erfahrungen in das Leibgedächtnis ein und werden als Habitus und Hexis auch nach außen hin deutlich. Die gesellschaftliche Marginalisierung kondensiert als Körperausdruck, und diese Jugendlichen werden damit als eine Gruppe sichtbar, die als abweichend wahrgenommen wird und eventuell auch ein Problem für die soziale Ordnung darstellen könnte. Die Abweichung der Jugendlichen zeigt sich aber nicht einseitig als defizitär. Vielmehr entwickeln und demonstrieren sie auch Potenziale, die nicht zuletzt auf Körperkapital beruhen. Die Erzählungen zeigen die Jugendlichen als soziale Akteure mit spezifischen Kenntnissen und Fähigkeiten. Im Schrauben, Fußballspielen, Tanzen, Rappen usw. lassen sich Ressourcen der Lebensbewältigung erkennen, die sehr wohl mit Regel- und Wertvorstellungen verbunden sind, die gemeinhin als Norm anerkannt werden. Ihr Körper wird zum Lieferanten für Kompetenzgefühle und zu einem Instrument der Selbstvergewisserung und Selbstbehauptung im „sozialen Brennpunkt". Die „Sicht von innen" weist die Bewohner des „Brennpunkts" nicht als Opfer marginalisierter Lebensverhältnisse aus, sondern als selbstbewusste Akteure, die ihre eingeschränkten Ressourcen zu nutzen versuchen und auf ihre Weise (Körper-)Kapital akkumulieren. Sie präsentieren sich als heterogene Gruppe, die sich kaum mit dem homogenisierenden Etikett des medialen Diskurses versehen lassen. Diese Heterogenität wird evident, wenn eine Innensicht die Akteure selbst zu Wort kommen lässt und sich somit ihre Lebenssituation und ihr Blick auf das Umfeld erschließt.

Literatur

Bourdieu, Pierre (1991): Die feinen Unterschiede. Kritik der gesellschaftlichen Urteilskraft. 4. Auflage. Frankfurt a.M.: Suhrkamp. Zuerst: 1982.

Bourdieu, Pierre (1993): Sozialer Sinn. Kritik der theoretischen Vernunft. Frankfurt a.M.: Suhrkamp.

Chassé, Karl August (2010): Unterschichten in Deutschland. Materialien zu einer kritischen Debatte. Wiesbaden: VS.

Groß, Melanie (2010): „Wir sind die Unterschicht" – Jugendkulturelle Differenzartikulationen aus intersektionaler Perspektive. In: Kessl, Fabian/Plößer, Melanie (Hg.): Differenzierung, Normalisierung, Andersheit. Soziale Arbeit als Arbeit mit den Anderen. Wiesbaden: VS, 34–48.

Gugutzer, Robert (2004): Soziologie des Körpers. Bielefeld: transcript.

Häußermann, Hartmut (2008): Wohnen und Quartier: Ursachen räumlicher Segregation. In: Huster, Ernst-Ulrich/Boeckh, Jürgen/Mogge-Grotjahn, Hildegard (Hg.): Handbuch Armut und Soziale Ausgrenzung. Wiesbaden: VS, 335–349.

Hohm, Hans-Jürgen (2003): Urbane soziale Brennpunkte, Exklusion und soziale Hilfe. Opladen: Leske + Budrich.

Kessl, Fabian/Reutlinger, Christian (2007): „Sozialhilfeadel oder Unterschicht?" Sieben Einwände gegen die territoriale Manifestation einer „neuen Unterschicht". In: Kessl, Fabian/Reutlinger, Christian/Ziegler, Holger (Hg.): Erziehung zur Armut und die ‚neue Unterschicht'. Wiesbaden: VS, 97–101.

Klein, Gabriele/Friedrich, Malte (2003): Is this real? Die Kultur des HipHop. Frankfurt a.M.: Suhrkamp.

Koch, Josef (1990): Die Bedeutung von Körper und Bewegung bei sozial randständigen Jugendlichen. Marburg. bsj e.v. (unveröffentlichtes Manuskript).

Ottersbach, Markus (2009): Jugendliche in marginalisierten Quartieren Deutschlands. In: Ottersbach, Markus/Zitzmann, Thomas (Hg.): Jugendliche im Abseits. Zur Situation in französischen und deutschen marginalisierten Stadtquartieren. Wiesbaden 2009, 51–74.

Schmincke, Imke (2009): Gefährliche Körper an gefährlichen Orten. Eine Studie zum Verhältnis von Körper, Raum und Marginalisierung. Bielefeld: transcript.

Shell Jugendstudie (2010): Jugend 2010. Frankfurt a.M.: Fischer.

Soeffner, Hans-Georg (2004): Auslegung des Alltags – Der Alltag der Auslegung. Zur wissenssoziologischen Konzeption einer sozialwissenschaftlichen Hermeneutik. 2. Auflage. Konstanz: UVK.

Stern [Albes/Kohlbecher] (2002): Wer hier lebt, hat verloren. H. 46, 27–40.

Stern [Wüllenweber] (2004): Das wahre Elend. http://www.stern.de/politik/deutschland/unterschicht-das-wahre-elend-533666.html. Zugriff: 25.3.2011.

van Santen, Eric (2010): Brennpunkt. In: Reutlinger, Christian/Fritsche, Caroline/Linge, Eva (Hg.). Raumwissenschaftliche Basics. Eine Einführung für die Soziale Arbeit. Wiesbaden: VS, 45-53.

Witzel, Andreas (1982): Verfahren der qualitativen Sozialforschung. Überblick und Alternativen. Frankfurt a.M.: Campus.

Die Autorinnen und Autoren

Anke Abraham, Dr., geb. 1960, Professorin für Psychologie der Bewegung, Institut für Sportwissenschaft und Motologie, Fachbereich Erziehungswissenschaften, Philipps-Universität Marburg.
Arbeitsschwerpunkte: Soziologie und Psychologie des Körpers, sozialwissenschaftliche Geschlechterforschung und Biografieforschung, Entwicklung im Lebenslauf.

Kai Bammann, Dr., geb. 1971, Jurist, Kriminologe und Kunsttherapeut; Vortrags- und Seminartätigkeit, freiberuflicher Gutachter und Berater, Kunsttherapeut in der Nähe von Bremen.
Arbeitsschwerpunkte: Body Modification, „abweichende" Sexualitäten, kriminologische und rechtliche Fragen schwerer Gewalt, Strafvollzug(srecht), Kunst von und mit Randgruppen.

Anne-Katharina Fladung, Dr., Leitende klinische Psychologin, Universitätsklinikum Ulm, Klinik für Psychiatrie und Psychotherapie III.
Arbeitsschwerpunkte: Selbstregulation bei psychischen Störungen, geschlechtsspezifische Neuropsychologie, Gesundheit und Emotionsregulation im Jugendalter.

Rolf Göppel, Dr., geb. 1959, Professor für Allgemeine Pädagogik, Institut für Erziehungswissenschaft, Erziehungs- und Sozialwissenschaftliche Fakultät, Pädagogische Hochschule Heidelberg.
Arbeitsschwerpunkte: Kinder- und Jugendforschung, Biografieforschung, Resilienzforschung, Psychoanalytische Pädagogik.

Robert Gugutzer, Dr., geb. 1967, Professor für Sozialwissenschaften des Sports, Institut für Sportwissenschaften, Goethe-Universität Frankfurt a.M.
Arbeitsschwerpunkte: Leib- und Körpersoziologie, Sportsoziologie, Soziologische Handlungstheorie, Filmsoziologie, Sozialwissenschaftliche Identitätsforschung.

Benno Hafeneger, Dr., geb. 1948, Professor für Außerschulische Bildung, Institut für Erziehungswissenschaft, Fachbereich Erziehungswissenschaften, Philipps-Universität Marburg.
Arbeitsschwerpunkte: Jugend und Bildung, Jugendkulturen, Jugend und Rechtsextremismus.

Dagmar Hoffmann, PD Dr., geb. 1964, Vertreterin der Professur Medien und Kommunikation, Philosophische Fakultät, Universität Siegen.
Arbeitsschwerpunkte: Medientheorien, Jugend-, Medien- und Kultursoziologie, Sozialisationsforschung.

Vera King, Dr., geb. 1960, Professorin im Fachbereich für Allgemeine, Internationale und Interkulturell Vergleichende Erziehungswissenschaft, Universität Hamburg.
Arbeitsschwerpunkte: Sozialisationsforschung, i.B. Jugend-/Adoleszenz-, Geschlechter- und Generationenforschung, soziale Ungleichheit/Migration; Veränderungen gesellschaftlicher Zeitstrukturen und Körperpraktiken sowie damit verbundener Prozesse der Konstitution von Subjektivität.

Alexandra König, Dr., geb. 1972, Arbeitsbereich Soziologie der Familie, Jugend und Erziehung, Bergische Universität Wuppertal.
Arbeitsschwerpunkte: Jugendsoziologie, Mode-/Lebensstilforschung, Kulturwissenschaften/Kulturvergleichende Forschung, (berufliche) Bildung, Strukturen und Bedingungen des Aufwachsens, sozialwissenschaftliche Methoden.

Katharina Liebsch, Dr., geb. 1962, Professorin für Soziologie unter besonderer Berücksichtigung der Soziologie der Erziehung, Fakultät für Geistes- und Sozialwissenschaften, Helmut-Schmidt-Universität/Universität der Bundeswehr Hamburg.
Arbeitsschwerpunkte: Gesundheit und Geschlecht, Körper und Identität, Transformation und Aneignung von Wissen.

Ulrike Marz, M.A., geb. 1976, wissenschaftliche Mitarbeiterin am Lehrstuhl für Soziologische Theorien und Theoriegeschichte, Universität Rostock.
Arbeitsschwerpunkte: Antisemitismus und Kritische Theorie der Gesellschaft.

Yvonne Niekrenz, Dr., geb. 1980, wissenschaftliche Mitarbeiterin am Lehrstuhl für Soziologische Theorien und Theoriegeschichte, Universität Rostock.
Arbeitsschwerpunkte: Kultursoziologie, Gegenwartsdiagnosen sozialer Beziehungen, Soziologie des Körpers und des Jugendalters.

Imke Schmincke, Dr., geb. 1972, wissenschaftliche Mitarbeiterin am Lehrstuhl Geschlechtersoziologie und Allgemeine Soziologie, Institut für Soziologie, Ludwig-Maximilians-Universität München.
Arbeitsschwerpunkte: Geschlechterforschung, Körpersoziologie, Stadt- und Raumsoziologie, kritische Gesellschaftstheorie.

Jürgen Schwier, Dr., geb. 1959, Professor für Bewegungswissenschaften und Sport, Institut für Bewegungswissenschaften und Sport, Department 1, Universität Flensburg.
Arbeitsschwerpunkte: Sportengagements von Kindern und Jugendlichen, Schulsportforschung, Sportjournalismus, mediale Inszenierung des Sports.

Barbara Stauber, Dr., geb. 1963, Professorin für Sozialpädagogik, Institut für Erziehungswissenschaft, Universität Tübingen.
Arbeitsschwerpunkte: Subjektorientierte Übergangsforschung in europäisch vergleichender und geschlechtersensibler Perspektive und in den Bereichen Übergänge in die Arbeit, Übergänge in die Elternschaft und jugendkulturelle Lebensstile.

Matthias D. Witte, Dr., geb. 1976, Professor für Pädagogik des Abenteuers und Jugendforschung, Institut für Sportwissenschaft und Motologie, Fachbereich Erziehungswissenschaften, Philipps-Universität Marburg.
Arbeitsschwerpunkte: Bildungs- und Jugendforschung, Jugendhilfeforschung, Abenteuer- und Erlebnispädagogik.